**DEBUT D'UNE SERIE DE DOCUMENTS
EN COULEUR**

A LA MÊME LIBRAIRIE

Précis de Droit civil, contenant : dans une première partie, l'exposé des principes, et, dans une deuxième, les questions de détail et les controverses, suivi d'une table des textes expliqués et d'une table analytique développée, par G. Baudry-Lacantinerie, professeur à la Faculté de droit de Bordeaux, officier e l'Instruction publique, 1882-1884. 3 vol. grand in-8°........ 37 fr. 50
Chaque volume séparement.............................. 12 fr. 50

ours de Procédure, organisation judiciaire, compétence et procédure en en matière civile et commerciale, par E. Garsonnet, professeur à la Faculté de droit de Paris, 1882-1884. 2 vol. in-8°.................. 20 fr. »

Précis du Cours d'économie politique professé à la Faculté de droit de Paris, contenant, avec l'exposé des principes, l'analyse des questions de législation économique, par Paul Cauwès, professeur à la Faculté de droit de Paris, 2ᵉ édition, revue et augmentée. 1881-1882. 2 vol. grand in-8°.... 20 fr. »

Cours élémentaire de Droit romain, contenant l'explication méthodique des Institutes de Justinien et des principaux textes classiques, pour la préparation aux examens de baccalauréat, de licence et de doctorat en droit, par E. Didier-Pailhé, professeur à la Faculté de droit de Grenoble, 2ᵉ édition, revue et corrigée par Cl. Tantani, professeur de droit romain à la Faculté de Grenoble, 1881. 1 vol. in-8°.......................... 12 fr. »

Cours élémentaire de Droit commercial, contenant toutes les matières du Code de commerce et des lois postérieures, exposées dans un ordre méthodique, par Auguste Laurin, professeur de droit commercial à la Faculté de droit d'Aix et à la Faculté des sciences de Marseille, 1884, 1 v. in-8. 10 fr. »

Précis de Droit criminel, comprenant l'explication élémentaire de la partie générale du Code pénal, du Code d'instruction criminelle en entier, et des lois qui ont modifié ces deux Codes, par R. Garraud, professeur de droit criminel à la Faculté de droit de Lyon, 1881. 1 vol. in-8°....... 10 fr. »

Précis de l'histoire du Droit français. Cours d'introduction à l'étude du droit, par Alfred Gautier, professeur à la Faculté de droit d'Aix, 2ᵉ édition, 1884. 1 vol. in 8°.............................. 10 fr. »

Précis de l'histoire du Droit français, accompagné de notions de droit canonique et d'indications bibliographiques par Paul Viollet, bibliothécaire de la Faculté de droit de Paris, 1884, 1ᵉʳ fascicule, in 8°. 5 fr. » (L'ouvrage sera complet en deux fascicules.)

Introduction à l'étude historique du Droit coutumier français jusqu'à la rédaction officielle des coutumes, par Emile Beaune, ancien procureur général à la Cour de Lyon, 1880. 1 vol. in-8°.......... 8 fr. »

La Condition des personnes. Droit coutumier français, par Henri Beaune, ancien procureur général à la Cour de Lyon, 1882. 1 vol. in-8°. 8 fr. »

Principes d'économie politique, par Ch. Gide, professeur d'économie politique à la Faculté de droit de Montpellier. 1884, 1 vol. in-18. 5 fr. »

Manuel de droit international privé, par G. Bourdon-Viane et H. Magron, répétiteurs de droit, 1883, 1 vol. in-18............. 6 fr. »

Institutes de Justinien, avec traduction française en regard, par G. Bourdon-Viane, 1884, 2 vol. in-32, cartonnés.............. 7 fr. »
Chaque volume séparément......................... 3 f. 50

Résumé du cours de droit romain, professé à la Faculté de droit de Lyon, 1ʳᵉ année, par C. Appleton, 1884, 1 volume grand in-8°... 4 fr. »

Manuel du droit romain, ou questionnaire nouveau et complet sur les Institutes de Justinien et de Gaïus, les règles, les sentences, les textes classiques du Digeste et du Code, par Rambaud, professeur à la Faculté de droit de Grenoble, 1881, 2 forts volumes in-32................... 8 fr. »
ne volume séparément............................ 4 fr. »

Tours, imp. Rouillé-Ladevèze, rue Chaude, 6

FIN D'UNE SERIE DE DOCUMENTS
EN COULEUR

OEUVRES

DE LA BRUYÈRE

TOURS. — IMPRIMERIE ROUILLÉ-LADEVÈZE

ŒUVRES

DE

LA BRUYÈRE

LES CARACTÈRES

TOURS
ALFRED CATTIER, ÉDITEUR
1886

ÉTUDE SUR LA BRUYÈRE.

I.

Pour bien connaître la Bruyère, il faut le chercher dans son œuvre : son caractère et son âme s'y retrouvent à chaque page.

Il ne s'est cru écrivain que lorsque le bruit qui se fit autour de son livre lui eut donné une confiance qu'il n'avait pas. Alors seulement il a senti tout ce qu'il se devait à lui-même, mais l'écrivain n'a pas eu le pouvoir d'absorber l'individu. Le désir de briller et de plaire n'a imposé aucune entrave à son indépendance des choses et des hommes. Il ne s'est mis à la suite ni des grands ni de l'opinion publique pour juger la ville et la cour; et s'il a dû prendre quelques ménagements quand sa philosophie l'a porté à des sévérités excessives, il n'a jamais transigé avec sa conscience. Ses adoucissements de langage ont laissé intacts ses jugements. C'était ainsi qu'il comprenait le respect de soi et des autres.

Sur le terrain des principes sociaux il a tout osé, mais avec tant de bonne foi et de confiance dans le présent, que ce côté de son livre immortel a été le moins critiqué de ses contemporains. Il y a plus : personne n'eût osé s'inscrire en faux contre les courageuses vérités qu'il faisait entendre. Loin de leur donner un caractère militant, et de les entourer de sinistres éclairs, il s'attachait à les dorer d'espérance.

Ce n'est pas lui qui se serait montré l'homme du découragement, des lassitudes et des remaniements. Plein des idées de son siècle, il était monarchiste par essence. Il sentait que l'humanité, était en marche; il jouissait du présent sans l'aduler, et comptait sur des temps meilleurs, non pour la satisfaction de son égoïsme, mais pour les générations futures. Le progrès est l'œuvre du temps secondé par les hommes. Il n'eût jamais compris l'ambition individuelle s'isolant dans ses efforts, et voulant audacieusement traîner les sociétés à la remorque.

Le règne de Louis XIV fut une époque de transformation : c'est à ce point de vue surtout qu'il doit être examiné. Les Séguier, les Lamoignon, les Talon, les Bignon consacraient leurs veilles et leur intelligence à la révision des lois [1] ; le monarque débarrassait la France de tous les petits tyrans qui l'avaient tourmentée et pressurée depuis tant de siècles, il faisait démanteler et raser leurs citadelles; il ouvrait les premières positions de l'État au génie sans naissance; les arts se surpassaient; les lettres, encouragées par le chef de la nation, prenaient un sublime essor. En présence de ces grands travaux et de ces conquêtes, qui oserait méconnaître la salutaire influence qu'a exercée le règne de Louis XIV sur la destinée de notre belle patrie!

La Bruyère marchait librement avec le siècle; les ré-

---

[1] L'ordonnance civile parut la première; vinrent ensuite le code des eaux et forêts, les statuts pour les manufactures, l'ordonnance criminelle, le code du commerce, celui de la marine. Il y eut même une jurisprudence nouvelle établie en faveur des nègres des colonies.

formes flattaient ses généreux instincts; il applaudissait aux efforts de la royauté, et se tournait vers les mœurs qu'il étudiait en philosophe qui aime l'humanité, et non en frondeur superbe s'érigeant en tribunal sans appel et se croyant supérieur aux autres hommes. Modestement, il ne se décida à donner son premier travail au public qu'à la suite de son excellente traduction des *Caractères de Théophraste*.

Le rapprochement eût été ingénieux s'il avait été calculé. En tout cas, un grand enseignement s'en dégage. Lire la Bruyère, après avoir lu Théophraste, c'est s'assurer que le fond de l'homme n'a pas varié à la distance de plus de vingt-deux siècles, et dans des milieux de civilisation complétement distincts.

Tous les monuments écrits qui nous restent de l'antiquité nous donnent le même enseignement psychologique. Il ne faut pas s'en faire une arme contre le système de la perfectibilité humaine. Vico, esprit de forte trempe, avait assigné une limite à cette perfectibilité [1], sans s'apercevoir qu'il altérait ainsi la puissance divine. Gardons-nous de tomber dans cette dangereuse erreur qui ferait revivre la Fatalité. La nature matérielle de l'homme est finie; ses facultés, si nombreuses qu'elles soient, lui sont comptées; là encore se retrouve le fini; mais ce qu'il y a en lui de moral est infini; c'est un domaine dont les bornes lui échapperont toujours. Son imagination est maîtresse du

---

[1] Vico, dans ses vastes conceptions, s'est imaginé que de grandes époques étaient assignées à l'homme; il a fait de ce système décevant la loi suprême qui régit l'univers. Tout peuple, suivant lui, doit franchir trois étapes : l'âge divin ou l'idolâtrie, l'âge héroïque ou la barbarie, l'âge humain ou la civilisation : c'est un tour de roue qu'il recommencera jusqu'à ce qu'il disparaisse. Dans ce cercle fatal seraient inscrits le passé, le présent et l'avenir de l'humanité. Triste perspective! Il ne s'agit là que d'un rêve. Toute âme qui se sent, tout esprit qui raisonne, s'inscrivent en faux contre cette théorie de la fatalité.

temps, de l'espace; elle plane sur les choses finies, et là où la raison se heurte à des obstacles infranchissables, elle passe sans s'arrêter, elle cherche, elle crée; si elle n'est par toujours heureuse, elle est du moins toujours libre.

La Bruyère avait une trop grande connaissance du cœur humain, un talent d'observation trop profond, pour n'être point convaincu que l'homme est toujours et partout le même, trouvant dans le milieu social où il se meut un aliment à ses bonnes et à ses mauvaises passions, et plus ou moins docile à sa conscience. Il y avait du reste en lui un fonds de générosité qui se reflète dans son œuvre : il a ri des faiblesses humaines; mais, comme la Rochefoucauld, il n'a pas écrit un réquisitoire contre l'humanité et méprisé les hommes.

II.

Le peu que l'on sait de la vie de la Bruyère témoigne du soin qu'il prenait à rechercher l'isolement; bien que placé dans un milieu bruyant où se réunissait ce qu'il y avait de plus animé à la cour et de plus marquant dans les lettres, il ne songeait pas à paraître.

Sur la foi de l'abbé d'Olivet, on l'avait fait naître à Dourdan ou dans un village des environs, et il y avait divergence d'opinions sur la date. La découverte récente de son extrait de baptême nous permet d'affirmer qu'il naquit à Paris, dans le mois d'août 1645 [1].

---

[1] Cet acte est tombé sous la main du savant historiographe de la marine, M. Jal, qui faisait des recherches aux archives de la ville de Paris. En voici la teneur :

« Du jeudy dix-septiesme aoust 1645 a esté baptizé Jehan, fils de noble
« homme Loys de la Brière, controlleur des rentes de la ville de Paris, et de

D'après les mémoires du P. Bougerel, cités par Adry, on a prétendu qu'il avait été de la congrégation de l'Oratoire. Les archives de l'ordre ont été compulsées, et le nom de la Bruyère n'a pas été trouvé sur le registre consacré à l'admission des novices.

En 1680, il venait d'acheter la charge de trésorier de France à Caen, lorsque Bossuet l'introduisit dans la maison du grand Condé, pour enseigner l'histoire au duc de Bourbon. Il avait un traitement de 1,000 écus qui représentaient 9,000 francs de notre époque. Il resta toute sa vie attaché à la personne de son élève.

Son père, d'abord contrôleur des rentes de la ville de Paris, prenait le titre de « bourgeois de Paris ». Plus tard il eut la charge de *conseiller secrétaire du roi et de ses finances* [1] qui conférait la noblesse au titulaire et à ses descendants, avec tous les priviléges qui s'y trouvaient attachés.

La Bruyère eut deux frères et une sœur.

Voilà tout ce qui nous a été transmis sur le célèbre moraliste.

Sans doute un désastre financier était venu fondre sur sa famille, quand il se défit d'une charge aussi honorable que celle de trésorier de France, pour entrer, lui gentilhomme, dans la maison d'un prince, chargé d'une éducation particulière [2] !

Le chartreux Bonaventure d'Argonne connut la Bruyère ; le tableau qu'il a fait de son intérieur donne beaucoup de

---

« D^lle Izabelle Hamouyn, ses père et mère, lequel a esté tenu et eslevé sur les
« saints fonts baptismaux de Saint Xpphe par noble Jehan de la Brière, parain
« la maraine fut dame Genevicsve Duboys, espouse de M. Daniel Hamouyn,
« et ont signé
  » DE LA BRUYÈRE, — DE LA BRUYÈRE, — G. DUBOIS. »
(Extrait des registres de la paroisse Saint-Christophe en la Cité.)
1 Le 20 juillet 1655.
2 Son père était mort depuis quelques années.

vraisemblance à cette conjecture. « On avait, dit-il, une
« grande commodité pour s'introduire soi-même auprès de
« M. de la Bruyère. Avant qu'il eût un appartement à l'hô-
« tel de... (Condé), il n'y avait qu'une porte à ouvrir, et
« une chambre proche du ciel, séparée en deux par une ta-
« pisserie. Le vent, toujours bon serviteur des philosophes,
« courant au-devant de ceux qui arrivaient, et retournant
« avec le mouvement de la porte, levait adroitement la ta-
« pisserie, et laissait voir le philosophe, le visage riant, et
« bien content d'avoir cette occasion de distiller dans l'es-
« prit et le cœur du survenant l'élixir de ses méditations [1]. »
Bonaventure d'Argonne fut l'ennemi de la Bruyère; dans
les lignes qui précèdent il voulut être méchant. Il nous
montre un cœur riant dans un pauvre réduit près du ciel;
n'est-ce pas la philosophie du sage, qui consiste à faire bon
visage à la mauvaise fortune et à ne pas changer d'air en
présence d'un importun et d'un ennemi?

Le genre d'écrits auquel se livra la Bruyère lui créa de
nombreuses inimitiés, mais elles n'eurent pas le pouvoir
d'égarer sur son compte l'opinion publique. Tel il s'est représenté dans le portrait du *Philosophe*, tel l'ont vu ceux de
ses contemporains qui n'avaient point d'intérêt à le voir
tout autre qu'il n'était. « On me l'a dépeint, dit l'abbé
« d'Olivet, comme un philosophe qui ne songeait qu'à vivre
« tranquille avec des amis et des livres faisant un bon
« choix des uns et des autres, ne cherchant ni ne fuyant le
« plaisir; toujours disposé à une joie modeste, et ingénieux
« à la faire naître; poli dans ses manières et sage dans ses
« discours; craignant toute sorte d'ambition, même celle de
« montrer de l'esprit [2]. »

« Il parlait peu, et parlait toujours de cœur. « Sa fran-

---

[1] *Mélanges d'histoire et de littérature*, recueillis par Vigneul-Marville, 1669, in-12, p. 336.
[2] *Histoire de l'Académie française.*

chise pouvait n'être pas du goût de tout le monde, mais du moins elle était si peu accessible aux mesquines passions et aux froids calculs, que ceux qui se sentaient piqués, connaissant le mobile, ne lui témoignaient ni rancune ni haine. L'art des adoucissements lui était familier, et il avait toujours de bonnes paroles pour cicatriser les petites blessures.

Sa conversation était moins redoutable que sa plume.

Il voyait si juste, et ses portraits, outre l'original qu'il avait sous les yeux, atteignaient tant de personnages auxquels il n'avait pas songé, que les clameurs étaient grandes : il laissait dire. Dans ce tourbillon mondain où, par position, il était lancé, il se tenait le plus possible à l'écart, pour mieux conserver sa liberté d'esprit et son indépendance de caractère.

Les intrigues qui se croisaient en tous sens à la cour de Versailles avaient un grand retentissement à la cour de Chantilly, livrée aux plaisirs, et, faut-il le dire, passablement frondeuse. Les courtisans venaient y respirer à l'aise, et se permettaient de parler à cœur ouvert et sans réticences des faiblesses du grand roi. Ils gémissaient des dragonnades, et bien qu'elle fût de la maison, ils riaient avec M. le Prince des extravagances de la duchesse de Longueville, qui, vieille et sans occupation, s'était donnée à Dieu, et tenait à Port-Royal-des-Champs un cercle de jansénisme où les Arnauld, les Nicole, les le Maistre, les Heimon, les Saci, et les plus célèbres de la compagnie la prenaient pour arbitre de leurs disputes avec leurs puissants ennemis. Elle mourut à temps, mais il fut souvent encore parlé de ses cabales.

On a dit que le courtisan de Louis XIV était capable de tout, même d'esprit et de courage. Il fallait que l'esprit rapportât; il visait aux sourires du roi et à ses largesses. Le roi était le dispensateur des faveurs de ce monde. *Bien en cour et mieux en finances*, telle était la devise de l'habile homme. Son vœu exaucé, il avait le triste courage de se moquer de tout et de tout le monde, mais avec tant de politesse qu'il était impossible de ne pas lui savoir gré du ton aimable avec lequel il savait être impertinent; c'est ce qui fit dire à La Bruyère : « La cour est un édifice de marbre, je veux dire qu'elle est composée d'hommes durs et polis. » Il entendait tout et ne prenait part à rien; il notait ses impressions et faisait chaque jour de nouvelles découvertes.

L'étoile du grand monarque pâlissait. Un traité de paix peu honorable lui avait enlevé le fruit de ses conquêtes. Sa marine avait été anéantie. Quand la noblesse, décimée par les guerres et ruinée par le faste que lui imposait la cour, était aux abois, les hommes de finance, qui s'étaient engraissés au dépens de la fortune publique, opposaient au préjugé du sang la puissance de l'argent; ils se constituaient en une aristocratie insolente et perdue de vices. Cette aristocratie se faisait accepter et craindre comme une force; elle avait ses courtisans La noblesse humiliée, mais besogneuse, se rapprochait des idoles, sans violer son blason. La pente était glissante.

Quel vaste champ d'observations pour notre philosophe, et comme il sut en tirer parti !

III.

Comment l'évêque de Condom connut-il la Bruyère ? Sur ce point la tradition et tous les récits contemporains gardent le silence. Dans la volumineuse correspondance de Bossuet, il ne se trouve pas un mot à l'adresse de son protégé. Il y avait entre eux une différence d'âge de dix-huit années. On peut supposer qu'au temps où l'orateur chrétien illuminait la chaire du feu de son génie, dans la période de 1660 à 1669, la Bruyère, qui faisait son éducation dans une maison religieuse, eut le bonheur d'en être remarqué. L'homme supérieur n'a pas une jeunesse commune; les vivacités et les lueurs de son intelligence n'échappent pas aux esprits clairvoyants. La Bruyère écolier devait sur certains sujets avoir des idées arrêtées, observer déjà et voir juste. Il n'en fallait pas davantage pour que le regard pénétrant de celui qui savait si bien lire dans les âmes, descendit dans celle du jeune homme et y trouvât les germes d'une riche moisson.

L'autorité que Bossuet portait en soi et qu'il sentait être sa force; les ardeurs de son imagination, unie aux choses du ciel, étaient vivement attirées par toute chose ou tout individu reflétant quelque grandeur cachée. Ainsi s'explique le souvenir que conserva Bossuet jusque dans les grandeurs du jeune élève qui sut attirer son attention en lui laissant toucher *des yeux* un génie s'ignorant encore, génie à qui il ne manquait que la maturité de l'âge, une bonne direction et un milieu où il pût librement se produire.

Après s'être défait de sa charge, la Bruyère, revenu à Paris, vivait retiré, pauvre, nous ne dirons pas malheureux, car il avait une philosophie qui savait s'accommoder des plus rudes traverses, à la condition de se soutenir par l'espérance. En ce temps Bossuet achevait l'éducation du Dauphin. Appela-t-il spontanément la Bruyère? La Bruyère alla-t-il vers lui de son propre mouvement? Dans l'un et l'autre cas, le mérite de l'évêque de Condom reste le même. Peut-être ouvrit-il sa bourse; on ne sait. Notre moraliste n'eut toute sa vie d'autre ressource que les 1,000 écus qu'il lui fit obtenir dans la maison de Condé. On peut dès lors se demander comment et de quoi il vivait dans la chambre qu'il occupait près du ciel, lorsque le chartreux d'Argonne vint le visiter, bien qu'il n'eût encore aucune notoriété publique.

S'il fût resté aux prises avec la pauvreté, disons le mot, avec la misère, sans contact avec le monde et la cour, il est présumable que nous n'aurions pas son livre immortel qui occupe une si grande place dans notre littérature. C'est donc à Bossuet que nous sommes redevables de la Bruyère

Il paraît que l'intérieur des Condé n'était pas toujours calme. Le vainqueur de Rocroi [1] s'oubliait souvent et se laissait aller à des emportements regrettables. Il aimait les lettres, et s'entourait des écrivains les plus illustres; homme de sens et d'imagination, il avait des opinions littéraires qu'il savait discuter avec art. S'il dépouillait la majesté du héros pour devenir un causeur érudit et profond, il arrivait parfois que le sang du soldat montait à la tête du grand seigneur. Un jour, Boileau, pour avoir défendu avec trop de vivacité une opinion personnelle, essuya une bourrasque, et sut se contenir. Se penchant à l'oreille de Racine, il lui dit tout bas: « Dorénavant, je serai toujours de l'avis de M. le Prince, quand il aura tort. » Mais Boileau s'empressa d'oublier sa promesse; l'instant d'après, Condé ne se souvenait plus de son emportement.

La Bruyère en a fait un beau portrait sous le nom d'*Émile* [2].

Le fils et le petit-fils du grand Condé avaient comme lui de violentes colères, mais leurs retours n'étaient pas aussi prompts; ils avaient la même vivacité d'esprit sans en avoir la générosité

Pour les bien connaître, il faut lire ce qu'en a dit Saint-Simon. M. le Prince « tenait chez lui tout dans le tremble-« ment. » Défiant, ingrat, artificieux, il n'avait point d'amis, et « il était incapable d'en avoir. » M. le duc, l'élève de la

---

[1] Mort en 1686, six ans après l'entrée de la Bruyere dans sa maison.
[2] Chapitre *du Mérite personnel.*

Bruyère, « était d'un jaune livide, l'air presque furieux,
« mais en tout temps si fier et si audacieux, qu'on avait
« peine à s'accoutumer à lui. Il avait de l'esprit, de la lec-
« ture, des restes d'une excellente éducation, de la politesse
« et des grâces même quand il voulait ; mais il le voulait
« très-rarement. Il avait toute la valeur de ses pères, et
« avait montré de l'application et de l'intelligence à la
« guerre. Ses mœurs perverses lui parurent une vertu. Ses
« amis n'étaient jamais en sûreté, tantôt par des insultes
« extrêmes, tantôt par des plaisanteries cruelles et les
« chansons qu'il savait faire sur-le-champ et qui empor-
« taient la pièce. »

On juge par l'homme de ce que devait être l'adolescent.

Que de vertus il fallut à la Bruyère pour se maintenir dans cet intérieur ! Il sut rester à sa place, et n'accepter de l'intimité qui lui était offerte que ce qu'il en fallait pour se mettre à l'abri d'une accusation d'ingratitude. A force de discrétion il sut plaire, et c'est surtout en se respectant qu'il mérita le respect du jeune duc, qui ne respectait personne. Sans doute il eut des difficultés à surmonter, mais il était si heureusement doué, il avait tant de tact, qu'il put les tourner sans laisser sur le carreau une parcelle de sa dignité.

Le jeune duc lui inspira plus d'un passage de son livre ; dans les chapitres consacrés à *l'Homme* et aux *Grands*, on peut, sans un grand fonds de discernement, retrouver les tristes et honorables confidences qu'il se faisait à lui-même sur sa dépendance. Il ne procède pas par allusions ; le trait va directement à son adresse, mais il ne blesse pas. Il y a un certain esprit qui consiste à oser tout parce qu'on sait tout dire avec sincérité, urbanité et politesse. Les sots se fâchent ; les hommes supérieurs, en se reconnaissant, gardent le secret de leur découverte, mais ils descendent en eux-mêmes, maugréent un peu contre celui qui les a si bien devinés et essayent de profiter de la leçon.

Lorsque M. le Duc épousa mademoiselle de Nantes [1], la mission de la Bruyère était terminée, mais rien ne fut changé à sa situation; son préceptorat n'avait été du reste qu'une sinécure. On a dit que les Condé le pensionnèrent comme homme de lettres: l'erreur est manifeste. A l'époque de ce mariage, il n'avait rien publié; sa traduction de Théophraste, qu'il conservait dans ses cartons, n'avait été pour lui que le délassement d'un homme érudit n'ayant aucune ambition personnelle, et s'il avait commencé à jeter sur le papier quelques remarques sur les mœurs de la ville et de la cour, s'il avait exquissé quelques-uns des portraits qui, dans la suite, firent tant de bruit, personne n'était dans la confidence de son travail. Il était recherché pour l'élévation de ses idées, la noblesse de son caractère et sa fière modestie; mais dans son intimité même on ne soupçonnait pas qu'il songeât à se faire imprimer, et lui-même, ainsi que nous l'avons dit déjà, n'avait aucun désir de célébrité. Il écrivait sans se soucier du jugement des hommes et de l'opinion publique; c'est pour cela qu'il a si bien réussi.

La Bruyère, dans la maison des Condé, portait le titre d'*écuyer* et de *gentilhomme de M. le Duc* [2].

Il serait intéressant de savoir comment il fut conduit, dans cette cour des Condé où la vie extérieure tenait tant de place, à se faire un délassement d'une étude prise sur le peu de temps qui lui appartenait. Peut-être traduisit-il *les Caractères de Théophraste*, pour comparer le travail si curieux du philosophe grec à celui du grand seigneur pessimiste qui n'avait pas craint d'affirmer que tout est calcul et déguisement chez l'homme, et qui s'était donné la peine d'écrire un livre afin de prouver que le *moi humain* est le seul mo-

---

[1] En 1685.

[2] Ces qualifications lui sont données dans son acte de décès, retrouvé dans les archives de la paroisse de Notre-Dame de Versailles.

bile des actions et même des sentiments de la créature douée de raison, d'intelligence, et qui possède une conscience et une âme. Le livre de la Rochefoucauld était dans toutes les mains. On prisait plus l'homme que son œuvre. Il était dur de s'entendre dire que toute belle parole, toute grande action, tout sentiment élevé, n'étaient qu'hypocrisie. Théophraste se proposait de traiter de toutes les vertus et de tous les vices des Grecs, lorsqu'à quatre-vingt-dix-neuf ans il commença son livre ; il croyait au bon côté de l'humanité ; on n'en pourrait dire autant de la Rochefoucauld en le jugeant d'après ses *Maximes ;* mais il n'y faut voir que la longue plainte d'un homme découragé qui, trahi et méconnu par tout ce qu'il a aimé et voulu servir, fit rejaillir sa mauvaise humeur sur l'humanité tout entière, et donna par ses écrits un démenti à ses instincts généreux et à l'excellence de son cœur.

Il se peut que la Bruyère, non content de lui comparer Théophraste, ait voulu lui opposer ses propres observations sur ce qui lui apparaissait de la nature humaine. Philosophe chrétien, ce n'est pas à l'homme qu'il s'attaque, il ne veut pas le dépouiller des nobles attributs qu'il tient de la Divinité ; il sent qu'il ne pourrait abaisser l'homme sans mettre en cause Dieu lui-même : il n'exprime d'ailleurs que ce qu'il sent, il ne relate que ce qu'il voit. Sans doute il est impossible de séparer l'homme de son *moi humain* ; mais cet égoïsme légitime, naturel, est-il donc incompatible avec l'esprit de société, le dévouement, la charité, l'abnégation et les autres vertus ? Il se pourrait qu'en jetant sur le papier, dans cette forme châtiée, parfois trop recherchée, mais sûre, qui est la sienne par excellence, ses réflexions et ce qu'il appelait ses *caractères*, il se fut dit : « Voilà ce que j'aurais écrit si j'avais été le duc de la Rochefoucauld, et mon livre, s'il eût soulevé des récriminations, n'eût pas du moins passé pour l'œuvre d'un philosophe qui s'est donné la tâche de voir l'homme de trop près pour mieux le surprendre dans ses faiblesses, et avec des yeux prévenus. » Sa propre satisfaction le tenait en haleine, et il fut tout surpris d'avoir fait un livre.

Quand on est parvenu à écrire un livre, qu'on y a mis son cœur et sa conscience, la tentation d'être lu se développe avec l'estime qu'on en conçoit. La Bruyère n'eut pas d'impatience parce qu'il était sans vanité. D'ailleurs il n'était pas bien sûr d'avoir réussi dans ce qui était à ses yeux l'accessoire de son œuvre, c'est-à-dire dans ce qui lui appartenait en propre.

Il venait souvent chez le libraire Étienne Michallet, causait avec lui familièrement des auteurs en vogue et de leurs ouvrages, feuilletait volontiers les nouveautés qui faisaient bruit et lui achetait des livres. La petite fille du libraire, gentille enfant, l'amusait par ses espiègleries, et il la prit en amitié. Il causait si peu de lui-même et se montrait si réservé en parlant des autres, et notamment de ceux qui tenaient une plume, que jamais Michallet ne se serait douté que « M. de la Bruyère » fût ou pût devenir un auteur. Aussi qu'elle ne fut pas sa surprise quand, une après-midi, son aimable visiteur, tirant un cahier de sa poche, lui dit : « Monsieur Michallet, voulez-vous imprimer ceci? Je ne sais si vous y trouverez votre compte; mais, en cas de succès, le produit sera pour m petite amie. »

C'était son livre.

A la suite du *Discours sur Théophraste* et de la traduction de l'œuvre du philosophe grec, venait un écrit qui semblait un essai d'imitation, et qui était bien loin des proportions qu'il devait prendre l'année suivante et dans chacune des éditions qui, à partir de la quatrième, allaient se succéder.

Michallet bien que peu confiant dans la réussite, eut le

bon esprit d'imprimer [1], et cette hardiesse valut à sa fille une dot d'héritière [2].

IV.

Le livre fit grand bruit à Versailles. Il fallait la modestie de l'auteur, sa défiance de soi et l'aveuglement du libraire, pour que les deux intéressés eussent douté du succès. Nicolas de Malezieu, membre de l'Académie française, à qui les épreuves avaient été communiquées, émit une opinion qui donna des craintes à l'auteur, et à l'éditeur de grandes espérances : « Voilà, dit-il à la Bruyère étonné, voilà de quoi vous attirer beaucoup de lecteurs et beaucoup d'ennemis. »

Une grande profondeur de jugement n'était pas nécessaire pour être bon prophète en cette circonstance.

A Versailles, dans le monde des courtisans, l'apparition de ce livre domina tous les événements : les victoires du Palatinat, les exploits de Vauban et de Catinat, la présence du Dauphin à l'armée, les cruautés de Louvois, n'étaient plus qu'un sujet de conversation sans intérêt. On s'abordait *les Caractères* à la main, on y voyait à chaque page des portraits satiriques de la cour et de la ville, on nommait les masques; le côté moral de l'ouvrage échappait à la foule frivole : elle était alléchée par ce qu'elle y découvrait d'audace, et se réjouissait d'avoir un bon prétexte à scandale. Les femmes n'étaient pas les moins

---

[1] La première édition des *Caractères de Théophraste traduits du grec, ou les mœurs de ce siècle,* parut en 1688; un volume in-12 de 360 pages, y compris *le Discours sur Théophraste,* qui n'est pas paginé.

Le privilége exclusif d'imprimer et de vendre, donné par extrait, porte la date du 8 octobre 1687.

[2] Elle épousa un riche financier, nommé Remi de Julii ou de Jully.

empressées à écrire sur les marges le nom des personnages qu'elles croyaient reconnaître.

Le vieux Ménage se trompait en disant que de son temps, c'est-à-dire aux beaux jours de l'hôtel de Rambouillet, le livre de la Bruyère aurait eu moins de retentissement, parce que les femmes qui alors « décidaient de la renommée » n'y étaient pas assez ménagées. » Il ne se souvenait ni de Molière ni des *Précieuses ridicules*. Sous la régence d'Anne d'Autriche, la galanterie chevaleresque donnait aux femmes une sorte de souveraineté sur les choses de l'esprit, mais cette puissance circonscrite dans sa sphère d'action, se brisait sur l'opinion publique dès qu'elle voulait s'imposer à elle ou lui résister. Elle put ouvrir les portes de l'Académie à des esprits médiocres à peu près inconnus de leurs contemporains, mais elle ne réussit pas à faire tomber *le Cid* et elle n'arrêta pas le radieux essor du plus grand des comiques.

Depuis la régence, les portraits étaient à la mode, les esprits y étaient portés, parce qu'ils y trouvaient un doux profit de médisance, souvent de calomnie. On sait que Bourdaloue ne pouvait s'en prendre à une faiblesse ou à un vice, dans la chaire, où sa logique pénétrante se faisait si merveilleusement écouter, sans qu'on vit un portrait vivant dans un type qu'il généralisait. Les orateurs chrétiens d'un ordre inférieur cherchaient le succès dans les allusions peu voilées, et leurs sermons n'étaient pas les moins courus. On se piquait d'honneur, les femmes surtout, pour nommer sans hésitation pécheurs et pécheresses qui avaient été désignés par les ministres du ciel. Faut-il donc s'étonner de tout le bruit qui accueillit le livre des *Caractères*. Ce livre était dans l'esprit du siècle. Les beaux esprits, les désœuvrés de la cour et de la ville, voulurent l'avoir en possession au début, sans plus attendre, de crainte que le libraire ne reçût l'ordre d'y faire des suppressions. C'est de Visé [1] qui l'affirme ; il était directement en cause, car, dans cette première édition, la Bruyère ne l'avait pas ménagé. Le libraire ne fut pas inquiété, et deux nouvelles éditions furent successivement mises en vente dans la même année. Les mondains n'étaient pas en état d'assigner à cette production sa véritable valeur ; les esprits sérieux reconnurent l'œuvre d'un homme de génie et d'un moraliste, tenant de Bossuet par l'élévation de la pensée et la foi, de Molière par la pénétration de l'esprit, la finesse des aperçus et la philosophie. Toutes les imitations qui s'en firent passèrent sans bruit et presque inaperçues, toutes les critiques malveillantes dirigées contre le livre des *Caractères*, tombèrent et n'en amoindrirent pas le mérite. Sa renommée ne fit que grandir, surtout quand la Bruyère l'eut refait, complété et donné tel que nous l'avons aujourd'hui.

Entre Pascal et la Rochefoucauld il y avait une place à prendre, la Bruyère y est monté d'emblée, et personne n'a pu la lui disputer. A l'un il a laissé le *moi humain*, irréligieux à force de souveraine domination, à l'autre le fanatisme de la foi étouffant l'humaine nature dans sa dure étreinte : il a peint l'homme tel qu'il est, avec ses faiblesses et ses vertus ; il a loué celles-ci et critiqué celles-là. Il n'a rien imaginé de partis pris ; il s'est gardé des exagérations et ne s'est laissé entraîner ni par le cœur ni par les sens. N'admettant que le juste et le vrai, il avait pris l'habitude de régler son jugement, de modérer ses impatiences et de ne rien noter à la légère ; ses pensées sont réfléchies, ses portraits, généraux et particuliers, n'empruntent rien à la fantaisie ; ses maximes, quand elles ne sont pas profondes, respirent l'honnêteté et la bienveillance. Fait-il parler ses personnages, ils ne sauraient s'exprimer autrement ; nulle part l'auteur ne fait sentir sa personnalité, et malgré cer-

---

[1] L'auteur du *Mercure galant,* qui devint plus tard *le Mercure de France.*

tain désordre qui règne dans leur ensemble, les tableaux qu'il a tracés sont si nerveux, si colorés, si complets, qu'il faudrait une main bien habile pour y apporter une retouche sans les déparer.

C'est le XVIIe siècle qu'il peint et qu'il explique; il ne songeait qu'à son époque, et moins encore à la source des passions qu'à leur reflet. On peut voyager avec lui de la ville à la cour, dans tous les milieux où l'homme se dresse dans son importance, et jette un manteau de drap d'or sur sa faiblesse pour sauvegarder sa dignité; on peut le suivre dans les petites villes, où l'orgueil naturel s'accroît de toutes les exagérations des rivalités et de l'esprit de caste; on a en lui un guide sûr, honnête, sévère et clairvoyant : s'il parle sans ménagement, la haine ne lui vient pas aux lèvres. Tous ces personnages qui passent, tous ces grands avec lesquels il vit, tous ces hypocrites qui se dissimulent avec tant d'art sous le masque, il les connaît mieux qu'ils ne se connaissent eux-mêmes. Il rit, les plaint, leur dit parfois les plus dures vérités, mais sans fiel. Interrogez-le, ce sévère moraliste, il ne vous jettera point du noir dans l'âme. En vous révélant ce qu'il y a de bas, de corrompu et d'inique dans le cœur de l'homme, il vous montrera aussi ce qu'il contient de grand, de noble, d'élevé; comme lui vous rirez des faiblesses humaines quand vous ne serez pas profondément ému, mais vous ne ressentirez aucun dégoût pour l'humanité.

V.

Les temps changent par rapport au mécanisme social, la civilisation arrondit les angles, les mœurs se policent mais le fond de la nature humaine reste le même. La Bruyère a partagé toutes les idées de son époque; sa philosophie ne l'a pas porté à soulever le voile de l'avenir; la société, telle qu'elle était alors constituée, lui paraissait assise sur des bases inébranlables ; il n'opposait pas au régime sous lequel il vivait un état meilleur et plus conforme a la loi de justice. La classification des hommes en catégories, les priviléges monarchiques, le prestige de la naissance et du rang, l'influence de la richesse patrimoniale, lui semblaient choses inhérentes à l'état même de société. La naissance, la richesse, le pouvoir, étaient à ses yeux trois avantages indissolubles. Là était et devait être la vraie force Sans doute, il ouvrait une parenthèse en faveur du génie, mais sans se rendre compte de l'influence qu'il était appelé à exercer sur l'avenir des nations, en passant par les formes philosophiques. Ce n'est pas lui qui se serait engoué de l'antiquité au point de lui envier ses libertés sanglantes qui n'étaient, vues de près, qu'une forme tumultueuse de l'asservissement. A coup sûr, s'il avait lu de la Boétie son *Discours sur la servitude volontaire*, loin de l'exalter, il l'aurait considéré comme un dangereux plaidoyer de la monarchie. Les idées qu'il se formait de la liberté n'auraient osé franchir le cercle étroit du bien-être matériel généralisé ; il était plus convaincu de la nécessité des devoirs pour ce que l'on appelait alors le peuple que de la légitimité des droits.

Son opinion en matière de gouvernement est bien précise : « Quand l'on parcourt, sans la prévention de son pays, toutes les formes de gouvernement, l'on ne sait à laquelle se tenir ; il y a dans toutes le moins bon et le moins mauvais. Ce qu'il y a de plus raisonnable et de plus sûr, c'est d'estimer celle où l'on est né la meilleure de toutes, et de s'y soumettre [1]. »

Le chapitre auquel nous faisons cet emprunt se ressent trop, malgré ses franches allures, des convictions politiques du temps. Sans être courtisan, la Bruyère ne se séparait pas des idées de son siècle, et il respirait l'air de la cour.

[1] *Du Souverain et de la République.*

On y trouve pourtant des vérités qui s'appliquent à tous les régimes et à tous les États. Ainsi il a dit : « Il y a des conjonctures où l'on sent bien qu'on ne saurait trop attenter contre le peuple ; et il y en a d'autres où il est clair qu'on ne peut trop le ménager. Vous pouvez aujourd'hui ôter à cette ville ses franchises, ses droits, ses priviléges ; mais demain ne songez pas même à réformer ses enseignes. » Et cette autre observation n'est-elle pas de tous les siècles : « Quand le peuple est en mouvement, on ne voit pas par où le calme peut y entrer ; et quand il est paisible, on ne voit pas par où le calme peut en sortir. » Les hommes de gouvernement, dans tous les pays, sous toutes les latitudes, ne devraient-ils pas avoir cette vérité constamment sous les yeux ?

La Bruyère était venu trop tôt ou trop tard pour que sa philosophie pût être à la fois révolutionnaire et raisonnable. L'avénement de la bourgeoisie au pouvoir, par les fonctions civiles et le maniement de la fortune, ne le surprit ni ne le troubla. La couronne avait un intérêt à prêter la main à cette pacifique révolution, il ne vit que cela : cette raison lui suffisait, et l'on ne saurait dire s'il ne s'est pas montré plus sévère pour la noblesse que pour la bourgeoisie. En tout cas, il n'a épargné ni l'une ni l'autre. Homme de catégories, il avait une morale qui semblait contredire ses principes ; elle atteignait chacun dans sa sphère sans s'arrêter au prestige du rang et de la position.

Acceptant la société telle qu'il la voyait, il se contenta de peindre les mœurs et les caractères de son temps ; mais ne s'arrêtant pas à la surface, il descendit, comme Molière, si avant dans le fond même de la nature humaine, que son œuvre sera éternellement jeune et vraie. Un style coloré, parfois recherché, mais toujours original, prête son relief et sa grâce à cet ensemble de personnages qui viennent se montrer tour à tour sur cette scène si vaste du XVII siècle. Changez le décor et les costumes, ne conservez que les personnages avec leurs vices, leurs travers, leurs ridicules, et les qualités de leurs défauts, et la comédie sera toujours nouvelle.

Citons un paragraphe qui est un chef-d'œuvre d'observation et de finesse : « Il y a dans quelques femmes une grandeur artificielle, attachée au mouvement des yeux, à un air de tête, aux façons de marcher, et qui ne va pas plus loin; un esprit éblouissant qui impose, et que l'on n'estime que parce qu'il n'est pas approfondi. Il y a dans quelques autres une grandeur simple, naturelle, indépendante du geste et de la démarche, qui a sa source dans le cœur, et qui est comme une suite de leur haute naissance; un mérite paisible, mais solide, accompagné de mille vertus qu'elles ne peuvent couvrir de toute leur modestie. » Les femmes qui n'ont pas le bonheur de posséder ce *mérite paisible* et tout ce que comporte la réunion de ces deux mots qui ont une si vaste éloquence, ne seraient pas fâchées de pouvoir se faire un piédestal de cette *grandeur superficielle*, de cet *esprit éblouissant qui impose*, mais qui est absolument vide, bien qu'il trouve tant de complaisants dans les hautes sphères du monde.

Dans un autre endroit de son livre, la Bruyère a tracé ce délicieux portrait : « Loin de s'appliquer à vous contredire avec esprit, ARTÉNICE s'approprie vos sentiments; elle les croit siens, elle les étend, elle les embellit : vous êtes content de vous d'avoir pensé si bien, et d'avoir mieux dit encore que vous n'aviez cru. Elle est toujours au-dessus de la vanité, soit qu'elle parle, soit qu'elle écrive : elle oublie les traits où il faut des raisons; elle a déjà compris que la simplicité peut être éloquente. »

Notre grand moraliste a consacré à l'homme un chapitre capital dans son livre. Dans ce chapitre les portraits ne sont pas flattés. *Gnathon* n'a jamais eu toute sa vie que deux affaires, qui est de dîner et de souper, et « ne semble né que pour la digestion. » *Ruffin* n'aime que soi; *Antagoras* plaide depuis quarante ans, « plus proche de sortir de la vie que de sortir d'affaires. » *Téléphe* a de l'esprit, « mais dix fois moins, de compte fait, qu'il ne présume d'en avoir. Il est donc, dans ce qu'il dit, dans ce qu'il fait, dans ce qu'il médite et ce qu'il projette, dix fois au delà de ce qu'il a d'esprit ; il n'est donc jamais dans ce qu'il a de force et d'étendue. Il a comme une barrière qui le ferme, et qui devrait l'avertir de s'arrêter en deçà ; mais il passe outre : il se jette hors de sa sphère ; il trouve lui-même son endroit faible, et se montre par cet endroit ; il parle de ce qu'il ne sait point, ou de ce qu'il sait mal ; il entreprend au-dessus de son pouvoir ; il désire au delà de sa portée ; il s'égale à tout ce qu'il y a de meilleur en tout genre ; il a du bon et et du louable, qu'il offusque par l'affectation du grand et du merveilleux : on voit clairement ce qu'il n'est pas, et il faut deviner ce qu'il est. » C'est court, nerveux, rapide et correct. Il n'existe pas un salon, un cercle, un groupe, une réunion de trois individus où l'on ne rencontre le personnage. Encore un portrait, ou plutôt ce que l'auteur appelait un caractère ; bien que présenté sous une forme générale, on ne le voit pas moins prendre une forme, et s'incarner dans une individualité. « A quelques-uns l'arrogance tient lieu de grandeur ; l'humanité, de fermeté ; et la fourberie, d'esprit.

« Les fourbes croient aisément que les autres le sont ; ils ne peuvent guère être trompés, et ils ne trompent pas longtemps. »

La Bruyère, profondément chrétien, croit que le véritable amour de Dieu suffit à corriger l'humanité. Dans le chapitre des *Esprits forts*, il a en mains endroits des tours d'imagination qui éblouissent, et des hardiesses que Bossuet n'aurait pas désavouées.

On lui a reproché de basses adulations : ses critiques ont pris faussement pour un trait de son caractère ce qui n'était d'une concession à l'usage, ou plutôt affaire de forme et de bienséance. Il y a plus, l'exagération de certaines louanges, de certaines flatteries, calculée, il faut bien le reconnaître, n'était que l'enveloppe dorée de sa logique. C'est par son secours que tant d'utiles leçons et de sévères vérités allaient librement à leur adresse sans soulever d'orages. Laissons donc de côté ce qu'a écrit la Bruyère sans le penser, et arrivons aux hardiesses qu'il a osé imprimer dans le temps même où le monarque disait : « L'État, c'est moi ! » Qui plus que lui a eu le courage de son opinion. Il faut revenir au chapitre du *Souverain et de la République*. La république est ici pour *res publica*, la chose publique, l'État. Nos citations seront courtes mais décisives. « Dire qu'un prince est maitre absolu de tous les biens de ses sujets, sans égards, sans compte ni discrétion, c'est le langage de la flatterie, c'est l'opinion d'un favori qui se dédira à l'agonie. » Plus loin, il compare un peuple monarchique à un troupeau confié à la vigilance d'un berger que « l'aurore trouve déjà en pleine campagne, d'où il ne se retire qu'avec le soleil, » il s'écrie d'un ton convaincu : Quels soins ! quelle vigilance ! quelle servitude ! » et il ajoute : « Le troupeau est-il fait pour le berger, ou le berger pour le troupeau ? » Ainsi qu'on l'a dit avec beaucoup de vérité : poser la question, c'est la résoudre. Il est permis de croire que cette solution tacite le grand roi ne la considéra pas comme une flatterie à son adresse, bien que dans ce tableau en manière d'églogue, il soit indirectement le bon berger. Mais la Bruyère n'a pas fini ; il s'en prend directement au souverain à l'occasion du berger. « Le faste et le luxe dans un souverain, dit-il, c'est le berger habillé d'or et de pierreries... Que sert tant d'or à un troupeau contre les loups. »

Il osait attaquer le grand roi dans son côté faible et heurter en même temps une de ses convictions les mieux arrêtées. Aux yeux de Louis XIV, la munificence était une des forces de la royauté. De bon compte, ses profusions, que nous ne justifierons pas, étaient moins désastreuses que ses victoires. La Bruyère, parfaitement édifié sur ce point délicat, était d'autant moins disposé à garder le silence que la question intéressait la nation tout entière. Avec quelques ménagements, il sut faire passer sa pensée sans heurter la politique de l'absolutisme. Et c'est en cette circonstance qu'il sut se servir de la louange avec le plus d'habileté. Négligeons l'artifice et voyons ce qu'il a osé. Il a dit : « Que sert au bien des peuples et à la douceur de leurs jours que le prince place les bornes de son empire au delà des terres de ses ennemis ; qu'il fasse de leurs souverainetés des provinces de son royaume ; qu'il leur soit également supérieur par les siéges et par les batailles, et qu'ils ne soient devant lui en sûreté ni dans les plaines ni dans les plus forts bastions ; que les nations s'appellent les unes les autres, se liguent ensemble pour se défendre et pour l'arrêter ; qu'elles se liguent en vain, qu'il marche toujours et qu'il triomphe toujours... » Quoi de plus direct ! et ne doit-on pas savoir gré au moraliste de la louange qui sert de passe-port à cette vérité ?

S'il parle des malheureux ouvriers de la terre, son audace s'accroît : « L'on voit, dit-il, certains animaux farouches, des mâles et des femelles, répandus par la campagne, noirs, livides, et tout brûlés du soleil, attachés à la terre qu'ils fouillent et qu'ils remuent avec une opiniâtreté invincible ; ils ont comme une voix articulée ; et quand ils se lèvent sur leurs pieds, ils montrent une face humaine, et en effet ils sont des hommes. Ils se retirent la nuit dans des tanières, où ils vivent de pain noir, d'eau et de racines ; ils épargnent aux autres hommes la peine de semer, de labourer et de recueillir pour vivre, et méritent ainsi de ne pas manquer de ce pain qu'ils ont semé. »

Raprochez ce déchirant tableau du « berger habillé d'or et de pierreries, » de la peinture des grands et de la cour, et tirez les conséquences.

Rien ne fut changé, mais la situation était vivement éclairée : la nation tout entière avait vu. Les pensées méconnues lorsqu'elles se produisent, ne sont pas perdues : c'est le grain jeté dans le sillon ; il lui faut du temps pour germer, grandir et porter fruit.

A l'homme qui avait ainsi parlé, il était bien permis de conserver sa libre allure envers les grands ; il n'en retrancha rien, et pourtant l'hôte des Condé était tenu à une réserve, à une prudence extrême dans l'intérêt de sa position d'où dépendait sa vie. « L'avantage des grands sur les autres hommes, dit-il, est immense par un endroit. Je leur cède leur bonne chère, leurs riches ameublements, leurs chiens, leurs chevaux, leurs singes, leurs nains, leurs fous et leurs flatteurs ; mais je leur envie le bonheur d'avoir à leur service des gens qui les égalent par le cœur et par l'esprit, et qui les passent quelquefois. » Comment ne pas sentir qu'il songeait à lui en traçant ces lignes ! Le grand Condé, M. le Prince, M. le Duc les ont lues et n'ont pas accusé leur auteur de présomption et d'immodestie ; ils n'ont pas considéré comme une irrévérence ce courage, cette franchise d'un homme qui, sentant sa valeur, voulait être à sa place, dans une condition d'infériorité où un homme ordinaire eût aliéné sa liberté. Les Condé, malgré leur brusquerie et leur humeur altière, avaient trop d'esprit pour méconnaître l'homme de génie dont ils s'étaient faits les protecteurs, et à qui ils avaient donné leur confiance. De leur côté, ils savaient ce qu'ils valaient, et cette conscience de leur propre force leur suffisait pour que partout, abstraction faite des droits que leur conférait la naissance, ils sussent tenir une grande place et ne redouter personne. Ils avaient une haute estime pour la Bruyère, et celui-ci la leur rendait en y joignant un respect sans servilisme et que ne déparait pas une noble fierté.

VI.

La Bruyère, auteur sans préméditation, moraliste de premier ordre sans avoir songé à le devenir, philosophe par conviction et non par étude, une fois imprimé ressentit plus vivement les attaques de ses ennemis que l'immense succès de son livre. Il ne ménagea pas ses détracteurs, et dans chacune des éditions qu'il publia [1], en y apportant de nouveaux développements, il s'étudia à se montrer leur maître dans l'art d'écrire. De là certaines recherches qui obscurcissent la pensée et qui même, à divers endroits, peuvent passer pour des incorrections de style; mais ces taches légères sont noyées dans des beautés sans nombre, dans un langage rapide, brillant et imagé; aussi ce livre des *Caractères*, qui n'a plus pour nous l'attrait des applications nombreuses qu'en faisait la société du XVIIe siècle, est-il classé, autant pour la forme que pour le fonds, au nombre des chefs-d'œuvre qui font la gloire de notre littérature nationale.

Par entraînement de cœur, la Bruyère s'inclinait devant les grands génies de son temps; ils lui rendaient son estime et lui donnaient leur amitié. En portant aux nues Bossuet, son premier protecteur, il exaltait le mérite de Fénelon; on sait en quels termes chaleureux et délicats il parle dans son livre de ces deux prélats séparés d'opinions et si prodigieusement doués dans des genres différents.

Les beaux esprits qui avaient charmé les dernières années de Condé dans sa paisible retraite de Chantilly, étaient devenus ses amis; à la cour comme dans le monde des lettres sa réputation était solidement assise, et les plus puissantes inimitiés ne pouvaient l'ébranler. Le libre courant de

---

[1] Il y en eut neuf de son vivant.

l'opinion le portait à l'Académie. Il venait de donner la sixième édition de son livre [1] lorsqu'il s'y présenta.

Pavillon, un bel esprit, lui fut préféré. Cet académicien sans titres emporta tout dans la tombe et jusqu'à son nom. C'est la Bruyère qui l'a fait revivre. Enfin les portes de la docte coupole lui furent ouvertes Il n'avait pas sollicité de suffrages, mais l'amitié vigilante s'était employée pour lui et il eut de hautes recommandations, entre autres celle du comte de Pontchartrain. Le parti qui lui était hostile fut battu. La Bruyère n'eut pas seulement la majorité, il eut les meilleures voix : Bossuet, Boileau, la Fontaine, Racine, etc., votèrent pour lui. Charpentier, un de ses ennemis (encore un nom oublié), fut chargé de lui porter la parole; il fut platement agressif; le nouvel élu, dans sa réponse écrite en grand style, ne fut pas précisément heureux. On fit grand bruit de sa nomination et de son discours. Mais de tout ce bruit qu'est-il resté ? le livre immortel des *Caractères* et le nom glorieux de son auteur.

La Bruyère ne jouit pas longtemps de sa victoire. Trois années venaient de s'écouler, il surveillait la neuvième édition de son livre et préparait des *Dialogues sur le quiétisme* [2], lorsqu'il fut enlevé par une apoplexie.

Si la malveillance haineuse de ses ennemis le poursuivit jusqu'au delà du tombeau, l'amitié lui demeura fidèle. Il laissa dans les lettres un vide qui ne fut pas comblé, et le jugement de la postérité a bien vengé sa mémoire.

[1] En 1691.
[2] Cette ouvrage, à peine ébauché, fut supprimé après sa mort ou perdu. Les *Dialogues sur le quiétisme* qui ont été donnés sans son nom sont apocryphes.

FIN DE L'ÉTUDE SUR LA BRUYÈRE.

LES

CARACTERES DE THÉOPHRASTE

TRADUITS DU GREC

DISCOURS SUR THÉOPHRASTE.

Je n'estime pas que l'homme soit capable de former dans son esprit un projet plus vain et plus chimérique que de prétendre, en écrivant de quelque art ou de quelque science que ce soit, échapper à toute sorte de critique, et enlever les suffrages de tous ses lecteurs.

Car, sans m'étendre sur la différence des esprits des hommes, aussi prodigieuse en eux que celle de leurs visages, qui fait goûter aux uns les choses de spéculation, et aux autres celles de pratique; qui fait que quelques-uns cherchent dans les livres à exercer leur imagination, quelques autres à former leur jugement; qu'entre ceux qui lisent, ceux-ci aiment à être forcés par la démonstration, et ceux-là veulent entendre délicatement, ou former des raisonnements et des conjectures; je me renferme seulement dans cette science qui décrit les mœurs, qui examine les hommes, et qui développe leurs caractères; et j'ose dire que sur les ouvrages qui traitent de choses qui les touchent de si près, et où il ne s'agit que d'eux-mêmes, ils sont encore extrêmement difficiles à contenter.

Quelques savants ne goûtent que les apophthegmes des anciens, et les exemples tirés des Romains, des Grecs, des

Perses, des Égyptiens; l'histoire du monde présent leur est insipide; ils ne sont point touchés des hommes qui les environnent et avec qui ils vivent, et ne font nulle attention à leurs mœurs. Les femmes, au contraire, les gens de la cour, et tous ceux qui n'ont que beaucoup d'esprit sans érudition, indifférents pour toutes les choses qui les ont précédés, sont avides de celles qui se passent à leurs yeux, et qui sont comme sous leur main : ils les examinent, ils les discernent; ils ne perdent pas de vue les personnes qui les entourent, si charmés des descriptions et des peintures que l'on fait de leurs contemporains, de leurs concitoyens, de ceux enfin qui leur ressemblent, et à qui ils ne croient pas ressembler, que jusque dans la chaire l'on se croit obligé souvent de suspendre l'Évangile pour les prendre par leur faible, et les ramener à leurs devoirs par des choses qui soient de leur goût et de leur portée.

La cour, ou ne connaît pas la ville, ou, par le mépris qu'elle a pour elle, néglige d'en relever le ridicule, et n'est point frappée des images qu'il peut fournir; et si, au contraire, l'on peint la cour, comme c'est toujours avec les ménagements qui lui sont dus, la ville ne tire pas de cette ébauche de quoi remplir sa curiosité, et se faire une juste idée d'un pays où il faut même avoir vécu pour le connaître.

D'autre part, il est naturel aux hommes de ne point convenir de la beauté ou de la délicatesse d'un trait de morale qui les peint, qui les désigne, et où ils se reconnaissent eux-mêmes : ils se tirent d'embarras en le condamnant; et tels n'approuvent la satire que lorsque, commençant à lâcher prise et à s'éloigner de leurs personnes, elle va mordre quelque autre.

Enfin, quelle apparence de pouvoir remplir tous les goûts si différents des hommes par un seul ouvrage de morale? Les uns cherchent des définitions, des divisions, des tables, et de la méthode; ils veulent qu'on leur explique ce que c'est que la vertu en général, et cette vertu en particulier; quelle différence se trouve entre la valeur, la force et la magnanimité; les vices extrêmes par le défaut ou par l'excès entre lesquels chaque vertu se trouve placée, et duquel de ces deux extrêmes elle emprunte davantage : toute autre doctrine ne leur plaît pas. Les autres, contents que l'on réduise les mœurs aux passions, et que l'on explique celles-ci par le mouvement du sang, par celui des fibres et des artères, quittent un auteur de tout le reste.

Il s'en trouve d'un troisième ordre, qui, persuadés que toute doctrine des mœurs doit tendre à les réformer, à discerner les bonnes d'avec les mauvaises, et à démêler dans les hommes ce qu'il y a de vain, de faible et de ridicule, d'avec ce qu'ils peuvent avoir de bon, de sain et de louable, se plaisent infiniment dans la lecture des livres, qui, supposant les principes physiques et moraux rebattus par les anciens et les modernes, se jettent d'abord dans leur application aux mœurs du temps, corrigent les hommes les uns par les autres, par ces images de choses qui leur sont si familières, et dont, néanmoins, ils ne s'avisaient pas de tirer leur instruction.

Tel est le traité des Caractères des mœurs que nous a laissé Théophraste. Il l'a puisé dans les Éthiques et dans les grandes Morales d'Aristote, dont il fut le disciple. Les excellentes définitions que l'on lit au commencement de chaque chapitre sont établies sur les idées et sur les principes de ce grand philosophe, et le fond des caractères qui y sont décrits est pris de la même source. Il est vrai qu'il se les rend propres par l'étendue qu'il leur donne, et par la satire ingénieuse qu'il en tire contre les vices des Grecs, et surtout des Athéniens.

Ce livre ne peut guère passer que pour le commencement d'un plus long ouvrage que Théophraste avait entrepris. Le projet de ce philosophe, comme vous le remarquerez dans sa préface, était de traiter de toutes les vertus et de tous les vices. Et comme il assure lui-même dans cet endroit qu'il commence un si grand dessein à l'âge de quatre-vingt-dix-neuf ans, il y a apparence qu'une prompte mort l'empêcha de le conduire à sa perfection. J'avoue que l'opinion commune a toujours été qu'il avait poussé sa vie au-delà de cent ans; et saint Jérôme, dans une lettre qu'il écrit à Népotien, assure qu'il est mort à cent sept ans accomplis : de sorte que je ne doute point qu'il n'y ait eu une ancienne erreur, ou dans les chiffres grecs qui ont servi de règle à Diogène Laërce, qui ne le fait vivre que quatre-vingt-quinze années, ou dans les premiers manuscrits qui ont été faits de cet historien, s'il est vrai d'ailleurs que les quatre-vingt-dix-neuf ans que cet auteur se donne dans cette préface se lisent également dans quatre manuscrits de la Bibliothèque palatine, où l'on a aussi trouvé les cinq derniers chapitres des Caractères de Théophraste qui manquaient aux anciennes impressions, et où l'on a vu deux titres, l'un *du Goût qu'on a pour les vicieux,* et l'autre *du Gain sordide,* qui sont seuls et dénués de leurs chapitres[1].

Ainsi cet ouvrage n'est peut-être même qu'un simple fragment, mais cependant un reste précieux de l'antiquité, et un monument de la vivacité de l'esprit et du jugement ferme et solide de ce philosophe dans un âge si avancé. En effet, il a toujours été lu comme un chef-d'œuvre dans son genre : il ne se voit rien où le goût attique se fasse mieux remarquer, et où l'élégance grecque éclate davantage : on l'a appelé un livre d'or. Les savants faisant attention à la diversité des mœurs qui y sont traitées, et à la manière naïve dont tous les caractères y sont exprimés, et la comparant d'ailleurs avec celle du poëte Ménandre, disciple de Théophraste, et qui servit ensuite de modèle à

---

[1] Ces chapitres ont été découverts dans un manuscrit de la Bibliothèque du Vatican par Prosper Petroni en 1742; nous les donnons à la suite des autres.

Térence, qu'on a dans nos jours si heureusement imité, ne peuvent s'empêcher de reconnaître dans ce petit ouvrage la première source de tout le comique; je dis de celui qui est épuré des pointes, des obscénités, des équivoques, et qui est pris dans la nature, qui fait rire les sages et les vertueux.

Mais peut-être que pour relever le mérite de ce traité des Caractères, et en inspirer la lecture, il ne sera pas inutile de dire quelque chose de celui de leur auteur. Il était d'Érèse, ville de Lesbos, fils d'un foulon; il eut pour premier maître dans son pays un certain Leucippe[1], qui était de la même ville que lui; de là il passa à l'école de Platon, et s'arrêta ensuite à celle d'Aristote, où il se distingua entre tous ses disciples. Ce nouveau maître, charmé de la facilité de son esprit et de la douceur de son élocution, lui changea son nom, qui était Tyrtame, en celui d'Euphraste, qui signifie celui qui parle bien; et, ce nom ne répondant point assez à la haute estime qu'il avait de la beauté de son génie et de ses expressions, il l'appela Théophraste, c'est-à-dire un homme dont le langage est divin. Et il semble que Cicéron ait entré dans les sentiments de ce philosophe, lorsque, dans le livre qu'il intitule *Brutus* ou *des Orateurs illustres*, il parle ainsi : « Qui est plus fécond et plus abondant que Platon, plus solide et plus ferme qu'Aristote, plus agréable et plus doux que Théophraste? » Et dans quelques-unes de ses épîtres à Atticus, on voit que, parlant du même Théophraste, il l'appelle son ami, que la lecture de ses livres lui était familière, et qu'il en faisait ses délices.

Aristote disait de lui et de Callisthène, un autre de ses disciples, ce que Platon avait dit la première fois d'Aristote même et de Xénocrate, que Callisthène était lent à concevoir et avait l'esprit tardif, et que Théophraste, au contraire, l'avait si vif, si perçant, si pénétrant, qu'il comprenait

---

[1] Un autre que Leucippe, philosophe célèbre, et disciple de Zénon.
(*Note de l'auteur.*)

d'abord d'une chose tout ce qui en pouvait être connu ; que l'un avait besoin d'éperon pour être excité, et qu'il fallait à l'autre un frein pour le retenir.

Il estimait en celui-ci sur toutes choses un caractère de douceur qui régnait également dans ses mœurs et dans son style. L'on raconte que les disciples d'Aristote, voyant leur maître avancé en âge et d'une santé fort affaiblie, le prièrent de leur nommer un successeur; que, comme il avait deux hommes dans son école sur qui seuls ce choix pouvait tomber, Ménédème[1] le Rhodien et Théophraste d'Érèse, par un esprit de ménagement pour celui qu'il voulait exclure, il se déclara de cette manière : il feignit, peu de temps après que ses disciples lui eurent fait cette prière, et en leur présence, que le vin dont il faisait un usage ordinaire lui était nuisible; il se fit apporter des vins de Rhodes et de Lesbos; il goûta de tous les deux, dit qu'ils ne démentaient point leur terroir, et que chacun dans son genre était excellent; que le premier avait de la force, mais que celui de Lesbos avait plus de douceur, et qu'il lui donnait la préférence. Quoi qu'il en soit de ce fait, qu'on lit dans Aulu-Gelle, il est certain que lorsque Aristote, accusé par Eurymédon, prêtre de Cérès, d'avoir mal parlé des dieux, craignant le destin de Socrate, voulut sortir d'Athènes, et se retirer à Chalcis, ville d'Eubée, il abandonna son école au Lesbien, lui confia ses écrits, à condition de les tenir secrets; et c'est par Théophraste que sont venus jusques à nous les ouvrages de ce grand homme.

Son nom devint si célèbre par toute la Grèce, que, successeur d'Aristote, il put compter bientôt dans l'école qu'il lui avait laissée jusques à deux mille disciples. Il excita l'envie de Sophocle[2], fils d'Amphiclide, et qui pour lors était

---

[1] Il y en a deux autres de même nom; l'un philosophe cynique, l'autre disciple de Platon. (*Note de l'auteur.*)

[2] Un autre que le poëte tragique. (*Note de l'auteur.*)

préteur : celui-ci, en effet son ennemi, mais sous prétexte d'une exacte police, et d'empêcher les assemblées, fit une loi qui défendait, sur peine de la vie, à aucun philosophe, d'enseigner dans les écoles. Ils obéirent ; mais, l'année suivante, Philon ayant succédé à Sophocle, qui était sorti de charge, le peuple d'Athènes abrogea cette loi odieuse que ce dernier avait faite, le condamna à une amende de 5 talents, rétablit Théophraste et le reste des philosophes.

Plus heureux qu'Aristote, qui avait été contraint de céder à Eurymédon, il fut sur le point de voir un certain Agnonide puni comme impie par les Athéniens, seulement à cause qu'il avait osé l'accuser d'impiété : tant était grande l'affection que ce peuple avait pour lui, et qu'il méritait par sa vertu.

En effet, on lui rend ce témoignage, qu'il avait une singulière prudence, qu'il était zélé pour le bien public, laborieux, officieux, affable, bienfaisant. Ainsi, au rapport de Plutarque, lorsque Érèse fut accablée de tyrans qui avaient usurpé la domination de leur pays, il se joignit à Phidias[1], son compatriote, contribua avec lui de ses biens pour armer les bannis, qui rentrèrent dans leur ville, en chassèrent les traîtres, et rendirent à toute l'île de Lesbos sa liberté.

Tant de rares qualités ne lui acquirent pas seulement la bienveillance du peuple, mais encore l'estime et la familiarité des rois. Il fut ami de Cassandre, qui avait succédé à Aridée, frère d'Alexandre le Grand, au royaume de Macédoine ; et Ptolomée, fils de Lagus et premier roi d'Égypte, entretint toujours un commerce étroit avec ce philosophe. Il mourut enfin accablé d'années et de fatigues, et il cessa tout à la fois de travailler et de vivre. Toute la Grèce le pleura, et tout le peuple athénien assista à ses funérailles.

L'on raconte de lui que, dans son extrême vieillesse, ne pouvant plus marcher à pied, il se faisait porter en litière

[1] Un autre que le fameux sculpteur. (*Note de l'auteur.*)

par la ville, où il était vu du peuple, à qui il était si cher. L'on dit aussi que ses disciples, qui entouraient son lit lorsqu'il mourut, lui ayant demandé s'il n'avait rien à leur recommander, il leur tint ce discours : « La vie nous séduit, elle nous promet de grands plaisirs dans la possession de la gloire ; mais à peine commence-t-on à vivre, qu'il faut mourir. Il n'y a souvent rien de plus stérile que l'amour de la réputation. Cependant, mes disciples, contentez-vous : si vous négligez l'estime des hommes, vous vous épargnez à vous-mêmes de grands travaux ; s'ils ne rebutent point votre courage, il peut arriver que la gloire sera votre récompense. Souvenez-vous seulement qu'il y a dans la vie beaucoup de choses inutiles, et qu'il y en a peu qui mènent à une fin solide. Ce n'est point à moi à délibérer sur le parti que je dois prendre, il n'est plus temps : pour vous, qui avez à me survivre, vous ne sauriez peser trop mûrement ce que vous devez faire. » Et ce furent là ses dernières paroles.

Cicéron, dans le troisième livre des *Tusculanes*, dit que Théophraste mourant se plaignit de la nature, de ce qu'elle avait accordé aux cerfs et aux corneilles une vie si longue et qui leur est si inutile, lorsqu'elle n'avait donné aux hommes qu'une vie très-courte, bien qu'il leur importe si fort de vivre longtemps ; que si l'âge des hommes eût pu s'étendre à un plus grand nombre d'années, il serait arrivé que leur vie aurait été cultivée par une doctrine universelle, et qu'il n'y aurait eu dans le monde ni art ni science qui n'eût atteint sa perfection. Et saint Jérôme, dans l'endroit déjà cité, assure que Théophraste, à l'âge de cent sept ans, frappé de la maladie dont il mourut, regretta de sortir de la vie dans un temps où il ne faisait que commencer à être sage.

Il avait coutume de dire qu'il ne faut pas aimer ses amis pour les éprouver, mais les éprouver pour les aimer ; que les amis doivent être communs entre les frères, comme tout est commun entre les amis ; que l'on devait plutôt se fier à un cheval sans frein qu'à celui qui parle sans jugement ; que la plus forte dépense que l'on puisse faire est celle du temps. Il dit un jour à un homme qui se taisait à table dans un festin : « Si tu es un habile homme, tu as tort de ne pas parler ; mais s'il n'est pas ainsi, tu en sais beaucoup. » Voilà quelques-unes de ses maximes.

Mais si nous parlons de ses ouvrages, ils sont infinis, et nous n'apprenons pas que nul ancien ait plus écrit que Théophraste. Diogène Laërce fait l'énumération de plus de deux cents traités différents, e' sur toutes sortes de sujets, qu'il a composés. La plus grande partie s'est perdue par le malheur des temps, et l'autre se réduit à vingt traités, qui sont recueillis dans le volume de ses œuvres. L'on y voit neuf livres de l'histoire des plantes, six livres de leurs causes. Il a écrit des vents, du feu, des pierres, du miel, des signes du beau temps, des signes de la pluie, des signes de la tempête, des odeurs, de la sueur, du vertige, de la lassitude, du relâchement des nerfs, de la défaillance, des poissons qui vivent hors de l'eau, des animaux qui changent de couleur, des animaux qui naissent subitement, des animaux sujets à l'envie, des caractères des mœurs. Voilà ce qui nous reste de ses écrits, entre lesquels ce dernier seul, dont on donne la traduction, peut répondre non-seulement de la beauté de ceux que l'on vient de déduire, mais encore du mérite d'un nombre infini d'autres qui ne sont point venus jusques à nous.

Que si quelques-uns se refroidissaient pour cet ouvrage moral par les choses qu'ils y voient, qui sont du temps auquel il a été écrit, et qui ne sont point selon leurs mœurs, que peuvent-ils faire de plus utile et de plus agréable pour eux que de se défaire de cette prévention pour leurs coutumes et leurs manières, qui, sans autre discussion, non-seulement les leur fait trouver les meilleures de toutes, mais leur fait presque décider que tout ce qui n'y est pas conforme est méprisable, et qui les prive, dans la lecture des livres des anciens, du plaisir et de l'instruction qu'ils en doivent attendre ?

Nous, qui sommes si modernes, serons anciens dans quelques siècles. Alors l'histoire du nôtre fera goûter à la postérité la vénalité des charges, c'est-à-dire le pouvoir de protéger l'innocence, de punir le crime, et de faire justice à tout le monde, acheté à deniers comptants comme une métairie; la splendeur des partisans, gens si méprisés chez les Hébreux et chez les Grecs. L'on entendra parler d'une capitale d'un grand royaume où il n'y avait ni places publiques, ni bains, ni fontaines, ni amphithéâtres, ni galeries, ni portiques, ni promenoirs, qui était pourtant une ville merveilleuse. L'on dira que tout le cours de la vie s'y passait presque à sortir de sa maison pour aller se renfermer dans celle d'un autre; que d'honnêtes femmes, qui n'étaient ni marchandes, ni hôtelières, avaient leurs maisons ouvertes à ceux qui payaient pour y entrer; que l'on avait à choisir des dés, des cartes, et de tous les jeux; que l'on mangeait dans ces maisons, et qu'elles étaient commodes à tout commerce. L'on saura que le peuple ne paraissait dans la ville que pour y passer avec précipitation : nul entretien, nulle familiarité; que tout y était farouche et comme alarmé par le bruit des chars qu'il fallait éviter, et qui s'abandonnaient au milieu des rues, comme on fait dans une lice pour remporter le prix de la course. L'on apprendra sans étonnement qu'en pleine paix, et dans une tranquillité publique, des citoyens entraient dans les temples, allaient voir des femmes, ou visitaient leurs amis, avec des armes offensives, et qu'il n'y avait presque personne qui n'eût à son côté de quoi pouvoir d'un seul coup en tuer un autre. Ou si ceux qui viendront après nous, rebutés par des mœurs si étranges et si différentes des leurs, se dégoûtent par là de nos mémoires, de nos poésies, de notre comique et de nos satires, pouvons-nous ne les pas plaindre par avance de se priver eux-mêmes, par cette fausse délicatesse, de la lecture de si beaux ouvrages, si travaillés, si réguliers, et de la connaissance du plus beau règne dont jamais l'histoire ait été embellie.

Ayons donc pour les livres des anciens cette même indulgence que nous espérons nous-mêmes de la postérité, persuadés que les hommes n'ont point d'usages ni de coutumes qui soient de tous les siècles; qu'elles changent avec les temps; que nous sommes trop éloignés de celles qui ont passé, et trop proches de celles qui règnent encore, pour être dans la distance qu'il faut pour faire des unes et des autres un juste discernement. Alors, ni ce que nous appelons la politesse de nos mœurs, ni la bienséance de nos coutumes, ni notre faste, ni notre magnificence, ne nous préviendront pas davantage contre la vie simple des Athéniens, que contre celle des premiers hommes, grands par eux-mêmes, et indépendamment de mille choses extérieures qui ont été depuis inventées pour suppléer peut-être à cette véritable grandeur qui n'est plus.

La nature se montrait en eux dans toute sa pureté et sa dignité, et n'était point encore souillée par la vanité, par le luxe, et par la sotte ambition. Un homme n'était honoré sur la terre qu'à cause de sa force ou de sa vertu; il n'était point riche par des charges ou des pensions, mais par son champ, par ses troupeaux, par ses enfants et ses serviteurs; sa nourriture était saine et naturelle, les fruits de la terre, le lait de ses animaux et de ses brebis; ses vêtements simples et uniformes, leurs laines, leurs toisons; ses plaisirs innocents, une grande récolte, le mariage de ses enfants, l'union avec ses voisins, la paix dans sa famille. Rien n'est plus opposé à nos mœurs que toutes ces choses; mais l'éloignement des temps nous les fait goûter, ainsi que la distance des lieux nous fait recevoir tout ce que les diverses relations ou les livres de voyages nous apprennent des pays lointains et des nations étrangères.

Ils racontent une religion, une police, une manière de se

nourrir, de s'habiller, de bâtir et de faire la guerre, qu'on ne savait point, des mœurs que l'on ignorait. Celles qui approchent des nôtres nous touchent, celles qui s'en éloignent nous étonnent; mais toutes nous amusent. Moins rebutés par la barbarie des manières et des coutumes de peuples si éloignés, qu'instruits et même réjouis par leur nouveauté, il nous suffit que ceux dont il s'agit soient Siamois, Chinois, Nègres ou Abyssins.

Or ceux dont Théophraste nous peint les mœurs dans ses Caractères étaient Athéniens, et nous sommes Français; et si nous joignons à la diversité des lieux et du climat le long intervalle des temps, et que nous considérions que ce livre a pu être écrit la dernière année de la cent quinzième olympiade, trois cent quatorze ans avant l'ère chrétienne, et qu'ainsi il y a deux mille ans accomplis que vivait ce peuple d'Athènes dont il fait la peinture, nous admirerons de nous y reconnaître nous-mêmes, nos amis, nos ennemis, ceux avec qui nous vivons, et que cette ressemblance avec des hommes séparés par tant de siècles soit si entière. En effet, les hommes n'ont point changé selon le cœur et selon les passions; ils sont encore tels qu'ils étaient alors et qu'ils sont marqués dans Théophraste : vains, dissimulés, flatteurs, intéressés, effrontés, importuns, défiants, médisants, querelleux, superstitieux.

Il est vrai, Athènes était libre, c'était le centre d'une république; ses citoyens étaient égaux; ils ne rougissaient point l'un de l'autre; ils marchaient presque seuls et à pied dans une ville propre, paisible et spacieuse, entraient dans les boutiques et dans les marchés, achetaient eux-mêmes les choses nécessaires; l'émulation d'une cour ne les faisait point sortir d'une vie commune; ils réservaient leurs esclaves pour les bains, pour les repas, pour le service intérieur des maisons, pour les voyages; ils passaient une partie de leur vie dans les places, dans les temples, aux amphithéâtres, sur un port, sous des portiques, et au milieu d'une ville dont ils étaient également les maîtres. Là, le peuple s'assemblait pour délibérer des affaires publiques; ici, il s'entretenait avec les étrangers; ailleurs, les philosophes tantôt enseignaient leur doctrine, tantôt conféraient avec leurs disciples : ces lieux étaient tout à la fois la scène des plaisirs et des affaires. Il y avait dans ces mœurs quelque chose de simple et de populaire, et qui ressemble peu aux nôtres, je l'avoue; mais cependant quels hommes, en général, que les Athéniens, et quelle ville qu'Athènes! quelles lois! quelle police! quelle valeur! quelle discipline! quelle perfection dans toutes les sciences et dans tous les arts! mais quelle politesse dans le commerce ordinaire et dans le langage! Théophraste, le même Théophraste dont l'on vient de dire de si grandes choses, ce parleur agréable, cet homme qui s'exprimait divinement, fut reconnu étranger et appelé de ce nom par une simple femme de qui il achetait des herbes au marché, et qui reconnut, par je ne sais quoi d'attique qui lui manquait, et que les Romains ont depuis appelé urbanité, qu'il n'était pas Athénien : et Cicéron rapporte que ce grand personnage demeura étonné de voir qu'ayant vieilli dans Athènes, possédant si parfaitement le langage attique, et en ayant acquis l'accent par une habitude de tant d'années, il ne s'était pu donner ce que le simple peuple avait naturellement et sans nulle peine. Que si l'on ne laisse pas de lire quelquefois, dans ce traité des Caractères, de certaines mœurs qu'on ne peut excuser, et qui nous paraissent ridicules, il faut se souvenir qu'elles ont paru telles à Théophraste, qu'il les a regardées comme des vices, dont il a fait une peinture naïve qui fit honte aux Athéniens, et qui servit à les corriger.

Enfin, dans l'esprit de contenter ceux qui reçoivent froidement tout ce qui appartient aux étrangers et aux anciens, et qui n'estiment que leurs mœurs, on les ajoute à cet ouvrage. L'on a cru pouvoir se dispenser de suivre le projet de ce philosophe, soit parce qu'il est toujours pernicieux le poursuivre le travail d'autrui, surtout si c'est d'un ancien ou d'un auteur d'une grande réputation; soit encore parce que cette unique figure qu'on appelle description ou énumération, employée avec tant de succès dans ces vingt-huit chapitres des Caractères, pourrait en avoir un beaucoup moindre, si elle était traitée par un génie fort inférieur à celui de Théophraste.

Au contraire, se ressouvenant que, parmi le grand nombre des traités de ce philosophe rapportés par Diogène Laërce, il s'en trouve un sous le titre de *Proverbes,* c'est-à-dire de pièces détachées, comme des réflexions ou des remarques; que le premier et le plus grand livre de morale qui ait été fait porte ce même nom dans les divines Écritures, on s'est trouvé excité, par de si grands modèles, à suivre, selon ses forces, une semblable manière d'écrire des mœurs [1], et l'on n'a point été détourné de son entreprise par deux ouvrages de morale qui sont dans les mains de tout le monde, et d'où, faute d'attention, ou par un esprit de critique, quelques-uns pourraient penser que ces remarques sont imitées.

L'un, par l'engagement de son auteur [2], fait servir la métaphysique à la religion, fait connaître l'âme, ses passions, ses vices; traite les grands et les sérieux motifs pour conduire à la vertu, et veut rendre l'homme chrétien. L'autre, qui est la production d'un esprit instruit par le commerce du monde [3], et dont la délicatesse était égale à la pénétration, observant que l'amour-propre est dans l'homme la cause de tous ses faibles, l'attaque sans relâche, quelque part où il le trouve; et cette unique pensée, comme multipliée en mille

---

[1] L'on entend cette manière coupée dont Salomon a écrit ses Proverbes, et nullement les choses qui sont divines et hors de toute comparaison. (*Note de l'auteur.*)

[2] Pascal.

[3] La Rochefoucauld.

manières différentes, a toujours, par le choix des mots et par la variété de l'expression, la grâce de la nouveauté.

L'on ne suit aucune de ces routes dans l'ouvrage qui est joint à la traduction des Caractères ; il est tout différent des deux autres que je viens de toucher : moins sublime que le premier, et moins délicat que le second, il ne tend qu'à rendre l'homme raisonnable, mais par des voies simples et communes, et en l'examinant indifféremment, sans beaucoup de méthode, et selon que les divers chapitres y conduisent, par les âges, les sexes et les conditions, et par les vices, les faibles et le ridicule qui y sont attachés.

L'on s'est plus appliqué aux vices de l'esprit, aux replis du cœur, et à tout l'intérieur de l'homme, que n'a fait Théophraste ; et l'on peut dire que, comme ses Caractères, par mille choses extérieures qu'ils font remarquer dans l'homme, par ses actions, ses paroles et ses démarches, apprennent quel est son fond, et font remonter jusques à la source de son déréglement; tout au contraire, les nouveaux Caractères, déployant d'abord les pensées, les sentiments et les mouvements des hommes, découvrent le principe de leur malice et de leurs faiblesses, font que l'on prévoit aisément tout ce qu'ils sont capables de dire ou de faire, et qu'on ne s'étonne plus de mille actions vicieuses ou frivoles dont leur vie est toute remplie.

Il faut avouer que sur les titres de ces deux ouvrages l'embarras s'est trouvé presque égal. Pour ceux qui partagent le dernier, s'ils ne plaisent point assez, l'on permet d'en suppléer d'autres : mais à l'égard des titres des Caractères de Théophraste, la même liberté n'est pas accordée, parce qu'on n'est point maître du bien d'autrui. Il a fallu suivre l'esprit de l'auteur, et les traduire selon le sens le plus proche de la diction grecque, et en même temps selon la plus exacte conformité avec leurs chapitres; ce qui n'est pas une chose facile, parce que souvent la signification d'un terme grec, traduit en français mot pour mot, n'est plus la même dans notre langue : par exemple, ironie est chez nous une raillerie dans la conversation, ou une figure de rhétorique ; et chez Théophraste, c'est quelque chose entre la fourberie et la dissimulation, qui n'est pourtant ni l'un ni l'autre, mais précisément ce qui est décrit dans le premier chapitre.

Et d'ailleurs les Grecs ont quelquefois deux ou trois termes assez différents pour exprimer des choses qui le sont aussi, et que nous ne saurions guère rendre que par un seul mot : cette pauvreté embarrasse. En effet, l'on remarque dans cet ouvrage grec trois espèces d'avarice, deux sortes d'importuns, des flatteurs de deux manières, et autant de grands parleurs ; de sorte que les caractères de ces personnes semblent rentrer les uns dans les autres, au désavantage du titre ; ils ne sont pas aussi toujours suivis et parfaitement conformes, parce que Théophraste, emporté quelquefois par le dessein qu'il a de faire des portraits, se trouve déterminé à ces changements par le caractère et les mœurs du personnage qu'il peint, ou dont il fait la satire.

Les définitions qui sont au commencement de chaque chapitre ont eu leurs difficultés. Elles sont courtes et concises dans Théophraste, selon la force du grec et le style d'Aristote, qui lui en a fourni les premières idées : on les a étendues dans la traduction, pour les rendre intelligibles. Il se lit aussi dans ce traité des phrases qui ne sont pas achevées, et qui forment un sens imparfait, auquel il a été facile de suppléer le véritable ; il s'y trouve de différentes leçons, quelques endroits tout à fait interrompus, et qui pouvaient recevoir diverses explications ; et pour ne point s'égarer dans ces doutes, on a suivi les meilleures interprètes.

Enfin, comme cet ouvrage n'est qu'une simple instruction sur les mœurs des hommes, et qu'il vise moins à les rendre savants qu'à les rendre sages, l'on s'est trouvé exempt de le charger de longues et curieuses observations, ou de doctes commentaires qui rendissent un compte exact de l'antiquité.

L'on s'est contenté de mettre de petites notes à côté de certains endroits que l'on a cru le mériter, afin que nuls de ceux qui ont de la justesse, de la vivacité, et à qui il ne manque que d'avoir lu beaucoup, ne se reprochent pas même ce petit défaut, ne puissent être arrêtés dans la lecture des Caractères, et douter du moment du sens de Théophraste.

FIN DU DISCOURS SUR THÉOPHRASTE.

LES
CARACTÈRES DE THÉOPHRASTE.

J'ai admiré souvent, et j'avoue que je ne puis encore comprendre, quelque sérieuse réflexion que je fasse, pourquoi, toute la Grèce étant placée sous un même ciel, et les Grecs nourris et élevés de la même manière[1], il se trouve néanmoins si peu de ressemblance dans leurs mœurs. Puis donc, mon cher Polyclès, qu'à l'âge de quatre-vingt-dix-neuf ans où je me trouve, j'ai assez vécu pour connaître les hommes; que j'ai vu d'ailleurs, pendant le cours de ma vie, toutes sortes de personnes et de divers tempéraments, et que je me suis toujours attaché à étudier les hommes vertueux, comme ceux qui n'étaient connus que par leurs vices, il semble que j'ai dû marquer les caractères des uns et des autres[2],

---

[1] Par rapport aux barbares, dont les mœurs étaient très-différentes de celles des Grecs. (*Note de la Bruyère.*)

[2] Théophraste avait dessein de traiter de toutes les vertus et de tous les vices. (*Note de la Bruyère.*)

et ne me pas contenter de peindre les Grecs en général, mais même de toucher ce qui est personnel, et ce que plusieurs d'entre eux paraissent avoir de plus familier. J'espère, mon cher Polyclès, que cet ouvrage sera utile à ceux qui viendront après nous : il leur tracera des modèles qu'ils pourront suivre; il leur apprendra à faire le discernement de ceux avec qui ils doivent lier quelque commerce, et dont l'émulation les portera à imiter leur sagesse et leurs vertus. Ainsi je vais entrer en matière : c'est à vous de pénétrer dans mon sens, et d'examiner avec attention si la vérité se trouve dans mes paroles. Et, sans faire une plus longue préface, je parlerai d'abord de la dissimulation; je définirai ce vice : je dirai ce que c'est qu'un homme dissimulé, je décrirai ses mœurs; et je traiterai ensuite des autres passions, suivant le projet que j'en ai fait.

DE LA DISSIMULATION.

La dissimulation [1] n'est pas aisée à bien définir : si l'on se contente d'en faire une simple description, l'on peut dire que c'est un certain art de composer ses paroles et ses actions pour une mauvaise fin. Un homme dissimulé se comporte de cette manière : il aborde ses ennemis, leur parle, et leur fait croire, par cette démarche, qu'il ne les hait point ; il loue ouvertement et en leur présence ceux à qui il dresse de secrètes embûches, et il s'afflige avec eux s'il leur est arrivé quelque disgrâce ; il semble pardonner les discours offensants que l'on lui tient ; il récite froidement les plus horribles choses que l'on aura dites contre sa réputation, et il emploie les paroles les plus flatteuses pour adoucir ceux qui se plaignent de lui, et qui sont aigris par les injures qu'ils en ont reçues. S'il arrive que quelqu'un l'aborde avec empressement, il feint des affaires, et lui dit de revenir une autre fois. Il cache soigneusement tout ce qu'il fait ; et, à l'entendre parler, on croirait toujours qu'il délibère. Il ne parle point indifféremment ; il a ses raisons pour dire tantôt qu'il ne fait que revenir de la campagne, tantôt qu'il est arrivé à la ville fort tard, et quelquefois qu'il est languissant, ou qu'il a une mauvaise santé. Il dit à celui qui lui emprunte de l'argent à intérêt, ou qui le prie de contribuer[2] de sa part à une somme que ses amis consentent

---

[1] L'auteur parle de celle qui ne vient pas de la prudence, et que les Grecs appelaient *ironie*. (*Note de la Bruyère.*)

[2] Cette sorte de contribution était fréquente à Athènes, et autorisée par les lois. (*Note de la Bruyère.*)

de lui prêter, qu'il ne vend rien, qu'il ne s'est jamais vu si dénué d'argent ; pendant qu'il dit aux autres que le commerce va le mieux du monde, quoiqu'en effet il ne vende rien. Souvent, après avoir écouté ce qu'on lui a dit, il veut faire croire qu'il n'y a pas eu la moindre attention; il feint de n'avoir pas aperçu les choses où il vient de jeter les yeux; ou, s'il est convenu d'un fait, de ne s'en plus souvenir. Il n'a pour ceux qui lui parlent d'affaires que cette seule réponse : J'y penserai. Il sait de certaines choses, il en ignore d'autres. Il est saisi d'admiration; d'autres fois il aura pensé comme vous sur cet événement, et cela selon ses différents intérêts. Son langage le plus ordinaire est celui-ci : Je n'en crois rien, je ne comprends pas que cela puisse être, je ne sais où j'en suis; ou bien : Il me semble que je ne suis pas moi-même ; et ensuite : Ce n'est pas ainsi qu'il me l'a fait entendre; voilà une chose merveilleuse et qui passe toute créance; contez cela à d'autres; dois-je vous croire? ou me persuaderai-je qu'il m'ait dit la vérité? Paroles doubles et artificieuses, dont il faut se défier comme de ce qu'il y a au monde de plus pernicieux. Ces manières d'agir ne partent point d'une âme simple et droite, mais d'une mauvaise volonté ou d'un homme qui veut nuire : le venin des aspics est moins à craindre.

DE LA FLATTERIE.

La flatterie est un commerce honteux qui n'est utile qu'au flatteur. Si un flatteur se promène avec quelqu'un dans la place : Remarquez-vous, lui dit-il, comme tout le monde a les yeux sur vous? cela n'arrive qu'à vous seul. Hier il fut bien parlé de vous, et l'on ne tarissait point sur vos louanges : nous nous trouvâmes plus de trente personnes dans un endroit du Portique[1] ; et comme par la suite du discours l'on vint à tomber sur celui que l'on devait estimer le plus homme de bien de la ville, tous d'une commune voix vous nommèrent, et il n'y en eut pas un seul qui vous refusât ses suffrages. Il lui dit mille choses de cette nature. Il affecte d'apercevoir le moindre duvet qui se sera attaché à votre habit, de le prendre et de le souffler à terre. Si par hasard le vent a fait voler quelques petites pailles sur votre barbe ou sur vos cheveux, il prend soin de vous les ôter, et vous souriant : Il est merveilleux, dit-il, combien vous êtes blanchi[2] depuis deux jours que je ne vous ai pas vu ; et il ajoute : Voilà encore, pour un homme de votre âge[3], assez de cheveux noirs. Si celui qu'il veut flatter prend la parole, il impose silence à tous ceux qui se trouvent présents, et il les force d'approuver aveuglément tout ce qu'il avance, et, dès qu'il a cessé de parler, il se récrie : Cela est dit le mieux du monde, rien n'est plus heureusement rencontré. D'autres fois, s'il lui arrive de faire à quelqu'un une raillerie froide, il ne manque pas de lui applaudir, d'entrer dans cette mauvaise plaisanterie ; et, quoiqu'il n'ait nulle envie de rire, il porte à sa bouche l'un des bouts de son manteau, comme s'il ne pouvait se contenir et qu'il voulût s'empêcher d'éclater ; et s'il l'accompagne lorsqu'il marche par la ville, il dit à ceux qu'il rencontre dans son chemin de s'arrêter jusqu'à ce qu'il soit passé. Il achète des fruits, et les porte chez ce citoyen ; il les donne à ses enfants en sa présence ; il les baise, il les caresse : Voilà, dit-il, de jolis enfants et dignes d'un tel père. S'il sort de sa maison, il le suit ; s'il entre dans une boutique pour essayer des souliers, il lui dit : Votre pied est

---

[1] Édifice public qui servit depuis à Zénon et à ses disciples de rendez-vous pour leurs disputes : ils en furent appelés stoïciens, car *stoa*, mot grec, signifie portique. (*Note de la Bruyère.*)

[2] Allusion à la nuance que de petites pailles font dans les cheveux. (*Note de la Bruyère.*)

[3] Il parle à un jeune homme. (*Note de la Bruyère.*)

mieux fait que cela. Il l'accompagne ensuite chez ses amis, ou plutôt il entre le premier dans leur maison, et leur dit : Un tel me suit et vient vous rendre visite; et, retournant sur ses pas : Je vous ai annoncé, dit-il, et l'on se fait un grand honneur de vous recevoir. Le flatteur se met à tout sans hésiter, se mêle des choses les plus viles et qui ne conviennent qu'à des femmes. S'il est invité à souper, il est le premier des conviés à louer le vin; assis à table, le plus proche de celui qui fait le repas, il lui répète souvent : En vérité, vous faites une chère délicate. Et montrant aux autres l'un des mets qu'il soulève du plat : Cela s'appelle, dit-il, un morceau friand. Il a soin de lui demander s'il a froid, s'il ne voudrait point une autre robe; et il s'empresse de le mieux couvrir. Il lui parle sans cesse à l'oreille; et si quelqu'un de la compagnie l'interroge, il lui répond négligemment et sans le regarder, n'ayant des yeux que pour un seul. Il ne faut pas croire qu'au théâtre il oublie d'arracher des carreaux des mains du valet qui les distribue, pour les porter à sa place, et l'y faire asseoir plus mollement. J'ai dû dire aussi qu'avant qu'il sorte de sa maison, il en loue l'architecture, se récrie sur toutes choses, dit que les jardins sont bien plantés ; et s'il aperçoit quelque part le portrait du maître, où il soit extrêmement flatté, il est touché de voir combien il lui ressemble, et il l'admire comme un chef-d'œuvre. En un mot, le flatteur ne dit rien et ne fait rien au hasard; mais il rapporte toutes ses paroles et toutes ses actions au dessein qu'il a de plaire à quelqu'un, et d'acquérir ses bonnes grâces.

DE L'IMPERTINENT OU DU DISEUR DE RIEN.

La sotte envie de discourir vient d'une habitude qu'on a contractée de parler beaucoup et sans réflexion. Un homme qui veut parler, se trouvant assis proche d'une personne qu'il n'a jamais vue et qu'il ne connaît point, entre d'abord en matière, l'entretient de sa femme et lui fait son éloge, lui conte son songe, lui fait un long détail d'un repas où il s'est trouvé, sans oublier le moindre mets ni un seul service. Il s'échauffe ensuite dans la conversation, déclame contre le temps présent, et soutient que les hommes qui vivent présentement ne valent point leurs pères. De là il se jette sur ce qui se débite au marché, sur la cherté du blé, sur le grand nombre d'étrangers qui sont dans la ville : il dit qu'au printemps, où commencent les Bacchanales[1], la mer devient navigable; qu'un peu de pluie serait utile aux biens de la terre, et ferait espérer une bonne récolte; qu'il cultivera son champ l'année prochaine, et qu'il le mettra en valeur; que le siècle est dur, et qu'on a bien de la peine à vivre. Il apprend à cet inconnu que c'est Damippe qui a fait brûler la plus belle torche devant l'autel de Cérès à la fête des Mystères[2]; il lui demande combien de colonnes soutiennent le théâtre de la musique[3], quel est le quantième du mois : il lui dit qu'il a eu la veille une indigestion. Et si cet homme à qui il parle a la patience de l'écou-

---

[1] Premières Bacchanales, qui se célébraient dans la ville. (*Note de la Bruyère.*)

[2] Les mystères de Cérès se célébraient la nuit, et il y avait une émulation entre les Athéniens à qui y apporterait une plus grande torche. (*Note de la Bruyère.*)

[3] L'Odéon.

ter, il ne partira pas d'auprès de lui ; il lui annoncera comme une chose nouvelle que les Mystères[1] se célèbrent dans le mois d'août, les *Apaturies*[2] au mois d'octobre ; et à la campagne, dans le mois de décembre, les Bacchanales[3]. Il n'y a, avec de si grands causeurs, qu'un parti à prendre, qui est de fuir, si l'on veut du moins éviter la fièvre : car quel moyen de pouvoir tenir contre des gens qui ne savent pas discerner ni votre loisir ni le temps de vos affaires ?

DE LA RUSTICITÉ.

Il semble que la rusticité n'est autre chose qu'une ignorance grossière des bienséances. L'on voit, en effet, des gens rustiques et sans réflexion sortir un jour de médecine[4], et se trouver en cet état, dans un lieu public, parmi le monde ; ne pas faire la différence de l'odeur forte du thym ou de la marjolaine d'avec les parfums les plus délicieux ; être chaussés large et grossièrement ; parler haut et ne pouvoir se réduire à un ton de voix modéré ; ne se pas fier à leurs amis sur les moindres affaires, pendant qu'ils s'en entretiennent avec leurs domestiques, jusques à rendre compte à leurs moindres valets de ce qui aura été dit dans une assemblée publique. On les voit assis, leur robe relevée jusqu'aux genoux et d'une manière indécente. Il

---

[1] Fête de Cérès. *(Note de la Bruyère.)*

[2] En français, la fête des tromperies. Elle se faisait en l'honneur de Bacchus. Son origine ne fait rien aux mœurs de ce chapitre. *(Note de la Bruyère.)*

[3] Secondes Bacchanales, qui se célébraient en hiver à la campagne. *(Note de la Bruyère.)*

[4] Le texte grec nomme une certaine drogue qui rendait l'haleine fort mauvaise le jour qu'on l'avait prise. *(Note de la Bruyère.)*

ne leur arrive pas en toute leur vie de rien admirer, ni de paraître surpris des choses les plus extraordinaires que l'on rencontre sur les chemins; mais si c'est un bœuf, un âne, ou un vieux bouc, alors ils s'arrêtent et ne se lassent point de les contempler. Si quelquefois ils entrent dans leur cuisine, ils mangent avidement tout ce qu'ils y trouvent, boivent tout d'une haleine une grande tasse de vin pur; ils se cachent pour cela de leur servante, avec qui d'ailleurs ils vont au moulin, et entrent dans les plus petits détails du domestique. Ils interrompent leur souper, et se lèvent pour donner une poignée d'herbes aux bêtes de charrue[1] qu'ils ont dans leurs étables. Heurte-t-on à leur porte pendant qu'ils dînent, ils sont attentifs et curieux. Vous remarquez toujours proche de leur table un gros chien de cour qu'ils appellent à eux, qu'ils empoignent par la gueule, en disant : Voilà celui qui garde la place, qui prend soin de la maison et de ceux qui sont dedans. Ces gens, épineux dans les paiements qu'on leur fait, rebutent un grand nombre de pièces qu'ils croient légères, ou qui ne brillent pas assez à leurs yeux, et qu'on est obligé de leur changer. Ils sont occupés pendant la nuit d'une charrue, d'un sac, d'une faux, d'une corbeille, et ils rêvent à qui ils ont prêté ces ustensiles; et lorsqu'ils marchent par la ville : Combien vaut, demandent-ils aux premiers qu'ils rencontrent, le poisson salé? Les fourrures se vendent-elles bien? N'est-ce pas aujourd'hui que les jeux nous ramènent une nouvelle lune[2]? D'autres fois, ne sachant que dire, ils vous apprennent qu'ils vont se faire raser, et qu'ils ne sortent que pour cela. Ce sont ces mêmes personnes que l'on entend chanter dans le bain, qui mettent des clous à leurs souliers, et qui, se

---

[1] Des bœufs. (*Note de la Bruyère.*)

[2] Cela est dit rustiquement : un autre dirait que la nouvelle lune ramène les jeux; et d'ailleurs c'est comme si, le jour de Pâques, quelqu'un disait : N'est-ce pas aujourd'hui Pâques? (*Note de la Bruyère.*)

trouvant tout portés devant la boutique d'Archias [1], achètent eux-mêmes des viandes salées, et les apportent à la main en pleine rue.

DU COMPLAISANT [2].

Pour faire une définition un peu exacte de cette affectation que quelques-uns ont de plaire à tout le monde, il faut dire que c'est une manière de vivre où l'on cherche beaucoup moins ce qui est vertueux et honnête que ce qui est agréable. Celui qui a cette passion, d'aussi loin qu'il aperçoit un homme dans la place, le salue en s'écriant : Voilà ce qu'on appelle un homme de bien; l'aborde, l'admire sur les moindres choses, le retient avec ses deux mains de peur qu'il ne lui échappe; et après avoir fait quelques pas avec lui, il lui demande avec empressement quel jour on pourra le voir, et enfin ne s'en sépare qu'en lui donnant mille éloges. Si quelqu'un le choisit pour arbitre dans un procès, il ne doit pas attendre de lui qu'il lui soit plus favorable qu'à son adversaire : comme il veut plaire à tous deux, il les ménagera également. C'est dans cette vue que, pour se concilier tous les étrangers qui sont dans la ville, il leur dit quelquefois qu'il leur trouve plus de raison et d'équité que dans ses concitoyens. S'il est prié d'un repas, il demande en entrant à celui qui l'a convié où sont ses enfants; et dès qu'ils paraissent, il se récrie sur la ressemblance qu'ils ont avec leur père, et que deux figues ne se ressemblent pas mieux; il les fait approcher de lui, il les baise, et, les ayant fait asseoir à ses deux côtés, il badine avec eux : A qui est, dit-il, la petite bouteille? A qui est la jo-

---

[1] Fameux marchand de chairs salées, nourriture ordinaire du peuple. (*Note de la Bruyère.*)
[2] Ou *de l'Envie de plaire*. (*Note de la Bruyère.*)

lie cognée¹? Il les prend ensuite sur lui, et les laisse dormir sur son estomac, quoiqu'il en soit incommodé. Celui enfin qui veut plaire se fait raser souvent, a un fort grand soin de ses dents, change tous les jours d'habits, et les quitte presque tout neufs; il ne sort point en public qu'il ne soit parfumé; on ne le voit guère dans les salles publiques qu'auprès des comptoirs des banquiers²; et dans les écoles, qu'aux endroits seulement où s'exercent les jeunes gens³; et au théâtre, les jours de spectacle, que dans les meilleures places et tout proche des préteurs. Ces gens encore n'achètent jamais rien pour eux; mais ils envoient à Byzance toute sorte de bijoux précieux, des chiens de Sparte à Cyzique, et à Rhodes l'excellent miel du mont Hymette; et ils prennent soin que toute la ville soit informée qu'ils font ces emplettes. Leur maison est toujours remplie de mille choses curieuses qui font plaisir à voir, ou que l'on peut donner, comme des singes et des satyres⁴, qu'ils savent nourrir, des pigeons de Sicile, des dés qu'ils font faire d'os de chèvre, des fioles pour des parfums, des cannes torses que l'on fait à Sparte, et des tapis de Perse à personnages. Ils ont chez eux jusques à un jeu de paume, et une arène propre à s'exercer à la lutte; et s'ils se promènent par la ville, et qu'ils rencontrent en leur chemin des philosophes, des sophistes⁵, des escrimeurs ou des musiciens, ils leur offrent leur maison pour s'y exercer chacun dans son art indifféremment: ils se trouvent présents à ces exercices; et se mêlant avec ceux qui viennent là pour regarder: A

---

¹ Petits jouets que les Grecs pendaient au cou de leurs enfants. (*Note de la Bruyère.*)

² C'était l'endroit où s'assemblaient les plus honnêtes gens de la ville. (*Note de la Bruyère.*)

³ Pour être connu d'eux et en être regardé, ainsi que de tous ceux qui s'y trouvaient. (*Note de la Bruyère.*)

⁴ Une espèce de singes. (*Note de la Bruyère.*)

⁵ Une sorte de philosophes vains et intéressés. (*Note de la Bruyère.*)

qui croyez-vous qu'appartienne une si belle maison et cette arène si commode? Vous voyez, ajoutent-ils en leur montrant quelque homme puissant de la ville, celui qui en est le maître, et qui en peut disposer.

DE L'IMAGE D'UN COQUIN.

Un coquin est celui à qui les choses les plus honteuses ne coûtent rien à dire ou à faire; qui jure volontiers et fait des serments en justice autant que l'on lui en demande; qui est perdu de réputation; que l'on outrage impunément; qui est un chicaneur de profession, un effronté, et qui se mêle de toutes sortes d'affaires. Un homme de ce caractère entre sans masque dans une danse comique[1], et même sans être ivre; mais de sang-froid il se distingue dans la danse la plus obscène[2] par les postures les plus indécentes. C'est lui qui, dans ces lieux où l'on voit des prestiges[3], s'ingère de recueillir l'argent de chacun des spectateurs, et qui fait querelle à ceux qui, étant entrés par billets, croient ne devoir rien payer. Il est d'ailleurs de tous métiers; tantôt il tient une taverne, tantôt il est suppôt de quelque lieu infâme, une autre fois partisan : il n'y a point de sale commerce où il ne soit capable d'entrer. Vous le verrez aujourd'hui crieur public, demain cuisinier ou brelandier : tout lui est propre. S'il a une mère, il la laisse mourir de faim. Il est sujet au larcin et à se voir traîner par la ville dans une prison, sa demeure ordinaire, et où il passe une

[1] Sur le théâtre avec des farceurs. (*Note de la Bruyère.*)

[2] Cette danse, la plus déréglée de toutes, s'appelle en grec *cordax*, parce que l'on s'y servait d'une corde pour faire des postures. (*Note de la Bruyère.*)

[3] Choses fort extraordinaires, telles qu'on en voit dans nos foires. *Note de la Bruyère.*)

partie de sa vie. Ce sont ces sortes de gens que l'on voit se faire entourer du peuple, appeler ceux qui passent et se plaindre à eux avec une voix forte et enrouée, insulter ceux qui les contredisent. Les uns fendent la presse pour les voir, pendant que les autres, contents de les avoir vus, se dégagent et poursuivent leur chemin sans vouloir les écouter : mais ces effrontés continuent de parler ; ils disent à celui-ci le commencement d'un fait, quelque mot à cet autre ; à peine peut-on tirer d'eux la moindre partie de ce dont il s'agit ; et vous remarquerez qu'ils choisissent pour cela des jours d'assemblée publique, où il y a un grand concours de monde, qui se trouve le témoin de leur insolence. Toujours accablés de procès, que l'on intente contre eux ou qu'ils ont intentés à d'autres, de ceux dont ils se délivrent par de faux serments, comme de ceux qui les obligent de comparaître, ils n'oublient jamais de porter leur boîte[1] dans leur sein, et une liasse de papiers entre leurs mains. Vous les voyez dominer parmi de vils praticiens, à qui ils prêtent à usure, retirant chaque jour une obole et demie de chaque drachme[2] ; fréquenter les tavernes, parcourir les lieux où l'on débite le poisson frais ou salé, et consumer ainsi en bonne chère tout le profit qu'ils tirent de cette espèce de trafic. En un mot ils sont querelleux et difficiles, ont sans cesse la bouche ouverte à la calomnie, ont une voix étourdissante, et qu'ils font retentir dans les marchés et dans les boutiques.

---

[1] Une petite boîte de cuivre fort légère, où les plaideurs mettaient leurs titres et les pièces de leurs procès. (*Note de la Bruyère.*)

[2] Une obole était la sixième partie d'une drachme. (*Note de la Bruyère.*)

DU GRAND PARLEUR[1].

Ce que quelques-uns appellent *babil* est proprement une intempérance de langue qui ne permet pas à un homme de se taire. Vous ne contez pas la chose comme elle est, dira quelqu'un de ces grands parleurs à quiconque veut l'entretenir de quelque affaire que ce soit ; j'ai tout su, et si vous vous donnez la patience de m'écouter, je vous apprendrai tout. Et si cet autre continue de parler : Vous avez dit cela ; songez, poursuit-il, à ne rien oublier. Fort bien ; cela est ainsi, car vous m'avez heureusement remis dans le fait : voyez ce que c'est que de s'entendre les uns les autres. Et ensuite : Mais que veux-je dire? Ah ! j'oubliais une chose : oui, c'est cela même, et je voulais voir si vous tomberiez juste dans tout ce que j'en ai appris. C'est par de telles ou semblables interruptions qu'il ne donne pas le loisir à celui qui lui parle de respirer. Et lorsqu'il a comme assassiné de son *babil* chacun de ceux qui ont voulu lier avec lui quelque entretien, il va se jeter dans un cercle de personnes graves qui traitent ensemble de choses sérieuses, et les met en fuite. De là il entre dans les écoles publiques et dans les lieux des exercices[2], où il amuse les maîtres par de vains discours, et empêche la jeunesse de profiter de leurs leçons. S'il échappe à quelqu'un de dire : Je m'en vais, celui-ci se met à le suivre, et il ne l'abandonne point qu'il ne l'ait remis jusque dans sa maison. Si, par hasard, il a appris ce qui aura été dit dans une assemblée de ville, il court dans le même temps le divulguer. Il s'étend merveilleusement

---

[1] Ou *du Babil*. (*Note de la Bruyère.*)
[2] C'était un crime puni de mort à Athènes par une loi de Solon, à laquelle on avait un peu dérogé au temps de Théophraste. (*Note de la Bruyère.*)

sur la fameuse bataille qui s'est donnée sous le gouvernement de l'orateur Aristophon [1], comme sur le combat célèbre que ceux de Lacédémone ont livré aux Athéniens sous la conduite de Lysandre [2]. Il raconte une autre fois quels applaudissements a eus un discours qu'il a fait dans le public, en répète une grande partie, mêle dans ce récit ennuyeux des invectives contre le peuple, pendant que de ceux qui l'écoutent les uns s'endorment, les autres le quittent, et que nul ne se ressouvient d'un seul mot qu'il aura dit. Un grand causeur, en un mot, s'il est sur les tribunaux, ne laisse pas la liberté de juger; il ne permet pas que l'on mange à table; et s'il se trouve au théâtre, il empêche non-seulement d'entendre, mais même de voir les acteurs. On lui fait avouer ingénument qu'il ne lui est pas possible de se taire, qu'il faut que sa langue se remue dans son palais comme le poisson dans l'eau, et que, quand on l'accuserait d'être plus *babillard* qu'une hirondelle, il faut qu'il parle : aussi écoute-t-il froidement toutes les railleries que l'on fait de lui sur ce sujet; et jusques à ses propres enfants, s'ils commencent à s'abandonner au sommeil : Faites-nous, lui disent-ils, un conte qui achève de nous endormir.

DU DÉBIT DES NOUVELLES.

Un nouvelliste, ou un conteur de fables, est un homme qui arrange, selon son caprice, des discours et des faits remplis de fausseté; qui, lorsqu'il rencontre l'un de ses

---

[1] C'est-à-dire sur la bataille d'Arbelles et la victoire d'Alexandre, suivie de la mort de Darius, dont les nouvelles vinrent à Athènes lorsque Aristophon, célèbre orateur, était premier magistrat. (*Note de la Bruyère.*)

[2] Il était plus ancien que la bataille d'Arbelles, mais trivial et su de tout le peuple. (*Note de la Bruyère.*)

amis, compose son visage, et lui souriant : D'où venez-vous ainsi ? lui dit-il ; que nous direz-vous de bon ? n'y a-t-il rien de nouveau ? Et continuant de l'interroger : Quoi donc ! n'y a-t-il aucune nouvelle ? cependant il y a des choses étonnantes à raconter. Et sans lui donner le loisir de lui répondre : Que dites-vous donc ? poursuit-il ; n'avez-vous rien entendu par la ville ? Je vois bien que vous ne savez rien, et que je vais vous régaler de grandes nouveautés. Alors, ou c'est un soldat, ou le fils d'Astée le joueur de flûte [1], ou Lycon l'ingénieur, tous gens qui arrivent fraîchement de l'armée, de qui il sait toutes choses : car il allègue pour témoins de ce qu'il avance des hommes obscurs qu'on ne peut trouver pour le convaincre de fausseté. Il assure donc que ces personnes lui ont dit que le roi [2] et Polysperchon [3] ont gagné la bataille, et que Cassandre, leur ennemi, est tombé vif entre leurs mains [4]. Et lorsque quelqu'un lui dit : Mais, en vérité, cela est-il croyable ? il lui réplique que cette nouvelle se crie et se répand par toute la ville, que tous s'accordent à dire la même chose, que c'est tout ce qui se raconte du combat, et qu'il y a eu un grand carnage. Il ajoute qu'il a lu cet événement sur le visage de ceux qui gouvernent ; qu'il y a un homme caché chez l'un de ces magistrats depuis cinq jours entiers, qui revient de la Macédoine, qui a tout vu et qui lui a tout dit. Ensuite, interrompant le fil de sa narration : Que pensez-vous de ce succès ? demande-t-il à ceux qui l'écoutent. Pauvre Cassandre ! malheureux prince ! s'écrie-t-il d'une manière touchante. Voyez ce que c'est que la fortune : car enfin Cassandre était puissant, et il avait avec lui de grandes forces. Ce que je

---

[1] L'usage de la flûte, très-ancien dans les troupes. (*Note de la Bruyère.*)
[2] Aridée, frère d'Alexandre le Grand. (*Note de la Bruyère.*)
[3] Capitaine du même Alexandre. (*Note de la Bruyère.*)
[4] C'était un faux bruit ; et Cassandre, fils d'Antipater, disputant à Aridée et à Polysperchon la tutelle des enfants d'Alexandre, avait eu de l'avantage sur eux. (*Note de la Bruyère.*)

vous dis, poursuit-il, est un secret qu'il faut garder pour vous seul; pendant qu'il court par toute la ville le débiter à qui le veut entendre. Je vous avoue que ces diseurs de nouvelles me donnent de l'admiration, et que je ne conçois pas quelle est la fin qu'ils se proposent; car, pour ne rien dire de la bassesse qu'il y a à toujours mentir, je ne vois pas qu'ils puissent recueillir le moindre fruit de cette pratique. Au contraire, il est arrivé à quelques-uns de se laisser voler leurs habits dans un bain public, pendant qu'ils ne songeaient qu'à rassembler autour d'eux une foule de peuple, et à lui conter des nouvelles. Quelques autres, après avoir vaincu sur mer et sur terre dans le Portique [1], ont payé l'amende pour n'avoir pas comparu à une cause appelée. Enfin, il s'en est trouvé qui, le jour même qu'ils ont pris une ville, du moins par leurs beaux discours, ont manqué de dîner. Je ne crois pas qu'il y ait rien de si misérable que la condition de ces personnes : car quelle est la boutique, quel est le portique, quel est l'endroit d'un marché public, où ils ne passent tout le jour à rendre sourds ceux qui les écoutent, ou à les fatiguer par leurs mensonges?

DE L'EFFRONTERIE CAUSÉE PAR L'AVARICE.

Pour faire connaître ce vice, il faut dire que c'est un mépris de l'honneur dans la vue d'un vil intérêt. Un homme que l'avarice rend effronté ose emprunter une somme d'argent à celui à qui il en doit déjà, et qu'il lui retient avec injustice. Le jour même qu'il aura sacrifié aux dieux, au lieu de manger religieusement chez soi une partie des viandes consacrées [2], il les fait saler pour lui servir dans plusieurs

---

[1] Voy. le chapitre *de la Flatterie*. (*Note de la Bruyère.*)
[2] C'était la coutume des Grecs. Voy. le chapitre *du Contre-Temps*. (*Note de la Bruyère.*)

repas, et va souper chez l'un de ses amis; et là, à table, à la vue de tout le monde, il appelle son valet, qu'il veut encore nourrir aux dépens de son hôte; et, lui coupant un morceau de viande qu'il met sur un quartier de pain : Tenez, mon ami, lui dit-il, faites bonne chère. Il va lui-même au marché acheter des viandes cuites [1]; et, avant que de convenir du prix, pour avoir une meilleure composition du marchand, il le fait ressouvenir qu'il lui a autrefois rendu service. Il fait ensuite peser ces viandes, et il en entasse le plus qu'il peut : s'il en est empêché par celui qui les lui vend, il jette du moins quelques os dans la balance : si elle peut tout contenir, il est satisfait; sinon, il ramasse sur la table des morceaux de rebut, comme pour se dédommager, sourit, et s'en va. Une autre fois, sur l'argent qu'il aura reçu de quelques étrangers pour leur louer des places au théâtre, il trouve le secret d'avoir sa place franche du spectacle, et d'y envoyer le lendemain ses enfants et leur précepteur. Tout lui fait envie; il veut profiter des bons marchés, et demande hardiment au premier venu une chose qu'il ne vient que d'acheter. Se trouve-t-il dans une maison étrangère, il emprunte jusqu'à l'orge et à la paille; encore faut-il que celui qui les lui prête fasse les frais de les faire porter chez lui. Cet effronté, en un mot, entre sans payer dans un bain public, et là, en présence du baigneur, qui crie inutilement contre lui, prenant le premier vase qu'il rencontre, il le plonge dans une cuve d'airain qui est remplie d'eau, se la répand sur tout le corps [2] : Me voilà lavé, ajoute-t-il, autant que j'en ai besoin, et sans avoir obligation à personne; remet sa robe et disparaît.

---

[1] Comme le menu peuple, qui achetait son souper chez les chair-cuitiers (*Note de la Bruyère.*)

[2] Les plus pauvres se lavaient ainsi pour payer moins. (*Note de la Bruyère.*)

DE L'ÉPARGNE SORDIDE.

Cette espèce d'avarice est dans les hommes une passion de vouloir ménager les plus petites choses sans aucune fin honnête. C'est dans cet esprit que quelques-uns, recevant tous les mois le loyer de leur maison, ne négligent pas d'aller eux-mêmes demander la moitié d'une obole qui manquait au dernier paiement qu'on leur a fait; que d'autres, faisant l'effort de donner à manger chez eux, ne sont occupés pendant le repas qu'à compter le nombre de fois que chacun des conviés demande à boire. Ce sont eux encore dont la portion des prémices [1] des viandes que l'on envoie sur l'autel de Diane est toujours la plus petite. Ils apprécient les choses au-dessous de ce qu'elles valent; et de quelque bon marché qu'un autre, en leur rendant compte, veuille se prévaloir, ils lui soutiennent toujours qu'il a acheté trop cher. Implacables à l'égard d'un valet qui aura laissé tomber un pot de terre, ou cassé par malheur quelque vase d'argile, ils lui déduisent cette perte sur sa nourriture; mais si leurs femmes ont perdu seulement un denier, il faut alors renverser toute une maison, déranger les lits, transporter des coffres, et chercher dans les recoins les plus cachés. Lorsqu'ils vendent, ils n'ont que cette unique chose en vue, qu'il n'y ait qu'à perdre pour celui qui achète. Il n'est permis à personne de cueillir une figue dans leur jardin, de passer au travers de leur champ, de ramasser une petite branche de palmier, ou quelques olives qui seront tombées de l'arbre. Ils vont tous les jours se promener sur leurs terres, en remarquent les bornes, voient si l'on n'y a rien changé et si elles sont tou-

---

[1] Les Grecs commençaient par ces offrandes leurs repas publics. (*Note de la Bruyère.*)

jours les mêmes. Ils tirent intérêt de l'intérêt, et ce n'est qu'à cette condition qu'ils donnent du temps à leurs créanciers. S'ils ont invité à dîner quelques-uns de leurs amis, et qui ne sont que des personnes du peuple, ils ne feignent point de leur faire servir un simple hachis; et on les a vus souvent aller eux-mêmes au marché pour ces repas, y trouver tout trop cher, et en revenir sans rien acheter. Ne prenez pas l'habitude, disent-ils à leurs femmes, de prêter votre sel, votre orge, votre farine, ni même du cumin[1], de la marjolaine[2], des gâteaux pour l'autel[3], du coton, de la laine; car ces petits détails ne laissent pas de monter, à la fin d'une année, à une grosse somme. Ces avares, en un mot, ont des trousseaux de clefs rouillées dont ils ne se servent point, des cassettes où leur argent est en dépôt, qu'ils n'ouvrent jamais, et qu'ils laissent moisir dans un coin de leur cabinet; ils portent des habits qui leur sont trop courts et trop étroits; les plus petites fioles contiennent plus d'huile qu'il n'en faut pour les oindre; ils ont la tête rasée jusqu'au cuir; se déchaussent vers le milieu du jour[4] pour épargner leurs souliers; vont trouver les foulons pour obtenir d'eux de ne pas épargner la craie dans la laine qu'ils leur ont donnée à préparer, afin, disent-ils, que leur étoffe se tache moins[5].

[1] Une sorte d'herbe. (*Note de la Bruyère.*)

[2] Elle empêche les viandes de se corrompre, ainsi que le thym et le laurier (*Note de la Bruyère.*)

[3] Faits de farine et de miel, et qui servaient aux sacrifices. (*Note de la Bruyère.*)

[4] Parce que dans cette partie du jour le froid, en toute saison, était supportable. (*Note de la Bruyère.*)

[5] C'était aussi parce que cet apprêt avec de la craie, comme le pire de tous, et qui rendait les étoffes dures et grossières, était celui qui coûtait le moins. (*Note de la Bruyère.*)

DE L'IMPUDENT, OU DE CELUI QUI NE ROUGIT DE RIEN.

L'impudence est facile à définir : il suffit de dire que c'est une profession ouverte d'une plaisanterie outrée, comme de ce qu'il y a de plus honteux et de plus contraire à la bienséance. Celui-là, par exemple, est impudent qui, voyant venir vers lui une femme de condition, feint dans ce moment quelque besoin pour avoir occasion de se montrer à elle d'une manière déshonnête ; qui se plaît à battre des mains au théâtre lorsque tout le monde se tait, ou y siffler les acteurs que les autres voient et écoutent avec plaisir ; qui, couché sur le dos pendant que toute l'assemblée garde un profond silence, fait entendre de sales hoquets qui obligent les spectateurs de tourner la tête et d'interrompre leur attention. Un homme de ce caractère achète en plein marché des noix, des pommes, toutes sortes de fruits, les mange, cause debout avec la fruitière, appelle par leurs noms ceux qui passent sans presque les connaître, en arrête d'autres qui courent par la place et qui ont leurs affaires ; et, s'il voit venir quelque plaideur, il l'aborde, le raille et le félicite sur une cause importante qu'il vient de perdre. Il va lui-même choisir de la viande, et louer pour un souper des femmes qui jouent de la flûte ; et, montrant à ceux qu'il rencontre ce qu'il vient d'acheter, il les convie en riant d'en venir manger. On le voit s'arrêter devant la boutique d'un barbier ou d'un parfumeur, et là[1] annoncer qu'il va faire un grand repas et s'enivrer[2].

[1] Il y avait des gens fainéants et désoccupés qui s'assemblaient dans leurs boutiques. (*Note de la Bruyère.*)

[2] Le passage qui vient à cette place, dans la plupart des éditions, n'appartient pas à ce *caractère;* se rapporte au chapitre *du Gain sordide.* C'est

DU CONTRE-TEMPS.

Cette ignorance du temps et de l'occasion est une manière d'aborder les gens, ou d'agir avec eux, toujours incommode et embarrassante. Un importun est celui qui choisit le moment que son ami est accablé de ses propres affaires pour lui parler des siennes; qui va souper chez sa maîtresse le soir même qu'elle a la fièvre; qui, voyant que quelqu'un vient d'être condamné en justice de payer pour un autre, pour qui il s'est obligé, le prie néanmoins de répondre pour lui; qui comparaît pour servir de témoin dans un procès que l'on vient de juger; qui prend le temps des noces où il est invité, pour se déchaîner contre les femmes; qui entraîne à la promenade des gens à peine arrivés d'un long voyage, et qui n'aspirent qu'à se reposer; fort capable d'amener des marchands pour offrir d'une chose plus qu'elle ne vaut, après qu'elle est vendue; de se lever au milieu d'une assemblée pour reprendre un fait dès ses commencements, et en instruire à fond ceux qui en ont les oreilles rebattues et qui le savent mieux que lui : souvent empressé pour engager dans une affaire des personnes qui, ne l'affectionnant point, n'osent pourtant refuser d'y entrer. S'il arrive que quelqu'un dans la ville doive faire un festin après avoir sacrifié[1], il va lui demander une portion des viandes qu'il a préparées.

---

par suite d'une transposition faite par le copiste qu'il avait été introduit dans le texte incomplet que la Bruyère a eu sous les yeux et qu'il a traduit.

[1] Les Grecs, le jour même qu'ils avaient sacrifié, ou soupaient avec leurs amis, ou leur envoyaient à chacun une portion de la victime. C'était donc un contre-temps de demander sa part prématurément et lorsque le festin était résolu, auquel on pouvait même être invité. (*Note de la Bruyère.*)

Une autre fois, s'il voit qu'un maître châtie devant lui son esclave : J'ai perdu, dit-il, un des miens dans une pareille occasion; je le fis fouetter, il se désespéra, et s'alla pendre. Enfin, il n'est propre qu'à commettre de nouveau deux personnes qui veulent s'accommoder, s'ils l'ont fait arbitre de leur différend. C'est encore une action qui lui convient fort, que d'aller prendre au milieu du repas, pour danser[1], un homme qui est de sang-froid, et qui n'a bu que modérément.

DE L'AIR EMPRESSÉ.

Il semble que le trop grand empressement est une recherche importune, ou une vaine affectation de marquer aux autres de la bienveillance par ses paroles et par toute sa conduite. Les manières d'un homme empressé sont de prendre sur soi l'événement d'une affaire qui est au-dessus de ses forces, et dont il ne saurait sortir avec honneur; et, dans une chose que toute une assemblée juge raisonnable, et où il ne se trouve pas la moindre difficulté, d'insister longtemps sur une légère circonstance, pour être ensuite de l'avis des autres; de faire beaucoup plus apporter de vin dans un repas qu'on n'en peut boire; d'entrer dans une querelle où il se trouve présent, d'une manière à l'échauffer davantage. Rien n'est aussi plus ordinaire que de le voir s'offrir à servir de guide dans un chemin détourné qu'il ne connaît pas, et dont il ne peut ensuite trouver l'issue; venir vers son général, et lui demander quand il doit ranger son armée en bataille, quel jour il faudra combattre, et s'il n'a point d'ordres à lui donner pour le lendemain; une autre fois s'approcher de son

---

[1] Cela ne se faisait chez les Grecs qu'après le repas, et lorsque les tables étaient enlevées. (*Note de la Bruyère.*)

père : Ma mère, lui dit-il mystérieusement, vient de se coucher, et ne commence qu'à s'endormir ; s'il entre enfin dans la chambre d'un malade à qui son médecin a défendu le vin, dire qu'on peut essayer s'il ne lui fera point de mal, et le soutenir doucement pour lui en faire prendre. S'il apprend qu'une femme soit morte dans la ville, il s'ingère de faire son épitaphe ; il y fait graver son nom, celui de son mari, de son père, de sa mère, son pays, son origine, avec cet éloge : *Ils avaient tous de la vertu*[1]. S'il est quelquefois obligé de jurer devant des juges qui exigent son serment : Ce n'est pas, dit-il en perçant la foule pour paraître à l'audience, la première fois que cela m'est arrivé.

DE LA STUPIDITÉ.

La stupidité est en nous une pesanteur d'esprit qui accompagne nos actions et nos discours. Un homme stupide, ayant lui-même calculé avec des jetons une certaine somme, demande à ceux qui le regardent faire à quoi elle se monte. S'il est obligé de paraître dans un jour prescrit devant ses juges, pour se défendre dans un procès que l'on lui fait, il l'oublie entièrement, et part pour la campagne. Il s'endort à un spectacle, et il ne se réveille que longtemps après qu'il est fini, et que le peuple s'est retiré. Après s'être rempli de viandes le soir, il se lève la nuit pour une indigestion, va dans la rue se soulager, où il est mordu d'un chien du voisinage. Il cherche ce qu'on vient de lui donner, et qu'il a mis lui-même dans quelque endroit où souvent il ne peut le retrouver. Lorsqu'on l'avertit de la mort de l'un de ses amis, afin qu'il assiste à ses funérailles, il s'attriste, il pleure, il se

---

[1] Formule d'épitaphe. (*Note de la Bruyère.*)

désespère; et, prenant une façon de parler pour une autre :
A la bonne heure, ajoute-t-il; ou une pareille sottise. Cette
précaution qu'ont les personnes sages de ne pas donner
sans témoins [1] de l'argent à leurs créanciers, il l'a pour en
recevoir de ses débiteurs. On le voit quereller son valet
dans le plus grand froid de l'hiver, pour ne lui avoir pas
acheté des concombres. S'il s'avise un jour de faire exercer
ses enfants à la lutte ou à la course, il ne leur permet pas
de se retirer qu'ils ne soient tout en sueur et hors d'haleine.
Il va cueillir lui-même des lentilles, les fait cuire; et, ou-
bliant qu'il y a mis du sel, il les sale une seconde fois, de
sorte que personne n'en peut goûter. Dans le temps d'une
pluie incommode, et dont tout le monde se plaint, il lui
échappera de dire que l'eau du ciel est une chose délicieuse;
et si on lui demande par hasard combien il a vu emporter
de morts par la porte sacrée [2] : Autant, répond-il, pensant
peut-être à de l'argent ou à des grains, que je voudrais que
vous et moi en puissions avoir.

DE LA BRUTALITÉ.

La brutalité est une certaine dureté, et j'ose dire une férocité qui se rencontre dans nos manières d'agir, et qui
passe même jusqu'à nos paroles. Si vous demandez à un
homme brutal : Qu'est devenu un tel? il vous répond dure-
ment : Ne me rompez point la tête. Si vous le saluez, il ne
vous fait pas l'honneur de vous rendre le salut. Si quelquefois il met en vente une chose qui lui appartient, il est inu-

---

[1] Les témoins étaient fort en usage chez les Grecs, dans les paiements et dans tous les actes. (*Note de la Bruyère.*)

[2] Pour être enterrés hors de la ville, suivant la loi de Solon. (*Note de la Bruyère.*)

tile de lui en demander le prix, il ne vous écoute pas ; mais il dit fièrement à celui qui la marchande : Qu'y trouvez-vous à dire? Il se moque de la piété de ceux qui envoient leurs offrandes dans les temples aux jours d'une grande célébrité : Si leurs prières, dit-il, vont jusqu'aux dieux, et s'ils en obtiennent les biens qu'ils souhaitent, l'on peut dire qu'ils les ont bien payés, et que ce n'est pas un présent du ciel. Il est inexorable à celui qui, sans dessein, l'aura poussé légèrement, ou lui aura marché sur le pied ; c'est une faute qu'il ne pardonne pas. La première chose qu'il dit à un ami qui lui emprunte quelque argent, c'est qu'il ne lui en prêtera point : il va le trouver ensuite, et le lui donne de mauvaise grâce, ajoutant qu'il le compte perdu. Il ne lui arrive jamais de se heurter à une pierre qu'il rencontre en son chemin, sans lui donner de grandes malédictions. Il ne daigne pas attendre personne ; et, si l'on diffère un moment à se rendre au lieu dont l'on est convenu avec lui, il se retire. Il se distingue toujours par une grande singularité[1] ; il ne veut ni chanter à son tour, ni réciter dans un repas, ni même danser avec les autres[2]. En un mot, on ne le voit guère dans les temples importuner les dieux, et leur faire des vœux ou des sacrifices.

DE LA SUPERSTITION.

La superstition semble n'être autre chose qu'une crainte mal réglée de la Divinité. Un homme superstitieux, après avoir lavé ses mains et s'être purifié avec de l'eau lustrale[2],

---

[1] Ces mots ne sont pas dans le grec.

[2] Les Grecs récitaient à table quelques beaux endroits de leurs poëtes, et dansaient ensemble après le repas. Voy. le chapitre *du Contre-Temps*. (*Note de la Bruyère.*)

[3] Une eau où l'on avait éteint un tison ardent pris sur l'autel où l'on

sort du temple, et se promène une grande partie du jour avec une feuille de laurier dans sa bouche. S'il voit une belette, il s'arrête tout court; et il ne continue pas de marcher, que quelqu'un n'ait passé avant lui par le même endroit que cet animal a traversé, ou qu'il n'ait jeté lui-même trois petites pierres dans le chemin, comme pour éloigner de lui ce mauvais présage. En quelque endroit de sa maison qu'il ait aperçu un serpent, il ne diffère pas d'y élever un autel; et dès qu'il remarque dans les carrefours de ces pierres que la dévotion du peuple y a consacrées, il s'en approche, verse dessus toute l'huile de sa fiole, plie les genoux devant elles, et les adore. Si un rat lui a rongé un sac de farine, il court au devin, qui ne manque pas de lui enjoindre d'y faire mettre une pièce; mais, bien loin d'être satisfait de sa réponse, effrayé d'une aventure si extraordinaire, il n'ose plus se servir de son sac, et s'en défait. Son faible encore est de purifier sans fin la maison qu'il habite, d'éviter[1] de s'asseoir sur un tombeau, comme d'assister à des funérailles, ou d'entrer dans la chambre d'une femme qui est en couche[2]; et, lorsqu'il lui arrive d'avoir, pendant son sommeil, quelque vision, il va trouver les interprètes des songes, les devins et les augures, pour savoir d'eux à quel dieu ou à quelle déesse il doit sacrifier. Il est fort exact à visiter, sur la fin de chaque mois, les prêtres d'Orphée, pour se faire initier dans ses mystères[3]; il y mène sa femme;

brûlait la victime : elle était dans une chaudière à la porte du temple : l'on s'en lavait soi-même, ou l'on s'en faisait laver par les prêtres. (*Note de la Bruyère.*)

[1] Le manuscrit du Vatican ajoute : « Sous prétexte qu'Hécate y a exercé une influence maligne. S'il rencontre une chouette, il en est effrayé et n'ose continuer son chemin qu'après avoir prononcé ces mots : Que Minerve ait le dessus. Il évite, etc. »

[2] Le manuscrit du Vatican ajoute : « Les quatrième et cinquième jours de chaque mois il fait cuire du vin, sort lui-même pour aller acheter des branches de myrte et de l'encens; et, de retour, il passe toute la journée à couronner les statues de Vénus et de Minerve. »

[3] Instruire de ses mystères. (*Note de la Bruyère.*)

ou, si elle s'en excuse par d'autres soins, il y fait conduire ses enfants par une nourrice. Lorsqu'il marche par la ville, il ne manque guère de se laver toute la tête avec l'eau des fontaines qui sont dans les places : quelquefois il a recours à des prêtresses, qui le purifient d'une autre manière, en liant et étendant autour de son corps un petit chien, ou de la squille[1]. Enfin, s'il voit un homme frappé d'épilepsie, saisi d'horreur, il crache dans son propre sein, comme pour rejeter le malheur de cette rencontre.

DE L'ESPRIT CHAGRIN.

L'esprit chagrin fait que l'on n'est jamais content de personne, et que l'on fait aux autres mille plaintes sans fondement. Si quelqu'un fait un festin, et qu'il se souvienne d'envoyer un plat[2] à un homme de cette humeur, il ne reçoit de lui pour tout remercîment que le reproche d'avoir été oublié : Je n'étais pas digne, dit cet esprit querelleux, de boire de son vin, ni de manger à sa table. Tout lui est suspect, jusques aux caresses que lui fait sa maîtresse : Je doute fort, lui dit-il, que vous soyez sincère, et que toutes ces démonstrations d'amitié partent du cœur. Après une grande sécheresse, venant à pleuvoir, comme il ne peut se plaindre de la pluie, il s'en prend au ciel de ce qu'elle n'a pas commencé plus tôt. Si le hasard lui fait voir une bourse dans son chemin, il s'incline : Il y a des gens, ajoute-t-il, qui ont du bonheur; pour moi, je n'ai jamais eu celui de trouver un trésor. Une autre fois, ayant envie d'un esclave, il prie instamment celui à qui il appartient d'y mettre le prix; et dès que celui-ci, vaincu par ses importunités, le lui a vendu,

---

[1] Espèce d'oignon marin. (*Note de la Bruyère.*)
[2] Ç'a été la coutume des Juifs et d'autres peuples orientaux, des Grecs et des Romains. (*Note de la Bruyère.*)

il se repent de l'avoir acheté : Ne suis-je pas trompé? demande-t-il, et exigerait-on si peu d'une chose qui serait sans défaut? A ceux qui lui font les compliments ordinaires sur la naissance d'un fils et sur l'augmentation de sa famille : Ajoutez, leur dit-il, pour ne rien oublier, sur ce que mon bien est diminué de la moitié. Un homme chagrin, après avoir eu de ses juges ce qu'il demandait, et l'avoir emporté tout d'une voix sur son adversaire, se plaint encore de celui qui a écrit ou parlé pour lui, de ce qu'il n'a pas touché les meilleurs moyens de sa cause; ou lorsque ses amis ont fait ensemble une certaine somme pour le secourir dans un besoin pressant, si quelqu'un l'en félicite, et le convie à mieux espérer de la fortune : Comment, lui répond-il, puis-je être sensible à la moindre joie, quand je pense que je dois rendre cet argent à chacun de ceux qui me l'ont prêté, et n'être pas encore quitte envers eux de la reconnaissance de leur bienfait?

DE LA DÉFIANCE.

L'esprit de défiance nous fait croire que tout le monde est capable de nous tromper. Un homme défiant, par exemple, s'il envoie au marché l'un de ses domestiques pour y acheter des provisions, il le fait suivre par un autre, qui doit lui rapporter fidèlement combien elles ont coûté. Si quelquefois il porte de l'argent sur soi dans un voyage, il le calcule à chaque stade [1] qu'il fait, pour voir s'il a son compte. Une autre fois, étant couché avec sa femme, il lui demande si elle a remarqué que son coffre-fort fût bien fermé, si sa cassette est toujours scellée, et si on a eu soin de bien fermer la porte du vestibule; et, bien qu'elle assure que tout est en bon état, l'inquiétude le prend, il se lève du lit, va en chemise et les pieds nus, avec la lampe qui brûle dans

---

[1] Six cents pas. (*Note de la Bruyère.*)

sa chambre, visiter lui-même tous les endroits de sa maison;
et ce n'est qu'avec beaucoup de peine qu'il s'endort après
cette recherche. Il mène avec lui des témoins quand il va
demander ses arrérages, afin qu'il ne prenne pas un jour
envie à ses débiteurs de lui dénier sa dette. Ce n'est point
chez le foulon qui passe pour le meilleur ouvrier qu'il envoie teindre sa robe, mais chez celui qui consent de ne point
la recevoir sans donner caution. Si quelqu'un se hasarde de
lui emprunter quelques vases[1], il les lui refuse souvent; ou
s'il les accorde, * il ne les laisse pas enlever qu'ils ne soient
pesés : il fait suivre celui qui les emporte, et envoie dès le
lendemain prier qu'on les lui renvoie *[2]. A-t-il un esclave
qu'il affectionne et qui l'accompagne dans la ville, il le fait
marcher devant lui, de peur que, s'il le perdait de vue,
il ne lui échappât et ne prît la fuite. A un homme qui,
emportant de chez lui quelque chose que ce soit, lui dirait :
Estimez cela, et mettez-le sur mon compte, il répondrait
qu'il faut le laisser où on l'a pris, et qu'il a d'autres affaires
que celle de courir après son argent.

D'UN VILAIN HOMME.

Ce caractère suppose toujours dans un homme une extrême
malpropreté, et une négligence pour sa personne qui passe
dans l'excès et qui blesse ceux qui s'en aperçoivent. Vous le
verrez quelquefois tout couvert de lèpre, avec des ongles
longs et malpropres, ne pas laisser de se mêler parmi le

[1] D'or ou d'argent. (*Note de la Bruyère.*)

[2] Ce qui se lit entre les deux étoiles n'est pas dans le grec, où le sens est interrompu; mais il est suppléé par quelques interprètes. (*Note de la Bruyère.*) — Le manuscrit du Vatican, découvert depuis, rétablit ainsi le passage : « Il les refuse la plupart du temps; mais s'ils sont demandés par un ami ou par un parent, il est tenté de les essayer et de les peser, et exige presque une caution avant de les prêter. »

monde, et croire en être quitte pour dire que c'est une maladie de famille, et que son père et son aïeul y étaient sujets [1]. Il a aux jambes des ulcères. On lui voit aux mains des poireaux et d'autres saletés, qu'il néglige de faire guérir, ou s'il pense à y remédier, c'est lorsque le mal, aigri par le temps, est devenu incurable. Il est hérissé de poil sous les aisselles et par tout le corps, comme une bête fauve : il a les dents noires, rongées, et telles que son abord ne se peut souffrir. Ce n'est pas tout : il crache ou il se mouche en mangeant ; il parle la bouche pleine ; fait, en buvant, des choses contre la bienséance [2]; il ne se sert jamais au bain que d'une huile qui sent mauvais, et ne paraît guère dans une assemblée publique qu'avec une vieille robe, et toute tachée. S'il est obligé d'accompagner sa mère chez les devins, il n'ouvre la bouche que pour dire des choses de mauvais augure [3]. Une autre fois, dans le temple et en faisant des libations [4], il lui échappera des mains une coupe ou quelque autre vase ; et il rira ensuite de cette aventure, comme s'il avait fait quelque chose de merveilleux. Un homme si extraordinaire ne sait point écouter un concert ou d'excellents joueurs de flûte ; il bat des mains avec violence comme pour leur applaudir, ou bien il suit d'une voix désagréable le même air qu'ils jouent : il s'ennuie de la symphonie, et demande si elle ne doit pas bientôt finir. Enfin si, étant assis à table, il veut cracher, c'est justement sur celui qui est derrière lui pour donner à boire.

[1] Le manuscrit du Vatican ajoute : « Et qu'elle préserve sa race d'un mélange étranger. »

[2] Le manuscrit du Vatican ajoute : « Il est couché à table sous la même couverture que sa femme, et prend avec elle des libertés déplacées. »

[3] Les anciens avaient un grand égard pour les paroles qui étaient proférées, même par hasard, par ceux qui venaient consulter les devins et les augures, prier ou sacrifier dans les temples. (*Note de la Bruyère.*)

[4] Cérémonies où l'on répandait du vin ou du lait, dans les sacrifices. (*Note de la Bruyère.*)

D'UN HOMME INCOMMODE.

Ce qu'on appelle un fâcheux est celui qui, sans faire à quelqu'un un fort grand tort, ne laisse pas de l'embarrasser beaucoup; qui, entrant dans la chambre de son ami qui commence à s'endormir, le réveille pour l'entretenir de vains discours; qui, se trouvant sur le bord de la mer, sur le point qu'un homme est près de partir et de monter dans son vaisseau, l'arrête sans nul besoin, l'engage insensiblement à se promener avec lui sur le rivage; qui, arrachant un petit enfant du sein de sa nourrice pendant qu'il tette, lui fait avaler quelque chose qu'il a mâché, bat des mains devant lui, le caresse, et lui parle d'une voix contrefaite; qui choisit le temps du repas, et que le potage est sur la table, pour dire qu'ayant pris médecine depuis deux jours, il est allé par haut et par bas, et qu'une bile noire et recuite était mêlée dans ses déjections; qui, devant toute une assemblée, s'avise de demander à sa mère quel jour elle a accouché de lui, qui, ne sachant que dire, apprend que l'eau de sa citerne est fraîche, qu'il croît dans son jardin de bonnes légumes [1], ou que sa maison est ouverte à tout le monde comme une hôtellerie [2]; qui s'empresse de faire connaître à ses hôtes un parasite [3] qu'il a chez lui; qui l'invite, à table, à se mettre en bonne humeur, et à réjouir la compagnie.

---

[1] *Légumes* au féminin dans toutes les anciennes éditions, et même dans celle de Coste.

[2] Le manuscrit du Vatican ajoute : « Et que ses amis ressemblent au tonneau de la fable, puisqu'on ne peut les satisfaire. »

[3] Mot grec, qui signifie celui qui ne mange que chez autrui. (*Note de la Bruyère.*)

DE LA SOTTE VANITÉ.

La sotte vanité semble être une passion inquiète de se faire valoir par les plus petites choses, ou de chercher dans les sujets les plus frivoles du nom et de la distinction. Ainsi un homme vain, s'il se trouve à un repas, affecte toujours de s'asseoir proche de celui qui l'a convié : il consacre à Apollon la chevelure d'un fils qui lui vient de naître ; et, dès qu'il est parvenu à l'âge de puberté, il le conduit lui-même à Delphes, lui coupe les cheveux, et les dépose dans le temple comme un monument d'un vœu solennel qu'il a accompli[1]. Il aime à se faire suivre par un Maure. S'il fait un paiement, il affecte que ce soit dans une monnaie toute neuve, et qui ne vienne que d'être frappée. Après qu'il a immolé un bœuf devant quelque autel, il se fait réserver la peau du front de cet animal, il l'orne de rubans et de fleurs, et l'attache à l'endroit de sa maison le plus exposé à la vue de ceux qui passent, afin que personne du peuple n'ignore qu'il a sacrifié un bœuf. Une autre fois, au retour d'une cavalcade qu'il aura faite avec d'autres citoyens, il renvoie chez soi par un valet tout son équipage, et ne garde qu'une riche robe dont il est habillé, et qu'il traîne le reste du jour dans la place publique. S'il lui meurt un petit chien, il l'enterre, lui dresse une épitaphe avec ces mots : *Il était de race de Malte*[2]. Il consacre un anneau à Esculape, qu'il use à force d'y pendre des couronnes de fleurs. Il se parfume tous

---

[1] Le peuple d'Athènes, ou les personnes plus modestes, se contentaient d'assembler leurs parents, de couper en leur présence les cheveux de leur fils parvenu à l'âge de puberté, et de le consacrer ensuite à Hercule ou à quelque autre divinité qui avait un temple dans la ville. (*Note de la Bruyère.*)

[2] Cette île portait de petits chiens fort estimés. (*Note de la Bruyère.*)

les jours. Il remplit avec un grand faste tout le temps de sa magistrature ; et, sortant de charge, il rend compte au peuple avec ostentation des sacrifices qu'il a faits, comme du nombre et de la qualité des victimes qu'il a immolées. Alors, revêtu d'une robe blanche et couronné de fleurs, il paraît dans l'assemblée du peuple : Nous pouvons, dit-il, vous assurer, ô Athéniens! que pendant le temps de notre gouvernement nous avons sacrifié à Cybèle, et que nous lui avons rendu des honneurs tels que le mérite de nous la mère des dieux : espérez donc toutes choses heureuses de cette déesse. Après avoir parlé ainsi, il se retire dans sa maison, où il fait un long récit à sa femme de la manière dont tout lui a réussi au-delà même de ses souhaits.

DE L'AVARICE.

Ce vice est dans l'homme un oubli de l'honneur et de la gloire, quand il s'agit d'éviter la moindre dépense. Si un homme a remporté le prix de la tragédie [1], il consacre à Bacchus des guirlandes ou des bandelettes faites d'écorce de bois, et il fait graver son nom sur un présent si magnifique. Quelquefois, dans les temps difficiles, le peuple est obligé de s'assembler pour régler une contribution capable de subvenir aux besoins de la république ; alors il se lève et garde le silence [2], ou le plus souvent il fend la presse et se retire. Lorsqu'il marie sa fille, et qu'il sacrifie selon la coutume, il n'abandonne de la victime que les parties seules qui doivent être brûlées sur l'autel [3] ; il réserve les autres pour les

---

[1] Qu'il a faite ou récitée. (*Note de la Bruyère.*)
[2] Ceux qui voulaient donner se levaient et offraient une somme ; ceux qui ne voulaient rien donner se levaient et se taisaient. (*Note de la Bruyère.*)
[3] C'étaient les cuisses et les intestins. (*Note de la Bruyère.*)

vendre; et comme il manque de domestiques pour servir à table et être chargés du soin des noces, il loue des gens pour tout le temps de la fête, qui se nourrissent à leurs dépens, et à qui il donne une certaine somme. S'il est capitaine de galère, voulant ménager son lit, il se contente de coucher indifféremment avec les autres sur de la natte qu'il emprunte de son pilote [1]. Vous verrez une autre fois cet homme sordide acheter en plein marché des viandes cuites, toutes sortes d'herbes, et les porter hardiment dans son sein et sous sa robe : s'il l'a un jour envoyée chez le teinturier pour la détacher, comme il n'en a pas une seconde pour sortir, il est obligé de garder la chambre. Il sait éviter dans la place la rencontre d'un ami pauvre qui pourrait lui demander, comme aux autres, quelques secours [2]; il se détourne de lui, et reprend le chemin de sa maison. Il ne donne point de servantes à sa femme [3], content de lui en louer quelques-unes pour l'accompagner à la ville toutes les fois qu'elle sort. Enfin, ne pensez pas que ce soit un autre que lui qui balie [4] le matin sa chambre, qui fasse son lit et le nettoie. Il faut ajouter qu'il porte un manteau usé, sale et tout couvert de taches; qu'en ayant honte lui-même, il le retourne quand il est obligé d'aller tenir sa place dans quelque assemblée.

---

[1] Le manuscrit du Vatican ajoute : « Il est capable de ne pas envoyer ses enfants à l'école vers le temps où il est d'usage de faire des présents au maître, et de dire qu'ils sont malades, afin de s'épargner cette dépense. »

[2] Par forme de contribution. Voy. les chapitres *de la Dissimulation* et *de l'Esprit chagrin*. (*Note de la Bruyère.*)

[3] Le manuscrit du Vatican ajoute : « Qui lui a porté une dot considérable. Mais il se contente de louer une jeune fille pour la suivre dans ses sorties. Il fait mettre de grosses semelles à ses souliers; et il s'en vante en disant qu'ils sont aussi durs que de la corne. »

[4] *Balier* et *balayer* étaient en usage du temps de la Bruyère.

DE L'OSTENTATION.

Je n'estime pas que l'on puisse donner une idée plus juste de l'ostentation, qu'en disant que c'est dans l'homme une passion de faire montre d'un bien ou des avantages qu'il n'a pas. Celui en qui elle domine s'arrête dans l'endroit du Pirée[1] où les marchands étalent, et où se trouve un plus grand nombre d'étrangers; il entre en matière avec eux, il leur dit qu'il a beaucoup d'argent sur la mer; il discourt avec eux des avantages de ce commerce; des gains immenses qu'il y a à espérer pour ceux qui y entrent, et de ceux surtout que lui qui leur parle y a faits[2]. Il aborde dans un voyage le premier qu'il trouve sur son chemin, lui fait compagnie, et lui dit bientôt qu'il a servi sous Alexandre, quels beaux vases et tout enrichis de pierreries il a rapportés de l'Asie, quels excellents ouvriers s'y rencontrent, et combien ceux de l'Europe leur sont inférieurs[3]. Il se vante, dans une autre occasion, d'une lettre qu'il a reçue d'Antipater[4], qui apprend que lui troisième est entré dans la Macédoine. Il dit une autre fois que, bien que les magistrats lui aient permis tels transports de bois[5] qu'il lui plairait sans payer de tribut, pour éviter néanmoins l'envie du peuple, il n'a point

---

[1] Port à Athènes fort célèbre. (*Note de la Bruyère.*)
[2] Le manuscrit du Vatican ajoute : « Ainsi que des perles; et, en se vantant de la sorte, il envoie son esclave à un comptoir où il n'a qu'une drachme à toucher. »
[3] C'était contre l'opinion commune de toute la Grèce. (*Note de la Bruyère.*)
[4] L'un des capitaines d'Alexandre le Grand, et dont la famille régna quelque temps dans la Macédoine. (*Note de la Bruyère.*)
[5] Parce que les pins, les sapins, les cyprès et tout autre bois propre à construire des vaisseaux, étaient rares dans le pays attique, l'on n'en permettait le transport en d'autres pays qu'en payant un fort gros tribut. (*Note de la Bruyère.*)

voulu user de ce privilége. Il ajoute que, pendant une grande cherté de vivres, il a distribué aux pauvres citoyens d'Athènes jusqu'à la somme de cinq talents[1]; et s'il parle à des gens qu'il ne connaît point, et dont il n'est pas mieux connu, il leur fait prendre des jetons, compter le nombre de ceux à qui il a fait ces largesses; et, quoiqu'il monte à plus de six cents personnes, il leur donne à tous des noms convenables; et après avoir supputé les sommes particulières qu'il a données à chacun d'eux, il se trouve qu'il en résulte le double de ce qu'il pensait, et que dix talents y sont employés, sans compter, poursuit-il, les galères que j'ai armées à mes dépens, et les charges publiques que j'ai exercées à mes frais et sans récompense. Cet homme fastueux va chez un fameux marchand de chevaux, fait sortir de l'écurie les plus beaux et les meilleurs, fait ses offres, comme s'il voulait les acheter. De même il visite les foires les plus célèbres, entre sous les tentes des marchands, se fait déployer une riche robe, et qui vaut jusqu'à deux talents; et il sort en querellant son valet de ce qu'il ose le suivre sans porter de l'or sur lui[2] pour les besoins où l'on se trouve. Enfin, s'il habite une maison dont il paie le loyer, il dit hardiment à quelqu'un qui l'ignore que c'est une maison de famille, et qu'il a héritée de son père; mais qu'il veut s'en défaire, seulement parce qu'elle est trop petite pour le grand nombre d'étrangers qu'il retire chez lui[3].

---

[1] Un talent attique, dont il s'agit, valait soixante mines attiques; une mine, cent drachmes; une drachme, six oboles. Le talent attique valait quelque six cents écus de notre monnaie (*Note de la Bruyère.*) — Le manuscrit du Vatican ajoute : « Car, dit-il, je ne sais ce que c'est que de refuser. »

[2] Coutume des anciens. (*Note de la Bruyère.*)

[3] Par droit d'hospitalité. (*Note de la Bruyère.*)

DE L'ORGUEIL.

Il faut définir l'orgueil une passion qui fait que de tout ce qui est au monde l'on n'estime que soi. Un homme fier et superbe n'écoute pas celui qui l'aborde dans la place pour lui parler de quelque affaire ; mais sans s'arrêter, et se faisant suivre quelque temps, il lui dit enfin qu'on peut le voir après son souper. Si l'on a reçu de lui le moindre bienfait, il ne veut pas qu'on en perde jamais le souvenir ; il le reprochera en pleine rue, à la vue de tout le monde [1]. N'attendez pas de lui qu'en quelque endroit qu'il vous rencontre, il s'approche de vous et qu'il vous parle le premier : de même, au lieu d'expédier sur-le-champ des marchands ou des ouvriers, il ne feint point de les renvoyer au lendemain matin, et à l'heure de son lever. Vous le voyez marcher dans les rues de la ville la tête baissée, sans daigner parler à personne de ceux qui vont et viennent [1]. S'il se familiarise quelquefois jusques à inviter ses amis à un repas, il prétexte des raisons pour ne pas se mettre à table et manger avec eux, et il charge ses principaux domestiques du soin de les régaler. Il ne lui arrive point de rendre visite à personne, sans prendre la précaution d'envoyer quelqu'un des siens pour avertir qu'il va venir [3]. On ne le voit point chez lui lorsqu'il mange ou qu'il se parfume [4]. Il ne se donne pas la peine de régler lui-même des parties ; mais il dit négligem-

---

[1] Le manuscrit du Vatican ajoute : « Si on le choisit pour arbitre, il juge la cause en marchant dans les rues ; s'il est élu pour quelque magistrature, il la refuse en affirmant par serment qu'il n'a pas le temps de s'en charger. »

[2] Le manuscrit du Vatican ajoute : « Ou bien il lève la tête avec hauteur. »

[3] Voy. le chapitre *de la Flatterie*. (*Note de la Bruyère.*)

[4] Avec des huiles de senteur. (*Note de la Bruyère.*)

ment à un valet de les calculer, de les arrêter, et les passer à compte Il ne sait point écrire dans une lettre : Je vous prie de me faire ce plaisir ou de me rendre ce service, mais : J'entends que cela soit ainsi; j'envoie un homme vers vous pour recevoir une telle chose; je ne veux pas que l'affaire se passe autrement; faites ce que je vous dis promptement et sans différer. Voilà son style.

DE LA PEUR, OU DU DÉFAUT DE COURAGE.

Cette crainte est un mouvement de l'âme qui s'ébranle, ou qui cède en vue d'un péril vrai ou imaginaire; et l'homme timide est celui dont je vais faire la peinture. S'il lui arrive d'être sur la mer, et s'il aperçoit de loin des dunes ou des promontoires, la peur lui fait croire que c'est le débris de quelques vaisseaux qui ont fait naufrage sur cette côte; aussi tremble-t-il au moindre flot qui s'élève; et il s'informe avec soin si tous ceux qui navigent[1] avec lui sont initiés[2]. S'il vient à remarquer que le pilote fait une nouvelle manœuvre, ou semble se détourner comme pour éviter un écueil, il l'interroge, il lui demande avec inquiétude s'il ne croit pas s'être écarté de sa route, s'il tient toujours la haute mer, et si les dieux sont propices[3]. Après cela il se met à raconter une vision qu'il a eue pendant la nuit, dont il est encore tout

---

[1] *Naviger,* dans le Dictionnaire de l'Académie française de 1694. Selon Vaugelas et Ménage, les marins seuls disaient *naviguer.*

[2] Les anciens navigeaient rarement avec ceux qui passaient pour impies, et ils se faisaient initier avant de partir, c'est-à-dire instruire des mystères de quelque divinité, pour se la rendre propice dans leurs voyages. Voy. le chapitre *de la Superstition.* (*Note de la Bruyère.*)

[3] Ils consultaient les dieux par les sacrifices, ou par les augures, c'est-à-dire par le vol, le chant et le manger des oiseaux, et encore par les entrailles des bêtes. (*Note de la Bruyère.*)

épouvanté, et qu'il prend pour un mauvais présage. Ensuite, ses frayeurs venant à croître, il se déshabille et ôte jusques à sa chemise, pour pouvoir mieux se sauver à la nage ; et après cette précaution, il ne laisse pas de prier les nautonniers de le mettre à terre. Que si cet homme faible, dans une expédition militaire où il s'est engagé, entend dire que les ennemis sont proches, il appelle ses compagnons de guerre, observe leur contenance sur ce bruit qui court, leur dit qu'il est sans fondement, et que les coureurs n'ont pu discerner si ce qu'ils ont découvert à la campagne, sont amis ou ennemis ; mais si l'on n'en peut plus douter par les clameurs que l'on entend, et s'il a vu lui-même de loin le commencement du combat, et que quelques hommes aient paru tomber à ses yeux, alors feignant que la précipitation et le tumulte lui ont fait oublier ses armes, il court les querir dans sa tente, où il cache son épée sous le chevet de son lit, et emploie beaucoup de temps à la chercher, pendant que, d'un autre côté, son valet va, par ses ordres, savoir des nouvelles des ennemis, observer quelle route ils ont prise, et où en sont les affaires ; et dès qu'il voit apporter au camp quelqu'un tout sanglant d'une blessure qu'il a reçue, il accourt vers lui, le console et l'encourage, étanche le sang qui coule de sa plaie, chasse les mouches qui l'importunent, ne lui refuse aucun secours, et se mêle de tout, excepté de combattre. Si, pendant le temps qu'il est dans la chambre du malade, qu'il ne perd pas de vue, il entend la trompette qui sonne la charge : Ah ! dit-il avec imprécation, puisses-tu être pendu, maudit sonneur, qui cornes incessamment, et fais un bruit enragé qui empêche ce pauvre homme de dormir ! Il arrive même que, tout plein d'un sang qui n'est pas le sien, mais qui a rejailli sur lui de la plaie du blessé, il fait accroire à ceux qui reviennent du combat qu'il a couru un grand risque de sa vie pour sauver celle de son ami : il conduit vers lui ceux qui y prennent intérêt, ou comme ses parents, ou parce qu'ils sont d'un même pays ; et là il ne rougit pas de leur raconter quand et de quelle manière il a tiré cet homme des ennemis, et l'a apporté dans sa tente.

DES GRANDS D'UNE RÉPUBLIQUE.

La plus grande passion de ceux qui ont les premières places dans un État populaire n'est pas le désir du gain ou de l'accroissement de leurs revenus, mais une impatience de s'agrandir et de se fonder, s'il se pouvait, une souveraine puissance sur celle du peuple. S'il s'est assemblé pour délibérer à qui des citoyens il donnera la commission d'aider de ses soins le premier magistrat dans la conduite d'une fête ou d'un spectacle, cet homme ambitieux, et tel que je viens de le définir, se lève, demande cet emploi, et proteste que nul autre ne peut si bien s'en acquitter. Il n'approuve point la domination de plusieurs ; et de tous les vers d'Homère il n'a retenu que celui-ci :

Les peuples sont heureux quand un seul les gouverne[1].

Son langage le plus ordinaire est tel : Retirons-nous de cette multitude qui nous environne ; tenons ensemble un conseil particulier où le peuple ne soit point admis ; essayons même de lui fermer le chemin à la magistrature. Et s'il se laisse prévenir contre une personne d'une condition privée, de qui il croie avoir reçu quelque injure : Cela, dit-il, ne se peut souffrir, et il faut que lui ou moi abandonnions la ville. Vous le voyez se promener dans la place, sur le milieu du jour, avec les ongles propres, la barbe et les cheveux en bon ordre[2], repousser fièrement ceux qui se trouvent sur ses

---

[1] Homère, *Iliade*, II, 204, 205.
[2] Le manuscrit du Vatican ajoute : « Le manteau jeté sur les épaules. »

pas, dire avec chagrin aux premiers qu'il rencontre que la ville est un lieu où il n'y a plus moyen de vivre[1]; qu'il ne peut plus tenir contre l'horrible foule des plaideurs, ni supporter plus longtemps les longueurs, les criéries et les mensonges des avocats; qu'il commence à avoir honte de se trouver assis, dans une assemblée publique ou sur les tribunaux, auprès d'un homme mal habillé, sale et qui dégoûte; et qu'il n'y a pas un seul de ces orateurs dévoués au peuple qui ne lui soit insupportable[2]. Il ajoute que c'est Thésée[3] qu'on peut appeler le premier auteur de tous ces maux[4]; et il fait de pareils discours aux étrangers qui arrivent dans la ville, comme à ceux avec qui il sympathise de mœurs et de sentiments.

D'UNE TARDIVE INSTRUCTION.

Il s'agit de décrire quelques inconvénients où tombent ceux qui, ayant méprisé dans leur jeunesse les sciences et les exercices, veulent réparer cette négligence dans un âge avancé, par un travail souvent inutile. Ainsi un vieillard de soixante ans s'avise d'apprendre des vers par cœur, et de les réciter à table dans un festin[5], où, la mémoire venant à lui manquer, il a la confusion de demeurer court. Une autre fois il apprend de son propre fils les évolutions qu'il

---

[1] Le manuscrit du Vatican ajoute : « A cause des délateurs. »
[2] Le manuscrit du Vatican dit ensuite : « Quand cesserons-nous d'être ruinés par des charges onéreuses qu'il faut supporter, et des galères qu'il faut équiper? »
[3] Thésée avait jeté les fondements de la république d'Athènes en établissant l'égalité entre les citoyens. (*Note de la Bruyère.*)
[4] Le manuscrit du Vatican ajoute : « Car c'est lui qui a réuni les douze villes, et qui a aboli la royauté; mais aussi, par une juste punition, il en fut la première victime. »
[5] Voy. le chapitre *de la Brutalité*. (*Note de la Bruyère.*)

faut faire dans les rangs à droit ou à gauche, le maniement des armes, et quel est l'usage, à la guerre, de la lance et du bouclier[1]. S'il monte un cheval que l'on lui a prêté, il le presse de l'éperon, veut le manier, et, lui faisant faire des voltes ou des caracoles, il tombe lourdement et se casse la tête. On le voit tantôt, pour s'exercer au javelot, le lancer tout un jour contre l'homme de bois[2], tantôt tirer de l'arc et disputer avec son valet lequel des deux donnera mieux dans un blanc avec des flèches; vouloir d'abord apprendre de lui, se mettre ensuite à l'instruire et à le corriger comme s'il était le plus habile. Enfin, se voyant tout nu au sortir d'un bain, il imite les postures d'un lutteur; et, par le défaut d'habitude, il les fait de mauvaise grâce, et il s'agite d'une manière ridicule[3].

DE LA MÉDISANCE.

Je définis ainsi la médisance : une pente secrète de l'âme à penser mal de tous les hommes, laquelle se manifeste par les paroles. Et pour ce qui concerne le médisant, voici ses

---

[1] Le manuscrit du Vatican ajoute: « Il se joint à des jeunes gens pour faire une course avec des flambeaux en l'honneur de quelque héros. S'il est invité à un sacrifice fait à Hercule, il jette son manteau, et saisit le taureau pour le terrasser; et puis il entre dans la palestre pour s'y livrer encore à d'autres exercices. Dans ces petits théâtres des places publiques, où l'on répète plusieurs fois de suite le même spectacle, il assiste à trois ou quatre représentations consécutives pour apprendre les airs par cœur. Dans les mystères de Sabasius (de Bacchus), il cherche à être distingué particulièrement par le prêtre. Il aime des courtisanes, enfonce leurs portes, et plaide pour avoir été battu par un rival. »

[2] Une grande statue de bois qui était dans le lieu des exercices pour apprendre à darder. (*Note de la Bruyère.*)

[3] Le manuscrit du Vatican ajoute · « Afin de paraître instruit. Quand il se trouve avec des femmes, il se met à danser en chantant entre les dents pour marquer la cadence. »

mœurs : si on l'interroge sur quelque autre, et que l'on lui demande quel est cet homme, il fait d'abord sa généalogie : Son père, dit-il, s'appelait Sósie[1], que l'on a connu, dans le service et parmi les troupes, sous le nom de Sosistrate ; il a été affranchi depuis ce temps, et reçu dans l'une des tribus de la ville[2] : pour sa mère, c'était une noble Thracienne ; car les femmes de Thrace, ajoute-t-il, se piquent la plupart d'une ancienne noblesse[3] : celui-ci, né de si honnêtes gens, est un scélérat et qui ne mérite que le gibet. Et retournant à la mère de cet homme, qu'il peint avec de si belles couleurs : Elle est, poursuit-il, de ces femmes qui épient sur les grands chemins[4] les jeunes gens au passage, et qui, pour ainsi dire, les enlèvent et les ravissent. Dans une compagnie où il se trouve quelqu'un qui parle mal d'une personne absente, il relève la conversation : Je suis, lui dit-il, de votre sentiment ; cet homme m'est odieux, et je ne le puis souffrir. Qu'il est insupportable par sa physionomie ! Y a-t-il un plus grand fripon et des manières plus extravagantes? Savez-vous combien il donne à sa femme[5] pour la dépense de chaque repas? Trois oboles[6], et rien davantage ; et croiriez-vous que, dans les rigueurs de l'hiver et au mois de décembre, il l'oblige de se laver avec de l'eau froide? Si alors quelqu'un de ceux qui l'écoutent se lève et se retire, il parle de lui presque dans les mêmes termes.

---

[1] C'était, chez les Grecs, un nom de valet ou d'esclave. (*Note de la Bruyère.*)

[2] Le peuple d'Athènes était partagé en diverses tribus. (*Note de la Bruyère.*)

[3] Cela est dit par dérision des Thraciennes, qui venaient dans la Grèce pour être servantes, et quelque chose de pis. (*Note de la Bruyère.*)

[4] Elles tenaient hôtellerie sur les chemins publics, où elles se mêlaient d'infâmes commerces. (*Note de la Bruyère.*)

[5] Le manuscrit du Vatican ajoute : « Qui lui a apporté plusieurs talents en dot, et qui lui a donné un enfant. »

[6] Il y avait au-dessous de cette monnaie d'autres encore de moindre pixr. (*Note de la Bruyère.*)

Nul de ses plus familiers n'est épargné; les morts même dans le tombeau ne trouvent pas un asile contre sa mauvaise langue [1].

DU GOUT QU'ON A POUR LES VICIEUX [2].

[Le goût qu'on a pour les vicieux n'est autre chose qu'un penchant au mal. L'homme atteint de ce vice fréquente les gens qui ont subi des condamnations publiques, comptant se rendre, par leur commerce, plus expérimenté ou plus redoutable. Si l'on cite devant lui quelques hommes distingués par leurs vertus : Ils sont vertueux comme tant d'autres, dit-il; nul n'est homme de bien; tous les hommes se ressemblent, tous ces honnêtes gens ne sont que des hypocrites. Il parle sans cesse contre les bons citoyens, et dit que le méchant seul est vraiment *libre*. Si l'on attaque un citoyen pervers, il avoue une partie du mal qu'on en dit, et prétend ignorer le reste. Mais, ajoute-t-il, c'est un homme d'esprit et de cœur, il jouit d'un immense crédit, et je ne connais pas d'homme plus capable. Toujours disposé favorablement pour l'accusé traduit devant le peuple ou devant un tribunal, il s'assied à côté de lui, et s'écrie qu'on ne doit point juger l'homme, mais le fait. Celui qu'on

---

[1] Il était défendu chez les Athéniens de parler mal des morts, par une loi de Solon, leur législateur. (*Note de la Bruyère.*) — Le manuscrit du Vatican ajoute : « Et ce vice, il l'appelle franchise, esprit démocratique, liberté, et en fait la plus douce occupation de sa vie. »

[2] Le chapitre *du Goût qu'on a pour les vicieux* et celui *du Gain sordide*, n'ont été découverts que longtemps après la mort de la Bruyère. Il en connaissait l'existence, et, sans le savoir, avait traduit quelques fragments *du Gain sordide*, qui, transposés par le copiste, avaient été ajoutés au chapitre *de l'Impudent*. Nous avons rétabli l'ordre des textes, en distinguant par des crochets les passages qui n'ont pas été traduits par la Bruyère.

accusé, dit-il, est le chien vigilant du peuple, car il surveille et éloigne les oppresseurs. Qui voudra s'intéresser aux affaires publiques, si nous abandonnons de tels citoyens? Ainsi il se fait le patron de tous les gens tarés, et il les soutient jusque dans les tribunaux. S'il est juge lui-même, il altère le sens des plaidoiries. C'est ainsi que l'affection pour les scélérats est sœur de la scélératesse, et le proverbe dit vrai : « Qui se ressemble s'assemble. »]

DU GAIN SORDIDE

[L'homme bassement intéressé a recours aux moyens les plus vils pour accumuler des gains sordides. Il épargne le pain dans ses repas; il emprunte de l'argent à un étranger devenu son hôte par droit d'hospitalité. S'il sert à table : Il est juste, dit-il, que celui qui distribue reçoive une portion double; et il se l'adjuge.]

Si quelquefois il vend du vin, il le fait mêler pour ses amis comme pour les autres, sans distinction. Il ne permet pas à ses enfants d'aller à l'amphithéâtre avant que les jeux soient commencés, et lorsque l'on paye pour être placé, mais seulement sur la fin du spectacle, et quand l'architecte[1] négligé les places et les donne pour rien. Étant envoyé avec quelques autres citoyens en ambassade, il laisse chez soi la somme que le public lui a donnée pour faire les frais de son voyage et emprunte de l'argent de ses collègues; sa coutume alors est de charger son valet de fardeaux au-delà de ce qu'il en peut porter, et de lui retrancher cependant de son ordinaire; et comme il arrive souvent que l'on fait dans les villes des présents aux ambassadeurs, il demande sa part

---

[1] L'architecte qui avait bâti l'amphithéâtre, et à qui la république donnait le louage des places en paiement. (*Note de la Bruyère.*)

pour la vendre. Vous m'achetez toujours, dit-il au jeune esclave qui le sert dans le bain, une mauvaise huile, et qu'on ne peut supporter. Il se sert ensuite de l'huile d'un autre, et épargne la sienne. Il envie à ses propres valets, qui le suivent, la plus petite pièce de monnaie qu'ils auront ramassée dans les rues, et il ne manque point d'en retenir sa part avec ce mot : *Mercure est commun* [1].

[Quand il donne son vêtement à blanchir, il emprunte celui d'un autre et le porte jusqu'à ce qu'on le redemande...]

Il fait pis : il distribue à ses domestiques leurs provisions dans une certaine mesure dont le fond, creux par dessous, s'enfonce en dedans et s'élève comme en pyramide; et quand elle est pleine, il la rase lui-même avec le rouleau le plus près qu'il peut [2].

[Il se fait céder par ses amis, et comme si c'était pour lui, des choses qu'il revend ensuite avec profit.]

De même s'il paie à quelqu'un 30 mines [3] qu'il lui doit, il fait si bien qu'il y manque 4 drachmes [4] dont il profite.

[Si ses enfants ont été indisposés et ont passé quelques jours du mois sans aller à l'école, il diminue le salaire du maître à proportion; et pendant le mois anthestérion, il ne les y envoie pas du tout pour ne pas être obligé de payer un mois dont une grande partie se passe en spectacles [5].]

S'il reçoit une rétribution pour le travail d'un de ses esclaves, il exige un dédommagement pour le change de la

---

[1] Proverbe grec, qui revient à notre *je retiens part*. (*Note de la Bruyère.*)

[2] Quelque chose manque dans le texte. (*Note de la Bruyère.*) Cette lacune est comblée par le manuscrit du Vatican.

[3] Mine se doit prendre pour une pièce de monnaie. (*Note de la Bruyère.*)

[4] Drachmes, petites pièces de monnaie, dont il en fallait cent à Athènes pour faire une mine. (*Note de la Bruyère.*)

[5] Les Anthestéries, qui avaient donné leur nom à ce mois, étaient des fêtes consacrées à Bacchus.

monnaie de cuivre; de même quand son intendant lui rend ses comptes...]

Mais dans ces grands repas où il faut traiter toute une tribu[1], il fait recueillir par ceux de ses domestiques qui ont soin de la table le reste des viandes qui ont été servies pour lui en rendre compte : il serait fâché de leur laisser une rave à demi mangée.

[S'il voyage en compagnie, il emploie les esclaves des autres et loue le sien, sans faire part à personne du prix qu'il en reçoit. — Si l'on fait un pique-nique dans sa maison, il soustrait une partie du bois, des lentilles, du vinaigre, du sel, de l'huile pour la lampe, qu'on a apportés chez lui. Si quelqu'un de ses amis se marie ou marie sa fille, il quitte la ville pour se dispenser de faire un présent de noces. Il aime beaucoup aussi à emprunter, aux personnes de sa connaissance, des objets qu'on ne redemande point, ou qu'on ne recevrait même pas s'ils étaient rendus.]

FIN DES CARACTERES DE THÉOPHRASTE.

---

[1] Athènes était partagée en plusieurs tribus. Voy. le chapitre de la Médisance. (Note de la Bruyère.)

LES CARACTÈRES

ou

LES MOEURS DE CE SIÈCLE.

> Admonere voluimus, non mordere: prodesse non lædere : consulere moribus hominum, non officere.
>
> ERASM...

LES CARACTÈRES

ou

LES MŒURS DE CE SIÈCLE.

Je rends au public ce qu'il m'a prêté : j'ai emprunté de lui la matière de cet ouvrage ; il est juste que, l'ayant achevé avec toute l'attention pour la vérité dont je suis capable, et qu'il mérite de moi, je lui en fasse la restitution. Il peut regarder avec loisir ce portrait que j'ai fait de lui d'après nature, et s'il se connaît quelques-uns des défauts que je touche, s'en corriger. C'est l'unique fin que l'on doit se proposer en écrivant, et le succès aussi que l'on doit moins se promettre. Mais comme les hommes ne se dégoûtent point du vice, il ne faut pas aussi se lasser de leur reprocher : ils seraient peut-être pires, s'ils venaient à manquer de censeurs ou de critiques ; c'est ce qui fait que l'on prêche et que l'on écrit. L'orateur et l'écrivain ne sauraient vaincre la joie qu'ils ont d'être applaudis ; mais ils devraient rougir d'eux-mêmes s'ils n'avaient cherché par leurs discours ou par leurs écrits que des éloges; outre que l'approbation la plus sûre et la moins équivoque est le changement de mœurs et la réformation de ceux qui les lisent ou qui les écoutent. On ne doit parler, on ne doit écrire que pour l'instruction; et s'il arrive que l'on plaise, il ne faut pas néanmoins s'en repentir, si cela sert à insinuer et à faire recevoir les vérités qui doivent instruire. Quand donc il s'est glissé dans un livre quelques pensées ou quelques réflexions qui n'ont ni le feu, ni le tour, ni la vivacité des autres, bien qu'elles semblent y être admises pour la variété, pour délasser l'esprit, pour le rendre plus présent et plus attentif à ce qui va suivre, à moins que d'ailleurs elles ne soient sensibles, familières, instructives, accommodées au simple peuple, qu'il n'est pas permis de négliger, le lecteur peut les condamner, et l'auteur les doit proscrire : voilà la règle. Il y en a une autre, et que j'ai intérêt que l'on veuille suivre, qui est de ne pas perdre mon titre de vue, et de penser toujours, et dans toute la lecture de cet ouvrage, que ce sont les caractères ou les mœurs de ce siècle que je décris : car, bien que je les tire souvent de la cour de France et des hommes de ma nation, on ne peut pas néanmoins les restreindre à une seule cour ni les renfermer en un seul pays, sans que mon livre ne perde beaucoup de son étendue et de son utilité, ne s'écarte du plan que je me suis fait d'y peindre les hommes en général, comme des raisons qui entrent dans l'ordre des chapitres et dans une certaine suite insensible des réflexions qui les composent. Après cette précaution si nécessaire et dont on pénètre assez les conséquences, je crois pouvoir protester contre tout chagrin, toute plainte, toute maligne interprétation, toute fausse application et toute censure, contre les froids plaisants et les lecteurs malintentionnés. Il faut savoir lire, et ensuite se taire, ou pouvoir rapporter ce qu'on a lu, et ni plus ni moins que ce qu'on a lu; et si on le peut quelquefois, ce n'est pas assez, il faut encore le vouloir faire : sans ces conditions, qu'un auteur exact et scrupuleux est en droit d'exiger de certains esprits pour l'unique récompense de son travail, je doute qu'il doive continuer d'écrire, s'il préfère du moins sa propre satisfaction à l'utilité de plusieurs et au zèle de la vérité. J'avoue d'ailleurs que j'ai balancé dès l'année MDCLXXXX, et avant la cinquième édition, entre l'impatience de donner à mon livre plus de rondeur et une meilleure forme par de nouveaux caractères, et la crainte de faire dire à quelques-uns : Ne finiront-ils point ces *Caractères*, et ne verrons-nous jamais autre chose de cet écrivain? Des gens sages me disaient, d'une part : La matière est solide, utile, agréable, inépuisable; vivez longtemps et traitez-la sans interruption pendant que vous vivrez : que pourriez-vous faire de mieux? il n'y a point d'année que les folies des hommes ne puissent vous fournir un volume. D'autres, avec beaucoup de raison, me faisaient redouter les caprices de la multitude et la légèreté du public, de qui j'ai néanmoins de si grands sujets d'être content, et ne manquaient pas de me suggérer que, personne presque depuis trente années ne lisant plus que pour lire, il fallait aux hommes pour les amuser, de nouveaux chapitres et un nouveau titre ; que cette indolence avait rempli les boutiques et peuplé le monde, depuis tout ce temps, de livres froids et ennuyeux, d'un mauvais style et de nulle ressource, sans règles et sans la moindre justesse, contraires aux mœurs et aux bienséances, écrits avec précipitation et lus de même, seulement par leur nouveauté ; et que, si je ne savais qu'augmenter un livre raisonnable, le mieux que je pouvais faire était de me reposer. Je pris alors quelque chose de ces deux avis si opposés, et je gardai un tempérament qui les rapprochait : je ne feignis point d'ajouter quelques nouvelles remarques à celles qui avaient déjà grossi du double la première édition de mon ouvrage ; mais afin que le public ne fût point obligé de parcourir ce qui était ancien pour passer à ce qu'il y avait de nouveau, et qu'il trouvât sous ses yeux ce qu'il avait seulement envie de lire, je pris soin de lui désigner cette seconde augmentation par une marque particulière : je crus aussi qu'il ne serait pas inutile de lui distinguer la première augmentation par une autre marque plus simple, qui servît à lui montrer le progrès de mes *Caractères*, et à aider son choix dans la lecture qu'il en voudrait faire ; et comme il pouvait craindre que ce progrès n'allât à l'infini, j'ajoutais à toutes ces exactitudes une promesse sincère de ne plus rien hasarder en ce genre. Que si quelqu'un m'accuse d'avoir manqué à ma parole, en insérant dans les trois éditions qui ont suivi, un assez grand nombre de nouvelles remarques, il verra du moins qu'en les confondant avec les anciennes par la suppression entière de ces différences, qui se voient par apostille[1], j'ai moins pensé à lui faire lire rien de nouveau, qu'à laisser peut-être un ouvrage de mœurs plus complet, plus fini et plus régulier, à la postérité. Ce ne sont point, au reste, des maximes que j'ai voulu écrire : elles sont comme des lois dans la morale ; et j'avoue que je n'ai ni assez d'autorité ni assez de génie pour faire le législateur. Je sais même que j'aurais péché contre l'usage des maximes, qui veut qu'à la manière des oracles elles soient courtes et concises. Quelques-unes de ces remarques le sont, quelques autres sont plus étendues : on pense les choses d'une manière différente et on les explique par un tour aussi tout différent, par une sentence, par un raisonnement, par une métaphore ou quelque autre figure, par un parallèle, par une simple comparaison, par un fait tout entier, par un seul trait, par une description, par une peinture : de là procède la longueur ou la brièveté de mes réflexions. Ceux enfin qui font des maximes veulent être crus : je consens, au contraire, que l'on dise de moi que je n'ai pas quelquefois bien remarqué, pourvu que l'on remarque mieux.

---

[1] Après la mort de l'auteur, dans la neuvième et dans la dixième édition, données par Michallet, il n'est resté que le signe distinctif des articles.

LES CARACTÈRES.

DES OUVRAGES DE L'ESPRIT.

⁌ Tout est dit, et l'on vient trop tard depuis plus de sept mille ans qu'il y a des hommes, et qui pensent. Sur ce qui concerne les mœurs, le plus beau et le meilleur est enlevé; l'on ne fait que glaner après les anciens et les habiles d'entre les modernes.

⁌ Il faut chercher seulement à penser et à parler juste, sans vouloir amener les autres à notre goût et à nos sentiments; c'est une trop grande entreprise.

⁌ C'est un métier que de faire un livre comme de faire une pendule. Il faut plus que de l'esprit pour être auteur. Un magistrat allait par son mérite à la première dignité, il était homme délié et pratique dans les affaires : il a fait imprimer un ouvrage moral, qui est rare par le ridicule[1].

⁌ Il n'est pas si aisé de se faire un nom par un ouvrage parfait, que d'en faire valoir un médiocre par le nom qu'on s'est déjà acquis.

⁌ Un ouvrage satirique ou qui contient des faits, qui est

---

[1] Poncet de la Rivière, doyen des conseillers d'État, qui avait fait un mauvais livre sur les avantages de la vieillesse.

donné en feuilles sous le manteau aux conditions d'être rendu de même, s'il est médiocre, passe pour merveilleux; l'impression est l'écueil.

↦ Si l'on ôte de beaucoup d'ouvrages de morale l'avertissement au lecteur, l'épître dédicatoire, la préface, la table, les approbations, il reste à peine assez de pages pour mériter le nom de livre.

↦ Il y a de certaines choses dont la médiocrité est insupportable : la poésie, la musique, la peinture, le discours public.

Quel supplice que celui d'entendre déclamer pompeusement un froid discours, ou prononcer de médiocres vers avec toute l'emphase d'un mauvais poëte!

↦ Certains poëtes [1] sont sujets, dans le dramatique, à de longues suites de vers pompeux, qui semblent forts, élevés, et remplis de grands sentiments. Le peuple écoute avidement, les yeux élevés et la bouche ouverte, croit que cela lui plaît, et à mesure qu'il y comprend moins, l'admire davantage; il n'a pas le temps de respirer, il a à peine celui de se récrier et d'applaudir. J'ai cru autrefois, et dans ma première jeunesse, que ces endroits étaient clairs et intelligibles pour les acteurs, pour le parterre et l'amphithéâtre, que leurs auteurs s'entendaient eux-mêmes, et qu'avec toute l'attention que je donnais à leur récit, j'avais tort de n'y rien entendre; je suis détrompé.

↦ L'on n'a guère vu jusques à présent un chef-d'œuvre d'esprit qui soit l'ouvrage de plusieurs [2] : Homère a fait *l'Iliade*, Virgile *l'Énéide*, Tite-Live ses *Décades*, et l'Orateur romain ses *Oraisons*.

[1] Thomas Corneille, et non le grand Corneille comme l'a prétendu Voltaire.
[2] Allusion à la coterie des cinq auteurs que Richelieu fit travailler en commun sous son inspiration.

⇥ Il y a dans l'art un point de perfection, comme de bonté ou de maturité dans la nature : celui qui le sent et qui l'aime a le goût parfait, celui qui ne le sent pas, et qui aime en deçà ou au delà, a le goût défectueux. Il y a donc un bon et un mauvais goût, et l'on dispute des goûts avec fondement.

⇥ Il y a beaucoup plus de vivacité que de goût parmi les hommes; ou, pour mieux dire, il y a peu d'hommes dont l'esprit soit accompagné d'un goût sûr et d'une critique judicieuse.

⇥ La vie des héros a enrichi l'histoire, et l'histoire a embelli les actions des héros : ainsi je ne sais qui sont plus redevables, ou ceux qui ont écrit l'histoire à ceux qui leur en ont fourni une si noble matière, ou ces grands hommes à leurs historiens.

⇥ Amas d'épithètes, mauvaises louanges : ce sont les faits qui louent, et la manière de les raconter.

⇥ Tout l'esprit d'un auteur consiste à bien définir et à bien peindre. Moïse [1], Homère, Platon, Virgile, Horace, ne sont au-dessus des autres écrivains que par leurs expressions et par leurs images : il faut exprimer le vrai, pour écrire naturellement, fortement, délicatement.

⇥ On a dû faire du style ce qu'on a fait de l'architecture : on a entièrement abandonné l'ordre gothique, que la barbarie avait introduit pour les palais et pour les temples; on a rappelé le dorique, l'ionique et le corinthien : ce qu'on ne voyait plus que dans les ruines de l'ancienne Rome et de la vieille Grèce, devenu moderne, éclate dans nos portiques et dans nos péristyles. De même on ne saurait, en écrivant, rencontrer le parfait, et, s'il se peut, surpasser les anciens, que par leur imitation.

---

[1] Quand même on ne le considère que comme un homme qui a écrit. (*Note de l'auteur.*)

Combien de siècles se sont écoulés avant que les hommes, dans les sciences et dans les arts, aient pu revenir au goût des anciens, et reprendre enfin le simple et le naturel !

On se nourrit des anciens et des habiles modernes; on les presse, on en tire le plus que l'on peut, on en renfle ses ouvrages; et quand enfin l'on est auteur, et que l'on croit marcher tout seul, on s'élève contre eux, on les maltraite; semblable à ces enfants *drus* et forts d'un bon lait qu'ils ont sucé, qui battent leur nourrice [1].

Un auteur moderne [2] prouve ordinairement que les anciens nous sont inférieurs en deux manières, par raison et par exemple : il tire la raison de son goût particulier, et l'exemple de ses ouvrages.

Il avoue que les anciens, quelque inégaux et peu corrects qu'ils soient, ont de beaux traits; il les cite; et ils sont si beaux qu'ils font lire sa critique.

Quelques habiles [3] prononcent en faveur des anciens contre les modernes; mais ils sont suspects, et semblent juger en leur propre cause, tant leurs ouvrages sont faits sur le goût de l'antiquité : on les récuse.

↦ L'on devrait aimer à lire ses ouvrages à ceux qui en savent assez pour les corriger et les estimer.

Ne vouloir être ni conseillé ni corrigé sur son ouvrage est un pédantisme.

Il faut qu'un auteur reçoive avec une égale modestie les éloges et la critique que l'on fait de ses ouvrages.

↦ Entre toutes les différentes expressions qui peuvent rendre une seule de nos pensées, il n'y en a qu'une qui soit la bonne; on ne la rencontre pas toujours en parlant ou en

---

[1] Allusion à Fontenelle et Saint-Évremond.
[2] Perrault, de l'Académie française, qui venait de publier son *Parallèle*, trois volumes in-12, pour prouver que les modernes sont au-dessus des anciens.
[3] Boileau et Racine.

écrivant : il est vrai néanmoins qu'elle existe, que tout ce qui ne l'est point est faible, et ne satisfait point un homme d'esprit qui veut se faire entendre.

Un bon auteur, et qui écrit avec soin, éprouve souvent que l'expression qu'il cherchait depuis longtemps sans la connaître, et qu'il a enfin trouvée, est celle qui était la plus simple, la plus naturelle, qui semblait devoir se présenter d'abord et sans effort.

Ceux qui écrivent par humeur sont sujets à retoucher à leurs ouvrages ; comme elle n'est pas toujours fixe, et qu'elle varie en eux selon les occasions, ils se refroidissent bientôt pour les expressions et les termes qu'ils ont le plus aimés.

↳ La même justesse d'esprit qui nous fait écrire de bonnes choses, nous fait appréhender qu'elles ne le soient pas assez pour mériter d'être lues.

Un esprit médiocre croit écrire divinement ; un bon esprit croit écrire raisonnablement.

↳ L'on m'a engagé, dit *Ariste*, à lire mes ouvrages à *Zoïle* : je l'ai fait. Ils l'ont saisi d'abord, et avant qu'il ait eu le loisir de les trouver mauvais, il les a loués modestement en ma présence, et il ne les a pas loués depuis devant personne. Je l'excuse, et je n'en demande pas davantage à un auteur ; je le plains même d'avoir écouté de belles choses qu'il n'a point faites.

Ceux qui, par leur condition, se trouvent exempts de la jalousie d'auteur, ont ou des passions ou des besoins qui les distraient et les rendent froids sur les conceptions d'autrui : personne presque, par la disposition de son esprit, de son cœur et de sa fortune, n'est en état de se livrer au plaisir que donne la perfection d'un ouvrage.

↳ Le plaisir de la critique nous ôte celui d'être vivement touchés de très-belles choses.

↦ Bien des gens [1] vont jusques à sentir le mérite d'un manuscrit qu'on leur lit, qui ne peuvent se déclarer en sa faveur, jusques à ce qu'ils aient vu le cours qu'il aura dans le monde par l'impression, ou quel sera son sort parmi les habiles : ils ne hasardent point leurs suffrages, et ils veulent être portés par la foule et entraînés par la multitude. Ils disent alors qu'ils ont les premiers approuvé cet ouvrage, et que le public est de leur avis.

Ces gens laissent échapper les plus belles occasions de nous convaincre qu'ils ont de la capacité et des lumières, qu'ils savent juger, trouver bon ce qui est bon, et meilleur ce qui est meilleur. Un bel ouvrage tombe entre leurs mains ; c'est un premier ouvrage, l'auteur ne s'est pas encore fait un grand nom, il n'a rien qui prévienne en sa faveur ; il ne s'agit point de faire sa cour ou de flatter les grands en applaudissant à ses écrits ; on ne vous demande pas, *Zélotes*, de vous récrier : *C'est un chef-d'œuvre de l'esprit ; l'humanité ne va pas plus loin ; c'est jusqu'où la parole humaine peut s'élever ; on ne jugera à l'avenir du goût de quelqu'un qu'à proportion qu'il en aura pour cette pièce* : phrases outrées, dégoûtantes, qui sentent la pension ou l'abbaye, nuisibles à cela même qui est louable et qu'on veut louer. Que ne disiez-vous seulement : Voilà un bon livre ? Vous le dites, il est vrai, avec toute la France, avec les étrangers comme avec vos compatriotes, quand il est imprimé par toute l'Europe, et qu'il est traduit en plusieurs langues [2] : il n'est plus temps.

↦ Quelques-uns de ceux qui ont lu un ouvrage en rapportent certains traits dont ils n'ont pas compris le sens,

---

[1] L'abbé Dangeau, frère du marquis de Dangeau, académicien, grammairien, pédant, dit Saint-Simon, le meilleur homme du monde, mais fort ridicule.

[2] La Bruyère nous apprend ici l'accueil qu'avait reçu son livre des *Caractères*.

et qu'ils altèrent encore par tout ce qu'ils y mettent du leur; et ces traits ainsi corrompus et défigurés, qui ne sont autre chose que leurs propres pensées et leurs expressions, ils les exposent à la censure, soutiennent qu'ils sont mauvais, et tout le monde convient qu'ils sont mauvais : mais l'endroit de l'ouvrage que ces critiques croient citer, et qu'en effet ils ne citent point, n'en est pas pire.

↦ Que dites-vous du livre d'*Hermodore*? Qu'il est mauvais, répond *Anthime*. Qu'il est mauvais? Qu'il est tel, continue-t-il, que ce n'est pas un livre, ou qui mérite du moins que le monde en parle.. Mais l'avez-vous lu? Non, dit Anthime. Que n'ajoute-t-il que *Fulvie* et *Mélanie* l'ont condamné sans l'avoir lu, et qu'il est ami de Fulvie et de Mélanie?

↦ *Arsène*[1], du plus haut de son esprit, contemple les hommes; et dans l'éloignement d'où il les voit, il est comme effrayé de leur petitesse : loué, exalté, et porté jusqu'aux cieux par de certaines gens qui se sont promis de s'admirer réciproquement, il croit, avec quelque mérite qu'il a, posséder tout celui qu'on peut avoir, et qu'il n'aura jamais; occupé et rempli de ses sublimes idées, il se donne à peine le loisir de prononcer quelques oracles : élevé par son caractère au-dessus des jugements humains, il abandonne aux âmes communes le mérite d'une vie suivie et uniforme, et il n'est responsable de ses inconstances qu'à ce cercle d'amis qui les idolâtrent; eux seuls savent juger, savent penser, savent écrire, doivent écrire; il n'y a point d'autre ouvrage d'esprit si bien reçu dans le monde, et si universellement goûté des honnêtes gens, je ne dis pas qu'il veuille approuver, mais qu'il daigne lire : incapable d'être corrigé par cette peinture, qu'il ne lira point.

[1] On a appliqué ce portrait tantôt au marquis de Tréville (Troisville), bel esprit fort à la mode, tantôt à l'abbé de Choisy.

↦ *Théocrine*[1] sait des choses assez inutiles ; il a des sentiments toujours singuliers ; il est moins profond que méthodique ; il n'exerce que sa mémoire ; il est abstrait, dédaigneux, et il semble toujours rire en lui-même de ceux qu'il croit ne le valoir pas. Le hasard fait que je lui lis mon ouvrage, il l'écoute. Est-il lu, il me parle du sien. Et du vôtre, me direz-vous, qu'en pense-t-il ? Je vous l'ai déjà dit, il me parle du sien.

↦ Il n'y a point d'ouvrage[2] si accompli qui ne fondît tout entier au milieu de la critique, si son auteur voulait en croire tous les censeurs, qui ôtent chacun l'endroit qui leur plaît le moins.

↦ C'est une expérience faite, que s'il se trouve dix personnes qui effacent d'un livre une expression ou un sentiment, l'on en fournit aisément un pareil nombre qui les réclame : ceux-ci s'écrient : Pourquoi supprimer cette pensée ? elle est neuve, elle est belle, et le tour en est admirable ; et ceux-là affirment, au contraire, ou qu'ils auraient négligé cette pensée, ou qu'ils lui auraient donné un autre tour. Il y a un terme, disent les uns, dans votre ouvrage, qui est rencontré, et qui peint la chose au naturel ; il y a un mot, disent les autres, qui est hasardé, et qui d'ailleurs ne signifie pas assez ce que vous voulez peut-être faire entendre : et c'est du même trait et du même mot que tous ces gens s'expliquent ainsi, et tous sont connaisseurs et passent pour tels. Quel autre parti pour un auteur, que d'oser pour lors être de l'avis de ceux qui l'approuvent ?

↦ Un auteur sérieux[3] n'est pas obligé de remplir son

---

[1] L'abbé Dangeau ou de Brie. Ce dernier, fils d'un chapelier de Paris, a écrit un roman intitulé : *Les Amours du duc de Guise, surnommé Balafré.* Il a de plus traduit quelques odes d'Horace, sans succès.
[2] Les cartes de l'abbé Dangeau.
[3] Il est évident qu'ici la Bruyère parle de lui-même.

esprit de toutes les extravagances, de toutes les saletés, de tous les mauvais mots que l'on peut dire, et de toutes les ineptes applications que l'on peut faire au sujet de quelques endroits de son ouvrage, et encore moins de les supprimer. Il est convaincu que, quelque scrupuleuse exactitude que l'on ait dans sa manière d'écrire, la raillerie froide des mauvais plaisants est un mal inévitable, et que les meilleures choses ne leur servent souvent qu'à leur faire rencontrer une sottise.

↳ Si certains esprits vifs et décisifs étaient crus, ce serait encore trop que les termes pour exprimer les sentiments; il faudrait leur parler par signes, ou sans parler se faire entendre. Quelque soin que l'on apporte à être serré et concis, et quelque réputation qu'on ait d'être tel, ils vous trouvent diffus. Il faut leur laisser tout à suppléer, et n'écrire que pour eux seuls: ils conçoivent une période par le mot qui la commence, et par une période tout un chapitre: leur avez-vous lu un seul endroit de l'ouvrage, c'est assez, ils sont dans le fait et entendent l'ouvrage. Un tissu d'énigmes leur serait une lecture divertissante; et c'est une perte pour eux que ce style estropié qui les enlève soit rare, et que peu d'écrivains s'en accommodent. Les comparaisons tirées d'un fleuve dont le cours, quoique rapide, est égal et uniforme, ou d'un embrasement qui, poussé par les vents, s'épand au loin dans une forêt où il consume les chênes et les pins, ne leur fournissent aucune idée de l'éloquence. Montrez-leur un feu grégeois qui les surprenne, ou un éclair qui les éblouisse, ils vous quittent du bon et du beau.

↳ Quelle prodigieuse distance entre un bel ouvrage et un ouvrage parfait ou régulier! Je ne sais s'il s'en est encore trouvé de ce dernier genre. Il est peut-être moins difficile aux rares génies de rencontrer le grand et le sublime, que d'éviter toutes sortes de fautes. *Le Cid* n'a eu qu'une voix pour lui à sa naissance, qui a été celle de l'admiration; il s'est vu plus fort que l'autorité et la politique[1], qui ont tenté vainement de le détruire; il a réuni en sa faveur des esprits toujours partagés d'opinions et de sentiments, les grands et le peuple : ils s'accordent tous à le savoir de mémoire, et à prévenir au théâtre les acteurs qui le récitent. Le Cid enfin est l'un des plus beaux poëmes que l'on puisse faire; et l'une des meilleures critiques qui ait été faite sur aucun sujet est celle du Cid.

→ Quand une lecture vous élève l'esprit, et qu'elle vous inspire des sentiments nobles et courageux, ne cherchez pas une autre règle pour juger de l'ouvrage; il est bon, et fait de main d'ouvrier.

→ Capys[2], qui s'érige en juge du beau style et qui croit écrire comme Bouhours et Rabutin, résiste à la voix du peuple, et dit tout seul que Damis n'est pas un bon auteur. Damis cède à la multitude, et dit ingénument avec le public que Capys est froid écrivain.

→ Le devoir du nouvelliste est de dire : Il y a un tel livre qui court, et qui est imprimé chez Cramoisy, en tel caractère; il est bien relié, et en beau papier; il se vend tant. Il doit savoir jusques à l'enseigne du libraire qui le débite : sa folie est d'en vouloir faire la critique.

Le sublime du nouvelliste est le raisonnement creux sur la politique.

Le nouvelliste se couche le soir tranquillement sur une nouvelle qui se corrompt la nuit, et qu'il est obligé d'abandonner le matin à son réveil.

---

[1] Cette pièce excita la jalousie du cardinal de Richelieu, qui voulut la faire condamner par l'Académie. L'Académie fit acte d'indépendance elle critiqua, mais ne fut pas avare de sa louange.

En vain contre le Cid un ministre se ligue,
Tout Paris pour Chimène a les yeux de Rodrigue.

[2] Le nom de Capys a été appliqué à Boursault, et celui de Damis à Boileau.

↳ Le philosophe consume sa vie à observer les hommes, et il use ses esprits à en démêler les vices et le ridicule. S'il donne quelque tour à ses pensées, c'est moins par une vanité d'auteur, que pour mettre une vérité qu'il a trouvée dans tout le jour nécessaire pour faire l'impression qui doit servir à son dessein. Quelques lecteurs croient néanmoins le payer avec usure s'ils disent magistralement qu'ils ont lu son livre, et qu'il y a de l'esprit : mais il leur renvoie tous leurs éloges, qu'il n'a pas cherchés par son travail et par ses veilles. Il porte plus haut ses projets et agit pour une fin plus relevée : il demande des hommes un plus grand et un plus rare succès que les louanges, et même que les récompenses, qui est de les rendre meilleurs [1].

↳ Les sots lisent un livre, et ne l'entendent point : les esprits médiocres croient l'entendre parfaitement : les grands esprits ne l'entendent quelquefois pas tout entier; ils trouvent obscur ce qui est obscur, comme ils trouvent clair ce qui est clair : les beaux esprits veulent trouver obscur ce qui ne l'est point, et ne pas entendre ce qui est fort intelligible.

↳ Un auteur cherche vainement à se faire admirer par son ouvrage. Les sots admirent quelquefois, mais ce sont des sots. Les personnes d'esprit ont en eux les semences de toutes les vérités et de tous les sentiments, rien ne leur est nouveau; ils admirent peu, ils approuvent.

↳ Je ne sais si l'on pourra jamais mettre dans des lettres plus d'esprit, plus de tour, plus d'agrément et plus de style que l'on en voit dans celles de BALZAC et de VOITURE. Elles sont vides de sentiments, qui n'ont régné que depuis leur temps, et qui doivent aux femmes leur naissance. Ce sexe va plus loin que le nôtre dans ce genre d'écrire. Elles trouvent sous leur plume des tours et des expressions qui sou-

---

[1] Allusion que fait la Bruyère à son propre caractère.

vent en nous ne sont l'effet que d'un long travail et d'une pénible recherche : elles sont heureuses dans le choix des termes, qu'elles placent si juste, que, tout connus qu'ils sont, ils ont le charme de la nouveauté, et semblent être faits seulement pour l'usage où elles les mettent. Il n'appartient qu'à elles de faire lire dans un seul mot tout un sentiment, et de rendre délicatement une pensée qui est délicate. Elles ont un enchaînement de discours inimitable, qui se suit naturellement, et qui n'est lié que par le sens. Si les femmes étaient toujours correctes, j'oserais dire que les lettres de quelques-unes d'entre elles seraient peut-être ce que nous avons dans notre langue de mieux écrit

↦ Il n'a manqué à TÉRENCE que d'être moins froid : quelle pureté, quelle exactitude, quelle politesse, quelle élégance, quels caractères! Il n'a manqué à MOLIÈRE que d'éviter le jargon et le barbarisme, et d'écrire purement : quel feu, quelle naïveté, quelle source de la bonne plaisanterie, quelle imitation des mœurs, quelles images, et quel fléau du ridicule! Mais quel homme on aurait pu faire de ces deux comiques[1]!

↦ J'ai lu MALHERBE et THÉOPHILE. Ils ont tous deux connu la nature, avec cette différence que le premier, d'un style plein et uniforme, montre tout à la fois ce qu'elle a de plus beau et de plus noble, de plus naïf et de plus simple; il en fait la peinture ou l'histoire. L'autre, sans choix, sans exactitude, d'une plume libre et inégale, tantôt charge ses descriptions, s'appesantit sur les détails; il fait une anatomie : tantôt il feint, il exagère, il passe le vrai dans la nature; il en fait le roman.

↦ RONSARD et BALZAC ont eu, chacun dans leur genre, assez de bon et de mauvais pour former après eux de très-grands hommes en vers et en prose.

---

[1] Le reproche adressé à Molière n'a pas été ratifié par la postérité.

↳ Marot, par son tour et par son style, semble avoir écrit depuis Ronsard : il n'y a guère, entre ce premier et nous, que la différence de quelques mots.

↳ Ronsard et les auteurs ses contemporains ont plus nui au style qu'ils ne lui ont servi : ils l'ont retardé dans le chemin de la perfection; ils l'ont exposé à la manquer pour toujours, et à n'y plus revenir. Il est étonnant que les ouvrages de Marot, si naturels et si faciles, n'aient su faire de Ronsard, d'ailleurs plein de verve et d'enthousiasme, un plus grand poëte que Ronsard et que Marot; et, au contraire, que Belleau, Jodelle, et du Bartas, aient été sitôt suivis d'un Racan et d'un Malherbe, et que notre langue, à peine corrompue, se soit vue réparée.

↳ Marot et Rabelais sont inexcusables d'avoir semé l'ordure dans leurs écrits : tous deux avaient assez de génie et de naturel pour pouvoir s'en passer, même à l'égard de ceux qui cherchent moins à admirer qu'à rire dans un auteur. Rabelais surtout est incompréhensible; son livre est une énigme, quoi qu'on veuille dire, inexplicable; c'est une chimère, c'est le visage d'une belle femme avec des pieds et une queue de serpent, ou de quelque autre bête plus difforme; c'est un monstrueux assemblage d'une morale fine et ingénieuse, et d'une sale corruption. Où il est mauvais, il passe bien loin au-delà du pire, c'est le charme de la canaille : où il est bon, il va jusques à l'exquis et à l'excellent, il peut être le mets des plus délicats.

↳ Deux écrivains [1] dans leurs ouvrages ont blâmé Montagne, que je ne crois pas, aussi bien qu'eux, exempt de toute sorte de blâme. Il paraît que tous deux ne l'ont estimé en nulle manière. L'un ne pensait pas assez pour goûter un

---

[1] P. Malebranche, qui pense trop, et Nicole, qui ne pense pas assez. M. Sainte-Beuve, dans son *Histoire de Port-Royal*, désigne Balzac au lieu de Nicole.

auteur qui pense beaucoup; l'autre pense trop subtilement pour s'accommoder de pensées qui sont naturelles.

↦ Un style grave, sérieux, scrupuleux, va fort loin. On lit Amyot et Coeffeteau[1] : lequel lit-on de leurs contemporains? Balzac, pour les termes et pour l'expression, est moins vieux que Voiture ; mais si ce dernier, pour le tour, pour l'esprit et pour le naturel, n'est pas moderne, et ne ressemble en rien à nos écrivains, c'est qu'il leur a été plus facile de le négliger que de l'imiter, et que le petit nombre de ceux qui courent après lui ne peut l'atteindre.

↦ Le H*** G*** est immédiatement au-dessous du rien [2]. Il y a bien d'autres ouvrages qui lui ressemblent. Il y a autant d'invention à s'enrichir par un sot livre, qu'il y a de sottise à l'acheter : c'est ignorer le goût du peuple, que de ne pas hasarder quelquefois de grandes fadaises.

↦ L'on voit bien que l'*Opéra* est l'ébauche d'un grand spectacle; il en donne l'idée.

Je ne sais pas comment l'*Opéra*, avec une musique si parfaite et une dépense toute royale, a pu réussir à m'ennuyer.

Il y a des endroits dans l'*Opéra* qui laissent en désirer d'autres; il échappe quelquefois de souhaiter la fin de tout le spectacle : c'est faute de théâtre, d'action, et de choses qui intéressent.

L'*Opéra*, jusques à ce jour, n'est pas un poëme, ce sont des vers; ni un spectacle, depuis que les machines ont disparu par le bon ménage d'*Amphion* et de sa race [3]; c'est un

---

[1] Coeffeteau, dominicain, nommé évêque de Marseille en 1621. Il a traduit Florus, et publié plusieurs ouvrages sur la morale et la politique, estimés dans leur temps.

[2] Il s'agit du *Mercure galant*, recueil périodique, rédigé par de Visé. — La sixième et la septième édition portent M** G**; les précédentes et les suivantes H** G**, ce qui déguisait davantage les intentions de l'auteur.

[3] Lulli et ses fils, son école

concert, ou ce sont des voix soutenues par des instruments. C'est prendre le change, et cultiver un mauvais goût, que de dire, comme l'on fait, que la machine n'est qu'un amusement d'enfants, et qui ne convient qu'aux marionnettes ; elle augmente et embellit la fiction, soutient dans les spectateurs cette douce illusion qui est tout le plaisir du théâtre, où elle jette encore le merveilleux. Il ne faut point de vols, ni de chars, ni de changements, aux Bérénices et à Pénélope[1] ; il en faut aux *opéras* ; et le propre de ce spectacle est de tenir les esprits, les yeux et les oreilles dans un égal enchantement.

↦ Ils ont fait le théâtre ces empressés[2], les machines, les ballets, les vers, la musique, tout le spectacle, jusqu'à la salle où s'est donné le spectacle, j'entends le toit et les quatre murs dès leurs fondements. Qui doute que la chasse sur l'eau, l'enchantement de la table[3], la merveille du labyrinthe[4], ne soient encore de leur invention? J'en juge par le mouvement qu'ils se donnent, et par l'air content dont ils s'applaudissent sur tout le succès. Si je me trompe, et qu'ils n'aient contribué en rien à cette fête si superbe, si galante, si longtemps soutenue, et où un seul a suffi pour le projet et pour la dépense, j'admire deux choses : la tranquillité et le flegme de celui qui a tout remué, comme l'embarras et l'action de ceux qui n'ont rien fait.

↦ Les connaisseurs, ou ceux qui se croient[5] tels, se donnent voix délibérative et décisive sur les spectacles, se

---

[1] La *Bérénice* de Corneille et celle de Racine; la *Pénélope* de l'abbé Genest, représentée en 1684.

[2] Allusion à la fête magnifique que M. le Prince, fils du grand Condé, donna au dauphin à Chantilly, en 1688, et qui dura huit jours. L'architecte Mansard, d'autres disent Jean Bérain, était un de ces *empressés* qui s'attribuaient tout le mérite de cette belle fête.

[3] Rendez-vous de chasse dans la forêt de Chantilly. (*Note de l'auteur.*)

[4] Collation très-ingénieuse donnée dans le labyrinthe de Chantilly. (*Note de l'auteur.*)

[5] Quinault.

cantonnent aussi, et se divisent en des partis contraires, dont chacun, poussé par un tout autre intérêt que par celui du public ou de l'équité, admire un certain poëme ou une certaine musique, et siffle toute autre. Ils nuisent également par cette chaleur à défendre leurs préventions, et à la faction opposée, et à leur propre cabale; ils découragent par mille contradictions les poëtes et les musiciens, retardent le progrès des sciences et des arts, en leur ôtant le fruit qu'ils pourraient tirer de l'émulation et de la liberté qu'auraient plusieurs excellents maîtres de faire, chacun dans leur genre et selon leur génie, de très-beaux ouvrages.

↦ D'où vient que l'on rit si librement au théâtre, et que l'on a honte d'y pleurer? Est-il moins dans la nature de s'attendrir sur le pitoyable que d'éclater sur le ridicule? Est-ce l'altération des traits qui nous retient? Elle est plus grande dans un ris immodéré que dans la plus amère douleur; et l'on détourne son visage pour rire comme pour pleurer en la présence des grands et de tous ceux que l'on respecte. Est-ce une peine que l'on sent à laisser voir que l'on est tendre, et à marquer quelque faiblesse, surtout en un sujet faux, et dont il semble que l'on soit la dupe? Mais, sans citer les personnes graves ou les esprits forts qui trouvent du faible dans un ris excessif comme dans les pleurs, et qui se les défendent également, qu'attend-on d'une scène tragique? Qu'elle fasse rire? Et d'ailleurs, la vérité n'y règne-t-elle pas aussi vivement par ses images que dans le comique? l'âme ne va-t-elle pas jusqu'au vrai dans l'un et l'autre genre avant que de s'émouvoir? est-elle même si aisée à contenter? ne lui faut-il pas encore le vraisemblable? Comme donc ce n'est point une chose bizarre d'entendre s'élever de tout un amphithéâtre un ris universel sur quelque endroit d'une comédie, et que cela suppose au contraire qu'il est plaisant et très-naïvement exécuté, aussi l'extrême violence que chacun se fait à contraindre ses larmes, et les mauvais ris dont on veut les couvrir, prouvent clairement que l'effet naturel du grand tragique serait de pleurer tous franchement et de concert à la vue l'un de l'autre, et sans autre embarras que d'essuyer ses larmes : outre qu'après être convenu de s'y abandonner, on éprouverait encore qu'il y a souvent moins lieu de craindre de pleurer au théâtre que de s'y morfondre.

↦ Le poëme tragique vous serre le cœur dès son commencement, vous laisse à peine dans tout son progrès la liberté de respirer et le temps de vous remettre ; ou, s'il vous donne quelque relâche, c'est pour vous replonger dans de nouveaux abîmes et dans de nouvelles alarmes. Il vous conduit à la terreur par la pitié, ou, réciproquement, à la pitié par le terrible ; vous mène par les larmes, par les sanglots, par l'incertitude, par l'espérance, par la crainte, par les surprises et par l'horreur, jusqu'à la catastrophe. Ce n'est donc pas un tissu de jolis sentiments, de déclarations tendres, d'entretiens galants, de portraits agréables, de mots *doucereux*[1], ou quelquefois assez plaisants pour faire rire, suivi à la vérité d'une dernière scène[2] où les mutins n'entendent aucune raison, et où, pour la bienséance, il y a enfin du sang répandu, et quelque malheureux à qui il en coûte la vie.

↦ Ce n'est point assez que les mœurs du théâtre ne soient point mauvaises, il faut encore qu'elles soient décentes et instructives. Il peut y avoir un ridicule si bas et si grossier, ou même si fade et si indifférent, qu'il n'est ni permis au poëte d'y faire attention, ni possible aux spectateurs de s'en divertir. Le paysan ou l'ivrogne fournit quelques scènes à un farceur ; il n'entre qu'à peine dans le vrai comique :

---

[1] Allusion aux tragédies de Quinault, entre autres à l'*Astrate*, où suivant la satire de Boileau :

... Jusqu'à je vous hais, tout s'y dit tendrement.

[2] Sédition, dénoûment vulgaire des tragédies. (*Note de l'auteur.*)

comment pourrait-il faire le fond ou l'action principale de la comédie? Ces caractères, dit-on, sont naturels. Ainsi, par cette règle, on occupera bientôt tout l'amphithéâtre d'un laquais qui siffle, d'un malade dans sa garde-robe, d'un homme ivre qui dort ou qui vomit : y a-t-il rien de plus naturel? C'est le propre d'un efféminé de se lever tard, de passer une partie du jour à sa toilette, de se voir au miroir, de se parfumer, de se mettre des mouches, de recevoir des billets et d'y faire réponse : mettez ce rôle sur la scène, plus longtemps vous le ferez durer, un acte, deux actes, plus il sera naturel et conforme à son original; mais plus aussi il sera froid et insipide [1].

→ Il semble que le roman et la comédie pourraient être aussi utiles qu'ils sont nuisibles. L'on y voit de si grands exemples de constance, de vertu, de tendresse et de désintéressement, de si beaux et de si parfaits caractères, que, quand une jeune personne jette de là sa vue sur tout ce qui l'entoure, ne trouvant que des sujets indignes et fort au-dessous de ce qu'elle vient d'admirer, je m'étonne qu'elle soit capable pour eux de la moindre faiblesse.

→ CORNEILLE ne peut être égalé dans les endroits où il excelle : il a pour lors un caractère original et inimitable; mais il est inégal. Ses premières comédies sont sèches, languissantes, et ne laissaient pas espérer qu'il dût ensuite aller si loin; comme ses dernières font qu'on s'étonne qu'il ait pu tomber de si haut. Dans quelques-unes de ses meilleures pièces, il y a des fautes inexcusables contre les mœurs, un style de déclamateur qui arrête l'action et la fait languir, des négligences dans les vers et dans l'expression qu'on ne peut comprendre en un si grand homme. Ce qu'il y a eu en lui de plus éminent, c'est l'esprit, qu'il avait sublime, auquel il a été redevable de certains vers, les plus

---

[1] Allusion à *l'Homme à bonnes fortunes*, comédie de Baron.

heureux qu'on ait jamais lus ailleurs, de la conduite de son
théâtre, qu'il a quelquefois hasardée contre les règles des
anciens, et enfin de ses dénoûments : car il ne s'est pas
toujours assujetti au goût des Grecs et à leur grande simplicité; il a aimé au contraire à charger la scène d'événements dont il est presque toujours sorti avec succès; admirable surtout par l'extrême variété et le peu de rapport qui
se trouve pour le dessein entre un si grand nombre de
poëmes qu'il a composés. Il semble qu'il y ait plus de ressemblance dans ceux de Racine, et qu'ils tendent un peu
plus à une même chose; mais il est égal, soutenu, toujours
le même partout, soit pour le dessein et la conduite de ses
pièces, qui sont justes, régulières, prises dans le bon sens
et dans la nature; soit pour la versification, qui est correcte, riche dans ses rimes, élégante, nombreuse, harmonieuse : exact imitateur des anciens, dont il a suivi scrupuleusement la netteté et la simplicité de l'action; à qui le
grand et le merveilleux n'ont pas même manqué, ainsi qu'à
Corneille, ni le touchant ni le pathétique. Quelle plus grande
tendresse que celle qui est répandue dans tout *le Cid*, dans
Polyeucte et dans *les Horaces*? Quelle grandeur ne se remarque point en Mithridate, en Porus et en Burrhus? Ces
passions encore favorites des anciens, que les tragiques aimaient à exciter sur les théâtres, et qu'on nomme la terreur
et la pitié, ont été connues de ces deux poëtes. Oreste, dans
l'*Andromaque* de Racine, et *Phèdre* du même auteur, comme
OEdipe et *les Horaces* de Corneille, en sont la preuve. Si
cependant il est permis de faire entre eux quelque comparaison et les marquer l'un et l'autre par ce qu'ils ont eu
de plus propre, et par ce qui éclate le plus ordinairement
dans leurs ouvrages, peut-être qu'on pourrait parler ainsi :
Corneille nous assujettit à ses caractères et à ses idées, Racine se conforme aux nôtres; celui-là peint les hommes
comme ils devraient être, celui-ci les peint tels qu'ils sont.
Il y a plus dans le premier de ce que l'on admire, et de ce

que l'on doit même imiter; il y a plus dans le second de ce que l'on reconnaît dans les autres, ou de ce que l'on éprouve dans soi-même. L'un élève, étonne, maîtrise, instruit; l'autre plaît, remue, touche, pénètre. Ce qu'il y a de plus beau, de plus noble et de plus impérieux dans la raison, est manié par le premier; et par l'autre, ce qu'il y a de plus flatteur et de plus délicat dans la passion. Ce sont dans celui-là des maximes, des règles, des préceptes; et dans celui-ci du goût et des sentiments. L'on est plus occupé aux pièces de Corneille; l'on est plus ébranlé et plus attendri à celles de Racine. Corneille est plus moral, Racine plus naturel. Il semble que l'un imite Sophocle, et que l'autre doit plus à Euripide.

↦ Le peuple appelle éloquence la facilité que quelques-uns ont de parler seuls et longtemps, jointe à l'emportement du geste, à l'éclat de la voix, et à la force des poumons. Les pédants ne l'admettent aussi que dans le discours oratoire, et ne la distinguent pas de l'entassement des figures, de l'usage des grands mots, et de la rondeur des périodes.

Il semble que la logique est l'art de convaincre de quelque vérité; et l'éloquence un don de l'âme, lequel nous rend maîtres du cœur et de l'esprit des autres, qui fait que nous leur inspirons ou que nous leur persuadons tout ce qui nous plaît.

L'éloquence peut se trouver dans les entretiens et dans tout genre d'écrire. Elle est rarement où on la cherche, et elle est quelquefois où on ne la cherche point.

L'éloquence est au sublime ce que le tout est à sa partie.

Qu'est-ce que le sublime? Il ne paraît pas qu'on l'ait défini. Est-ce une figure? Naît-il des figures, ou du moins de quelques figures? Tout genre d'écrire reçoit-il le sublime, ou s'il n'y a que les grands sujets qui en soient capables? Peut-il briller autre chose dans l'églogue qu'un beau naturel, et dans les lettres familières comme dans les conversations qu'une grande délicatesse? ou plutôt le naturel et le délicat ne sont-ils pas le sublime des ouvrages dont ils font la perfection? Qu'est-ce que le sublime? Où entre le sublime?

Les synonymes sont plusieurs dictions ou plusieurs phrases différentes qui signifient une même chose. L'antithèse est une opposition de deux vérités qui se donnent du jour l'une à l'autre. La métaphore ou la comparaison emprunte d'une chose étrangère une image sensible et naturelle d'une vérité. L'hyperbole exprime au-delà de la vérité pour ramener l'esprit à la mieux connaître. Le sublime ne peint que la vérité, mais en un sujet noble : il la peint tout entière, dans sa cause et dans son effet; il est l'expression ou l'image la plus digne de cette vérité. Les esprits médiocres ne trouvent point l'unique expression, et usent de synonymes. Les jeunes gens sont éblouis de l'éclat de l'antithèse, et s'en servent. Les esprits justes, et qui aiment à faire des images qui soient précises, donnent naturellement dans la comparaison et la métaphore. Les esprits vifs, pleins de feu, et qu'une vaste imagination emporte hors des règles et de la justesse, ne peuvent s'assouvir de l'hyperbole. Pour le sublime, il n'y a même entre les grands génies que les plus élevés qui en soient capables.

↳ Tout écrivain, pour écrire nettement, doit se mettre à la place de ses lecteurs, examiner son propre ouvrage comme quelque chose qui lui est nouveau, qu'il lit pour la première fois, où il n'a nulle part, et que l'auteur aurait soumis à sa critique; et se persuader ensuite qu'on n'est pas entendu seulement à cause que l'on s'entend soi-même, mais parce qu'on est en effet intelligible.

↳ L'on n'écrit que pour être entendu; mais il faut du moins, en écrivant, faire entendre de belles choses. L'on doit avoir une diction pure, et user de termes qui soient propres, il est vrai; mais il faut que ces termes si propres expriment des pensées nobles, vives, solides, et qui renferment un très-beau sens. C'est faire de la pureté et de la clarté du discours un mauvais usage que de les faire servir à une matière aride, infructueuse, qui est sans sel, sans utilité, sans nouveauté. Que sert aux lecteurs de comprendre aisément et sans peine des choses frivoles et puériles, quelquefois fades et communes, et d'être moins incertains de la pensée d'un auteur, qu'ennuyés de son ouvrage ?

Si l'on jette quelque profondeur dans certains écrits; si l'on affecte une finesse de tour, et quelquefois une trop grande délicatesse, ce n'est que par la bonne opinion qu'on a de ses lecteurs.

↦ L'on a cette incommodité à essuyer dans la lecture des livres faits par des gens de parti et de cabale, que l'on n'y voit pas toujours la vérité. Les faits y sont déguisés; les raisons réciproques n'y sont point rapportées dans toute leur force, ni avec une entière exactitude; et ce qui use la plus longue patience, il faut lire un grand nombre de termes durs et injurieux que se disent des hommes graves, qui, d'un point de doctrine ou d'un fait contesté, se font une querelle personnelle. Ces ouvrages ont cela de particulier, qu'ils ne méritent ni le cours prodigieux qu'ils ont pendant un certain temps, ni le profond oubli où ils tombent lorsque, le feu et la division venant à s'éteindre, ils deviennent des almanachs de l'autre année [1].

↦ La gloire ou le mérite de certains hommes est de bien écrire; et de quelques autres c'est de n'écrire point.

↦ L'on écrit régulièrement depuis vingt années; l'on est esclave de la construction; l'on a enrichi la langue de nouveaux mots, secoué le joug du latinisme, et réduit le style à la phrase purement française; l'on a presque retrouvé le nombre que MALHERBE et BALZAC avaient les premiers rencontré, et que tant d'auteurs depuis eux ont laissé perdre.

---

[1] Allusion aux disputes théologiques du temps.

L'on a mis enfin dans le discours tout l'ordre et toute la netteté dont il est capable. Cela conduit insensiblement à y mettre de l'esprit[1].

❧ Il y a des artisans ou des habiles dont l'esprit est aussi vaste que l'art et la science qu'ils professent ; ils lui rendent avec avantage, par le génie et par l'invention, ce qu'ils tiennent d'elle et de ses principes : ils sortent de l'art pour l'ennoblir, s'écartent des règles si elles ne les conduisent pas au grand et au sublime : ils marchent seuls et sans compagnie ; mais ils vont fort haut et pénètrent fort loin, toujours sûrs et confirmés par le succès des avantages que l'on tire quelquefois de l'irrégularité. Les esprits justes, doux, modérés, non-seulement ne les atteignent pas, ne les admirent pas, mais ils ne les comprennent point, et voudraient encore moins les imiter. Ils demeurent tranquilles dans l'étendue de leur sphère, vont jusques à un certain point qui fait les bornes de leur capacité et de leurs lumières ; ils ne vont pas plus loin, parce qu'ils ne voient rien au delà. Ils ne peuvent au plus qu'être les premiers d'une seconde classe, et exceller dans le médiocre.

❧ Il y a des esprits, si je l'ose dire, inférieurs et subalternes, qui ne semblent faits que pour être le recueil, le registre ou le magasin de toutes les productions des autres génies. Ils sont plagiaires, traducteurs, compilateurs : ils ne pensent point, ils disent ce que les auteurs ont pensé ; et comme le choix des pensées est invention, ils l'ont mauvais, peu juste, et qui les détermine plutôt à rapporter beaucoup de choses, que d'excellentes choses : ils n'ont rien d'original et qui soit à eux ; ils ne savent que ce qu'ils ont appris, et ils n'apprennent que ce que tout le monde veut bien ignorer, une science vaine, aride, dénuée d'agrément et d'utilité, qui ne tombe point dans la conversation, qui est hors de commerce, semblable à une monnaie qui n'a point de

---

[1] Allusion au P. Bouhours et à Bourdaloue.

cours. On est tout à la fois étonné de leur lecture et ennuyé de leur entretien ou de leurs ouvrages. Ce sont ceux que les grands et le vulgaire confondent avec les savants, et que les sages renvoient au pédantisme .

↦ La critique souvent n'est pas une science; c'est un métier, où il faut plus de santé que d'esprit, plus de travail que de capacité, plus d'habitude que de génie. Si elle vient d'un homme qui ait moins de discernement que de lecture, et qu'elle s'exerce sur de certains chapitres, elle corrompt et les lecteurs et l'écrivain.

↦ Je conseille à un auteur né copiste [2], et qui a l'extrême modestie de travailler d'après quelqu'un, de ne se choisir pour exemplaires que ces sortes d'ouvrages où il entre de l'esprit, de l'imagination, ou même de l'érudition : s'il n'atteint pas ses originaux, du moins il en approche, et il se fait lire. Il doit au contraire éviter, comme un écueil, de vouloir imiter ceux qui écrivent par humeur, que le cœur fait parler, à qui il inspire les termes et les figures, et qui tirent, pour ainsi dire, de leurs entrailles tout ce qu'ils expriment sur le papier : dangereux modèles et tout propres à faire tomber dans le froid, dans le bas et dans le ridicule ceux qui s'ingèrent de les suivre. En effet, je rirais d'un homme qui voudrait sérieusement parler mon ton de voix, ou me ressembler de visage.

↦ Un homme né chrétien et Français se trouve contraint dans la satire; les grands sujets lui sont défendus : il les entame quelquefois, et se détourne ensuite sur de petites choses, qu'il relève par la beauté de son génie et de son style.

↦ Il faut éviter le style vain et puéril, de peur de res

---

[1] Peut-être s'agit-il de Ménage, quoiqu'il fût fort bien avec la Bruyère, et malgré cette phrase du *Ménagiana*, tome III, page 245 : « Dans les Caractères du siècle, je n'y ai pas encore trouvé le mien. »

[2] L'abbé de Villiers.

sembler à *Dorilas* et *Handburg* [1]. L'on peut, au contraire, en une sorte d'écrits, hasarder de certaines expressions, user de termes transposés et qui peignent vivement, et plaindre ceux qui ne sentent pas le plaisir qu'il y a à s'en servir ou à les entendre.

⟶ Celui qui n'a égard en écrivant qu'au goût de son siècle songe plus à sa personne qu'à ses écrits. Il faut toujours tendre à la perfection; et alors cette justice qui nous est quelquefois refusée par nos contemporains, la postérité sait nous la rendre.

⟶ Il ne faut point mettre un ridicule où il n'y en a point; c'est se gâter le goût, c'est corrompre son jugement et celui des autres. Mais le ridicule qui est quelque part, il faut l'y voir, l'en tirer avec grâce, et d'une manière qui plaise et qui instruise.

⟶ Horace ou Despréaux l'a dit avant vous. Je le crois sur votre parole; mais je l'ai dit comme mien. Ne puis-je pas penser après eux une chose vraie, et que d'autres encore penseront après moi?

DU MÉRITE PERSONNEL.

Qui peut, avec les plus rares talents et le plus excellent mérite, n'être pas convaincu de son inutilité, quand il considère qu'il laisse, en mourant, un monde qui ne se sent pas de sa perte, et où tant de gens se trouvent pour le remplacer?

---

[1] Varillas et Maimbourg. Varillas, historien de peu de valeur, son nom est à peine déguisé. « Le style du P. Maimbourg me déplaît fort, dit Mᵐᵉ de Sévigné : il sent l'auteur qui a ramassé le délicat des mauvaises ruelles. » (Lettre du 14 septembre 1675.) La Bruyère a parfaitement indiqué Maimbourg; *hand*, en anglais, veut dire main.

↦ De bien des gens il n'y a que le nom qui vale quelque chose. Quand vous les voyez de fort près, c'est moins que rien ; de loin, ils imposent.

↦ Tout persuadé que je suis que ceux que l'on choisit pour de différents emplois, chacun selon son génie et sa profession, font bien, je me hasarde de dire qu'il se peut faire qu'il y ait au monde plusieurs personnes, connues ou inconnues, que l'on n'emploie pas, qui feraient très-bien ; et je suis induit à ce sentiment par le merveilleux succès de certaines gens que le hasard seul a placés, et de qui jusques alors on n'avait pas attendu de fort grandes choses.

Combien d'hommes admirables, et qui avaient de très-beaux génies, sont morts sans qu'on en ait parlé ! Combien vivent encore dont on ne parle point, et dont on ne parlera jamais !

↦ Quelle horrible peine à un homme qui est sans prôneurs et sans cabale, qui n'est engagé dans aucun corps, mais qui est seul, et qui n'a que beaucoup de mérite pour toute recommandation, de se faire jour à travers l'obscurité où il se trouve, et de venir au niveau d'un fat qui est en crédit !

↦ Personne presque ne s'avise de lui-même du mérite d'un autre.

Les hommes sont trop occupés d'eux-mêmes pour avoir le loisir de pénétrer ou de discerner les autres : de là vient qu'avec un grand mérite et une plus grande modestie l'on peut être longtemps ignoré.

↦ Le génie et les grands talents manquent souvent, quelquefois aussi les seules occasions : tels peuvent être loués de ce qu'ils ont fait, et tels de ce qu'ils auraient fait.

↦ Il est moins rare de trouver de l'esprit que des gens qui se servent du leur, ou qui fassent valoir celui des autres, et le mettent à quelque usage.

↦ Il y a plus d'outils que d'ouvriers, et de ces derniers plus de mauvais que d'excellents : que pensez-vous de celui qui veut scier avec un rabot, et qui prend sa scie pour raboter ?

↦ Il n'y a point au monde un si pénible métier que celui de se faire un grand nom ; la vie s'achève que l'on a à peine ébauché son ouvrage.

↦ Que faire d'*Égésippe*, qui demande un emploi ? Le mettra-t-on dans les finances, ou dans les troupes ? Cela est indifférent, et il faut que ce soit l'intérêt seul qui en décide ; car il est aussi capable de manier de l'argent, ou de dresser des comptes que de porter les armes. Il est propre à tout, disent ses amis, ce qui signifie toujours qu'il n'a pas plus de talent pour une chose que pour une autre, ou, en d'autres termes, qu'il n'est propre à rien. Ainsi, la plupart des hommes, occupés d'eux seuls dans leur jeunesse, corrompus par la paresse ou par le plaisir, croient faussement, dans un âge plus avancé, qu'il leur suffit d'être inutiles ou dans l'indigence, afin que la république soit engagée à les placer ou à les secourir ; et ils profitent rarement de cette leçon si importante, que les hommes devraient employer les premières années de leur vie à devenir tels par leurs études et par leur travail, que la république elle-même eût besoin de leur industrie et de leurs lumières ; qu'ils fussent comme une pièce nécessaire à tout son édifice, et qu'elle se trouvât portée par ses propres avantages à faire leur fortune ou à l'embellir.

Nous devons travailler à nous rendre très-dignes de quelque emploi : le reste ne nous regarde point, c'est l'affaire des autres.

↦ Se faire valoir par des choses qui ne dépendent point des autres, mais de soi seul, ou renoncer à se faire valoir : maxime inestimable et d'une ressource infinie dans la pratique, utile aux faibles, aux vertueux, à ceux qui ont de l'esprit, qu'elle rend maîtres de leur fortune ou de leur repos ; pernicieuse pour les grands : qui diminuerait leur cour, ou plutôt le nombre de leurs esclaves ; qui ferait tomber leur morgue avec une partie de leur autorité, et les réduirait presque à leurs entremets et à leurs équipages ; qui les priverait du plaisir qu'ils sentent à se faire prier, presser, solliciter, à faire attendre ou à refuser, à promettre et à ne pas donner ; qui les traverserait dans le goût qu'ils ont quelquefois à mettre les sots en vue, et à anéantir le mérite quand il leur arrive de le discerner ; qui bannirait des cours les brigues, les cabales, les mauvais offices, la bassesse, la flatterie, la fourberie ; qui ferait d'une cour orageuse, pleine de mouvements et d'intrigues, comme une pièce comique ou même tragique, dont les sages ne seraient que les spectateurs ; qui remettrait de la dignité dans les différentes conditions des hommes, de la sérénité sur leur visage ; qui étendrait leur liberté ; qui réveillerait en eux, avec les talents naturels, l'habitude du travail et de l'exercice ; qui les exciterait à l'émulation, au désir de la gloire, à l'amour de la vertu ; qui, au lieu de courtisans vils, inquiets, inutiles, souvent onéreux à la république, en ferait ou de sages économes, ou d'excellents pères de famille, ou des juges intègres, ou de bons officiers, ou de grands capitaines, ou des orateurs, ou des philosophes ; et qui ne leur attirerait à tous nul autre inconvénient que celui peut-être de laisser à leurs héritiers moins de trésors que de bons exemples.

↳ Il faut en France beaucoup de fermeté et une grande étendue d'esprit pour se passer des charges et des emplois, et consentir ainsi à demeurer chez soi, et à ne rien faire. Personne presque n'a assez de mérite pour jouer ce rôle avec dignité, ni assez de fonds pour remplir le vide du temps, sans ce que le vulgaire appelle des affaires. Il ne manque cependant à l'oisiveté du sage qu'un meilleur nom ;

DU MÉRITE PERSONNEL.

et que méditer, parler, lire, et être tranquille, s'appelât travailler.

↦ Un homme de mérite, et qui est en place, n'est jamais incommode par sa vanité; il s'étourdit moins du poste qu'il occupe, qu'il n'est humilié par un plus grand qu'il ne remplit pas et dont il se croit digne : plus capable d'inquiétude que de fierté ou de mépris pour les autres, il ne pèse qu'à soi-même.

↦ Il coûte à un homme de mérite de faire assidûment sa cour, mais par une raison bien opposée à celle que l'on pourrait croire : il n'est point tel sans une grande modestie qui l'éloigne de penser qu'il fasse le moindre plaisir aux princes s'il se trouve sur leur passage, se poste devant leurs yeux et leur montre son visage; il est plus proche de se persuader qu'il les importune, et il a besoin de toutes les raisons tirées de l'usage et de son devoir pour se résoudre à se montrer. Celui au contraire qui a bonne opinion de soi, et que le vulgaire appelle un glorieux, a du goût à se faire voir, et il fait sa cour avec d'autant plus de confiance, qu'il est incapable de s'imaginer que les grands dont il est vu pensent autrement de sa personne qu'il fait lui-même.

↦ Un honnête homme se paie par ses mains de l'application qu'il a à son devoir par le plaisir qu'il sent à le faire, et se désintéresse sur les éloges, l'estime et la reconnaissance, qui lui manquent quelquefois.

↦ Si j'osais faire une comparaison entre deux conditions tout à fait inégales, je dirais qu'un homme de cœur pense à remplir ses devoirs à peu près comme le couvreur songe à couvrir : ni l'un ni l'autre ne cherchent à exposer leur vie, ni ne sont détournés par le péril; la mort pour eux est un inconvénient dans le métier, et jamais un obstacle. Le premier aussi n'est guère plus vain d'avoir paru à la tranchée, emporté un ouvrage ou forcé un retranchement, que celui-ci d'avoir monté sur de hauts combles ou sur la pointe d'un clocher. Ils ne sont tous deux appliqués qu'à bien faire, pendant que le fanfaron travaille à ce que l'on dise de lui qu'il a bien fait.

↳ La modestie est au mérite ce que les ombres sont aux figures dans un tableau : elle lui donne de la force et du relief.

Un extérieur simple est l'habit des hommes vulgaires ; il est taillé pour eux et sur leur mesure ; mais c'est une parure pour ceux qui ont rempli leur vie de grandes actions : je les compare à une beauté négligée, mais plus piquante.

Certains hommes, contents d'eux-mêmes, de quelque action ou de quelque ouvrage qui ne leur a pas mal réussi, et ayant ouï dire que la modestie sied bien aux grands hommes, osent être modestes, contrefont les simples et les naturels ; semblables à ces gens d'une taille médiocre qui se baissent aux portes, de peur de se heurter.

↳ Votre fils est bègue : ne le faites pas monter sur la tribune [1]. Votre fille est née pour le monde : ne l'enfermez pas parmi les vestales [2]. *Xantus,* votre affranchi, est faible et timide : ne différez pas, retirez-le des légions et de la milice. Je veux l'avancer, dites-vous : comblez-le de biens, surchargez-le de terres, de titres et de possessions [3] ; servez-vous du temps ; nous vivons dans un siècle où elles lui feront plus d'honneur que la vertu. Il m'en coûterait trop, ajoutez-vous. Parlez-vous sérieusement, *Crassus* [4] ? Songez-vous que c'est une goutte d'eau que vous puisez du Tibre pour enrichir Xantus que vous aimez, et pour prévenir les honteuses suites d'un engagement où il n'est pas propre.

↳ Il ne faut regarder dans ses amis que la seule vertu

---

[1] L'avocat général de Harlay, fils du premier président.
[2] Mme de Harlay, sœur de l'avocat général, qui fut envoyée au couvent, à la suite d'une intrigue qui fit du bruit
[3] De Courtvraux, commandant des Cent-Suisses, fils de Louvois.
[4] Louvois.

qui nous attache à eux, sans aucun examen de leur bonne ou mauvaise fortune ; et quand on se sent capable de les suivre dans leur disgrâce, il faut les cultiver hardiment et avec confiance jusque dans leur plus grande prospérité.

)→ S'il est ordinaire d'être vivement touché des choses rares, pourquoi le sommes-nous si peu de la vertu ?

)→ S'il est heureux d'avoir de la naissance, il ne l'est pas moins d'être tel qu'on ne s'informe plus si vous en avez.

)→ Il apparaît de temps en temps sur la surface de la terre [1] des hommes rares, exquis, qui brillent par leur vertu, et dont les qualités éminentes jettent un éclat prodigieux. Semblables à ces étoiles extraordinaires dont on ignore les causes, et dont on sait encore moins ce qu'elles deviennent après avoir disparu, ils n'ont ni aïeuls ni descendants; ils composent seuls toute leur race.

)→ Le bon esprit nous découvre notre devoir, notre engagement à le faire, et s'il y a du péril, avec péril : il inspire le courage, ou il y supplée.

)→ Quand on excelle dans son art, et qu'on lui donne toute la perfection dont il est capable, l'on en sort en quelque manière, et l'on s'égale à ce qu'il y a de plus noble et de plus relevé. V** est un peintre, C** un musicien, et l'auteur de *Pyrame* est un poëte [2]; mais MIGNARD est MIGNARD, LULLI est LULLI, et CORNEILLE est CORNEILLE.

)→ Un homme libre, et qui n'a point de femme, s'il a quelque esprit, peut s'élever au-dessus de sa fortune, se mêler dans le monde, et aller de pair avec les plus honnêtes gens [3].

[1] Le cardinal de Richelieu.
[2] L'auteur de *Pyrame* est Pradon, poëte dramatique très-décrié de son temps et aussi complètement oublié aujourd'hui que Vignon et Colasse désignés par les initiales V. et C. Le dernier, gendre de Lulli, dirigeait sous ses ordres la musique de la chambre; il a fait quelques opéras.
[3] *Honnêtes gens*, ces mots chez la Bruyère, comme chez tous les écri-

Cela est moins facile à celui qui est engagé : il semble que le mariage met tout le monde dans son ordre.

↳ Après le mérite personnel, il faut l'avouer, ce sont les éminentes dignités et les grands titres dont les hommes tirent plus de distinction et plus d'éclat ; et qui ne sait être un Érasme doit penser à être évêque. Quelques-uns[1], pour étendre leur renommée, entassent sur leurs personnes des pairies, des colliers d'ordre, des primaties, la pourpre, et ils auraient besoin d'une tiare ; mais quel besoin a *Trophime* d'être cardinal [2] ?

↳ L'or éclate, dites-vous, sur les habits de *Philémon* [3] il éclate de même chez les marchands. Il est habillé des plus belles étoffes : le sont-elles moins toutes déployées dans les boutiques et à la pièce ? Mais la broderie et les ornements y ajoutent encore la magnificence : je loue donc le travail de l'ouvrier. Si on lui demande quelle heure il est, il tire une montre qui est un chef-d'œuvre ; la garde de son épée est un onyx [4] ; il a au doigt un gros diamant qu'il fait briller aux yeux, et qui est parfait ; il ne lui manque aucune de ces curieuses bagatelles que l'on porte sur soi autant pour la vanité que pour l'usage, et il ne se plaint [5] non plus toute sorte de parure qu'un jeune homme qui a épousé une riche vieille. Vous m'inspirez enfin de la curiosité ; il faut voir du moins des choses si précieuses : envoyez-moi cet

---

vains de son siècle, ne désignent souvent, comme ici, que les gens distingués et comme il faut.

[1] De Harlay, archevêque de Paris.

[2] Bossuet : dans les éditions qui ont suivi la mort de l'auteur, on a substitué Bénigne à Trophime ; cette altération était inutile.

[3] Deux noms furent mis sous ce portrait ; celui de d'Aubigné, frère de Mme de Maintenon, et celui de lord Stafford, qui menait à Paris un train magnifique ; c'était un homme de peu d'esprit.

[4] Agate. (*Note de l'auteur.*)

[5] *Se plaindre*, dans le sens de se reprocher, se priver de.

habit et ces bijoux de Philémon; je vous quitte [1] de la personne.

Tu te trompes, Philémon, si avec ce carrosse brillant, ce grand nombre de coquins qui te suivent, et ces six bêtes qui te traînent, tu penses que l'on t'en estime davantage : l'on écarte tout cet attirail, qui t'est étranger, pour pénétrer jusques à toi, qui n'es qu'un fat.

Ce n'est pas qu'il faut quelquefois pardonner à celui qui, avec un grand cortége, un habit riche et un magnifique équipage, s'en croit plus de naissance et plus d'esprit : il lit cela dans la contenance et dans les yeux de ceux qui lui parlent.

↳ Un homme à la cour, et souvent à la ville, qui a un long manteau de soie ou de drap de Hollande, une ceinture large et placée haut sur l'estomac, le soulier de maroquin, la calotte de même, d'un beau grain, un collet bien fait et bien empesé, les cheveux arrangés et le teint vermeil, qui avec cela se souvient de quelques distinctions métaphysiques, explique ce que c'est que la lumière de gloire, et sait précisément comment l'on voit Dieu, cela s'appelle un docteur. Une personne humble, qui est ensevelie dans le cabinet, qui a médité, cherché, consulté, confronté, lu ou écrit pendant toute sa vie, est un homme docte [2].

↳ Chez nous, le soldat est brave, et l'homme de robe est savant; nous n'allons pas plus loin. Chez les Romains, l'homme de robe était brave, et le soldat était savant : un Romain était tout ensemble et le soldat et l'homme de robe.

↳ Il semble que le héros est d'un seul métier, qui est celui de la guerre; et que le grand homme est de tous les métiers, ou de la robe, ou de l'épée, ou du cabinet, ou

---

[1] Pour je vous tiens quitte.
[2] L'abbé Boileau, docteur mondain, bel esprit à la mode a été reconnu, dans ce portrait opposé à celui du P. Mabillon, le vrai savant, l'homme docte.

de la cour : l'un et l'autre mis ensemble ne pèsent pas un homme de bien.

↳ Dans la guerre, la distinction entre le héros et le grand homme est délicate : toutes les vertus militaires font l'un et l'autre; il semble néanmoins que le premier soit jeune, entreprenant, d'une haute valeur, ferme dans les périls, intrépide; que l'autre excelle par un grand sens, par une vaste prévoyance, par une haute capacité, et par une longue expérience. Peut-être qu'ALEXANDRE n'était qu'un héros, et que CÉSAR était un grand homme.

↳ *Æmile*[1] était né ce que les plus grands hommes ne deviennent qu'à force de règles, de méditation et d'exercice. Il n'a eu dans ses premières années qu'à remplir des talents qui étaient naturels, et qu'à se livrer à son génie. Il a fait, il a agi, avant que de savoir, ou plutôt il a su ce qu'il n'avait jamais appris. Dirai-je que les jeux de son enfance ont été plusieurs victoires ? Une vie accompagnée d'un extrême bonheur, joint à une longue expérience, serait illustre par les seules actions qu'il avait achevées dès sa jeunesse. Toutes les occasions de vaincre qui se sont depuis offertes, il les a embrassées; et celles qui n'étaient pas, sa vertu et son étoile les ont fait naître : admirable même et par les choses qu'il a faites, et par celles qu'il aurait pu faire. On l'a regardé [2] comme un homme incapable de céder à l'ennemi, de plier sous le nombre ou sous les obstacles; comme une âme du premier ordre, pleine de ressources et de lumières; et qui voyait encore où personne ne voyait plus; comme celui qui, à la tête des légions, était pour elles un présage de la victoire, et qui valait seul plusieurs légions; qui était grand

---

[1] Le grand Condé.
[2] Turenne. On voit que pour tracer ses caractères, la Bruyère, loin de « peindre précisément celui-ci ou celui-là, » comme il s'en justifie dans la préface de son discours à l'Académie, savait emprunter à plusieurs modèles leurs traits les plus marquants.

dans la prospérité, plus grand quand la fortune lui a été contraire : la levée d'un siége, une retraite, l'ont plus ennobli que ses triomphes; l'on ne met qu'après les batailles gagnées et les villes prises; qui était rempli de gloire et de modestie; on lui a entendu dire : *Je payais*, avec la même grâce qu'il disait : *Nous les battîmes*; un homme dévoué à l'État, à sa famille, au chef de sa famille; sincère pour Dieu et pour les hommes, autant admirateur du mérite que s'il lui eût été moins propre et moins familier; un homme vrai, simple, magnanime, à qui il n'a manqué que les moindres vertus.

↦ Les enfants des dieux[1], pour ainsi dire, se tirent des règles de la nature, et en sont comme l'excepton: ils n'attendent presque rien du temps et des années. Le mérite chez eux devance l'âge. Ils naissent instruits, et ils sont plus tôt des hommes parfaits que le commun des hommes ne sort de l'enfance.

↦ Les vues courtes, je veux dire les esprits bornés et resserrés dans leur petite sphère, ne peuvent comprendre cette universalité de talents que l'on remarque quelquefois dans un même sujet : où ils voient l'agréable, ils en excluent le solide; où ils croient découvrir les grâces du corps, l'agilité, la souplesse, la dextérité, ils ne veulent plus y admettre les dons de l'âme, la profondeur, la réflexion, la sagesse : ils ôtent de l'histoire de Socrate qu'il ait dansé.

↦ Il n'y a guère d'homme, si accompli et si nécessaire aux siens, qu'il n'ait de quoi se faire moins regretter.

↦ Un homme d'esprit et d'un caractère simple et droit peut tomber dans quelque piége; il ne pense pas que personne veuille lui en dresser, et le choisir pour être sa dupe : cette confiance le rend moins précautionné, et les mauvais plaisants l'entament par cet endroit. Il n'y a qu'à perdre

---

Fils, petit-fils, issus de roi. (*Note de l'auteur.*

pour ceux qui en viendraient à une seconde charge : il n'est trompé qu'une fois.

"éviterai avec soin d'offenser personne, si je suis équitable ; mais sur toute chose un homme d'esprit, si j'aime le moins du monde mes intérêts.

↦ Il n'y a rien de si délié, de si simple et de si imperceptible, où il n'entre des manières qui nous décèlent. Un sot ni n'entre, ni ne sort, ni ne s'assied, ni ne se lève, ni ne se tait, ni n'est sur ses jambes, comme un homme d'esprit.

↦ Je connais *Mopse*[1] d'une visite qu'il m'a rendue sans me connaître. Il prie des gens qu'il ne connaît point de le mener chez d'autres dont il n'est pas connu : il écrit à des femmes qu'il connaît de vue : il s'insinue dans un cercle de personnes respectables, et qui ne savent quel il est; et là, sans attendre qu'on l'interroge, ni sans sentir qu'il interrompt, il parle, et souvent, et ridiculement. Il entre une autre fois dans une assemblée, se place où il se trouve, sans nulle attention aux autres, ni à soi-même; on l'ôte d'une place destinée à un ministre ; il s'assied à celle du duc et pair; il est là précisément celui dont la multitude rit, et qui seul est grave et ne rit point. Chassez un chien du fauteuil du roi, il grimpe à la chaire du prédicateur; il regarde le monde indifféremment, sans embarras, sans pudeur; il n'a pas, non plus que le sot, de quoi rougir.

↦ *Celse* est d'un rang médiocre, mais des grands le souffrent [2]; il n'est pas savant, il a relation avec des savants; il a peu de mérite, mais il connaît des gens qui en ont beaucoup; il n'est pas habile, mais il a une langue qui peut servir de truchement, et des pieds qui peuvent le porter

---

[1] L'abbé de Saint-Pierre, de l'Académie française, célèbre par ses vues philanthropiques.

[2] Le baron de Breteuil, qui avait été ambassadeur auprès du duc de Mantoue. « On le souffrait, dit Saint-Simon, on s'en moquait. » *Mémoires*, t. II, in-8°.

d'un lieu à un autre. C'est un homme né pour les allées et venues, pour écouter des propositions et les rapporter, pour en faire d'office, pour aller plus loin que sa commission, et en être désavoué; pour réconcilier des gens qui se querellent à leur première entrevue; pour réussir dans une affaire et en manquer mille; pour se donner toute la gloire de la réussite, et pour détourner sur les autres la haine d'un mauvais succès. Il sait les bruits communs, les historiettes de la ville; il ne fait rien, il dit ou il écoute ce que les autres font; il est nouvelliste; il sait même le secret des familles; il entre dans de plus hauts mystères; il vous dit pourquoi celui-ci est exilé, et pourquoi on rappelle cet autre : il connaît le fond et les causes de la brouillerie des deux frères, et de la rupture des deux ministres[1]. N'a-t-il pas prédit aux premiers les tristes suites de leur mésintelligence? N'a-t-il pas dit de ceux-ci que leur union ne serait pas longue? N'était-il pas présent à de certaines paroles qui furent dites? N'entra-t-il pas dans une espèce de négociation? Le voulut-on croire? fut-il écouté? A qui parlez-vous de ces choses? Qui a eu plus de part que Celse à toutes ces intrigues de cour? Et si cela n'était ainsi, s'il ne l'avait du moins ou rêvé ou imaginé, songerait-il à vous le faire croire? aurait-il l'air important et mystérieux d'un homme revenu d'une ambassade?

↦ *Ménippe* [2] est l'oiseau paré de divers plumages qui ne

---

[1] Allusion à la division qui éclata entre Louvois et Seignelay, au sujet de l'attitude que devait prendre la France dans les affaires d'Angleterre. Louvois était opposé à Jacques II par ressentiment, prétend-on, de ce que ce prince lui avait refusé son appui pour faire obtenir à son frère, l'archevêque de Reims, le chapeau de cardinal. Seignelay au contraire soutenait que l'honneur et la dignité de la France étaient intéressés à protéger le monarque anglais. Le roi fut de ce dernier avis, mais les secours envoyés en Irlande furent dérisoires. Le roi Jacques fut battu sur la Boyne, le 10 juillet 1690. Il put repasser en France, et mourut à Saint-Germain le 16 septembre 1701.

[2] Le maréchal de Villeroi. Saint-Simon a dit de lui : « Il était glorieux à l'excès par nature... Sa politesse avait une hauteur qui repoussait. »

sont pas à lui. Il ne parle pas, il ne sent pas; il répète des sentiments et des discours, se sert même si naturellement de l'esprit des autres, qu'il y est le premier trompé et qu'il croit souvent dire son goût ou expliquer sa pensée, lorsqu'il n'est que l'écho de quelqu'un qu'il vient de quitter. C'est un homme qui est de mise un quart d'heure de suite, qui le moment d'après baisse, dégénère, perd le peu de lustre qu'un peu de mémoire lui donnait, et montre la corde. Lui seul ignore combien il est au-dessous du sublime et de l'héroïque; et incapable de savoir jusqu'où l'on peut avoir de l'esprit, il croit naïvement que ce qu'il en a est tout ce que les hommes en sauraient avoir : aussi a-t-il l'air et le maintien de celui qui n'a rien à désirer sur ce chapitre, et qui ne porte envie à personne. Il se parle souvent à soi-même, et il ne s'en cache pas; ceux qui passent le voient; et il semble toujours prendre un parti, ou décider qu'une telle chose est sans réplique. Si vous le saluez quelquefois, c'est le jeter dans l'embarras de savoir s'il doit rendre le salut, ou non; et pendant qu'il délibère, vous êtes déjà hors de portée. Sa vanité l'a fait honnête homme, l'a mis au-dessus de lui-même, l'a fait devenir ce qu'il n'était pas. L'on juge, en le voyant, qu'il n'est occupé que de sa personne; qu'il sait que tout lui sied bien, et que sa parure est assortie; qu'il croit que tous les yeux sont ouverts sur lui, et que les hommes se relayent pour le contempler.

↦ Celui qui, logé chez soi dans un palais, avec deux appartements pour les deux saisons, vient coucher au Louvre dans un entre-sol, n'en use pas ainsi par modestie. Cet autre qui, pour conserver une taille fine, s'abstient du vin et ne fait qu'un seul repas, n'est ni sobre ni tempérant; et d'un troisième, qui, importuné d'un ami pauvre, lui donne enfin quelque secours, l'on dit qu'il achète son repos, et nullement qu'il est libéral. Le motif seul fait le mérite des actions des hommes, et le désintéressement y met la perfection.

↦ La fausse grandeur est farouche et inaccessible : comme elle sent son faible, elle se cache, ou du moins ne se montre pas de front, et ne se fait voir qu'autant qu'il faut pour imposer et ne paraître point ce qu'elle est, je veux dire une vraie petitesse. La véritable grandeur est libre, douce, familière, populaire; elle se laisse toucher et manier, elle ne perd rien à être vue de près plus on la connaît, plus on l'admire : elle se courbe par bonté vers ses inférieurs, et revient sans effort dans son naturel; elle s'abandonne quelquefois, se néglige, se relâche de ses avantages toujours en pouvoir de les reprendre et de les faire valoir; elle rit, joue et badine, mais avec dignité; on l'approche tout ensemble avec liberté et avec retenue. Son caractère est noble et facile, inspire le respect et la confiance, et fait que les princes nous paraissent grands et très-grands, sans nous faire sentir que nous sommes petits [1].

↦ Le sage guérit de l'ambition par l'ambition même; il tend à de si grandes choses, qu'il ne peut se borner à ce qu'on appelle des trésors, des postes, la fortune et la faveur : il ne voit rien dans de si faibles avantages qui soit assez bon et assez solide pour remplir son cœur, et pour mériter ses soins et ses désirs; il a même besoin d'efforts pour ne les pas trop dédaigner. Le seul bien capable de le tenter est cette sorte de gloire qui devrait naître de la vertu toute pure et toute simple; mais les hommes ne l'accordent guère, et il s'en passe.

↦ Celui-là est bon qui fait du bien aux autres : s'il souffre pour le bien qu'il fait, il est très-bon; s'il souffre de ceux à qui il a fait ce bien, il a une si grande bonté qu'elle

---

[1] Il est évident que la Bruyère faisait l'application de ce portrait de la vraie grandeur soit à Condé son protecteur, soit à Turenne, et peut-être à tous deux. En tout cas, c'est l'incapable et vaniteux Villeroi qui leur est opposé pour représenter la fausse grandeur.

ne peut être augmentée que dans le cas où ses souffrances viendraient à croître ; et s'il en eut, sa vertu ne saurait aller plus loin : elle est héroïque, elle est parfaite.

DES FEMMES.

Les hommes et les femmes conviennent rarement sur le mérite d'une femme ; leurs intérêts sont trop différents. Les femmes ne se plaisent point les unes aux autres par les mêmes agréments qu'elles p'aisent aux hommes : mille manières, qui allument dans ceux-ci les grandes passions, forment entre elles l'aversion et l'antipathie.

↦ Il y a dans quelques femmes une grandeur artificielle attachée au mouvement des yeux, à un air de tête, aux façons de marcher, et qui ne va pas plus loin ; un esprit éblouissant qui impose, et que l'on n'estime que parce qu'il n'est pas approfondi. Il y a dans quelques autres une grandeur simple, naturelle, indépendante du geste et de la démarche, qui a sa source dans le cœur, et qui est comme une suite de leur haute naissance ; un mérite paisible, mais solide, accompagné de mille vertus qu'elles ne peuvent couvrir de toute leur modestie, qui échappent, et qui se montrent à ceux qui ont des yeux.

↦ J'ai vu souhaiter d'être fille, et une belle fille, depuis treize ans jusques à vingt-deux, et, après cet âge, de devenir un homme.

↦ Quelques jeunes personnes ne connaissent point assez les avantages d'une heureuse nature, et combien il leur serait utile de s'y abandonner : elles affaiblissent ces dons du ciel, si rares et si fragiles. par des manières affectées et par une mauvaise imitation : leur son de voix et leur démarche sont empruntés ; elles se composent, elles se recherchent, regardent dans un miroir si elles s'éloignent assez de leur naturel. Ce n'est pas sans peine qu'elles plaisent moins.

↦ Chez les femmes, se parer et se farder n'est pas, je l'avoue, parler contre sa pensée; c'est plus aussi que le travestissement et la mascarade, où l'on ne se donne point pour ce que l'on paraît être, mais où l'on pense seulement à se cacher et à se faire ignorer ; c'est chercher à imposer aux yeux, et vouloir paraître selon l'extérieur contre la vérité ; c'est une espèce de menterie.

Il faut juger des femmes depuis la chaussure jusqu'à la coiffure exclusivement, à peu près comme on mesure le poisson, entre queue et tête [1].

↦ Si les femmes veulent seulement être belles à leurs propres yeux et se plaire à elles-mêmes, elles peuvent sans doute, dans la manière de s'embellir, dans le choix des ajustements et de la parure, suivre leur goût et leur caprice; mais si c'est aux hommes qu'elles désirent de plaire, si c'est pour eux qu'elles se fardent ou qu'elles s'enluminent, j'ai recueilli les voix, et je leur prononce, de la part de tous les hommes ou de la plus grande partie, que le blanc et le rouge les rend affreuses et dégoûtantes; que le rouge seul les vieillit et les déguise; qu'ils haïssent autant à les voir avec de la céruse sur le visage, qu'avec de fausses dents en la bouche, et des boules de cire dans les mâchoires; qu'ils protestent sérieusement contre tout l'artifice dont elles usent pour se rendre laides; et que, bien loin d'en répondre devant Dieu, il semble au contraire qu'il leur ait réservé ce dernier et infaillible moyen de guérir des femmes.

Si les femmes étaient telles naturellement qu'elles le deviennent par artifice, qu'elles perdissent en un moment toute la fraîcheur de leur teint, qu'elles eussent le visage aussi

---

[1] Les femmes portaient à cette époque de hauts talons et des coiffures fort élevées.

allumé et aussi plombé qu'elles se le font par le rouge et par la peinture dont elles se fardent, elles seraient inconsolables.

↦ Une femme coquette ne se rend point sur[1] la passion de plaire, et sur l'opinion qu'elle a de sa beauté : elle regarde le temps et les années comme quelque chose seulement qui ride et qui enlaidit les autres femmes; elle oublie du moins que l'âge est écrit sur le visage. La même parure qui a autrefois embelli sa jeunesse, défigure enfin sa personne, éclaire les défauts de sa vieillesse. La mignardise et l'affectation l'accompagnent dans la douleur et dans la fièvre : elle meurt parée et en rubans de couleur.

↦ *Lise*[2] entend dire d'une autre coquette qu'elle se moque de se piquer de jeunesse, et de vouloir user d'ajustements qui ne conviennent plus à une femme de quarante ans. Lise les a accomplis; mais les années pour elle ont moins de douze mois, et ne la vieillissent point. Elle le croit ainsi; et pendant qu'elle se regarde au miroir, qu'elle met du rouge sur son visage et qu'elle place des mouches, elle convient qu'il n'est pas permis à un certain âge de faire la jeune, et que *Clarice*, en effet, avec ses mouches et son rouge, est ridicule.

↦ Les femmes se préparent pour leurs amants, si elles les attendent; mais si elles en sont surprises, elles oublient à leur arrivée l'état où elles se trouvent; elles ne se voient plus. Elles ont plus de loisirs avec les indifférents; elles sentent le désordre où elles sont, s'ajustent en leur présence, ou disparaissent un moment, et reviennent parées.

↦ Un beau visage est le plus beau de tous les spectacles; et l'harmonie la plus douce est le son de voix de celle que l'on aime.

---

[1] *Ne se rend point sur*, ne se corrige point de.
[2] La présidente d'Osambray, femme de M. de Bocquemare, président en la chambre des enquêtes du Palais

↦ L'agrément est arbitraire : la beauté est quelque chose de plus réel et de plus indépendant du goût et de l'opinion.

↦ L'on peut être touché de certaines beautés si parfaites et d'un mérite si éclatant, que l'on se borne à les voir et à leur parler.

↦ Une belle femme qui a les qualités d'un honnête homme, est ce qu'il y a au monde d'un commerce plus délicieux : l'on trouve en elle tout le mérite des deux sexes.

↦ Il échappe à une jeune personne de petites choses qui persuadent beaucoup, et qui flattent sensiblement celui pour qui elles sont faites. Il n'échappe presque rien aux hommes: leurs caresses sont volontaires, ils parlent, ils agissent, ils sont empressés, et persuadent moins.

↦ Le caprice est, dans les femmes, tout proche de la beauté, pour être son contre-poison, et afin qu'elle nuise moins aux hommes, qui n'en guériraient pas sans ce remède.

↦ Les femmes s'attachent aux hommes par les faveurs qu'elles leur accordent : les hommes guérissent par ces mêmes faveurs.

↦ Une femme oublie d'un homme qu'elle n'aime plus, jusques aux faveurs qu'il a reçues d'elle.

↦ Une femme qui n'a qu'un galant croit n'être point coquette ; celle qui a plusieurs galants croit n'être que coquette.

Telle femme évite d'être coquette par un ferme attachement à un seul, qui passe pour folle par son mauvais choix.

↦ Un ancien galant tient à si peu de chose, qu'il cède à un nouveau mari ; et celui-ci dure si peu, qu'un nouveau galant qui survient lui rend le change.

Un ancien galant craint ou méprise un nouveau rival, selon le caractère de la personne qu'il sert.

Il ne manque souvent à un ancien galant, auprès d'une

femme qui l'attache, que le nom de mari : c'est beaucoup ; et il serait mille fois perdu sans cette circonstance.

↦ Il semble que la galanterie dans une femme ajoute à la coquetterie. Un homme coquet, au contraire, est quelque chose de pire qu'un homme galant. L'homme coquet et la femme galante vont assez de pair.

↦ Il y a peu de galanteries secrètes. Bien des femmes ne sont pas mieux désignées par le nom de leurs maris que par celui de leurs amants.

↦ Une femme galante veut qu'on l'aime ; il suffit à une coquette d'être trouvée aimable et de passer pour belle. Celle-là cherche à engager ; celle-ci se contente de plaire. La première passe successivement d'un engagement à un autre ; la seconde a plusieurs amusements tout à la fois. Ce qui domine dans l'une, c'est la passion et le plaisir ; et dans l'autre, c'est la vanité et la légèreté. La galanterie est un faible du cœur, ou peut-être un vice de la complexion ; la coquetterie est un dérèglement de l'esprit. La femme galante se fait craindre, et la coquette se fait haïr. L'on peut tirer de ces deux caractères de quoi en faire un troisième, le pire de tous.

↦ Une femme faible est celle à qui l'on reproche une faute, qui se la reproche à elle-même ; dont le cœur combat la raison ; qui veut guérir, qui ne guérira point, ou bien tard.

↦ Une femme inconstante est celle qui n'aime plus ; une légère, celle qui déjà en aime un autre ; une volage, celle qui ne sait si elle aime et ce qu'elle aime ; une indifférente, celle qui n'aime rien.

↦ La perfidie, si je l'ose dire, est un mensonge de toute la personne ; c'est, dans une femme, l'art de placer un mot ou une action qui donne le change, et quelquefois de mettre en œuvre des serments et des promesses qui ne lui coûtent pas plus à faire qu'à violer.

Une femme infidèle, si elle est connue pour telle de la personne intéressée, n'est qu'infidèle : s'il la croit fidèle, elle est perfide.

On tire ce bien de la perfidie des femmes, qu'elle guérit de la jalousie.

↦ Quelques femmes ont, dans le cours de leur vie, un double engagement à soutenir, également difficile à rompre et à dissimuler; il ne manque à l'un que le contrat, et à l'autre que le cœur.

↦ A juger de cette femme par sa beauté, sa jeunesse, sa fierté et ses dédains, il n'y a personne qui doute que ce ne soit un héros qui doive un jour la charmer. Son choix est fait : c'est un petit monstre, qui manque d'esprit[1].

↦ Il y a des femmes déjà flétries, qui, par leur complexion ou par leur mauvais caractère, sont naturellement la ressource des jeunes gens qui n'ont pas assez de bien. Je ne sais qui est plus à plaindre, ou d'une femme avancée en âge qui a besoin d'un cavalier, ou d'un cavalier qui a besoin d'une vieille.

↦ Le rebut de la cour est reçu à la ville dans une ruelle où il défait le magistrat, même en cravate et en habit gris, ainsi que le bourgeois en baudrier, les écarte et devient maître de la place : il est écouté, il est aimé; on ne tient guère plus d'un moment contre une écharpe d'or et une plume blanche, contre un homme qui *parle au roi et voit les ministres*. Il fait des jaloux et des jalouses; on l'admire, il fait envie : à quatre lieues de là, il fait pitié[2].

---

[1] Mlle de Luynes, sœur de M. de Luynes, belle et charmante personne qui s'éprit d'un nommé Thibert, fort au-dessous de sa condition et qui était difforme.

[2] On a nommé pour ce *caractère* le comte d'Aubigné, frère de Mme de Maintenon.

⊢ Un homme de la ville est pour une femme de province ce qu'est pour une femme de ville un homme de la cour.

⊢ A un homme vain, indiscret, qui est grand parleur et mauvais plaisant, qui parle de soi avec confiance, et des autres avec mépris; impétueux, altier, entreprenant, sans mœurs ni probité, de nul jugement et d'une imagination très-libre, il ne lui manque plus, pour être adoré de bien des femmes, que de beaux traits et la taille belle.

⊢ Est-ce en vue du secret, ou par un goût hypocondre, que cette femme aime un valet; cette autre un moine; et *Dorinne*, son médecin?

⊢ *Roscius*[1] entre sur la scène de bonne grâce : oui, *Lélie*; et j'ajoute encore qu'il a les jambes bien tournées, qu'il joue bien, et de longs rôles, et que, pour déclamer parfaitement, il ne lui manque, comme on le dit, que de parler avec la bouche. Mais est-il le seul qui ait de l'agrément dans ce qu'il fait? et ce qu'il fait, est-ce la chose la plus noble et la plus honnête que l'on puisse faire? Roscius d'ailleurs ne peut être à vous, il est à une autre; et quand cela ne serait pas ainsi, il est retenu : *Claudie* attend, pour l'avoir, qu'il se soit dégoûté de *Messaline*. Prenez *Bathylle*, Lélie. Où trouverez-vous, je ne dis pas dans l'ordre des chevaliers, que vous dédaignez, mais même parmi les farceurs, un jeune homme qui s'élève si haut en dansant, et qui fasse mieux la capriole? Voudriez-vous le sauteur *Cobus*, qui, jetant ses pieds en avant, tourne une fois en l'air avant que de tomber à terre? Ignorez-vous qu'il n'est plus jeune? Pour Bathylle, dites-vous, la presse y est trop grande, et il refuse plus de femmes qu'il n'en agrée. Mais vous avez

---

[1] Allusion aux désordres du temps. Les femmes du bel air se disputaient le cœur ou plutôt l'amour des artistes à la mode. *Roscius* est là pour le comédien Baron; *Dracon* pour Philibert On croit que *Lélie* était la fille du président Brion; *Claudie*, la duchesse de Bouillon ou de la Ferté; *Messaline*, la comtesse d'Olonne; *Césonie*, Mlle de Briou.

Dracon, le joueur de flûte : nul autre de son métier n'enfle plus décemment ses joues en soufflant dans le hautbois ou le flageolet, car c'est une chose infinie que le nombre des instruments qu'il fait parler : plaisant d'ailleurs, il fait rire jusqu'aux enfants et aux femmelettes. Qui mange et qui boit mieux que Dracon en un seul repas? Il enivre toute une compagnie, et il se rend le dernier. Vous soupirez, Lélie : est-ce que Dracon aurait fait un choix, ou que malheureusement on vous aurait prévenue? Se serait-il enfin engagé à *Césonie,* qui l'a tant couru, qui lui a sacrifié une si grande foule d'amants, je dirai même toute la fleur des Romains; à Césonie, qui est d'une famille patricienne, qui est si jeune, si belle, et si sérieuse? Je vous plains, Lélie, si vous avez pris par contagion ce nouveau goût qu'ont tant de femmes romaines pour ce qu'on appelle des hommes publics, et exposés, par leur condition, à la vue des autres. Que ferez-vous, lorsque le meilleur en ce genre vous est enlevé? Il reste encore *Bronte,* le questionnaire : le peuple ne parle que de sa force et de son adresse; c'est un jeune homme qui a les épaules larges et la taille ramassée, un nègre d'ailleurs, un homme noir.

⟩– Pour les femmes du monde, un jardinier est un jardinier, et un maçon est un maçon; pour quelques autres plus retirées, un maçon est un homme, un jardinier est un homme. Tout est tentation à qui la craint.

⟩– Quelques femmes donnent aux couvents et à leurs amants [1] : galantes et bienfaitrices, elles ont jusque dans l'enceinte de l'autel des tribunes et des oratoires, où elles lisent des billets tendres, et où personne ne voit qu'elles ne prient point Dieu.

⟩– Qu'est-ce qu'une femme que l'on dirige? Est-ce une femme plus complaisante pour son mari, plus douce pour ses domestiques, plus appliquée à sa famille et à ses affaires

---

[1] La duchesse d'Aumont et la maréchale de la Feuté.

plus ardente et plus sincère pour ses amis; qui soit moins esclave de son humeur, moins attachée à ses intérêts; qui aime moins les commodités de la vie; je ne dis pas qui fasse des largesses à ses enfants, qui sont déjà riches, mais qui, opulente elle-même et accablée du superflu, leur fournisse le nécessaire, et leur rende au moins la justice qu'elle leur doit; qui soit plus exempte d'amour de soi-même et d'éloignement pour les autres; qui soit plus libre de tous attachements humains? Non, dites-vous, ce n'est rien de toutes ces choses. J'insiste, et je vous demande : Qu'est-ce donc qu'une femme que l'on dirige? Je vous entends, c'est une femme qui a un directeur.

↦ Si le confesseur et le directeur ne conviennent point sur une règle de conduite, qui sera le tiers qu'une femme prendra pour sur-arbitre?

↦ Le capital pour une femme n'est pas d'avoir un directeur, mais de vivre si uniment qu'elle s'en puisse passer.

↦ Si une femme pouvait dire à son confesseur, avec ses autres faiblesses, celles qu'elle a pour son directeur, et le temps qu'elle perd dans son entretien, peut-être lui serait-il donné pour pénitence d'y renoncer.

↦ Je voudrais qu'il me fût permis de crier de toute ma force à ces hommes saints, qui ont été autrefois blessés des femmes : Fuyez les femmes, ne les dirigez point; laissez à d'autres le soin de leur salut.

↦ C'est trop contre un mari d'être coquette et dévote : une femme devrait opter.

↦ J'ai différé à le dire, et j'en ai souffert; mais enfin il m'échappe, et j'espère même que ma franchise sera utile à celles qui, n'ayant pas assez d'un confesseur pour leur conduite, n'usent d'aucun discernement dans le choix de leurs directeurs. Je ne sors pas d'admiration et d'étonnement à la vue de certains personnages que je ne nomme point.

J'ouvre de fort grands yeux sur eux; je les contemple : ils parlent, je prête l'oreille; je m'informe; on me dit des faits; je les recueille; et je ne comprends pas comment des gens en qui je crois voir toutes choses diamétralement opposées au bon esprit, au sens droit, à l'expérience des affaires du monde, à la connaissance de l'homme, à la science de la religion et des mœurs, présument que Dieu doive renouveler en nos jours la merveille de l'apostolat, et faire un miracle en leurs personnes, en les rendant capables, tout simples et petits esprits qu'ils sont, du ministère des âmes, celui de tous le plus délicat et le plus sublime; et si, au contraire, ils se croient nés pour un emploi si relevé, si difficile, et accordé à si peu de personnes, et qu'ils se persuadent de ne faire en cela qu'exercer leurs talents naturels et suivre une vocation ordinaire, je le comprends encore moins.

Je vois bien que le goût qu'il y a à devenir le dépositaire du secret des familles, à se rendre nécessaire pour les réconciliations, à procurer des commissions ou à placer des domestiques, à trouver toutes les portes ouvertes dans les maisons des grands, à manger souvent à de bonnes tables, à se promener en carrosse dans une grande ville, et à faire de délicieuses retraites à la campagne, à voir plusieurs personnes de nom et de distinction s'intéresser à sa vie et à sa santé, et à ménager pour les autres et pour soi-même tous les intérêts humains : je vois bien, encore une fois, que cela seul a fait imaginer le spécieux et irrépréhensible prétexte du soin des âmes, et semé dans le monde cette pépinière ntarissable de directeurs.

⊢ La dévotion vient à quelques-uns, et surtout aux femmes, comme une passion, ou comme le faible d'un certain âge, ou comme une mode qu'il faut suivre. Elles comptaient autrefois une semaine par les jours de jeu, de spectacle, de concert, de mascarade, ou d'un joli sermon :

elles allaient le lundi perdre leur argent chez *Ismène*; le mardi, leur temps chez *Climène*; et le mercredi, leur réputation chez *Célimène*. elles savaient, dès la veille, toute la joie qu'elles devaient avoir le jour d'après et le lendemain; elles jouissaient tout à la fois du plaisir présent et de celui qui ne leur pouvait manquer; elles auraient souhaité de les pouvoir rassembler tous en un seul jour : c'était alors leur unique inquiétude et tout le sujet de leurs distractions; et si elles se trouvaient quelquefois à l'opéra, elles y regrettaient la comédie. Autres temps, autres mœurs; elles outrent l'austérité et la retraite; elles n'ouvrent plus les yeux qui leur sont donnés pour voir; elles ne mettent plus leurs sens à aucun usage; et, chose incroyable! elles parlent peu : elles pensent encore, et assez bien d'elles-mêmes, *comme assez mal des autres*. Il y a chez elles une émulation de vertu et de réforme, qui tient quelque chose de la jalousie : elles ne haïssent pas de primer dans ce nouveau genre de vie, comme elles faisaient dans celui qu'elles viennent de quitter par politique ou par dégoût. Elles se perdaient gaiement par la galanterie, par la bonne chère et par l'oisiveté; et elles se perdent tristement par la présomption et par l'envie [1].

↦ Si j'épouse, *Hermas*, une femme avare, elle ne me ruinera point; si une joueuse, elle pourra s'enrichir; si une savante, elle saura m'instruire; si une prude, elle ne sera point emportée; si une emportée, elle exercera ma patience; si une coquette, elle voudra me plaire; si une galante, elle le sera peut-être jusqu'à m'aimer; si une dévote [2], répondez, Hermas, que dois-je attendre de celle qui veut tromper Dieu, et qui se trompe elle-même?

↦ Une femme est aisée à gouverner, pourvu que ce soit,

---

[1] On a mis sous ces portraits les noms de la duchesse d'Aumont et de la duchesse de Lesdiguière.
[2] Fausse dévote. (*Note de l'auteur.*)

un homme qui s'en donne la peine. Un seul même en gouverne plusieurs : il cultive leur esprit et leur mémoire, fixe et détermine leur religion ; il entreprend même de régler leur cœur. Elles n'approuvent et ne désapprouvent, ne louent et ne condamnent, qu'après avoir consulté ses yeux et son visage. Il est le dépositaire de leurs joies et de leurs chagrins, de leurs désirs, de leurs jalousies, de leurs haines et de leurs amours : il les fait rompre avec leurs galants ; il les brouille et les reconcilie avec leurs maris, et il profite des interrègnes. Il prend soin de leurs affaires, sollicite leurs procès, et voit leurs juges : il leur donne son médecin, son marchand, ses ouvriers ; il s'ingère de les loger, de les meubler, et il ordonne de leur équipage. On le voit avec elles dans leurs carrosses, dans les rues d'une ville et aux promenades, ainsi que dans leur banc à un sermon, et dans leur loge à la comédie : il fait avec elles les mêmes visites ; il les accompagne au bain, aux eaux, dans les voyages : il a le plus commode appartement chez elles à la campagne. Il vieillit sans déchoir de son autorité ; un peu d'esprit et beaucoup de temps à perdre lui suffit pour la conserver : les enfants, les héritiers, la bru, la nièce, les domestiques, tout en dépend. Il a commencé par se faire estimer ; il finit par se faire craindre. Cet ami si ancien, si nécessaire, meurt sans qu'on le pleure ; et dix femmes dont il était le tyran héritent, par sa mort, de la liberté.

↦ Quelques femmes[1] ont voulu cacher leur conduite sous les dehors de la modestie ; et tout ce que chacune a pu gagner par une continuelle affectation, et qui ne s'est jamais démentie, a été de faire dire de soi : *On l'aurait prise pour une vestale.*

↦ C'est, dans les femmes, une violente preuve d'une ré-

---

[1] La duchesse d'Aumont; « grande joueuse, grande dévote à directeur » dit Saint-Simon.

putation bien nette et bien établie, qu'elle ne soit pas même effleurée par la familiarité de quelques-unes qui ne leur ressemblent point; et qu'avec toute la pente qu'on a aux malignes explications, on ait recours à une tout autre raison de ce commerce, qu'à celle de la convenance des mœurs.

↳ Un comique outre sur la scène ses personnages; un poëte charge ses descriptions; un peintre qui fait d'après nature force et exagère une passion, un contraste, des attitudes; et celui qui copie, s'il ne mesure au compas les grandeurs et les proportions, grossit ses figures, donne à toutes les pièces qui entrent dans l'ordonnance de son tableau plus de volume que n'en ont celles de l'original : de même la pruderie est une imitation de la sagesse.

Il y a une fausse modestie qui est vanité; une fausse gloire qui est légèreté; une fausse grandeur qui est petitesse; une fausse vertu qui est hypocrisie; une fausse sagesse qui est pruderie.

Une femme prude paie de maintien et de paroles; une femme sage paie de conduite. Celle-là suit son humeur et sa complexion, celle-ci sa raison et son cœur. L'une est sérieuse et austère; l'autre est, dans les diverses rencontres, précisément ce qu'il faut qu'elle soit. La première cache des faibles sous de plausibles dehors; la seconde couvre un riche fonds sous un air libre et naturel. La pruderie contraint l'esprit, ne cache ni l'âge ni la laideur; souvent elle les suppose : la sagesse, au contraire, pallie les défauts du corps, ennoblit l'esprit, ne rend la jeunesse que plus piquante, et la beauté que plus périlleuse.

↳ Pourquoi s'en prendre aux hommes de ce que les femmes ne sont pas savantes? Par quelles lois, par quels édits, par quels rescrits leur a-t-on défendu d'ouvrir les yeux et de lire, de retenir ce qu'elles ont lu, et d'en rendre compte ou dans leur conversation ou par leurs ouvrages? Ne se sont-elles pas au contraire établies elles-mêmes dans cet usage de ne rien savoir, ou par la faiblesse de leur complexion, ou par la paresse de leur esprit, ou par le soin de leur beauté, ou par une certaine légèreté qui les empêche de suivre une longue étude, ou par le talent et le génie qu'elles ont seulement pour les ouvrages de la main, ou par les distractions que donnent les détails d'un domestique, ou par un éloignement naturel des choses pénibles et sérieuses, ou par une curiosité toute différente de celle qui contente l'esprit, ou par un tout autre goût que celui d'exercer leur mémoire? Mais à quelque cause que les hommes puissent devoir cette ignorance des femmes, ils sont heureux que les femmes, qui les dominent d'ailleurs par tant d'endroits, aient sur eux cet avantage de moins.

On regarde une femme savante comme on fait une belle arme : elle est ciselée artistement, d'une polissure admirable et d'un travail fort recherché; c'est une pièce de cabinet, que l'on montre aux curieux, qui n'est pas d'usage, qui ne sert ni à la guerre ni à la chasse, non plus qu'un cheval de manége, quoique le mieux instruit du monde.

Si la science et la sagesse se trouvent unies en un même sujet, je ne m'informe plus du sexe; j'admire; et si vous me dites qu'une femme sage ne songe guère à être savante, ou qu'une femme savante n'est guère sage, vous avez déjà oublié ce que vous venez de lire, que les femmes ne sont détournées des sciences que par de certains défauts : concluez donc vous-mêmes que moins elles auraient de ces défauts, plus elles seraient sages, et qu'ainsi une femme sage n'en serait que plus propre à devenir savante, ou qu'une femme savante, n'étant telle que parce qu'elle aurait pu vaincre beaucoup de défauts, n'en est que plus sage.

↦ La neutralité entre les femmes qui nous sont également amies, quoiqu'elles aient rompu pour des intérêts où nous n'avons nulle part, est un point difficile : il faut choisir souvent entre elles, ou les perdre toutes deux.

⇥ Il y a telle femme qui aime mieux son argent que ses amis, et ses amants que son argent[1].

⇥ Il est étonnant de voir dans le cœur de certaines femmes quelque chose de plus vif et de plus fort que l'amour pour les hommes, je veux dire l'ambition et le jeu : de telles femmes rendent les hommes chastes; elles n'ont de leur sexe que les habits.

⇥ Les femmes sont extrêmes; elles sont meilleures ou pires que les hommes.

⇥ La plupart des femmes n'ont guère de principes; elles se conduisent par le cœur, et dépendent, pour leurs mœurs, de ceux qu'elles aiment.

⇥ Les femmes vont plus loin en amour que la plupart des hommes; mais les hommes l'emportent sur elles en amitié.

Les hommes sont cause que les femmes ne s'aiment point.

⇥ Il y a du péril à contrefaire. *Lise,* déjà vieille, veut rendre une jeune femme ridicule, et elle-même devient difforme; elle me fait peur. Elle use, pour l'imiter, de grimaces et de contorsions : la voilà aussi laide qu'il faut pour embellir celle dont elle se moque.

⇥ On veut à la ville que bien des idiots et des idiotes aient de l'esprit. On veut à la cour que bien des gens manquent d'esprit qui en ont beaucoup; et, entre les personnes de ce dernier genre, une belle femme ne se sauve qu'à peine avec d'autres femmes.

⇥ Un homme est plus fidèle au secret d'autrui qu'au sien propre : une femme, au contraire, garde mieux son secret que celui d'autrui.

⇥ Il n'y a point dans le cœur d'une jeune personne un

[1] La présidente de Bocquemare, dont il a déjà été question plus haut.

si violent amour auquel l'intérêt ou l'ambition n'ajoute quelque chose.

↦ Il y a un temps où les filles les plus riches doivent prendre parti ; elles n'en laissent guère échapper les premières occasions sans se préparer un long repentir : il semble que la réputation des biens diminue en elles avec celle de leur beauté. Tout favorise au contraire une jeune personne, jusques à l'opinion des hommes, qui aiment à lui accorder tous les avantages qui peuvent la rendre plus souhaitable.

↦ Combien de filles à qui une grande beauté n'a jamais servi qu'à leur faire espérer une grande fortune !

↦ Les belles filles sont sujettes à venger ceux de leurs amants qu'elles ont maltraités, ou par de laids, ou par de vieux, ou par d'indignes maris.

↦ La plupart des femmes jugent du mérite et de la bonne mine d'un homme par l'impression qu'ils font sur elles, et n'accordent presque ni l'un ni l'autre à celui pour qui elles ne sentent rien.

↦ Un homme qui serait en peine de connaître s'il change, s'il commence à vieillir, peut consulter les yeux d'une jeune femme qu'il aborde, et le ton dont elle lui parle : il apprendra ce qu'il craint de savoir. Rude école !

↦ Une femme qui n'a jamais les yeux que sur une même personne, ou qui les en détourne toujours, fait penser d'elle la même chose.

↦ Il coûte peu aux femmes de dire ce qu'elles ne sentent point : il coûte encore moins aux hommes de dire ce qu'ils sentent.

↦ Il arrive quelquefois qu'une femme cache à un homme toute la passion qu'elle sent pour lui, pendant que, de son côté, il feint pour elle toute celle qu'il ne sent pas.

↦ L'on suppose un homme indifférent, mais qui voudrait persuader à une femme une passion qu'il ne sent pas ; et l'on demande s'il ne lui serait pas plus aisé d'imposer à celle dont il est aimé qu'à celle qui ne l'aime point.

↦ Un homme peut tromper une femme par un feint attachement, pourvu qu'il n'en ait pas ailleurs un véritable.

↦ Un homme éclate contre une femme qui ne l'aime plus, et se console : une femme fait moins de bruit quand elle est quittée, et demeure longtemps inconsolable.

↦ Les femmes guérissent de leur paresse par la vanité ou par l'amour.

La paresse, au contraire, dans les femmes vives, est le présage de l'amour.

↦ Il est fort sûr qu'une femme qui écrit avec emportement est emportée; il est moins clair qu'elle soit touchée. Il semble qu'une passion vive et tendre est morne et silencieuse; et que le plus pressant intérêt d'une femme qui n'est plus libre, celui qui l'agite davantage, est moins de persuader qu'elle aime que de s'assurer si elle est aimée.

↦ *Glycère* [1] n'aime pas les femmes; elle hait leur commerce et leurs visites, se fait celer pour elles, et souvent pour ses amis, dont le nombre est petit, à qui elle est sévère, qu'elle resserre dans leur ordre, sans leur permettre rien de ce qui passe l'amitié; elle est distraite avec eux, leur répond par des monosyllabes, et semble chercher à s'en défaire. Elle est solitaire et farouche dans sa maison : sa porte est mieux gardée, et sa chambre plus inaccessible que celles de Monthoron et d'Hémery [2]. Une seule, *Corinne*, y est attendue, y est reçue, et à toutes les heures : on l'embrasse à plusieurs reprises; on croit l'aimer; on lui parle à l'oreille dans un cabinet où elles sont seules ; on a soi-même plus de deux oreilles pour l'écouter; on se plaint à elle de

---

[1] Mme de la Ferrière, petite-fille du président de Novion.

[2] Riches financiers; c'est au premier que Corneille dédia sa tragédie de *Cinna*. On trouve son nom écrit de Montauron ou de Montoron

tout autre que d'elle; on lui dit toutes choses, et on ne lui apprend rien; elle a la confiance de tous les deux. L'on voit Glycère en partie carrée au bal, au théâtre, dans les jardins publics, sur le chemin de *Venouze*[1], où l'on mange les premiers fruits; quelquefois seule en litière sur la route du grand faubourg où elle a un verger délicieux, ou à la porte de *Canidie*[2], qui a de si beaux secrets, qui promet aux jeunes femmes de secondes noces, qui en dit le temps et les circonstances. Elle paraît ordinairement avec une coiffure plate et négligée, en simple déshabillé, sans corps et avec des mules : elle est belle en cet équipage, et il ne lui manque que de la fraîcheur. On remarque néanmoins sur elle une riche attache, qu'elle dérobe avec soin aux yeux de son mari. Elle le flatte, elle le caresse; elle invente tous les jours pour lui de nouveaux noms; elle n'a pas d'autre lit que celui de ce cher époux, et elle ne veut pas découcher. Le matin, elle se partage entre sa toilette et quelques billets qu'il faut écrire. Un affranchi vient lui parler en secret; c'est *Parmenon*, qui est favori, qu'elle soutient contre l'antipathie du maître et la jalousie des domestiques. Qui, à la vérité, fait mieux connaître des intentions, et rapporte mieux une réponse que Parmenon? qui parle moins de ce qu'il faut taire? qui sait ouvrir une porte secrète avec moins de bruit? qui conduit plus adroitement par le petit escalier? qui fait mieux sortir par où l'on est entré?

↦ Je ne comprends pas comment un mari qui s'abandonne à son humeur et à sa complexion, qui ne cache aucun de ses défauts, et se montre au contraire par ses mauvais endroits; qui est avare, qui est trop négligé dans son ajustement, brusque dans ses réponses, incivil, froid et

---

[1] Vincennes.
[2] La Voisin, empoisonneuse, condamnée et exécutée en 1680. Elle vendit, paraît-il, son terrible poison, appelé Poudre de succession, à plusieurs personnages de la cour : quelques-uns du moins furent compromis dans son procès, qui fit un immense éclat.

taciturne[1], peut espérer de défendre le cœur d'une jeune femme contre les entreprises de son galant, qui emploie la parure et la magnificence, la complaisance, les soins, l'empressement, les dons, la flatterie.

↦ Un mari n'a guère un rival qui ne soit de sa main, et comme un présent qu'il a autrefois fait à sa femme. Il le loue devant elle de ses belles dents et de sa belle tête ; il agrée ses soins ; il reçoit ses visites ; et, après ce qui lui vient de son crû, rien ne lui paraît de meilleur goût que le gibier et les truffes que cet ami lui envoie. Il donne à souper, et il dit aux conviés : Goûtez bien cela ; il est de *Léandre*, et il ne me coûte qu'un *grand merci*.

↦ Il y a une telle femme qui anéantit ou qui enterre son mari, au point qu'il n'en est fait dans le monde aucune mention : vit-il encore ? ne vit-il plus ? on en doute. Il ne sert dans sa famille qu'à montrer l'exemple d'un silence timide et d'une parfaite soumission. Il ne lui est dû ni douaire ni conventions ; mais à cela près, et qu'il n'accouche pas, il est la femme, et elle est le mari. Ils passent les mois entiers dans une même maison sans le moindre danger de se rencontrer ; il est vrai seulement qu'ils sont voisins. Monsieur paie le rôtisseur et le cuisinier, et c'est toujours chez madame qu'on a soupé. Ils n'ont souvent rien de commun, ni le lit, ni la table, pas même le nom[2] : ils vivent à la romaine ou à la grecque ; chacun a le sien ; et ce n'est qu'avec le temps, et après qu'on est initié au jargon d'une ville, qu'on sait enfin que M. B... est publiquement, depuis vingt années, le mari de madame L...

↦ Telle autre femme, à qui le désordre manque pour mortifier son mari, y revient par sa noblesse et ses alliances,

---

[1] Le président de Bocquemare.
[2] Mme d'Osambray avait conservé ce nom, bien qu'elle eût épousé M. de Bocquemare, dont il est ici question.

par la riche dot qu'elle a apportée, par les charmes de sa beauté, par son mérite, par ce que quelques-uns appellent vertu.

↦ Il y a peu de femmes si parfaites, qu'elles empêchent un mari de se repentir, du moins une fois le jour, d'avoir une femme, ou de trouver heureux celui qui n'en a point.

↦ Les douleurs muettes et stupides sont hors d'usage : on pleure, on récite, on répète, on est si touchée de la mort de son mari, qu'on n'en oublie pas la moindre circonstance.

↦ Ne pourrait-on point découvrir l'art de se faire aimer de sa femme?

↦ Une femme insensible est celle qui n'a pas encore vu celui qu'elle doit aimer

↦ Il y avait à *Smyrne* une très-belle fille qu'on appelait *Emire* et qui était moins connue dans toute la ville par sa beauté que par la sévérité de ses mœurs, et surtout par l'indifférence qu'elle conservait pour tous les hommes, qu'elle voyait, disait-elle, sans aucun péril, et sans d'autres dispositions que celles où elle se trouvait pour ses amies ou pour ses frères. Elle ne croyait pas la moindre partie de toutes les folies qu'on disait que l'amour avait fait faire dans tous les temps; et celles qu'elle avait vues elle-même, elle ne les pouvait comprendre : elle ne connaissait que l'amitié. Une jeune et charmante personne, à qui elle devait cette expérience, la lui avait rendue si douce, qu'elle ne pensait qu'à la faire durer, et n'imaginait pas par quel autre sentiment elle pourrait jamais se refroidir sur celui de l'estime et de la confiance, dont elle était si contente. Elle ne parlait que d'*Euphrosine* : c'était le nom de cette fidèle amie; et tout Smyrne ne parlait que d'elle et d'Euphrosine : leur amitié passait en proverbe. Emire avait deux frères qui étaient jeunes, d'une excellente beauté et dont toutes les femmes de la ville étaient éprises ; et il est vrai qu'elle les aima toujours comme une sœur aime ses frères. Il y eut un prêtre de *Jupiter* qui avait accès dans la maison de son père, à qui elle plut, qui osa le lui déclarer, et ne s'attira que du mépris. Un vieillard, qui, se confiant en sa naissance et en ses grands biens, avait eu la même audace, eut aussi la même aventure. Elle triomphait cependant; et c'était jusqu'alors au milieu de ses frères, d'un prêtre et d'un vieillard, qu'elle se disait insensible. Il sembla que le Ciel voulût l'exposer à de plus fortes épreuves, qui ne servirent néanmoins qu'à la rendre plus vaine, et qu'à l'affermir dans la réputation d'une fille que l'amour ne pouvait toucher. De trois amants que ses charmes lui acquirent successivement, et dont elle ne craignit pas de voir toute la passion, le premier, dans un transport amoureux, se perça le sein à ses pieds; le second, plein de désespoir de n'être pas écouté, alla se faire tuer à la guerre de *Crète*; et le troisième mourut de langueur et d'insomnie. Celui qui les devait venger n'avait pas encore paru. Ce vieillard, qui avait été si malheureux dans ses amours, s'en était guéri par des réflexions sur son âge et sur le caractère de la personne à qui il voulait plaire : il désira de continuer de la voir, et elle le souffrit. Il lui amena un jour son fils, qui était jeune, d'une physionomie agréable, et qui avait une taille fort noble. Elle le vit avec intérêt, et comme il se tut beaucoup en la présence de son père, elle trouva qu'il n'avait pas assez d'esprit, et désira qu'il en eût eu davantage. Il la vit seul, parla assez, et avec esprit; mais comme il la regarda peu, et qu'il parla encore moins d'elle et de sa beauté, elle fut surprise et comme indignée qu'un homme si bien fait et si spirituel ne fût pas galant. Elle s'entretint de lui avec son amie, qui voulut le voir. Il n'eut des yeux que pour Euphrosine : il lui dit qu'elle était belle; et Emire si indifférente, devenue jalouse, comprit que *Ctésiphon* était persuadé de ce qu'il disait, et que non-seulement il était galant, mais même qu'il était tendre. Elle se trouva depuis ce temps moins libre avec son amie. Elle désira de les voir ensemble une seconde fois, pour être plus éclaircie; et une seconde entrevue lui fit voir encore plus qu'elle ne craignait de voir, et changea ses soupçons en certitude. Elle s'éloigne d'Euphrosine, ne lui connaît plus le mérite qui l'avait charmée, perd le goût de sa conversation : elle ne l'aime plus, et ce changement lui fait sentir que l'amour dans son cœur a pris la place de l'amitié. Ctésiphon et Euphrosine se voient tous les jours, s'aiment, songent à s'épouser, s'épousent. La nouvelle s'en répand par toute la ville; et l'on publie que deux personnes enfin ont eu cette joie si rare de se marier à ce qu'ils aimaient. Emire l'apprend, et s'en désespère. Elle ressent tout son amour : elle recherche Euphrosine pour le seul plaisir de revoir Ctésiphon; mais ce jeune mari est encore l'amant de sa femme, et trouve une maîtresse dans une nouvelle épouse; il ne voit dans Emire que l'amie d'une personne qui lui est chère. Cette fille infortunée perd le sommeil, et ne veut plus manger : elle s'affaiblit; son esprit s'égare; elle prend son frère pour Ctésiphon, et elle lui parle comme à un amant. Elle se détrompe, rougit de son égarement : elle retombe bientôt dans de plus grands, et n'en rougit plus; elle ne les connaît plus. Alors elle craint les hommes, mais trop tard : c'est sa folie. Elle a des intervalles où sa raison lui revient, et où elle gémit de la retrouver. La jeunesse de Smyrne, qui l'a vue si fière et si insensible, trouve que les dieux l'ont trop punie.

DU CŒUR.

Il y a un goût dans la pure amitié où ne peuvent atteindre ceux qui sont nés médiocres.

↦ L'amitié peut subsister entre des gens de différents

sexes, exempte même de toute grossièreté. Une femme cependant regarde toujours un homme comme un homme; et réciproquement, un homme regarde une femme comme une femme. Cette liaison n'est ni passion ni amitié pure; elle fait une classe à part.

↦ L'amour naît brusquement, sans autre réflexion, par tempérament ou par faiblesse; un trait de beauté nous fixe, nous détermine. L'amitié, au contraire, se forme peu à peu, avec le temps, par la pratique, par un long commerce. Combien d'esprit, de bonté de cœur, d'attachement, de services et de complaisance dans les amis, pour faire en plusieurs années bien moins que ne fait quelquefois en un moment un beau visage ou une belle main!

↦ Le temps, qui fortifie les amitiés, affaiblit l'amour.

↦ Tant que l'amour dure, il subsiste de soi-même, et quelquefois par les choses qui semblent le devoir éteindre, par les caprices, par les rigueurs, par l'éloignement, par la jalousie. L'amitié, au contraire, a besoin de secours; elle périt faute de soins, de confiance et de complaisance.

↦ Il est plus ordinaire de voir un amour extrême qu'une parfaite amitié.

↦ L'amour et l'amitié s'excluent l'un l'autre.

↦ Celui qui a eu l'expérience d'un grand amour néglige l'amitié; et celui qui est épuisé sur l'amitié n'a encore rien fait pour l'amour.

↦ L'amour commence par l'amour; et l'on ne saurait passer de la plus forte amitié qu'à un amour faible.

↦ Rien ne ressemble mieux à une vive amitié que ces liaisons que l'intérêt de notre amour nous fait cultiver.

↦ L'on n'aime bien qu'une seule fois : c'est la première; les amours qui suivent sont moins involontaires.

↦ L'amour qui naît subitement est le plus long à guérir.

↦ L'amour qui croît peu à peu, et par degrés, ressemble trop à l'amitié pour être une passion violente.

↦ Celui qui aime assez pour vouloir aimer un million de fois plus qu'il ne fait, ne cède en amour qu'à celui qui aime plus qu'il ne voudrait.

↦ Si j'accorde que, dans la violence d'une grande passion, on peut aimer quelqu'un plus que soi-même, à qui ferai-je plus de plaisir, ou à ceux qui aiment, ou à ceux qui sont aimés?

↦ Les hommes souvent veulent aimer, et ne sauraient y réussir; ils cherchent leur défaite sans pouvoir la rencontrer; et, si j'ose ainsi parler, ils sont contraints de demeurer libres.

↦ Ceux qui s'aiment d'abord avec la plus violente passion contribuent bientôt chacun de leur part à s'aimer moins, et ensuite à ne s'aimer plus. Qui, d'un homme ou d'une femme, met davantage du sien dans cette rupture, il n'est pas aisé de le décider. Les femmes accusent les hommes d'être volages, et les hommes disent qu'elles sont légères.

↦ Quelque délicat que l'on soit en amour, on pardonne plus de fautes que dans l'amitié.

↦ C'est une vengeance douce à celui qui aime beaucoup de faire, par tout son procédé, d'une personne ingrate une très-ingrate.

↦ Il est triste d'aimer sans une grande fortune, et qui nous donne les moyens de combler ce que l'on aime, et le rendre si heureux qu'il n'ait plus de souhaits à faire.

↦ S'il se trouve une femme pour qui l'on ait eu une grande passion, et qui ait été indifférente, quelques importants services qu'elle nous rende dans la suite de notre vie, l'on court un grand risque d'être ingrat.

↦ Une grande reconnaissance emporte avec soi beaucoup de goût et d'amitié pour la personne qui nous oblige.

↦ Être avec des gens qu'on aime, cela suffit; rêver, leur parler, ne leur parler point, penser à eux, penser à des choses plus indifférentes, mais auprès d'eux tout est égal.

↦ Il n'y a pas si loin de la haine à l'amitié que de l'antipathie.

↦ Il semble qu'il est moins rare de passer de l'antipathie à l'amour qu'à l'amitié.

↦ L'on confie son secret dans l'amitié; mais il échappe dans l'amour.

L'on peut avoir la confiance de quelqu'un sans en avoir le cœur. Celui qui a le cœur n'a pas besoin de révélation ou de confiance; tout lui est ouvert.

↦ L'on ne voit dans l'amitié que les défauts qui peuvent nuire à nos amis. L'on ne voit en amour de défauts dans ce qu'on aime que ceux dont on souffre soi-même.

↦ Il n'y a qu'un premier dépit en amour, comme la première faute dans l'amitié, dont on puisse faire un bon usage.

↦ Il semble que, s'il y a un soupçon injuste, bizarre et sans fondement, qu'on ait une fois appelé jalousie, cette autre jalousie qui est un sentiment juste, naturel, fondé en raison et sur l'expérience, mériterait un autre nom.

Le tempérament a beaucoup de part à la jalousie, et elle ne suppose pas toujours une grande passion. C'est cependant un paradoxe qu'un violent amour sans délicatesse.

Il arrive souvent que l'on souffre tout seul de la délicatesse. L'on souffre de la jalousie, et l'on fait souffrir les autres.

Celles qui ne nous ménagent sur rien, et ne nous épargnent nulles occasions de jalousie, ne mériteraient de nous aucune jalousie, si l'on se réglait plus par leurs sentiments et leur conduite que par son cœur.

➤ Les froideurs et les relâchements dans l'amitié ont leurs causes. En amour, il n'y a guère d'autre raison de ne s'aimer plus que de s'être trop aimés.

➤ L'on n'est pas plus maître de toujours aimer, qu'on l'a été de ne pas aimer.

➤ Les amours meurent par le dégoût, et l'oubli les enterre.

➤ Le commencement et le déclin de l'amour se font sentir par l'embarras où l'on est de se trouver seuls.

➤ Cesser d'aimer, preuve sensible que l'homme est borné, et que le cœur a ses limites.

C'est faiblesse que d'aimer; c'est souvent une autre faiblesse que de guérir.

On guérit comme on se console; on n'a pas dans le cœur de quoi toujours pleurer et toujours aimer.

➤ Il devrait y avoir dans le cœur des sources inépuisables de douleur pour de certaines pertes. Ce n'est guère par vertu ou par force d'esprit que l'on sort d'une grande affliction : l'on pleure amèrement, et l'on est sensiblement touché; mais l'on est ensuite si faible, ou si léger, que l'on se console.

➤ Si une laide se fait aimer, ce ne peut être qu'éperdument; car il faut que ce soit ou par une étrange faiblesse de son amant, ou par de plus secrets et de plus invincibles charmes que ceux de la beauté.

➤ L'on est encore longtemps à se voir par habitude, et à se dire de bouche que l'on s'aime, après que les manières disent qu'on ne s'aime plus.

➤ Vouloir oublier quelqu'un, c'est y penser. L'amour a cela de commun avec les scrupules, qu'il s'aigrit par les réflexions et les retours que l'on fait pour s'en délivrer. Il faut, s'il se peut, ne point songer à sa passion pour l'affaiblir.

↦ L'on veut faire tout le bonheur, ou, si cela ne se peut ainsi, tout le malheur de ce qu'on aime.

↦ Regretter ce que l'on aime est un bien, en comparaison de vivre avec ce que l'on hait.

↦ Quelque désintéressement qu'on ait à l'égard de ceux qu'on aime, il faut quelquefois se contraindre pour eux, et avoir la générosité de recevoir.

Celui-là peut prendre, qui goûte un plaisir aussi délicat à recevoir que son ami en sent à lui donner.

↦ Donner, c'est agir; ce n'est pas souffrir de ses bienfaits, ni céder à l'importunité ou à la nécessité de ceux qui nous demandent.

↦ Si l'on a donné à ceux que l'on aimait, quelque chose qu'il arrive, il n'y a plus d'occasions où l'on doive songer à ses bienfaits.

↦ On a dit en latin qu'il coûte moins cher de haïr que d'aimer; ou, si l'on veut, que l'amitié est plus à charge que la haine. Il est vrai qu'on est dispensé de donner à ses ennemis; mais ne coûte-t-il rien de s'en venger? Ou, s'il est doux et naturel de faire du mal à ce que l'on hait, l'est-il moins de faire du bien à ce qu'on aime? Ne serait-il pas dur et pénible de ne lui en point faire?

↦ Il y a du plaisir à rencontrer les yeux de celui à qui l'on vient de donner.

↦ Je ne sais si un bienfait qui tombe sur un ingrat, et ainsi sur un indigne, ne change pas de nom, et s'il méritait plus de reconnaissance.

↦ La libéralité consiste moins à donner beaucoup qu'à donner à propos.

↦ S'il est vrai que la pitié ou la compassion soit un retour vers nous-mêmes, qui nous met en la place des malheureux, pourquoi tirent-ils de nous si peu de soulagement dans leurs misères?

Il vaut mieux s'exposer à l'ingratitude que de manquer aux misérables

↳ L'expérience confirme que la mollesse ou l'indulgence pour soi et la dureté pour les autres n'est qu'un seul et même vice.

↳ Un homme dur au travail et à la peine, inexorable à soi-même, n'est indulgent aux autres que par un excès de raison.

↳ Quelque désagrément qu'on ait à se trouver chargé d'un indigent, l'on goûte à peine les nouveaux avantages qui le tirent enfin de notre sujétion : de même, la joie que l'on reçoit de l'élévation de son ami est un peu balancée par la petite peine qu'on a de le voir au-dessus de nous ou s'égaler à nous. Ainsi l'on s'accorde mal avec soi-même; car l'on veut des dépendants, et qu'il n'en coûte rien : l'on veut aussi le bien de ses amis, et, s'il arrive, ce n'est pas toujours par s'en réjouir que l'on commence.

↳ On convie, on invite, on offre sa maison, sa table, son bien et ses services; rien ne coûte qu'à tenir parole.

↳ C'est assez pour soi d'un fidèle ami; c'est même beaucoup de l'avoir rencontré : on ne peut en avoir trop pour le service des autres.

↳ Quand on a assez fait auprès de certaines personnes pour avoir dû se les acquérir, si cela ne réussit point, il y a encore une ressource, qui est de ne plus rien faire.

↳ Vivre avec ses ennemis comme s'ils devaient un jour être nos amis, et vivre avec nos amis comme s'ils pouvaient devenir nos ennemis, n'est ni selon la nature de la haine, ni selon les règles de l'amitié; ce n'est point une maxime morale, mais politique.

↳ On ne doit pas se faire des ennemis de ceux qui, mieux connus, pourraient avoir rang entre nos amis. On doit faire choix d'amis si sûrs et d'une si exacte probité, que venant à cesser de l'être, ils ne veuillent pas abuser de notre confiance, ni se faire craindre comme ennemis.

↦ Il est doux de voir ses amis par goût et par estime; il est pénible de les cultiver par intérêt : c'est *solliciter*.

↦ Il faut briguer la faveur de ceux à qui l'on veut du bien, plutôt que de ceux de qui l'on espère du bien.

↦ On ne vole point des mêmes ailes pour sa fortune que l'on fait pour des choses frivoles et de fantaisie. Il y a un sentiment de liberté à suivre ses caprices, et tout au contraire de servitude à courir pour son établissement : il est naturel de le souhaiter beaucoup et d'y travailler peu, de se croire digne de le trouver sans l'avoir cherché.

↦ Celui qui sait attendre le bien qu'il souhaite ne prend pas le chemin de se désespérer s'il ne lui arrive pas; et celui au contraire qui désire une chose avec une grande impatience y met trop du sien pour en être assez récompensé par le succès.

↦ Il y a de certaines gens qui veulent si ardemment et si déterminément une certaine chose, que, de peur de la manquer, ils n'oublient rien de ce qu'il faut faire pour la manquer.

↦ Les choses les plus souhaitées n'arrivent point; ou, si elles arrivent, ce n'est ni dans le temps ni dans les circonstances où elles auraient fait un extrême plaisir.

↦ Il faut rire avant que d'être heureux, de peur de mourir sans avoir ri.

↦ La vie est courte, si elle ne mérite ce nom que lorsqu'elle est agréable, puisque, si l'on cousait ensemble toutes les heures que l'on passe avec ce qui plaît, l'on ferait à peine d'un grand nombre d'années une vie de quelques mois.

↦ Qu'il est difficile d'être content de quelqu'un !

┣► On ne pourrait se défendre de quelque joie à voir périr un méchant homme; l'on jouirait alors du fruit de sa haine, et l'on tirerait de lui tout ce qu'on en peut espérer, qui est le plaisir de sa perte. Sa mort enfin arrive, mais dans une conjoncture où nos intérêts ne nous permettent pas de nous en réjouir : il meurt trop tôt ou trop tard.

┣► Il est pénible à un homme fier de pardonner à celui qui le surprend en faute, et qui se plaint de lui avec raison : sa fierté ne s'adoucit que lorsqu'il reprend ses avantages et qu'il met l'autre dans son tort.

┣► Comme nous nous affectionnons de plus en plus aux personnes à qui nous faisons du bien, de même nous haïssons violemment ceux que nous avons beaucoup offensés.

┣► Il est également difficile d'étouffer dans les commencements le sentiment des injures, et de le conserver après un certain nombre d'années.

┣► C'est par faiblesse que l'on hait un ennemi, et que l'on songe à s'en venger; et c'est par paresse que l'on s'apaise, et qu'on ne se venge point.

┣► Il y a bien autant de paresse que de faiblesse à se laisser gouverner.

Il ne faut pas penser à gouverner un homme tout d'un coup, et sans autre préparation, dans une affaire importante, et qui serait capitale à lui ou aux siens; il sentirait d'abord l'empire et l'ascendant qu'on veut prendre sur son esprit, et il secouerait le joug par honte ou par caprice : il faut tenter auprès de lui les petites choses, et de là le progrès jusqu'aux plus grandes est immanquable. Tel ne pouvait au plus dans les commencements qu'entreprendre de le faire partir pour la campagne ou retourner à la ville, qui finit par lui dicter un testament, où il réduit son fils à la légitime.

Pour gouverner quelqu'un longtemps et absolument, il faut avoir la main légère, et ne lui faire sentir que le moins qu'il se peut sa dépendance.

Tels se laissent gouverner jusqu'à un certain point, qui au delà sont intraitables et ne se gouvernent plus : on perd tout à coup la route de leur cœur et de leur esprit ; ni hauteur ni souplesse, ni force ni industrie, ne les peuvent dompter ; avec cette différence que quelques-uns sont ainsi faits par raison et avec fondement, et quelques autres par tempérament et par humeur.

Il se trouve des hommes qui n'écoutent ni la raison ni les bons conseils, et qui s'égarent volontairement par la crainte qu'ils ont d'être gouvernés.

D'autres consentent d'être gouvernés par leurs amis en des choses presque indifférentes, et s'en font un droit de les gouverner à leur tour en des choses graves et de conséquence.

Drance[1] veut passer pour gouverner son maître, qui n'en croit rien, non plus que le public : parler sans cesse à un grand que l'on sert, en des lieux et en des temps où il convient le moins, lui parler à l'oreille ou en des termes mystérieux, rire jusqu'à éclater en sa présence, lui couper la parole, se mettre entre lui et ceux qui lui parlent, dédaigner ceux qui viennent faire leur cour, ou attendre impatiemment qu'ils se retirent, se mettre proche de lui en une posture trop libre, figurer avec lui le dos appuyé à une cheminée, le tirer par son habit, lui marcher sur les talons, faire le familier, prendre des libertés, marquent mieux un fat qu'un favori.

Un homme sage ni ne se laisse gouverner, ni ne cherche à gouverner les autres ; il veut que la raison gouverne seule et toujours.

---

[1] Le comte de Tonnerre, premier gentilhomme de la chambre de Monsieur, de la maison des comtes de Tonnerre-Clermont.

Je ne haïrais pas d'être livré par la confiance à une personne raisonnable, et d'en être gouverné en toutes choses, et absolument, et toujours : je serais sûr de bien faire, sans avoir le soin de délibérer ; je jouirais de la tranquillité de celui qui est gouverné par la raison.

↳ Toutes les passions sont menteuses ; elles se déguisent autant qu'elles le peuvent aux yeux des autres ; elles se cachent à elles-mêmes : il n'y a point de vice qui n'ait une fausse ressemblance avec quelque vertu, et qui ne s'en aide.

↳ On ouvre un livre de dévotion, et il touche ; on en ouvre un autre qui est galant, et il fait son impression. Oserai-je dire que le cœur seul concilie les choses contraires, et admet les incompatibles ?

↳ Les hommes rougissent moins de leurs crimes que de leurs faiblesses et de leur vanité. Tel est ouvertement injuste, violent, perfide, calomniateur, qui cache son amour ou son ambition sans autre vue que de la cacher.

↳ Le cas n'arrive guère où l'on puisse dire : J'étais ambitieux : ou on ne l'est point, ou on l'est toujours ; mais le temps vient où l'on avoue que l'on a aimé.

↳ Les hommes commencent par l'amour, finissent par l'ambition, et ne se trouvent souvent dans une assiette plus tranquille que lorsqu'ils meurent.

↳ Rien ne coûte moins à la passion que de se mettre au-dessus de la raison ; son grand triomphe est de l'emporter sur l'intérêt.

↳ L'on est plus sociable et d'un meilleur commerce par le cœur que par l'esprit.

↳ Il y a de certains grands sentiments, de certaines actions nobles et élevées, que nous devons moins à la force de notre esprit qu'à la bonté de notre naturel.

⤞ Il n'y a guère au monde un plus bel excès que celui de la reconnaissance.

⤞ Il faut être bien dénué d'esprit, si l'amour, la malignité, la nécessité, n'en font pas trouver.

⤞ Il y a des lieux que l'on admire : il y en a d'autres qui touchent, et où l'on aimerait à vivre.

Il me semble que l'on dépend des lieux pour l'esprit, l'humeur, la passion, le goût et les sentiments.

⤞ Ceux qui font bien mériteraient seuls d'être enviés, s'il n'y avait encore un meilleur parti à prendre, qui est de faire mieux : c'est une douce vengeance contre ceux qui nous donnent cette jalousie.

⤞ Quelques-uns se défendent d'aimer et de faire des vers, comme de deux faibles qu'ils n'osent avouer, l'un du cœur, l'autre de l'esprit.

⤞ Il y a quelquefois dans le cours de la vie de si chers plaisirs et de si tendres engagements que l'on nous défend, qu'il est naturel de désirer du moins qu'ils fussent permis : de si grands charmes ne peuvent être surpassés que par celui de savoir y renoncer par vertu.

DE LA SOCIÉTÉ ET DE LA CONVERSATION.

Un caractère bien fade est celui de n'en avoir aucun.

⤞ C'est le rôle d'un sot d'être importun : un homme habile sent s'il convient ou s'il ennuie; il sait disparaître le moment qui précède celui où il serait de trop quelque part.

⤞ L'on marche sur les mauvais plaisants, et il pleut par tous pays de cette sorte d'insectes. Un bon plaisant est une pièce rare; à un homme qui est né tel, il est encore fort délicat d'en soutenir longtemps le personnage : il n'est pas ordinaire que celui qui fait rire se fasse estimer.

↳ Il y a beaucoup d'esprits obscènes, encore plus de médisants ou de satiriques peu de délicats. Pour badiner avec grâce, et rencontrer heureusement sur les plus petits sujets, il faut trop de manières, trop de politesse, et même trop de fécondité : c'est créer que de railler ainsi, et faire quelque chose de rien.

↳ Si l'on faisait une sérieuse attention à tout ce qui se dit de froid, de vain et de puéril dans les entretiens ordinaires, l'on aurait honte de parler ou d'écouter, et l'on se condamnerait peut-être à un silence perpétuel, qui serait une chose pire dans le commerce que les discours inutiles. Il faut donc s'accommoder à tous les esprits ; permettre comme un mal nécessaire le récit des fausses nouvelles, les vagues réflexions sur le gouvernement présent ou sur l'intérêt des princes, le débit des beaux sentiments, et qui reviennent toujours les mêmes : il faut laisser *Aronce*[1] parler proverbe, et *Mélinde* parler de soi, de ses vapeurs, de ses migraines et de ses insomnies.

↳ L'on voit des gens qui, dans les conversations ou dans le peu de commerce que l'on a avec eux, vous dégoûtent par leurs ridicules expressions, par la nouveauté, et j'ose dire par l'impropriété des termes dont ils se servent, comme par l'alliance de certains mots qui ne se rencontrent ensemble que dans leur bouche, et à qui ils font signifier des choses que leurs premiers inventeurs n'ont jamais eu intention de leur faire dire. Ils ne suivent, en parlant, ni la raison ni l'usage, mais leur bizarre génie, que l'envie de toujours plaisanter, et peut-être de briller, tourne insensiblement à un jargon qui leur est propre, et qui devient enfin leur idiome naturel ; ils accompagnent un langage si extravagant

---

[1] Perrault.

d'un geste affecté et d'une prononciation qui est contrefaite. Tous sont contents d'eux-mêmes et de l'agrément de leur esprit, et l'on ne peut pas dire qu'ils en soient entièrement dénués ; mais on les plaint de ce peu qu'ils en ont, et, ce qui est pire, on en souffre [1].

⟼ Que dites-vous ? comment ? je n'y suis pas : vous plairait-il de recommencer ? J'y suis encore moins ; je devine enfin : vous voulez, *Acis*, me dire qu'il fait froid ; que ne disiez-vous : Il fait froid ? Vous voulez m'apprendre qu'il pleut ou qu'il neige ; dites : Il pleut, il neige. Vous me trouvez bon visage, et vous désirez de m'en féliciter ; dites : Je vous trouve bon visage. Mais, répondez-vous, cela est bien uni et bien clair ; et d'ailleurs qui ne pourrait pas en dire autant ? Qu'importe, Acis ? Est-ce un si grand mal d'être entendu quand on parle, et de parler comme tout le monde ? Une chose vous manque, Acis, à vous et à vos semblables les diseurs de *phébus*; vous ne vous en défiez point, et je vais vous jeter dans l'étonnement : une chose vous manque, c'est l'esprit. Ce n'est pas tout : il y a en vous une chose de de trop, qui est l'opinion d'en avoir plus que les autres : voilà la source de votre pompeux galimatias, de vos phrases embrouillées, et de vos grands mots qui ne signifient rien. Vous abordez cet homme, ou vous entrez dans cette chambre ; je vous tire par votre habit, et vous dis à l'oreille : Ne songez point à avoir de l'esprit, n'en ayez point ; c'est votre rôle : ayez, si vous pouvez, un langage simple, et tel que l'ont ceux en qui vous ne trouvez aucun esprit ; peut-être alors croira-t-on que vous en avez.

⟼ Qui peut se promettre d'éviter dans la société des hommes la rencontre de certains esprits vains, légers, familiers, délibérés, qui sont toujours dans une compagnie ceux qui parlent, et qu'il faut que les autres écoutent ? On les en-

---

[1] Allusion aux Précieuses.

tend de l'antichambre; on entre impunément et sans crainte de les interrompre : ils continuent leur récit sans la moindre attention pour ceux qui entrent ou qui sortent, comme pour le rang ou le mérite des personnes qui composent le cercle; ils font taire celui qui commence à conter une nouvelle, pour la dire de leur façon, qui est la meilleure; ils la tiennent de *Zamet*, de *Ruccelay*, ou de *Conchini*[1], qu'ils ne connaissent point, à qui ils n'ont jamais parlé, et qu'ils traiteraient de Monseigneur s'ils leur parlaient : ils s'approchent quelquefois de l'oreille du plus qualifié de l'assemblée, pour le gratifier d'une circonstance que personne ne sait, et dont ils ne veulent pas que les autres soient instruits; ils suppriment quelques noms pour déguiser l'histoire qu'ils racontent, et pour détourner les applications : vous les priez, vous les pressez inutilement; il y a des choses qu'ils ne diront pas, il y a des gens qu'ils ne sauraient nommer, leur parole y est engagée; c'est le dernier secret, c'est un mystère; outre que vous leur demandez l'impossible; car sur ce que vous voulez apprendre d'eux, ils ignorent le fait et les personnes.

↳ *Arrias* a tout lu, tout vu, il veut le persuader ainsi; c'est un homme universel, et il se donne pour tel; il aime mieux mentir que de se taire ou de paraître ignorer quelque chose. On parle à la table d'un grand d'une cour du Nord : il prend la parole et l'ôte à ceux qui allaient dire ce qu'ils en savent; il s'oriente dans cette région lointaine comme s'il en était originaire; il discourt des mœurs de cette cour, des femmes du pays, de ses lois et de ses coutumes; il récite des historiettes qui y sont arrivées: il les trouve plaisantes, et il en rit le premier jusqu'à éclater. Quelqu'un se hasarde de le contredire, et lui prouve nettement qu'il dit des choses qui ne sont pas vraies. Arrias ne se trouble point,

---

[1] *Zamet*, *Ruccellai* et *Concini*, maréchal d'Ancre, tous trois favoris de Marie de Médicis.

prend feu au contraire contre l'interrupteur : Je n'avance, lui dit-il, je ne raconte rien que je ne sache d'original; je l'ai appris de *Sethon*, ambassadeur de France dans cette cour, revenu à Paris depuis quelques jours, que je connais familièrement, que j'ai fort interrogé, et qui ne m'a caché aucune circonstance. Il reprenait le fil de sa narration avec plus de confiance qu'il ne l'avait commencée, lorsque l'un des conviés lui dit : C'est Sethon à qui vous parlez, lui-même, et qui arrive de son ambassade [1].

↦ Il y a un parti à prendre, dans les entretiens, entre une certaine paresse qu'on a de parler, ou quelquefois un esprit abstrait, qui, nous jetant loin du sujet de la conversation, nous fait faire ou de mauvaises demandes ou de sottes réponses; et une attention importune qu'on a au moindre mot qui échappe, pour le relever, badiner autour, y trouver un mystère que les autres n'y voient pas, y chercher de la finesse et de la subtilité, seulement pour avoir occasion d'y placer la sienne.

↦ Être infatué de soi, et s'être fortement persuadé qu'on a beaucoup d'esprit, est un accident qui n'arrive guère qu'à celui qui n'en a point, ou qui en a peu : malheur, pour lors, à qui est exposé à l'entretien d'un tel personnage! combien de jolies phrases lui faudra-t-il essuyer! combien de ces mots aventuriers qui paraissent subitement, durent un temps, et que bientôt on ne revoit plus! S'il conte une nouvelle, c'est moins pour l'apprendre à ceux qui l'écoutent que pour avoir le mérite de la dire, et de la dire bien; elle devient un roman entre ses mains : il fait penser les gens à sa manière, leur met en la bouche ses petites façons de parler, et les fait toujours parler longtemps; il tombe ensuite en des parenthèses qui peuvent passer pour épi-

---

[1] On dit que cette aventure arriva à Robert de Châtillon, conseiller au Châtelet.

sodes, mais qui font oublier le gros de l'histoire, et à lui qui vous parle, et à vous qui le supportez. Que serait-ce de vous et de lui, si quelqu'un ne survenait heureusement pour déranger le cercle, et faire oublier la narration ?

↦ J'entends *Théodecte*[1] de l'antichambre; il grossit sa voix à mesure qu'il s'approche. Le voilà entré : il rit, il crie, il éclate; on bouche ses oreilles, c'est un tonnerre. Il n'est pas moins redoutable par les choses qu'il dit que par le ton dont il parle. Il ne s'apaise, et il ne revient de ce grand fracas que pour bredouiller des vanités et des sottises. Il a si peu d'égard au temps, aux personnes, aux bienséances, que chacun a son fait sans qu'il ait eu intention de le lui donner; il n'est pas encore assis, qu'il a, à son insu, désobligé toute l'assemblée. A-t-on servi, il se met le premier à table, et dans la première place; les femmes sont à sa droite et à sa gauche. Il mange, il boit, il conte, il plaisante, il interrompt tout à la fois. Il n'a nul discernement des personnes, ni du maître, ni des conviés; il abuse de la folle déférence qu'on a pour lui. Est-ce lui, est-ce *Eutidème*, qui donne le repas? Il rappelle à soi toute l'autorité de la table; et il y a un moindre inconvénient à la lui laisser entière qu'à la lui disputer. Le vin et les viandes n'ajoutent rien à son caractère. Si l'on joue, il gagne au jeu; il veut railler celui qui perd et il l'offense; les rieurs sont pour lui; il n'y a sortes de fatuités qu'on ne lui passe. Je cède enfin et je disparais, incapable de souffrir plus longtemps Théodecte et ceux qui le souffrent.

↦ *Troile* est utile à ceux qui ont trop de bien; il leur ôte l'embarras du superflu; il leur sauve la peine d'amasser de l'argent, de faire des contrats, de fermer des coffres, de porter des clefs sur soi, et de craindre un vol domestique.

---

[1] Le comte d'Aubigné, frère de Mme de Maintenon. Ce qu'en dit Saint-Simon s'accorde parfaitement avec ce portrait.

Il les aide dans leurs plaisirs, et il devient capable ensuite de les servir dans leurs passions; bientôt il les règle et les maîtrise dans leur conduite. Il est l'oracle d'une maison, celui dont on attend, que dis-je? dont on prévient, dont on devine les décisions. Il dit de cet esclave : il faut le punir, et on le fouette; et de cet autre : il faut l'affranchir, et on l'affranchit. L'on voit qu'un parasite ne le fait pas rire; il peut lui déplaire : il est congédié. Le maître est heureux, si Troile lui laisse sa femme et ses enfants. Si celui-ci est à table, et qu'il prononce d'un mets qu'il est friand, le maître et les conviés, qui en mangeaient sans réflexion, le trouvent friand, et ne s'en peuvent rassasier; s'il dit au contraire d'un autre mets qu'il est insipide, ceux qui commençaient à le goûter, n'osant avaler le morceau qu'ils ont à la bouche, ils le jettent à terre : tous ont les yeux sur lui, observent son maintien et son visage avant de prononcer sur le vin ou sur les viandes qui sont servies. Ne le cherchez pas ailleurs que dans la maison de ce riche qu'il gouverne : c'est là qu'il mange, qu'il dort et qu'il fait digestion, qu'il querelle son valet, qu'il reçoit ses ouvriers, et qu'il remet ses créanciers. Il régente, il domine dans une salle; il y reçoit la cour et les hommages de ceux qui, plus fins que les autres, ne veulent aller au maître que par Troile. Si l'on entre par malheur sans avoir une physionomie qui lui agrée, il ride son front et il détourne sa vue; si on l'aborde, il ne se lève pas; si l'on s'assied auprès de lui, il s'éloigne; si on lui parle, il ne répond point; si l'on continue de parler, il passe dans une autre chambre; si on le suit, il gagne l'escalier; il franchirait tous les étages, ou il se lancerait par une fenêtre, plutôt que de se laisser joindre par quelqu'un qui a un visage ou un son de voix qu'il désapprouve. L'un et l'autre sont agréables en Troile, et il s'en est servi heureusement pour s'insinuer et pour conquérir. Tout devient, avec le temps, au-dessous de ses soins, comme il est au-dessus de vouloir se soutenir ou continuer de plaire par le moindre des talents qui ont commencé à le faire valoir. C'est beaucoup qu'il sorte quelquefois de ses méditations et de sa taciturnité pour contredire, et que même pour critiquer il daigne une fois le jour avoir de l'esprit. Bien loin d'attendre de lui qu'il défère à vos sentiments, qu'il soit complaisant, qu'il vous loue, vous n'êtes pas sûr qu'il aime toujours votre approbation, ou qu'il souffre votre complaisance.

↳ Il faut laisser parler cet inconnu que le hasard a placé auprès de vous dans une voiture publique, à une fête ou à un spectacle ; et il ne vous coûtera bientôt pour le connaître que de l'avoir écouté : vous saurez son nom, sa demeure, son pays, l'état de son bien, son emploi, celui de son père, la famille dont est sa mère, sa parenté, ses alliances, les armes de sa maison ; vous comprendrez qu'il est noble, qu'il a un château, de beaux meubles, des valets, et un carrosse.

↳ Il y a des gens qui parlent un moment avant que d'avoir pensé. Il y en a d'autres qui ont une fade attention à ce qu'ils disent, et avec qui l'on souffre dans la conversation de tout le travail de leur esprit ; ils sont comme pétris de phrases et de petits tours d'expression, concertés dans leur geste et dans tout leur maintien ; ils sont *puristes*[1], et ne hasardent pas le moindre mot, quand il devrait faire le plus bel effet du monde ; rien d'heureux ne leur échappe ; rien ne coule de source et avec liberté : ils parlent proprement et ennuyeusement.

↳ L'esprit de la conversation consiste bien moins à en montrer beaucoup qu'à en faire trouver aux autres : celui qui sort de votre entretien content de soi et de son esprit l'est de vous parfaitement. Les hommes n'aiment point à vous admirer, ils veulent plaire ; ils cherchent moins à être

---

[1] Gens qui affectent une grande pureté de langage. (*Note de l'auteur.*)

instruits, et même réjouis, qu'à être goûtés et applaudis ; et le plaisir le plus délicat est de faire celui d'autrui.

↳ Il ne faut pas qu'il y ait trop d'imagination dans nos conversations et dans nos écrits ; elle ne produit souvent que des idées vaines et puériles, qui ne servent point à perfectionner le goût, et à nous rendre meilleurs : nos pensées doivent être prises dans le bon sens et la droite raison, et doivent être un effet de notre jugement

↳ C'est une grande misère que de n'avoir pas assez d'esprit pour bien parler, ni assez de jugement pour se taire. Voilà le principe de toute impertinence.

↳ Dire d'une chose modestement ou qu'elle est bonne ou qu'elle est mauvaise, et les raisons pourquoi elle est telle, demande du bon sens et de l'expression : c'est une affaire. Il est plus court de prononcer, d'un ton décisif et qui emporte la preuve de ce qu'on avance, ou qu'elle est exécrable, ou qu'elle est miraculeuse.

↳ Rien n'est moins selon Dieu et selon le monde que d'appuyer tout ce que l'on dit dans la conversation, jusques aux choses les plus indifférentes, par de longs et de fastidieux serments. Un honnête homme qui dit oui et non mérite d'être cru : son caractère jure pour lui, donne créance à ses paroles, et lui attire toute sorte de confiance.

↳ Celui qui dit incessamment qu'il a de l'honneur et de la probité, qu'il ne nuit à personne, qu'il consent que le mal qu'il fait aux autres lui arrive, et qui jure pour le faire croire, ne sait pas même contrefaire l'homme de bien.

Un homme de bien ne saurait empêcher, par toute sa modestie, qu'on ne dise de lui ce qu'un malhonnête homme sait dire de soi.

↳ *Cléon* parle peu obligeamment ou peu juste, c'est l'un ou l'autre ; mais il ajoute qu'il est fait ainsi, et qu'il dit ce qu'il pense.

❧ Il y a parler bien, parler aisément, parler juste, parler à propos. C'est pécher contre ce dernier genre que de s'étendre sur un repas magnifique que l'on vient de faire, devant des gens qui sont réduits à épargner leur pain ; de dire merveilles de sa santé devant des infirmes; d'entretenir de ses richesses, de ses revenus et de ses ameublements, un homme qui n'a ni rentes ni domicile; en un mot, de parler de son bonheur devant des misérables : cette conversation est trop forte pour eux, et la comparaison qu'ils font alors de leur état au vôtre est odieuse.

❧ Pour vous, dit *Eutiphron*[1], vous êtes riche, ou vous devez l'être : 10,000 livres de rente, et en fonds de terre, cela est beau, cela est doux, et l'on est heureux à moins; pendant que lui qui parle ainsi a 50,000 livres de revenu, et qu'il croit n'avoir que la moitié de ce qu'il mérite. Il vous taxe, il vous apprécie, il fixe votre dépense, et s'il vous jugeait digne d'une meilleure fortune, et de celle même où il aspire, il ne manquerait pas de vous la souhaiter. Il n'est pas le seul qui fasse de si mauvaises estimations ou des comparaisons si désobligeantes; le monde est plein d'Eutiphrons.

❧ Quelqu'un, suivant la pente de la coutume qui veut qu'on loue, et par l'habitude qu'il a à la flatterie et à l'exagération, congratule *Théodème* sur un discours qu'il n'a point entendu, et dont personne n'a pu encore lui rendre compte : il ne laisse pas de lui parler de son génie, de son geste, et surtout de la fidélité de sa mémoire; et il est vrai que Théodème est demeuré court.

❧ L'on voit des gens brusques, inquiets, *suffisants*[2], qui, bien que oisifs et sans aucune affaire qui les appelle ailleurs, vous expédient, pour ainsi dire, en peu de paroles, et ne

---

[1] Le premier président de Harlay.
[2] Le mot *suffisant* était encore nouveau dans cette acception, c'est pourquoi la Bruyère le met en italique.

songent qu'à se dégager de vous; on leur parle encore, qu'ils sont partis et ont disparu. Ils ne sont pas moins impertinents que ceux qui vous arrêtent seulement pour vous ennuyer; ils sont peut-être moins incommodes.

↳ Parler et offenser, pour de certaines gens, est précisément la même chose. Ils sont piquants et amers; leur style est mêlé de fiel et d'absinthe; la raillerie, l'injure, l'insulte, leur découlent des lèvres comme leur salive. Il leur serait utile d'être nés muets ou stupides; ce qu'ils ont de vivacité et d'esprit leur nuit davantage que ne fait à quelques autres leur sottise. Ils ne se contentent pas toujours de répliquer avec aigreur, ils attaquent souvent avec insolence; ils frappent sur tout ce qui se trouve sous leur langue, sur les présents, sur les absents; ils heurtent de front et de côté, comme des béliers. Demande-t-on à des béliers qu'ils n'aient pas de cornes? De même n'espère-t-on pas de réformer par cette peinture des naturels si durs, si farouches, si indociles. Ce que l'on peut faire de mieux, d'aussi loin qu'on les découvre, est de les fuir de toute sa force et sans regarder derrière soi.

↳ Il y a des gens d'une certaine étoffe ou d'un certain caractère avec qui il ne faut jamais se commettre, de qui l'on ne doit se plaindre que le moins qu'il est possible, et contre qui il n'est pas même permis d'avoir raison.

↳ Entre deux personnes qui ont eu ensemble une violente querelle, dont l'un a raison et l'autre ne l'a pas, ce que la plupart de ceux qui y ont assisté ne manquent jamais de faire, ou pour se dispenser de juger, ou par un tempérament qui m'a toujours paru hors de sa place, c'est de condamner tous les deux : leçon importante, motif pressant et indispensable de fuir à l'orient quand le fat est à l'occident, pour éviter de partager avec lui le même tort.

↳ Je n'aime pas un homme que je ne puis aborder le premier, ni saluer avant qu'il me salue, sans m'avilir à ses yeux, et sans tremper dans la bonne opinion qu'il a de lui-même. Montagne dirait[1] : *Je veux avoir mes coudées franches, et être courtois et affable à mon point, sans remords ne conséquence. Je ne puis du tout estriver contre mon penchant, et aller au rebours de mon naturel, qui m'emmène vers celui que je trouve à ma rencontre. Quand il m'est égal, et qu'il ne m'est point ennemi, j'anticipe sur son accueil; je le questionne sur sa disposition et santé; je lui fais offre de mes offices, sans tant marchander sur le plus ou sur le moins, ne être, comme disent aucuns, sur le qui vive. Celui-là me déplaît, qui, par la connaissance que j'ai de ses coutumes et façons d'agir, me tire de cette liberté et franchise. Comment me ressouvenir tout à propos, et d'aussi loin que je vois cet homme, d'emprunter une contenance grave et importante, et qui l'avertisse que je crois le valoir bien et au delà? pour cela de me ramentevoir de mes bonnes qualités et conditions, et des siennes mauvaises, puis en faire la comparaison? C'est trop de travail pour moi, et ne suis du tout capable de si roide et si subite attention; et quand bien elle m'auroit succédé une première fois, je ne laisserois de fléchir et me démentir à une seconde tâche : je ne puis me forcer et contraindre pour quelconque à être fier.*

➻ Avec de la vertu, de la capacité, et une bonne conduite, l'on peut être insupportable. Les manières, que l'on néglige comme de petites choses, sont souvent ce qui fait que les hommes décident de vous en bien ou en mal : une légère attention à les avoir douces et polies prévient leurs mauvais jugements. Il ne faut presque rien pour être cru fier, incivil, méprisant, désobligeant : il faut encore moins pour être estimé tout le contraire.

➻ La politesse n'inspire pas toujours la bonté, l'équité, la complaisance, la gratitude; elle en donne du moins les

---

[1] Imité de Montagne. (*Note de l'auteur.*)

apparences, et fait paraître l'homme au dehors comme il devrait être intérieurement.

L'on peut définir l'esprit de politesse, l'on ne peut en fixer la pratique : elle suit l'usage et les coutumes reçues; elle est attachée au temps, aux lieux, aux personnes, et n'est point la même dans les deux sexes, ni dans les différentes conditions : l'esprit tout seul ne la fait pas deviner; il fait qu'on la suit par imitation, et que l'on s'y perfectionne. Il y a des tempéraments qui ne sont susceptibles que de la politesse; et il y en a d'autres qui ne servent qu'aux grands talents, ou à une vertu solide. Il est vrai que les manières polies donnent cours au mérite, et le rendent agréable; et qu'il faut avoir de bien éminentes qualités pour se soutenir sans la politesse.

Il me semble que l'esprit de politesse est une certaine attention à faire que, par nos paroles et par nos manières, les autres soient contents de nous et d'eux-mêmes.

↦ C'est une faute contre la politesse que de louer immodérément, en présence de ceux que vous faites chanter ou toucher un instrument, quelque autre personne qui a ces mêmes talents; comme devant ceux qui vous lisent leurs vers, un autre poëte.

↦ Dans les repas ou les fêtes que l'on donne aux autres, dans les présents qu'on leur fait, et dans tous les plaisirs qu'on leur procure, il y a faire bien, et faire selon leur goût ; le dernier est préférable.

↦ Il y aurait une espèce de férocité à rejeter indifféremment toutes sortes de louanges; l'on doit être sensible à celles qui nous viennent des gens de bien, qui louent en nous sincèrement des choses louables.

↦ Un homme d'esprit, et qui est né fier, ne perd rien de sa fierté et de sa roideur pour se trouver pauvre; si quelque chose au contraire doit amollir son humeur, le rendre plus doux et plus sociable, c'est un peu de prospérité.

↦ Ne pouvoir supporter tous les mauvais caractères dont le monde est plein n'est pas un fort bon caractère : il faut, dans le commerce, des pièces d'or et de la monnaie.

↦ Vivre avec des gens qui sont brouillés, et dont il faut écouter de part et d'autre les plaintes réciproques, c'est, pour ainsi dire, ne pas sortir de l'audience, et entendre du matin au soir plaider et parler procès.

↦ L'on sait des gens qui avaient coulé leurs jours dans une union étroite : leurs biens étaient en commun; ils n'avaient qu'une même demeure; ils ne se perdaient pas de vue. Ils se sont aperçus à plus de quatre-vingts ans qu'ils devaient se quitter l'un l'autre et finir leur société ; ils n'avaient plus qu'un jour à vivre, et ils n'ont osé entreprendre de le passer ensemble; ils se sont dépêchés de rompre avant que de mourir; ils n'avaient de fonds pour la complaisance que jusque-là. Ils ont trop vécu pour le bon exemple; un moment plus tôt ils mouraient sociables, et laissaient après eux un rare modèle de la persévérance dans l'amitié [1].

↦ L'intérieur des familles est souvent troublé par les défiances, par les jalousies et par l'antipathie, pendant que des dehors contents, paisibles et enjoués, nous trompent, et nous y font supposer une paix qui n'y est point : il y en a peu qui gagnent à être approfondies. Cette visite que vous rendez vient de suspendre une querelle domestique qui n'attend que votre retraite pour recommencer.

↦ Dans la société, c'est la raison qui plie la première. Les plus sages sont souvent menés par le plus fou et le plus

---

[1] L'inimitié qui éclata entre Courtin et de Saint-Romain, très-longtemps intimes amis, a pu inspirer ces lignes à La Bruyère. — « Mlle d'Armentières et la duchesse d'Orval qui logeaient ensemble, ne laissèrent pas, dit Saint-Simon, de se séparer d'habitation sur la fin, comme Saint-Romain et Courtin, conseillers d'État, fort connus par leurs ambassades. »

bizarre : l'on étudie son faible, son humeur, ses caprices l'on s'y accommode : l'on évite de le heurter; tout le monde lui cède. La moindre sérénité qui paraît sur son visage lui attire des éloges ; on lui tient compte de n'être pas toujours insupportable. Il est craint, ménagé, obéi, quelquefois aimé.

↦ Il n'y a que ceux qui ont eu de vieux collatéraux, ou qui en ont encore, et dont il s'agit d'hériter, qui puissent dire ce qu'il en coûte.

↦ *Cléante* est un très-honnête homme ; il s'est choisi une femme qui est la meilleure personne du monde, et la plus raisonnable : chacun, de sa part, fait tout le plaisir et tout l'agrément des sociétés où il se trouve, l'on ne peut voir ailleurs plus de probité, plus de politesse. Ils se quittent demain, et l'acte de leur séparation est tout dressé chez le notaire. Il y a, sans mentir, de certains mérites qui ne sont point faits pour être ensemble, de certaines vertus incompatibles.

↦ L'on peut compter sûrement sur la dot le douaire et les conventions, mais faiblement sur les *nourritures*[1] : elles dépendent d'une union fragile de la belle-mère et de la bru, et qui périt souvent dans l'année du mariage.

↦ Un beau-père aime son gendre, aime sa bru. Une belle-mère aime son gendre, n'aime point sa bru. Tout est réciproque.

↦ Ce qu'une marâtre aime le moins de tout ce qui est au monde, ce sont les enfants de son mari : plus elle est folle de son mari, plus elle est marâtre.

Les marâtres font déserter les villes et les bourgades, et

---

[1] *Nourritures*, style de notaire : clause de contrat par laquelle il est stipulé que les époux seront nourris, pendant un certain temps, par les parents de l'un d'eux

ne peuplent pas moins la terre de mendiants, de vagabonds, de domestiques et d'esclaves, que la pauvreté.

↦ G** et H** sont voisins de campagne, et leurs terres sont contiguës; ils habitent une contrée déserte et solitaire. Éloignés des villes et de tout commerce, il semblait que la fuite d'une entière solitude, ou l'amour de la société, eût dû les assujettir à une liaison réciproque; il est cependant difficile d'exprimer la bagatelle qui les a fait rompre, qui les rend implacables l'un pour l'autre, et qui perpétuera leurs haines dans leurs descendants. Jamais des parents, et même des frères, ne se sont brouillés pour une moindre chose [1].

Je suppose qu'il n'y ait que deux hommes sur la terre, qui la possèdent seuls, et qui la partagent toute entre eux deux : je suis persuadé qu'il leur naîtra bientôt quelque sujet de rupture, quand ce ne serait que pour les limites.

↦ Il est souvent plus court et plus utile de cadrer aux autres que de faire que les autres s'ajustent à nous.

↦ J'approche d'une petite ville, et je suis déjà sur une hauteur d'où je la découvre. Elle est située à mi-côte ; une rivière baigne ses murs, et coule ensuite dans une belle prairie ; elle a une forêt épaisse qui la couvre des vents froids et de l'aquilon. Je la vois dans un jour si favorable, que je compte ses tours et ses clochers ; elle me paraît peinte sur le penchant de la colline. Je me récrie, et je dis : Quel plaisir de vivre sous un si beau ciel et dans ce séjour si délicieux ! Je descends dans la ville, où je n'ai pas couché deux nuits, que je ressemble à ceux qui l'habitent : j'en veux sortir.

---

[1] Les initiales G et H désignent Vedeau de Grammont, conseiller, et Hervé, doyen du Parlement. Ils se contestèrent un droit de pêche; le procès donna lieu à une inscription en faux de titre de noblesse par Vedeau de Grammont, qui fut dégradé publiquement et condamné à une prison perpétuelle.

❧ Il y a une chose que l'on n'a point vue sous le ciel, et que, selon toutes les apparences, on ne verra jamais : c'est une petite ville qui n'est divisée en aucuns partis ; où les familles sont unies, et où les cousins se voient avec confiance ; où un mariage n'engendre point une guerre civile ; où la querelle des rangs ne se réveille pas à tous moments par l'offrande, l'encens et le pain bénit, par les processions et par les obsèques ; d'où l'on a banni les *caquets*, le mensonge et la médisance ; où l'on voit parler ensemble le bailli et le président, les élus et les assesseurs [1] ; où le doyen vit bien avec ses chanoines ; où les chanoines ne dédaignent pas les chapelains, et où ceux-ci souffrent les chantres

❧ Les provinciaux et les sots sont toujours prêts à se fâcher et à croire qu'on se moque d'eux, ou qu'on les méprise : il ne faut jamais hasarder la plaisanterie, même la plus douce et la plus permise, qu'avec des gens polis, ou qui ont de l'esprit.

❧ On ne prime point avec les grands, ils se défendent par leur grandeur ; ni avec les petits, ils vous repoussent par le *qui-vive*.

❧ Tout ce qui est mérite se sent, se discerne, se devine réciproquement : si l'on voulait être estimé, il faudrait vivre avec des personnes estimables.

❧ Celui qui est d'une éminence au-dessus des autres, qui le met à couvert de la repartie, ne doit jamais faire une raillerie piquante.

❧ Il y a de petits défauts que l'on abandonne volontiers à la censure, et dont nous ne haïssons pas à être raillés : ce sont de pareils défauts que nous devons choisir pour railler les autres.

---

[1] Magistrats qui jugeaient en première instance les procès relatifs à l'assiette des tailles.

↦ Rire des gens d'esprit, c'est le privilége des sots : ils sont dans le monde ce que les fous sont à la cour, je veux dire sans conséquence.

↦ La moquerie est souvent indigence d'esprit.

↦ Vous le croyez votre dupe : s'il feint de l'être, qui est plus dupe de lui ou de vous ?

↦ Si vous observez avec soin qui sont les gens qui ne peuvent louer, qui blâment toujours, et qui ne sont contents de personne, vous reconnaîtrez que ce sont ceux mêmes dont personne n'est content.

↦ Le dédain et le rengorgement dans la société attirent précisément le contraire de ce que l'on cherche, si c'est à se faire estimer.

↦ Le plaisir de la société entre les amis se cultive par une ressemblance de goût sur ce qui regarde les mœurs, et par quelque différence d'opinions sur les sciences : par là, ou l'on s'affermit dans ses sentiments, ou l'on s'exerce et l'on s'instruit par la dispute.

↦ L'on ne peut aller loin dans l'amitié, si l'on n'est pas disposé à se pardonner les uns aux autres les petits défauts.

↦ Combien de belles et inutiles raisons à étaler à celui qui est dans une grande adversité, pour essayer de le rendre tranquille ! Les choses de dehors, qu'on appelle les événements, sont quelquefois plus fortes que la raison et que la nature. Mangez, dormez, ne vous laissez point mourir de chagrin, songez à vivre : harangues froides, et qui réduisent à l'impossible. Êtes-vous raisonnable de vous tant inquiéter? N'est-ce pas dire : Êtes-vous fou d'être malheureux?

↦ Le conseil, si nécessaire pour les affaires, est quelquefois, dans la société, nuisible à qui le donne, et inutile à celui à qui il est donné. Sur les mœurs, vous faites remarquer des défauts ou que l'on n'avoue pas, ou que l'on estime des vertus; sur les ouvrages vous rayez les endroits qui paraissent admirables à leur auteur, où il se complaît davantage, où il croit s'être surpassé lui-même. Vous perdez ainsi la confiance de vos amis, sans les avoir rendus ni meilleurs ni plus habiles.

⁂ L'on a vu, il n'y a pas longtemps, un cercle [1] de personnes des deux sexes, liées ensemble par la conversation et par un commerce d'esprit. Ils laissaient au vulgaire l'art de parler d'une manière intelligible; une chose dite entre eux peu clairement en entraînait une autre encore plus obscure, sur laquelle on enchérissait par de vraies énigmes, toujours suivies de longs applaudissements : par tout ce qu'ils appelaient délicatesse, sentiments, tour et finesse d'expression, ils étaient enfin parvenus à n'être plus entendus et à ne s'entendre pas eux-mêmes. Il ne fallait, pour fournir à ces entretiens, ni bon sens, ni jugement, ni mémoire, ni la moindre capacité; il fallait de l'esprit, non pas du meilleur, mais de celui qui est faux, et où l'imagination a trop de part.

⁂ Je le sais, *Théobalde* [2], vous êtes vieilli; mais voudriez-vous que je crusse que vous êtes baissé, que vous n'êtes plus poëte ni bel esprit, que vous êtes présentement aussi mauvais juge de tout genre d'ouvrage que méchant auteur, que vous n'avez plus rien de naïf et de délicat dans la conversation? Votre air libre et présomptueux me rassure, et me persuade tout le contraire. Vous êtes donc aujourd'hui tout ce que vous fûtes jamais, et peut-être meilleur : car, si à votre âge vous êtes si vif et si impétueux, quel nom, Théobalde, fallait-il vous donner dans votre jeunesse, et lorsque vous étiez la *coqueluche* ou l'entêtement de certaines

---

[1] L'hôtel de Rambouillet, où se rassemblaient les Précieuses.
[2] Boursault ou Benserade, la Bruyère réunit sous ce même nom de *Théobalde* tous ses détracteurs pour leur répondre, dans la préface de son *Discours à l'Académie*.

femmes qui ne juraient que par vous et sur votre parole, qui disaient : *Cela est délicieux; qu'a-t-il dit?*

↳ L'on parle impétueusement dans les entretiens, souvent par vanité ou par humeur, rarement avec assez d'attention : tout occupé du désir de répondre à ce qu'on n'écoute point, l'on suit ses idées, et on les explique sans le moindre égard pour les raisonnements d'autrui : l'on est bien éloigné de trouver ensemble la vérité, l'on n'est pas encore convenu de celle que l'on cherche. Qui pourrait écouter ces sortes de conversations et les écrire, ferait voir quelquefois de bonnes choses qui n'ont nulle suite.

↳ Il a régné pendant quelque temps une sorte de conversation fade et puérile, qui roulait toute sur des questions frivoles qui avaient relation au cœur et à ce qu'on appelle passion ou tendresse. La lecture de quelques romans les avait introduites parmi les plus honnêtes gens de la ville et de la cour; ils s'en sont défaits, et la bourgeoisie les a reçues, avec les pointes et les équivoques

↳ Quelques femmes de la ville ont la délicatesse de ne pas savoir ou de n'oser dire le nom des rues, des places, et de quelques endroits publics, qu'elles ne croient pas assez nobles pour être connus. Elles disent : *le Louvre, la Place-Royale;* mais elles usent de tours et de phrases plutôt que de prononcer de certains noms; et, s'ils leur échappent, c'est du moins avec quelque altération du mot, et après quelques façons qui les rassurent : en cela moins naturelles que les femmes de la cour, qui, ayant besoin, dans le discours, des *Halles,* du *Châtelet,* ou de choses semblables, disent : *les Halles, le Châtelet.*

↳ Si l'on feint quelquefois de ne se pas souvenir de certains noms que l'on croit obscurs, si l'on affecte de les corrompre en les prononçant, c'est par la bonne opinion qu'on a du sien.

↦ L'on dit par belle humeur, et dans la liberté de la conversation, de ces choses froides, qu'à la vérité l'on donne pour telles, et que l'on ne trouve bonnes que parce qu'elles sont extrêmement mauvaises. Cette manière basse de plaisanter a passé du peuple, à qui elle appartient, jusque dans une grande partie de la jeunesse de la cour, qu'elle a déjà infectée. Il est vrai qu'il y entre trop de fadeur et de grossièreté pour devoir craindre qu'elle s'étende plus loin, et qu'elle fasse de plus grands progrès dans un pays qui est le centre du bon goût et de la politesse : l'on doit cependant en inspirer le dégoût à ceux qui la pratiquent; car, bien que ce ne soit jamais sérieusement, elle ne laisse pas de tenir la place, dans leur esprit et dans le commerce ordinaire, de quelque chose de meilleur.

↦ Entre dire de mauvaises choses ou en dire de bonnes que tout le monde sait, et les donner pour nouvelles, je n'ai pas à choisir.

↦ *Lucain a dit une jolie chose; il y a un beau mot de Claudien; il y a cet endroit de Sénèque :* et là-dessus une longue suite de latin que l'on cite souvent devant des gens qui ne l'entendent pas, et qui feignent de l'entendre. Le secret serait d'avoir un grand sens et bien de l'esprit; car ou l'on se passerait des anciens, ou, après les avoir lus avec soin, l'on saurait encore choisir les meilleurs, et les citer à propos.

↦ *Hermagoras* ne sait pas qui est roi de Hongrie; il s'étonne de n'entendre faire aucune mention du roi de Bohême: ne lui parlez pas des guerres de Flandre et de Hollande, dispensez-le du moins de vous répondre; il confond les temps, il ignore quand elles ont commencé, quand elles ont fini; combats, siéges, tout lui est nouveau. Mais il est instruit de la guerre des géants, il en raconte le progrès et les moindres détails, rien ne lui est échappé; il débrouille de même l'horrible chaos des deux empires, le babylonien et l'assyrien ; il connaît à fond les Égyptiens et leurs dynasties. Il n'a jamais vu Versailles, il ne le verra point : il a presque vu la tour de Babel ; il en compte les degrés ; il sait combien d'architectes ont présidé à cet ouvrage ; il sait le nom des architectes. Dirai-je qu'il croit Henri IV[1] fils de Henri III ? Il néglige du moins de rien connaître aux maisons de France, d'Autriche et de Bavière : Quelles minuties ! dit-il ; pendant qu'il récite de mémoire toute une liste des rois des Mèdes ou de Babylone, et que les noms d'Apronal, d'Hérigebal, de Noesnemordach, de Mardokempad, lui sont aussi familiers qu'à nous ceux de Valois et de Bourbon. Il demande si l'empereur a jamais été marié ; mais personne ne lui apprendra que Ninus a eu deux femmes. On lui dit que le roi jouit d'une santé parfaite ; et il se souvient que Thetmosis, un roi d'Égypte, était valétudinaire, et qu'il tenait cette complexion de son aïeul Alipharmutosis. Que ne sait-il point ? Quelle chose lui est cachée de la vénérable antiquité ? Il vous dira que Sémiramis, ou, selon quelques-uns, Sérimaris, parlait comme son fils Ninyas ; qu'on ne les distinguait pas à la parole : si c'était parce que la mère avait une voix mâle comme son fils, ou le fils une voix efféminée comme sa mère, qu'il n'ose pas le décider. Il vous révélera que Nembrot était gaucher, et Sésostris ambidextre ; que c'est une erreur de s'imaginer qu'un Artaxerce ait été appelé Longuemain parce que les bras lui tombaient jusqu'aux genoux, et non à cause qu'il avait une main plus longue que l'autre ; et il ajoute qu'il y a des auteurs graves qui affirment que c'était la droite ; qu'il croit néanmoins être bien fondé à soutenir que c'est la gauche[2].

↳ Ascagne est statuaire, Hégion fondeur, Æschine foulon, et *Cydias* bel esprit : c'est sa profession ; il a une enseigne,

---

[1] Henri le Grand. (*Note de l'auteur.*)
[2] Perrault ou plutôt Fontenelle, qui se reconnut lui-même dans ce caractère.

un atelier, des ouvrages de commande, et des compagnons qui travaillent sous lui : il ne vous saurait rendre de plus d'un mois les stances qu'il vous a promises, s'il ne manque de parole à *Dosithée*, qui l'a engagé à faire une élégie : une idylle est sur le métier; c'est pour *Crantor*, qui le presse, et qui lui laisse espérer un riche salaire. Prose, vers, que voulez-vous? Il réussit également en l'un et en l'autre. Demandez-lui des lettres de consolation, ou sur une absence, il les entreprendra; prenez-les toutes faites, et entrez dans son magasin, il y a à choisir. Il a un ami qui n'a point d'autre fonction sur la terre que de le promettre longtemps à un certain monde, et de le présenter enfin dans les maisons comme homme rare et d'une exquise conversation; et là, ainsi que le musicien chante et que le joueur de luth touche son luth devant les personnes à qui il a été promis, Cydias, après avoir toussé, relevé sa manchette, étendu la main et ouvert les doigts, débite gravement ses pensées quintessenciées et ses raisonnements sophistiques. Différent de ceux qui, convenant de principes, et connaissant la raison ou la vérité qui est une, s'arrachent la parole l'un à l'autre pour s'accorder sur leurs sentiments, il n'ouvre la bouche que pour contredire : *Il me semble*, dit-il gracieusement, *que c'est tout le contraire de ce que vous dites*; ou : *Je ne saurais être de votre opinion*; ou bien : *Ç'a été autrefois mon entêtement, comme il est le vôtre; mais... il y a trois choses,* ajoute-t-il, *à considérer...*, et il en ajoute une quatrième : fade discoureur, qui n'a pas mis plutôt le pied dans une assemblée, qu'il cherche quelques femmes auprès de qui il puisse s'insinuer, se parer de son bel esprit ou de sa philosophie, et mettre en œuvre ses rares conceptions : car, soit qu'il parle ou qu'il écrive, il ne doit pas être soupçonné d'avoir en vue ni le vrai ni le faux, ni le raisonnable ni le ridicule; il évite uniquement de donner dans le sens des autres, et d'être de l'avis de quelqu'un : aussi attend-il dans un cercle que chacun se soit expliqué sur le sujet qui s'est offert, ou souvent qu'il a amené lui-même, pour dire dogmatiquement des choses toutes nouvelles, mais à son gré décisives et sans réplique. Cydias s'égale à Lucien et à Sénèque [1], se met au-dessus de Platon, de Virgile et de Théocrite; et son flatteur a soin de le confirmer tous les matins dans cette opinion. Uni de goût et d'intérêt avec les contempteurs d'Homère, il attend paisiblement que les hommes détrompés lui préfèrent les poëtes modernes : il se met en ce cas à la tête de ces derniers, et il sait à qui il adjuge la seconde place. C'est, en un mot, un composé du pédant et du précieux, fait pour être admiré de la bourgeoisie et de la province, en qui néanmoins on n'aperçoit rien de grand que l'opinion qu'il a de lui-même.

↦ C'est la profonde ignorance qui inspire le ton dogmatique. Celui qui ne sait rien croit enseigner aux autres ce qu'il vient d'apprendre lui-même; celui qui sait beaucoup pense à peine que ce qu'il dit puisse être ignoré, et parle plus indifféremment.

↦ Les plus grandes choses n'ont besoin que d'être dites simplement; elles se gâtent par l'emphase. Il faut dire noblement les plus petites; elles ne se soutiennent que par l'expression, le ton et la manière.

↦ Il me semble que l'on dit les choses encore plus finement qu'on ne peut les écrire.

↦ Il n'y a guère qu'une naissance honnête, ou qu'une bonne éducation, qui rende les hommes capables de secret.

↦ Toute confiance est dangereuse si elle n'est entière : il y a peu de conjonctures où il ne faille tout dire ou tout cacher. On a déjà trop dit de son secret à celui à qui l'on croit devoir en dérober une circonstance.

---

[1] Philosophe et poëte tragique. (*Note de l'auteur.*)

↦ Des gens vous promettent le secret, et ils le révèlent eux-mêmes, et à leur insu; ils ne remuent pas les lèvres, et on les entend; on lit sur leur front et dans leurs yeux; on voit au travers de leur poitrine; ils sont transparents. D'autres ne disent pas précisément une chose qui leur a été confiée; mais ils parlent et agissent de manière qu'on la découvre de soi-même. Enfin quelques-uns méprisent votre secret, de quelque conséquence qu'il puisse être : *C'est un mystère, un tel m'en a fait part, et m'a défendu de le dire;* et ils le disent.

Toute révélation d'un secret est la faute de celui qui l'a confié.

↦ *Nicandre* s'entretient avec *Élise* de la manière douce et complaisante dont il a vécu avec sa femme, depuis le jour qu'il en fit le choix jusques à sa mort : il a déjà dit qu'il regrette qu'elle ne lui ait pas laissé des enfants, et il le répète : il parle des maisons qu'il a à la ville, et bientôt d'une terre qu'il a à la campagne; il calcule le revenu qu'elle lui rapporte; il fait le plan des bâtiments, en décrit la situation, exagère la commodité des appartements, ainsi que la richesse et la propreté des meubles; il assure qu'il aime la bonne chère, les équipages : il se plaint que sa femme n'aimait point assez le jeu et la société. Vous êtes si riche, lui disait l'un de ses amis, que n'achetez-vous cette charge ? pourquoi ne pas faire cette acquisition qui étendrait votre domaine? On me croit, ajoute-t-il, plus de bien que je n'en possède. — Il n'oublie pas son extraction et ses alliances : *Monsieur le Surintendant, qui est mon cousin; madame la Chancelière, qui est ma parente;* voilà son style. Il raconte un fait qui prouve le mécontentement qu'il doit avoir de ses plus proches, et de ceux mêmes qui sont ses héritiers : Ai-je tort? dit-il à Élise; ai-je grand sujet de leur vouloir du bien? et il l'en fait juge. Il insinue ensuite qu'il a une santé faible et languissante, et il parle de la cave où il doit être enterré. Il est insinuant, flatteur, officieux, à l'égard de tous ceux qu'il trouve auprès de la personne à qui il aspire. Mais Élise n'a pas le courage d'être riche en l'épousant. On annonce, au moment qu'il parle, un cavalier qui, de sa seule présence, démonte la batterie de l'homme de ville : il se lève déconcerté et chagrin, et va dire ailleurs qu'il veut se remarier.

↦ Le sage quelquefois évite le monde, de peur d'être ennuyé.

DES BIENS DE FORTUNE.

Un homme fort riche peut manger des entremets, faire peindre ses lambris et ses alcôves, jouir d'un palais à la campagne et d'un autre à la ville, avoir un grand équipage, mettre un duc dans sa famille, et faire de son fils un grand seigneur : cela est juste et de son ressort; mais il appartient peut-être à d'autres de vivre contents.

↦ Une grande naissance ou une grande fortune annonce le mérite, et le fait plus tôt remarquer.

↦ Ce qui disculpe le fat ambitieux de son ambition est le soin que l'on prend, s'il a fait une grande fortune, de lui trouver un mérite qu'il n'a jamais eu, et aussi grand qu'il croit l'avoir.

↦ A mesure que la faveur et les grands biens se retirent d'un homme, ils laissent voir en lui le ridicule qu'ils couvraient, et qui y était sans que personne s'en aperçût.

↦ Si l'on ne le voyait de ses yeux, pourrait-on jamais s'imaginer l'étrange disproportion que le plus ou le moins de pièces de monnaie met entre les hommes?

Ce plus ou ce moins détermine à l'épée, à la robe, ou à l'Église : il n'y a presque point d'autre vocation.

⊱ Deux marchands étaient voisins, et faisaient le même commerce, qui ont eu dans la suite une fortune toute différente. Ils avaient chacun une fille unique ; elles ont été nourries ensemble, et ont vécu dans cette familiarité que donnent un même âge et une même condition : l'une des deux, pour se tirer d'une extrême misère, cherche à se placer ; elle entre au service d'une fort grande dame et l'une des premières de la cour, chez sa compagne.

⊱ Si le financier manque son coup, les courtisans disent de lui : C'est un bourgeois, un homme de rien, un malotru ; s'il réussit, ils lui demandent sa fille.

⊱ Quelques-uns[1] ont fait dans leur jeunesse l'apprentissage d'un certain métier, pour en exercer un autre, et fort différent, le reste de leur vie.

⊱ Un homme est laid[2], de petite taille, et a peu d'esprit ; l'on me dit à l'oreille : Il a 50,000 livres de rente. Cela le concerne tout seul, et il ne m'en fera jamais ni pis ni mieux. Si je commence à le regarder avec d'autres yeux, et si je ne suis pas maître de faire autrement, quelle sottise !

⊱ Un projet assez vain serait de vouloir tourner un homme fort sot et fort riche en ridicule ; les rieurs sont de son côté.

⊱ N**, avec un portier rustre, farouche, tirant sur le Suisse, avec un vestibule et une antichambre, pour peu

---

[1] Les *partisans*, dont quelques-uns avaient commencé par être laquais. On appelait *partisans* ceux qui avaient fait avec le roi un traité ou *parti* pour des affaires de finance, ou qui avaient pris à ferme les impôts. Leurs exactions de tous genres les avaient rendus odieux. Leurs immenses fortunes étaient suivies le plus souvent de la honte et de la ruine.

[2] Le duc de Ventadour

qu'il y fasse languir quelqu'un et se morfondre, qu'il paraisse enfin avec une mine grave et une démarche mesurée, qu'il écoute un peu et ne reconduise point; quelque subalterne qu'il soit d'ailleurs, il fera sentir de lui-même quelque chose qui approche de la considération.

↦ Je vais, *Clitiphon*[1], à votre porte; le besoin que j'ai de vous me chasse de mon lit et de ma chambre : plût aux dieux que je ne fusse ni votre client ni votre fâcheux! Vos esclaves me disent que vous êtes enfermé, et que vous ne pouvez m'écouter que d'une heure entière. Je reviens avant le temps qu'ils m'ont marqué, et ils me disent que vous êtes sorti. Que faites-vous, Clitiphon, dans cet endroit le plus reculé de votre appartement, de si laborieux, qui vous empêche de m'entendre? Vous enfilez quelques mémoires, vous collationnez un registre, vous signez, vous paraphez. Je n'avais qu'une chose à vous demander, et vous n'aviez qu'un mot à me répondre, oui, ou non. Voulez-vous être rare? Rendez service à ceux qui dépendent de vous : vous le serez davantage par cette conduite que par ne vous pas laisser voir. O homme important et chargé d'affaires, qui, à votre tour, avez besoin de mes offices, venez dans la solitude de mon cabinet : le philosophe est accessible; je ne vous remettrai point à un autre jour. Vous me trouverez sur les livres de Platon qui traitent de la spiritualité de l'âme et de sa distinction d'avec le corps, ou la plume à la main pour calculer les distances de Saturne et de Jupiter : j'admire Dieu dans ses ouvrages, et je cherche, par la connaissance de la vérité, à régler mon esprit et devenir meilleur. Entrez, toutes les portes vous sont ouvertes; mon antichambre n'est pas faite pour s'y ennuyer en m'attendant; passez jusqu'à moi sans me faire avertir. Vous m'apportez quelque chose de plus précieux que l'argent et l'or, si c'est

[1] Le Camus, lieutenant civil. Il avait pris pour ses armes le Pélican qui servait d'enseigne à son grand-père marchand rue Saint-Denis.

une occasion de vous obliger. Parlez, que voulez-vous que je fasse pour vous? Faut-il quitter mes livres, mes études, mon ouvrage, cette ligne qui est commencée? Quelle interruption heureuse pour moi que celle qui vous est utile! Le manieur d'argent, l'homme d'affaires, est un ours qu'on ne saurait apprivoiser; on ne le voit dans sa loge qu'avec peine : que dis-je? on ne le voit point; car d'abord on ne le voit pas encore, et bientôt on ne le voit plus. L'homme de lettres, au contraire, est trivial comme une borne au coin des places; il est vu de tous, et à toute heure, et en tous états, à table, au lit, nu, habillé, sain ou malade; il ne peut être important, et il ne le veut point être.

↦ N'envions point à une sorte de gens leurs grandes richesses; ils les ont à titre onéreux, et qui ne nous accommoderait point : ils ont mis leur repos, leur santé, leur honneur et leur conscience pour les avoir; cela est trop cher et il n'y a rien à gagner à un tel marché.

↦ Les P. T. S.[1] nous font sentir toutes les passions l'une après l'autre : l'on commence par le mépris, à cause de leur obscurité; on les envie ensuite, on les hait, on les craint, on les estime quelquefois, et on les respecte; l'on vit assez pour finir à leur égard par la compassion.

↦ *Sosie*, de la livrée, a passé, par une petite recette, à une sous-ferme; et par les concussions, la violence, et l'abus qu'il a fait de ses *pouvoirs*, il s'est enfin, sur les ruines de plusieurs familles, élevé à quelque grade. Devenu noble par une charge, il ne lui manquait que d'être homme de bien : une place de marguillier a fait ce prodige.

---

[1] C'est sous le voile assez transparent de ces trois lettres que la Bruyère avait jugé à propos de cacher le nom de *partisans*, que les éditeurs venus après lui ont écrit en entier. On ne peut pas croire que ce fût de sa part un ménagement pour les partisans de son temps, puisque ailleurs il les nomme en toutes lettres. Il ne voulait peut-être que procurer à ses lecteurs le petit plaisir de deviner cette espèce d'énigme. (*Note d'Auger.*)

↦ *Arfure* cheminait seule et à pied vers le grand portique de Saint**, entendait de loin le sermon d'un carme ou d'un docteur qu'elle ne voyait qu'obliquement, et dont elle perdait bien des paroles. Sa vertu était obscure, et sa dévotion connue comme sa personne. Son mari est entré dans le *huitième denier*[1] : quelle monstrueuse fortune en moins de six années! Elle n'arrive à l'église que dans un char; on lui porte une lourde queue; l'orateur s'interrompt pendant qu'elle se place, elle le voit de front, n'en perd pas une seule parole ni le moindre geste; il y a une brigue entre les prêtres pour la confesser; tous veulent l'absoudre, et le curé l'emporte.

↦ L'on porte *Crésus*[2] au cimetière : de toutes ses immenses richesses, que le vol et la concussion lui avaient acquises, et qu'il a épuisées par le luxe et par la bonne chère, il ne lui est pas demeuré de quoi se faire enterrer; il est mort insolvable, sans biens, et ainsi privé de tous les secours. L'on n'a vu chez lui ni julep, ni cordiaux, ni médecins, ni le moindre docteur qui l'ait assuré de son salut.

↦ *Champagne*, au sortir d'un long dîner qui lui enfle l'estomac, et dans les douces fumées d'un vin d'Avenay ou de Sillery, signe un ordre qu'on lui présente, qui ôterait le pain à toute une province, si l'on n'y remédiait. Il est excusable : quel moyen de comprendre, dans la première heure de la digestion, qu'on puisse quelque part mourir de faim?

---

[1] Droit prélevé tous les trente ans sur les engagistes des domaines aliénés de l'Église pour leur en confirmer la jouissance.

[2] *Crésus* est de Guénégaud, fameux partisan du temps du surintendant Fouquet, que l'on tenait riche de plus de quatre millions. Il fut taxé à la chambre de justice en 1666, et mourut malheureux dans un grenier. — Monnerot eut à peu près même fortune; il mourut prisonnier au Châtelet, pour avoir refusé de payer une taxe de deux millions, à laquelle il avait été condamné pour ses exactions. Il y faisait grande dépense, et laissa des biens considérables à ses enfants.

↳ *Sylvain*[1], de ses deniers, a acquis de la naissance et un autre nom ; il est seigneur de la paroisse où ses aïeuls payaient la taille : il n'aurait pu autrefois entrer page chez *Cléobule*, et il est son gendre.

↳ *Dorus* passe en litière par la voie *Appienne*, précédé de ses affranchis et de ses esclaves, qui détournent le peuple et font faire place ; il ne lui manque que des licteurs ; il entre à *Rome* avec ce cortége, où il semble triompher de la bassesse et de la pauvreté de son père *Sanga*.

↳ On ne peut mieux user de sa fortune que fait *Périandre*[2] : elle lui donne du rang, du crédit, de l'autorité ; déjà on ne le prie plus d'accorder son amitié, on implore sa protection. Il a commencé par dire de soi-même : *un homme de ma sorte* ; il passe à dire : *un homme de ma qualité*. Il se donne pour tel ; et il n'y a personne de ceux à qui il prête de l'argent, ou qu'il reçoit à sa table, qui est délicate, qui veuille s'y opposer. Sa demeure est superbe ; un dorique règne dans tous ses dehors ; ce n'est pas une porte, c'est un portique. Est-ce la maison d'un particulier, est-ce un temple ? le peuple s'y trompe. Il est le seigneur dominant de tout le quartier. C'est lui que l'on envie, et dont on voudrait voir la chute ; c'est lui dont la femme, par son collier de perles, s'est fait des ennemies de toutes les dames du voisinage. Tout se soutient dans cet homme ; rien encore ne se dément dans cette grandeur qu'il a acquise ; dont il ne doit rien, qu'il a payée. Que son père, si vieux et si caduc, n'est-il mort il y a vingt ans et avant qu'il se fît dans le monde aucune mention de Périandre ! Comment pourra-t-il soutenir ces odieuses pancartes[3] qui déchiffrent

---

[1] Le partisan Gorge, devenu marquis d'Antragues ; Boileau en parle dans sa première satire, et lui donne le nom de George. *Cléobule* est le marquis de Valencey, dont Gorge épousa la fille.

[2] De Langlée, « homme de rien, » qui gagna au jeu, dit Saint-Simon, un bien immense.

[3] Billets d'enterrement. (*Note de l'auteur.*)

les conditions, et qui souvent font rougir la veuve et les héritiers? Les supprimera-t-il aux yeux de toute une ville jalouse, maligne, clairvoyante, et aux dépens de mille gens qui veulent absolument aller tenir leur rang à des obsèques? Veut-on d'ailleurs qu'il fasse de son père un *Noble homme,* et peut-être un *Honorable homme,* lui qui est *Messire?*

➻ Combien d'hommes ressemblent à ces arbres déjà forts et avancés que l'on transplante dans les jardins, où ils surprennent les yeux de ceux qui les voient placés dans de beaux endroits où ils ne les ont point vus croître, et qui ne connaissent ni leurs commencements ni leurs progrès!

➻ Si certains morts revenaient au monde, et s'ils voyaient leurs grands noms portés et leurs terres les mieux titrées, avec leurs châteaux et leurs maisons antiques, possédées par des gens dont les pères étaient peut-être leurs métayers, quelle opinion pourraient-ils avoir de notre siècle?

➻ Rien ne fait mieux comprendre le peu de chose que Dieu croit donner aux hommes en leur abandonnant les richesses, l'argent, les grands établissements et les autres biens, que la dispensation qu'il en fait, et le genre d'hommes qui en sont le mieux pourvus.

➻ Si vous entrez dans les cuisines, où l'on voit réduit en art et en méthode le secret de flatter votre goût et de vous faire manger au-delà du nécessaire; si vous examinez en détail tous les apprêts des viandes qui doivent composer le festin que l'on vous prépare, si vous regardez par quelles mains elles passent, et toutes les formes différentes qu'elles prennent avant de devenir un mets exquis, et d'arriver à cette propreté et à cette élégance qui charment vos yeux, vous font hésiter sur le choix, et prendre le parti d'essayer de tout; si vous voyez tout le repas ailleurs que sur une table bien servie, quelles saletés! quel dégoût! Si vous allez derrière un théâtre, et si vous nombrez les poids, les roues, les cordages, qui font les vols et les machines; si vous considérez combien de gens entrent dans l'exécution de ces mouvements, quelle force de bras, et quelle extension de nerfs ils y emploient, vous direz : Sont-ce là les principes et les ressorts de ce spectacle si beau, si naturel, qui paraît animé et agir de soi-même? vous vous récrierez : Quels efforts! quelle violence! De même n'approfondissez pas la fortune des partisans.

↳ Ce garçon si frais, si fleuri, et d'une si belle santé, est seigneur d'une abbaye et de dix autres bénéfices [1] : tous ensemble lui rapportent six vingt mille livres de revenu, dont il n'est payé qu'en médailles d'or. Il y a ailleurs six vingts familles indigentes qui ne se chauffent point pendant l'hiver, qui n'ont point d'habits pour se couvrir, et qui souvent manquent de pain; leur pauvreté est extrême et honteuse. Quel partage! Et cela ne prouve-t-il pas clairement un avenir?

↳ *Chrysippe,* homme nouveau, et le premier noble de sa race, aspirait, il y a trente années, à se voir un jour 2,000 livres de rente pour tout bien : c'était là le comble de ses souhaits et sa plus haute ambition; il l'a dit ainsi, et on s'en souvient. Il arrive, je ne sais pas par quels chemins, jusques à donner en revenu à l'une de ses filles, pour sa dot, ce qu'il désirait lui-même d'avoir en fonds pour toute fortune pendant sa vie. Une pareille somme est comptée dans ses coffres pour chacun de ses autres enfants qu'il doit pourvoir, et il a un grand nombre d'enfants : ce n'est qu'en avancement d'hoirie; il y a d'autres biens à espérer après sa mort. Il vit encore, quoique assez avancé en âge, et il use le reste de ses jours à travailler pour s'enrichir.

↳ Laissez faire *Ergaste,* et il exigera un droit de tous ceux qui boivent de l'eau de la rivière, ou qui marchent

---

[1] Le Tellier, archevêque de Reims.

sur la terme ferme : il sait convertir en or jusques aux roseaux, aux joncs et à l'ortie. Il écoute tous les avis, et propose tous ceux qu'il a écoutés. Le prince ne donne aux autres qu'aux dépens d'Ergaste, et ne leur fait de grâces que celles qui lui étaient dues. C'est une faim insatiable d'avoir et de posséder ; il trafiquerait des arts et des sciences, et mettrait en parti jusques à l'harmonie. Il faudrait, s'il en était cru, que le peuple, pour avoir le plaisir de le voir riche, de lui voir une meute et une écurie, pût perdre le souvenir de la musique d'*Orphée*[1], et se contenter de la sienne.

↦ Ne traitez pas avec *Criton*[2] : il n'est touché que de ses seuls avantages. Le piége est tout dressé à ceux à qui sa charge, sa terre, ou ce qu'il possède, feront envie : il vous imposera des conditions extravagantes. Il n'y a nul ménagement et nulle composition à attendre d'un homme si plein de ses intérêts et si ennemi des vôtres ; il lui faut une dupe.

↦ *Brontin*[3], dit le peuple, fait des retraites, et s'enferme huit jours avec des saints : ils ont leurs méditations, et il a les siennes.

↦ Le peuple souvent a le plaisir de la tragédie ; il voit périr sur le théâtre du monde les personnages les plus odieux, qui ont fait le plus de mal dans diverses scènes, et qu'il a le plus haïs.

↦ Si l'on partage la vie des P. T. S. en deux portions égales, la première, vive et agissante, est tout occupée à vouloir affliger le peuple ; et la seconde, voisine de la mort, à se déceler et à se ruiner les uns les autres.

↦ Cet homme qui a fait la fortune de plusieurs, qui a fait la vôtre, n'a pu soutenir la sienne, ni assurer avant sa

---

[1] *Orfeo et Euridice*, musique de Monteverde, joué en 1647.
[2] Berrier, commis de Colbert.
[3] De Pontchartrain.

mort celle de sa femme et de ses enfants : ils vivent cachés et malheureux. Quelque bien instruit que vous soyez de la misère de leur condition, vous ne pensez pas à l'adoucir ; vous ne le pouvez pas en effet, vous tenez table, vous bâtissez ; mais vous conservez par reconnaissance le portrait de votre bienfacteur [1], qui a passé, à la vérité, du cabinet à l'antichambre : quels égards ! il pouvait aller au garde-meuble.

↳ Il y a une dureté de complexion ; il y en a une autre de condition et d'état. L'on tire de celle-ci, comme de la première, de quoi s'endurcir sur la misère des autres, dirai-je même de quoi ne pas plaindre les malheurs de sa famille ? Un bon financier ne pleure ni ses amis, ni sa femme, ni ses enfants.

↳ Fuyez [2], retirez-vous ; vous n'êtes pas assez loin. Je suis, dites-vous, sous l'autre tropique. Passez sous le pôle et dans l'autre hémisphère ; montez aux étoiles, si vous le pouvez. M'y voilà. Fort bien, vous êtes en sûreté. Je découvre sur la terre un homme avide [3], insatiable, inexorable, qui veut, aux dépens de tout ce qui se trouvera sur son chemin et à sa rencontre et quoi qu'il en puisse coûter aux autres, pourvoir à lui seul grossir sa fortune, et regorger de bien.

↳ Faire fortune est une si belle phrase, et qui dit une si bonne chose, qu'elle est d'un usage universel : on la reconnaît dans toutes les langues ; elle plaît aux étrangers et aux barbares ; elle règne à la cour et à la ville ; elle a percé les cloîtres et franchi les murs des abbayes de l'un et de l'autre sexe : il n'y a point de lieux sacrés où elle n'ait pénétré, point de désert ni de solitude où elle soit inconnue.

---

[1] Vaugelas s'était déclaré pour *bienfaiteur*, mais le *Dictionnaire de l'Académie* de 1694 portait : *Bienfacteur, Bienfactrice*.

[2] De Pontchartrain.

[3] Louvois.

↦ A force de faire de nouveaux contrats, ou de sentir son argent grossir dans ses coffres, on se croit enfin une bonne tête, et presque capable de gouverner.

↦ Il faut une sorte d'esprit pour faire fortune, et surtout une grande fortune : ce n'est ni le bon, ni le bel esprit; ni le grand, ni le sublime, ni le fort, ni le délicat; je ne sais précisément lequel c'est, et j'attends que quelqu'un veuille m'en instruire.

Il faut moins d'esprit que d'habitude ou d'expérience pour faire sa fortune; l'on y songe trop tard, et quand enfin l'on s'en avise, l'on commence par des fautes que l'on n'a pas toujours le loisir de réparer : de là vient peut-être que les fortunes sont si rares.

Un homme d'un petit génie peut vouloir s'avancer : il néglige tout; il ne pense du matin au soir, il ne rêve la nuit, qu'à une seule chose, qui est de s'avancer. Il a commencé de bonne heure, et dès son adolescence, à se mettre dans les voies de la fortune : s'il trouve une barrière de front qui ferme son passage, il biaise naturellement, et va à droit ou à gauche, selon qu'il y voit de jour et d'apparence; et si de nouveaux obstacles l'arrêtent, il rentre dans le sentier qu'il avait quitté. Il est déterminé, par la nature des difficultés, tantôt à les surmonter, tantôt à les éviter, ou à prendre d'autres mesures; son intérêt, l'usage, les conjonctures, le dirigent. Faut-il de si grands talents et une si bonne tête à un voyageur pour suivre d'abord le grand chemin, et, s'il est plein et embarrassé, prendre la terre, et aller à travers champs, puis regagner sa première route, la continuer, arriver à son terme? Faut-il tant d'esprit pour aller à ses fins? Est-ce donc un prodige qu'un sot riche et accrédité?

Il y a même des stupides, et j'ose dire des imbéciles, qui se placent en de beaux postes, et qui savent mourir dans l'opulence, sans qu'on les doive soupçonner en nulle manière d'y avoir contribué de leur travail ou de la moindre in dustrie ; quelqu'un les a conduits à la source d'un fleuve, ou bien le hasard seul les y a fait rencontrer ; on leur a dit : Voulez-vous de l'eau ? puisez ; et ils ont puisé.

↦ Quand on est jeune, souvent on est pauvre : ou l'on n'a pas encore fait d'acquisitions, ou les successions ne sont pas échues. L'on devient riche et vieux en même temps ; tant il est rare que les hommes puissent réunir tous leurs avantages ! et si cela arrive à quelques-uns, il n'y a pas de quoi leur porter envie : ils ont assez à perdre par la mort pour mériter d'être plaints.

↦ Il faut avoir trente ans pour songer à sa fortune ; elle n'est pas faite à cinquante : l'on bâtit dans sa vieillesse, et l'on meurt quand on en est aux peintres et aux vitriers.

↦ Quel est le fruit d'une grande fortune, si ce n'est de jouir de la vanité, de l'industrie, du travail et de la dépense de ceux qui sont venus avant nous, et de travailler nous-mêmes, de planter, de bâtir, d'acquérir pour la postérité ?

↦ L'on ouvre et l'on étale tous les matins pour tromper son monde ; et l'on ferme le soir après avoir trompé tout le jour.

↦ Le marchand fait des montres pour donner de sa marchandise ce qu'il y a de pire ; il a le cati et les faux jours afin d'en cacher les défauts, et qu'elle paraisse bonne ; il la surfait pour la vendre plus cher qu'elle ne vaut ; il a des marques fausses et mystérieuses, afin qu'on croie n'en donner que son prix ; un mauvais aunage pour en livrer le moins qu'il se peut ; et il a un trébuchet, afin que celui à qui il l'a livrée la lui paie en or qui soit de poids.

↦ Dans toutes les conditions, le pauvre est bien proche de l'homme de bien, et l'opulent n'est guère éloigné de la friponnerie. Le savoir faire et l'habileté ne mènent pas jusques aux énormes richesses.

L'on peut s'enrichir dans quelque art, ou dans quelque

commerce que ce soit, par l'ostentation d'une certaine probité.

↦ De tous les moyens de faire sa fortune, le plus court et le meilleur est de mettre les gens à voir clairement leurs intérêts à vous faire du bien.

↦ Les hommes pressés par les besoins de la vie, et quelquefois par le désir du gain ou de la gloire, cultivent des talents profanes, ou s'engagent dans des professions équivoques, et dont ils se cachent longtemps à eux-mêmes le péril et les conséquences; ils les quittent ensuite par une dévotion discrète, qui ne leur vient jamais qu'après qu'ils ont fait leur récolte, et qu'ils jouissent d'une fortune bien établie.

↦ Il y a des misères sur la terre qui saisissent le cœur. Il manque à quelques-uns jusqu'aux aliments; ils redoutent l'hiver, ils appréhendent de vivre. L'on mange ailleurs des fruits précoces ; l'on force la terre et les saisons pour fournir à sa délicatesse : de simples bourgeois, seulement à cause qu'ils étaient riches, ont eu l'audace d'avaler en un seul morceau la nourriture de cent familles. Tienne qui voudra contre de si grandes extrémités; je ne veux etre, si je le puis, ni malheureux ni heureux; je me jette et me réfugie dans la médiocrité.

↦ On sait que les pauvres sont chagrins de ce que tout leur manque, et que personne ne les soulage; mais s'il est vrai que les riches soient colères, c'est de ce que la moindre chose puisse leur manquer, ou que quelqu'un veuille leur résister.

↦ Celui-là est riche, qui reçoit plus qu'il ne consume; celui-là est pauvre, dont la dépense excède la recette.

Tel, avec deux millions de rente [1], peut être pauvre chaque année de 500,000 livres.

[1] De Seignelay.

Il n'y a rien qui se soutienne plus longtemps qu'une médiocre fortune; il n'y a rien dont on voie mieux la fin que d'une grande fortune.

L'occasion prochaine de la pauvreté, c'est de grandes richesses.

S'il est vrai que l'on soit riche de tout ce dont on n'a pas besoin, un homme fort riche, c'est un homme qui est sage.

S'il est vrai que l'on soit pauvre par toutes les choses que l'on désire, l'ambitieux et l'avare languissent dans une extrême pauvreté.

↦ Les passions tyrannisent l'homme; et l'ambition suspend en lui les autres passions, et lui donne pour un temps les apparences de toutes les vertus. Ce *Triphon* qui a tous les vices, je l'ai cru sobre, chaste, libéral, humble et même dévot : je le croirais encore, s'il n'eût enfin fait sa fortune.

↦ L'on ne se rend point sur le désir de posséder et de s'agrandir : la bile gagne, et la mort approche, qu'avec un visage flétri et des jambes déjà faibles, l'on dit : *Ma fortune, mon établissement.*

↦ Il n'y a au monde que deux manières de s'élever, ou par sa propre industrie, ou par l'imbécillité des autres.

↦ Les traits découvrent la complexion et les mœurs; mais la mine désigne les biens de fortune : le plus ou le moins de 1,000 livres de rente se trouve écrit sur les visages.

↦ *Chrysante*, homme opulent et impertinent, ne veut pas être vu avec *Eugène*, qui est homme de mérite, mais pauvre; il croirait en être déshonoré. Eugène est pour Chrysante dans les mêmes dispositions : ils ne courent pas risque de se heurter.

↦ Quand je vois de certaines gens, qui me prévenaient autrefois par leurs civilités, attendre au contraire que je les salue, et en être avec moi sur le plus ou sur le moins, je dis en moi-même : Fort bien, j'en suis ravi ; tant mieux pour eux : vous verrez que cet homme-ci est mieux logé, mieux meublé et mieux nourri qu'à l'ordinaire ; qu'il sera entré depuis quelques mois dans quelque affaire, où il aura déjà fait un gain raisonnable. Dieu veuille qu'il en vienne dans peu de temps jusqu'à me mépriser !

↦ Si les pensées, les livres et leurs auteurs dépendaient des riches et de ceux qui ont fait une belle fortune, quelle proscription ! Il n'y aurait plus de rappel. Quel ton, quel ascendant ne prennent-ils pas sur les savants ! Quelle majesté n'observent-ils pas à l'égard de ces hommes *chétifs*, que leur mérite n'a ni placés ni enrichis, et qui en sont encore à penser et à écrire judicieusement ! Il faut l'avouer, le présent est pour les riches, et l'avenir pour les vertueux et les habiles. Homère est encore et sera toujours : les receveurs de droits, les publicains ne sont plus ; ont-ils été ? leur patrie, leurs noms, sont-ils connus ? y a-t-il eu dans la Grèce des partisans ? Que sont devenus ces importants personnages qui méprisaient Homère, qui ne songeaient dans la place qu'à l'éviter, qui ne lui rendaient pas le salut, ou qui le saluaient par son nom, qui ne daignaient pas l'associer à leur table, qui le regardaient comme un homme qui n'était pas riche, et qui faisait un livre ? Que deviendront les *Fauconnets*[1] ? iront-ils aussi loin dans la postérité que Descartes, *né Français et mort en Suède ?*

↦ Du même fond d'orgueil dont l'on s'élève fièrement au-dessus de ses inférieurs, l'on rampe vilement devant ceux qui sont au-dessus de soi. C'est le propre de ce vice, qui n'est fondé ni sur le mérite personnel ni sur la vertu, mais sur les richesses, les postes, le crédit, et sur de vaines sciences, de nous porter également à mépriser ceux qui ont

---

[1] Il y avait un bail des fermes sous ce nom.

moins que nous de cette espèce de biens, et à estimer trop ceux qui en ont une mesure qui excède la nôtre.

⤞ Il y a des âmes sales, pétries de boue et d'ordure, éprises du gain et de l'intérêt, comme les belles âmes le sont de la gloire et de la vertu; capables d'une seule volupté, qui est celle d'acquérir ou de ne point perdre; curieuses et avides du denier dix; uniquement occupées de leurs débiteurs; toujours inquiètes sur le rabais ou sur le décri des monnaies; enfoncées et comme abîmées dans les contrats, les titres et les parchemins. De telles gens ne sont ni parents, ni amis, ni citoyens, ni chrétiens, ni peut-être des hommes : ils ont de l'argent.

⤞ Commençons par excepter ces âmes nobles et courageuses, s'il en reste encore sur la terre, secourables, ingénieuses à faire du bien, que nuls besoins, nulle disproportion, nuls artifices, ne peuvent séparer de ceux qu'ils se sont une fois choisis pour amis; et, après cette précaution, disons hardiment une chose triste et douloureuse à imaginer : Il n'y a personne au monde si bien lié avec nous de société et de bienveillance, qui nous aime, qui nous goûte, qui nous fait mille offres de services, et qui nous sert quelquefois, qui n'ait en soi, par l'attachement à son intérêt, des dispositions très-proches à rompre avec nous, et à devenir notre ennemi.

⤞ Pendant qu'*Oronte* augmente, avec ses années, son fonds et ses revenus, une fille naît dans quelque famille, s'élève, croît, s'embellit, et entre dans sa seizième année. Il se fait prier à cinquante ans pour l'épouser, jeune, belle, spirituelle : cet homme sans naissance, sans esprit et sans le moindre mérite, est préféré à tous ses rivaux.

⤞ Le mariage, qui devrait être à l'homme une source de tous les biens, lui est souvent, par la disposition de sa fortune, un lourd fardeau sous lequel il succombe : c'est alors qu'une femme et des enfants sont une violente tentation à la fraude, au mensonge, et aux gains illicites; il se trouve entre la friponnerie et l'indigence : étrange situation !

Épouser une veuve, en bon français, signifie faire sa fortune; il n'opère pas toujours ce qu'il signifie.

↦ Celui qui n'a de partage avec ses frères que pour vivre à l'aise bon praticien [1] veut être officier; le simple officier se fait magistrat, et le magistrat veut présider : et ainsi de toutes les conditions, où les hommes languissent serrés et indigents, après avoir tenté au-delà de leur fortune, et forcé, pour ainsi dire, leur destinée; incapables tout à la fois de ne pas vouloir être riches et de demeurer riches.

↦ Dine bien, *Cléarque*; soupe le soir, mets du bois au feu, achète un manteau, tapisse ta chambre : tu n'aimes point ton héritier; tu ne le connais point, tu n'en as point.

↦ Jeune, on conserve pour sa vieillesse; vieux, on épargne pour la mort. L'héritier prodigue paie de superbes funérailles, et dévore le reste.

↦ L'avare dépense plus mort, en un seul jour, qu'il ne faisait vivant en dix années; et son héritier plus en dix mois, qu'il n'a su faire lui-même en toute sa vie.

↦ Ce que l'on prodigue, on l'ôte à son héritier : ce que l'on épargne sordidement, on se l'ôte à soi-même. Le milieu est justice pour soi et pour les autres.

↦ Les enfants peut-être seraient plus chers à leurs pères, et, réciproquement, les pères à leurs enfants, sans le titre d'héritiers.

↦ Triste condition de l'homme, et qui dégoûte de la vie ! il faut suer, veiller, fléchir, dépendre, pour avoir un peu de fortune, ou la devoir à l'agonie de nos proches. Celui

---

[1] *Praticien*, au XVIIe siècle, se disait des avocats et procureurs; les simples officiers étaient des juges subalternes qui rendaient la justice au nom d'un seigneur.

qui s'empêche de souhaiter que son père y passe bientôt est homme de bien.

↦ Le caractère de celui qui veut hériter de quelqu'un rentre dans celui du complaisant : nous ne sommes point mieux flattés, mieux obéis, plus suivis, plus entourés, plus cultivés, plus ménagés, plus caressés de personne pendant notre vie, que de celui qui croit gagner à notre mort, et qui désire qu'elle arrive.

↦ Tous les hommes, par les postes différents, par les titres et par les successions, se regardent comme héritiers les uns des autres, et cultivent par cet intérêt, pendant tout le cours de leur vie, un désir secret et enveloppé de la mort d'autrui : le plus heureux dans chaque condition est celui qui a plus de choses à perdre par sa mort, et à laisser à son successeur.

↦ L'on dit du jeu qu'il égale les conditions; mais elles se trouvent quelquefois si étrangement disproportionnées, et il y a, entre telle et telle condition un abîme d'intervalle si immense et si profond, que les yeux souffrent de voir de telles extrémités se rapprocher : c'est comme une musique qui détonne, ce sont comme des couleurs mal assorties, comme des paroles qui jurent et qui offensent l'oreille, comme de ces bruits ou de ces sons qui font frémir; c'est, en un mot, un renversement de toutes les bienséances. Si l'on m'oppose que c'est la pratique de tout l'Occident, je réponds que c'est peut-être aussi l'une de ces choses qui nous rendent barbares à l'autre partie du monde, et que les Orientaux qui viennent jusqu'à nous remportent sur leurs tablettes : je ne doute pas même que cet excès de familiarité ne les rebute davantage que nous ne sommes blessés de leur *zombaye*[1] et de leurs autres prosternations.

↦ Une tenue d'états, ou les chambres assemblées pour

---

[1] Voyez les relations du royaume de Siam. (*Note de l'auteur.*)

une affaire très-capitale, n'offrent point aux yeux rien de si grave et de si sérieux qu'une table de gens qui jouent un grand jeu : une triste sévérité règne sur leur visage; implacables l'un pour l'autre, et irréconciliables ennemis pendant que la séance dure, ils ne reconnaissent plus ni liaisons, ni alliance, ni naissance, ni distinctions : le hasard seul, aveugle et farouche divinité, préside au cercle, et y décide souverainement; ils l'honorent tous par un silence profond, et par une attention dont ils sont partout ailleurs fort incapables; toutes les passions, comme suspendues, cèdent à une seule : le courtisan alors n'est ni doux, ni flatteur, ni complaisant, ni même dévot.

↦ L'on ne reconnaît plus en ceux que le jeu et le gain ont illustrés la moindre trace de leur première condition : ils perdent de vue leurs égaux, et atteignent les plus grands seigneurs. Il est vrai que la fortune du dé ou du lansquenet les remet souvent où elle les a pris.

↦ Je ne m'étonne pas qu'il y ait des brelans publics, comme autant de piéges tendus à l'avarice des hommes, comme des gouffres où l'argent des particuliers tombe et se précipite sans retour, comme d'affreux écueils où les joueurs viennent se briser et se perdre; qu'il parte de ces lieux des émissaires pour savoir à heure marquée qui a descendu à terre avec un argent frais d'une nouvelle prise, qui a gagné un procès d'où on lui a compté une grosse somme, qui a reçu un don, qui a fait au jeu un gain considérable, quel fils de famille vient de recueillir une riche succession, ou quel commis imprudent veut hasarder sur une carte les deniers de sa caisse. C'est un sale et indigne métier, il est vrai, que de tromper; mais c'est un métier qui est ancien, connu, pratiqué de tout temps par ce genre d'hommes que j'appelle des brelandiers. L'enseigne est à leur porte, on y lirait presque : *Ici l'on trompe de bonne foi;* car se voudraient-ils donner pour irréprochables? Qui ne sait pas qu'entrer et perdre dans ces maisons est une même chose? Qu'ils trouvent donc sous leur main autant de dupes qu'il en faut pour leur subsistance, c'est ce qui me passe.

↦ Mille gens se ruinent au jeu, et vous disent froidement qu'ils ne sauraient se passer de jouer : quelle excuse! Y a-t-il une passion, quelque violente ou honteuse qu'elle soit, qui ne pût tenir ce même langage? Serait-on reçu à dire qu'on ne peut se passer de voler, d'assassiner, de se précipiter ? Un jeu effroyable, continuel, sans retenue, sans bornes, où l'on n'a en vue que la ruine totale de son adversaire, où l'on est transporté du désir du gain, désespéré sur la perte, consumé par l'avarice, où l'on expose sur une carte ou à la fortune du dé la sienne propre, celle de sa femme et de ses enfants, est-ce une chose qui soit permise ou dont l'on doive se passer? Ne faut-il pas quelquefois se faire une plus grande violence, lorsque, poussé par le jeu jusques à une déroute universelle, il faut même que l'on se passe d'habits et de nourriture, et de les fournir à sa famille?

Je ne permets à personne d'être fripon ; mais je permets à un fripon de jouer un grand jeu : je le défends à un honnête homme. C'est une trop grande puérilité que de s'exposer à une grande perte.

↦ Il n'y a qu'une affliction qui dure, qui est celle qui vient de la perte des biens : le temps, qui adoucit toutes les autres, aigrit celle-ci. Nous sentons à tous moments, pendant le cours de notre vie, où le bien que nous avons perdu nous manque.

↦ Il fait bon avec celui qui ne se sert pas de son bien à marier ses filles, à payer ses dettes, ou à faire des contrats, pourvu que l'on ne soit ni ses enfants ni sa femme.

↦ Ni les troubles, *Zénobie*, qui agitent votre empire, ni la guerre que vous soutenez virilement contre une nation puissante depuis la mort du roi votre époux, ne diminuent rien de votre magnificence. Vous avez préféré à toute autre contrée les rives de l'Euphrate pour y élever un superbe édifice : l'air y est sain et tempéré, la situation en est riante; un bois sacré l'ombrage du côté du couchant. Les dieux de Syrie, qui habitent quelquefois la terre, n'y auraient pu choisir une plus belle demeure. La campagne autour est couverte d'hommes qui taillent et qui coupent, qui vont et qui viennent, qui roulent ou qui charrient le bois du Liban, l'airain et le porphyre; les grues et les machines gémissent dans l'air, et font espérer à ceux qui voyagent vers l'Arabie de revoir à leur retour en leurs foyers ce palais achevé, et dans cette splendeur où vous désirez de le porter, avant de l'habiter, vous et les princes vos enfants. N'y épargnez rien, grande reine; employez-y l'or et tout l'art des plus excellents ouvriers; que les Phidias et les Zeuxis de votre siècle déploient toute leur science sur vos plafonds et sur vos lambris; tracez-y de vastes et de délicieux jardins, dont l'enchantement soit tel qu'ils ne paraissent pas faits de la main des hommes; épuisez vos trésors et votre industrie sur cet ouvrage incomparable; et après que vous y aurez mis, Zénobie, la dernière main, quelqu'un de ces pâtres[1] qui habitent les sables voisins de Palmyre, devenu riche par les péages de vos rivières, achètera un jour à deniers comptants cette royale maison, pour l'embellir, et la rendre plus digne de lui et de sa fortune.

↳ Ce palais, ces meubles, ces jardins, ces belles eaux, vous enchantent et vous font récrier d'une première vue sur une maison si délicieuse, et sur l'extrême bonheur du maître qui la possède. Il n'est plus; il n'en a pas joui si agréablement ni si tranquillement que vous : il n'y a jamais eu un jour serein, ni une nuit tranquille; il s'est noyé de dettes

---

[1] De Gourville, intendant du prince de Condé, se rendit acquéreur du château de Saint-Maur, que le prince avait fait bâtir; et, plus difficile que son maître, il ne l'habita qu'après avoir dépensé à son embellissement des sommes folles.

pour la porter à ce degré de beauté où elle vous ravit. Ses créanciers l'en ont chassé : il a tourné la tête, et il l'a regardée de loin une dernière fois; et il est mort de saisissement.

⸺ L'on ne saurait s'empêcher de voir dans certaines familles ce qu'on appelle les caprices du hasard ou les jeux de la fortune. Il y a cent ans qu'on ne parlait point de ces familles, qu'elles n'étaient point : le ciel tout d'un coup s'ouvre en leur faveur; les biens, les honneurs, les dignités, fondent sur elles à plusieurs reprises; elles nagent dans la prospérité. *Eumolpe,* l'un de ces hommes qui n'ont point de grands-pères, a eu un père du moins qui s'était élevé si haut, que tout ce qu'il a pu souhaiter pendant le cours d'une longue vie, ç'a été de l'atteindre; et il l'a atteint [1]. Était-ce dans ces deux personnages éminence d'esprit, profonde capacité? était-ce les conjonctures? La fortune enfin ne leur rit plus; elle se joue ailleurs, et traite leur postérité comme leurs ancêtres.

⸺ La cause la plus immédiate de la ruine et de la déroute des personnes des deux conditions, de la robe et de l'épée, est que l'état seul, et non le bien, règle la dépense.

⸺ Si vous n'avez rien oublié pour votre fortune, quel travail! Si vous avez négligé la moindre chose, quel repentir!

⸺ *Giton* [2] a le teint frais, le visage plein et les joues pendantes, l'œil fixe et assuré, les épaules larges, l'estomac haut, la démarche ferme et délibérée. Il parle avec confiance; il fait répéter celui qui l'entretient, et il ne goûte que médiocrement tout ce qu'il lui dit. Il déploie un ample mouchoir, et se mouche avec grand bruit; il crache fort loin, et il éternue fort haut. Il dort le jour, il dort la nuit,

---

[1] On a cru voir ici une allusion à Seignelay et à Colbert, son père.
[2] Le marquis de Barbezieux, fils de Louvois.

et profondément; il ronfle en compagnie. Il occupe à table et à la promenade plus de place qu'un autre; il tient le milieu en se promenant avec ses égaux; il s'arrête, et l'on s'arrête; il continue de marcher, et l'on marche : tous se règlent sur lui. Il interrompt, il redresse ceux qui ont la parole : on ne l'interrompt pas, on l'écoute aussi longtemps qu'il veut parler; on est de son avis, on croit les nouvelles qu'il débite. S'il s'assied, vous le voyez s'enfoncer dans un fauteuil, croiser les jambes l'une sur l'autre, froncer le sourcil, abaisser son chapeau sur ses yeux pour ne voir personne, ou le relever ensuite, et découvrir son front par fierté et par audace. Il est enjoué, grand rieur, impatient, présomptueux, colère, libertin, politique, mystérieux sur les affaires du temps; il se croit des talents et de l'esprit. Il est riche.

Phédon a les yeux creux, le teint échauffé, le corps sec et le visage maigre : il dort peu, et d'un sommeil fort léger; il est abstrait, rêveur, et il a avec de l'esprit l'air d'un stupide : il oublie de dire ce qu'il sait, ou de parler d'événements qui lui sont connus; et s'il le fait quelquefois, il s'en tire mal; il croit peser à ceux à qui il parle; il conte brièvement, mais froidement; il ne se fait pas écouter, il ne fait point rire : il applaudit, il sourit à ce que les autres lui disent, il est de leur avis; il court, il vole pour leur rendre de petits services : il est complaisant, flatteur, empressé; il est mystérieux sur ses affaires, quelquefois menteur; il est superstitieux, scrupuleux, timide : il marche doucement et légèrement, il semble craindre de fouler la terre; il marche les yeux baissés, et il n'ose les lever sur ceux qui passent. Il n'est jamais du nombre de ceux qui forment un cercle pour discourir; il se met derrière celui qui parle, recueille furtivement ce qui se dit, et il se retire si on le regarde. Il n'occupe point de lieu, il ne tient point de place; il va les épaules serrées, le chapeau abaissé sur ses yeux pour n'être point vu; il se replie et se renferme dans son manteau : il n'y a point de rues ni de galeries si embarrassées et si remplies de monde, où il ne trouve moyen de passer sans effort, et de se couler sans être aperçu. Si on le prie de s'asseoir, il se met à peine sur le bord d'un siége : il parle bas dans la conversation, et il articule mal; libre néanmoins sur les affaires publiques, chagrin contre le siècle, médiocrement prévenu des ministres et du ministère. Il n'ouvre la bouche que pour répondre; il tousse, il se mouche sous son chapeau; il crache presque sur soi, et il attend qu'il soit seul pour éternuer, ou, si cela lui arrive, c'est à l'insu de la compagnie; il n'en coûte à personne ni salut ni compliment. Il est pauvre.

DE LA VILLE.

L'on se donne à Paris, sans se parler, comme un rendez-vous public[1], mais fort exact, tous les soirs, au Cours ou aux Tuileries, pour se regarder au visage et se désapprouver les uns les autres.

L'on ne peut se passer de ce même monde que l'on n'aime point, et dont l'on se moque.

L'on s'attend au passage réciproquement dans une promenade publique[2]; l'on y passe en revue l'un devant l'autre : carrosses, chevaux, livrées, armoiries, rien n'échappe aux yeux, tout est curieusement ou malignement observé; et selon le plus ou le moins de l'équipage, ou l'on respecte les personnes, ou on les dédaigne.

⟶ Tout le monde connaît cette longue levée qui borde et

---

[1] Le Cours-la-Reine.
[2] Vincennes.

qui resserre le lit de la Seine, du côté où elle entre à Paris avec la Marne, qu'elle vient de recevoir [1] : les hommes s'y baignent au pied pendant les chaleurs de la canicule ; on les voit de fort près se jeter dans l'eau ; on les en voit sortir : c'est un amusement. Quand cette saison n'est pas venue, les femmes de la ville ne s'y promènent pas encore ; et quand elle est passée, elles ne s'y promènent plus.

↦ Dans ces lieux [2] d'un concours général où les femmes se rassemblent pour montrer une belle étoffe, et pour recueillir le fruit de leur toilette, on ne se promène pas avec une compagne par la nécessité de la conversation ; on se joint ensemble pour se rassurer sur le théâtre, s'apprivoiser avec le public, et se raffermir contre la critique : c'est là précisément qu'on se parle sans se rien dire, ou plutôt qu'on parle pour les passants, pour ceux mêmes en faveur de qui l'on hausse sa voix, l'on gesticule et l'on badine, l'on penche négligemment la tête, l'on passe et l'on repasse.

↦ La ville est partagée en diverses sociétés, qui sont comme autant de petites républiques, qui ont leurs lois, leurs usages, leur jargon, et leurs mots pour rire. Tant que cet assemblage est dans sa force, et que l'entêtement subsiste, l'on ne trouve rien de bien dit ou de bien fait que ce qui part des siens, et l'on est incapable de goûter ce qui vient d'ailleurs ; cela va jusques au mépris pour les gens qui ne sont pas initiés dans leurs mystères. L'homme du monde du meilleur esprit, que le hasard a porté au milieu d'eux, leur est étranger : il se trouve là comme dans un pays lointain, dont il ne connaît ni les routes, ni la langue, ni les mœurs, ni la coutume ; il voit un peuple qui cause, bourdonne, parle à l'oreille, éclate de rire, et qui retombe ensuite dans un morne silence ; il y perd son maintien, ne

---

[1] Le quai Saint-Bernard.
[2] Le jardin des Tuileries.

trouve pas où placer un seul mot, et n'a pas même de quoi écouter. Il ne manque jamais là un mauvais plaisant qui domine, et qui est comme le héros de la société : celui-ci s'est chargé de la joie des autres, et fait toujours rire avant que d'avoir parlé. Si quelquefois une femme survient qui n'est point de leurs plaisirs, la bande joyeuse ne peut comprendre qu'elle ne sache point rire des choses qu'elle n'entend point, et paraisse insensible à des fadaises qu'ils n'entendent eux-mêmes que parce qu'ils les ont faites : ils ne lui pardonnent ni son ton de voix, ni son silence, ni sa taille, ni son visage, ni son habillement, ni son entrée, ni la manière dont elle est sortie. Deux années cependant ne passent point sur une même *coterie*; il y a toujours, dès la première année, des semences de division pour rompre dans celle qui doit suivre : l'intérêt de la beauté, les incidents du jeu, l'extravagance des repas, qui, modestes au commencement, dégénèrent bientôt en pyramides de viandes et en banquets somptueux, dérangent la république, et lui portent enfin le coup mortel : il n'est en fort peu de temps non plus parlé de cette nation que des mouches de l'année passée.

↦ Il y a dans la ville la grande et la petite robe; et la première se venge sur l'autre des dédains de la cour, et des petites humiliations qu'elle y essuie. De savoir quelles sont leurs limites, où la grande finit, et où la petite commence, ce n'est pas une chose facile. Il se trouve même un corps considérable qui refuse d'être du second ordre, et à qui l'on conteste le premier[1] : il ne se rend pas néanmoins, il cherche au contraire, par la gravité et par la dépense, à s'égaler à la magistrature, ou ne lui cède qu'avec peine : on l'entend dire que la noblesse de son emploi, l'indépendance de sa profession, le talent de la parole et le mérite

---

[1] Les avocats.

personnel, balancent au moins les sacs de 1,000 francs que le fils du partisan ou du banquier a su payer pour son office.

➺ Vous moquez-vous de rêver en carrosse, ou peut-être de vous y reposer? *Vite*, prenez votre livre ou vos papiers, lisez, ne saluez qu'à peine ces gens qui passent dans leur équipage ; ils vous en croiront plus occupé ; ils diront : Cet homme est laborieux, infatigable ; il lit, il travaille jusque dans les rues ou sur la route. Apprenez du moindre avocat qu'il faut paraître accablé d'affaires, froncer le sourcil, et rêver à rien très-profondément ; savoir à propos perdre le boire et le manger ; ne faire qu'apparoir dans sa maison, s'évanouir et se perdre comme un fantôme dans le sombre de son cabinet ; se cacher au public, éviter le théâtre, le laisser à ceux qui ne courent aucun risque à s'y montrer, qui en ont à peine le loisir, aux Gomons, aux Duhamels.

➺ Il y a un certain nombre de jeunes magistrats que les grands biens et les plaisirs ont associés à quelques-uns de ceux qu'on nomme à la cour de *petits-maîtres* : ils les imitent, ils se tiennent fort au-dessus de la gravité de la robe, et se croient dispensés par leur âge et par leur fortune d'être sages et modérés. Ils prennent de la cour ce qu'elle a de pire : ils s'approprient la vanité, la mollesse, l'intempérance, le libertinage, comme si tous ces vices leur étaient dus ; et, affectant ainsi un caractère éloigné de celui qu'ils ont à soutenir, ils deviennent enfin, selon leurs souhaits, des copies fidèles de très-méchants originaux[1].

---

[1] Voici ce que dit Saint-Simon au sujet du premier président de Mesme, qu'on a cru reconnaître dans ce portrait : « Sa vie libertine le lia avec la jeunesse la plus distinguée, qu'il recherchait avec soin ; et il ne voyait que le moins qu'il pouvait de palais et de gens de robe... A toute force il voulait être un homme de qualité et de cour, et il se faisait souvent moquer de lui par ceux qui l'étaient en effet, et avec qui il vivait tant qu'il pouvait. »

↦ Un homme de robe à la ville et le même à la cour, ce sont deux hommes. Revenu chez soi, il reprend ses mœurs, sa taille et son visage, qu'il y avait laissés : il n'est plus ni si embarrassé, ni si honnête.

↦ Les *Crispins* se cotisent et rassemblent dans leur famille jusques à six chevaux pour allonger un équipage qui, avec un essaim de gens de livrée, où ils ont fourni chacun leur part, les fait triompher au Cours ou à Vincennes, et aller de pair avec les nouvelles mariées, avec *Jason*, qui se ruine, et avec *Thrason*, qui veut se marier, et qui a consigné[1].

↦ J'entends dire des *Sannions*[2] : Même nom, mêmes armes ; la branche aînée, la branche cadette, les cadets de la seconde branche ; ceux-là portent les armes pleines, ceux-ci brisent d'un lambel, et les autres d'une bordure dentelée. Ils ont avec les BOURBONS, sur une même couleur, un même métal ; ils portent, comme eux, deux et une : ce ne sont pas des fleurs de lis, mais ils s'en consolent ; peut-être dans leur cœur trouvent-ils leurs pièces aussi honorables, et ils les ont communes avec de grands seigneurs qui en sont contents : on les voit sur les litres[3] et sur les vitrages, sur la porte de leur château, sur le pilier de leur haute-justice, où ils viennent de faire pendre un homme qui méritait le bannissement : elles s'offrent aux yeux de toutes parts ; elles

---

[1] Déposé son argent au Trésor public pour une grande charge. (*Note de l'auteur.*)

[2] MM. de Lesseville... L'on veut qu'après la bataille d'Ivry, en 1590, Henri IV, s'étant retiré du côté de Mantes, et manquant d'argent, apprit que deux riches tanneurs, Leclerc et Pelletier, pouvaient lui en prêter. Il les manda à cet effet, et tira d'eux 20,000 écus, dont il voulut leur donner son billet ; mais Pelletier lui ayant représenté qu'il fallait donc créer un huissier exprès pour faire payer le roi, ils se contentèrent de sa parole. Le roi leur donna ensuite des lettres de noblesse ; et c'est de ces deux tanneurs que descendent les Pelletier et les Leclerc de Lesseville, qui sont dans presque toutes les cours souveraines.

[3] Grande tenture noire dont on décore le tour d'une église aux obsèques d'un grand et où l'on applique les armoiries du défunt.

sont sur les meubles et sur les serrures; elles sont semées sur les carrosses. Leurs livrées ne déshonorent point leurs armoiries. Je dirais volontiers aux Sannions : Votre folie est prématurée; attendez du moins que le siècle s'achève sur votre race; ceux qui ont vu votre grand-père, qui lui ont parlé, sont vieux, et ne sauraient plus vivre longtemps. Qui pourra dire comme eux : Là il étalait, et vendait très-cher?

Les Sannions et les Crispins veulent encore davantage que l'on dise d'eux qu'ils font une grande dépense, qu'ils n'aiment à la faire. Ils font un récit long et ennuyeux d'une fête ou d'un repas qu'ils ont donné; ils disent l'argent qu'ils ont perdu au jeu, et ils plaignent fort haut celui qu'ils n'ont pas songé à perdre. Ils parlent jargon et mystère sur de certaines femmes; *ils ont réciproquement cent choses plaisantes à se conter; ils ont fait depuis peu des découvertes;* ils se passent les uns aux autres qu'ils sont gens à belles aventures. L'un d'eux, qui s'est couché tard à la campagne, et qui voudrait dormir, se lève matin, chausse des guêtres, endosse un habit de toile, passe un cordon où pend le fourniment, renoue ses cheveux, prend un fusil : le voilà chasseur, s'il tirait bien. Il revient de nuit, mouillé et recru, sans avoir tué. Il retourne à la chasse le lendemain, et il passe tout le jour à manquer des grives ou des perdrix.

Un autre, avec quelques mauvais chiens, aurait envie de dire : *Ma meute.* Il sait un rendez-vous de chasse, il s'y trouve; il est au laisser-courre; il entre dans le fort, se mêle avec les piqueurs; il a un cor. Il ne dit pas, comme *Ménalippe*[1] : *Ai-je du plaisir?* il croit en avoir. Il oublie lois et procédure : c'est un Hippolyte. *Ménandre*, qui le vit hier sur un procès qui est en ses mains, ne reconnaîtrait

---

[1] De Nouveau, surintendant des postes, dont le mot était célèbre. « Ce Nouveau, dit Tallemant, un jour, au commencement qu'il eut un équipage de chasse, courant un cerf, demanda à son veneur : *Ai-je bien du plaisir?* » (TALLEMANT DES RÉAUX, *Mémoires*, tome IV, p. 323.)

pas aujourd'hui son rapporteur. Le voyez-vous le lendemain à sa chambre, où l'on va juger une cause grave et capitale? Il se fait entourer de ses confrères; il leur raconte comme il n'a point perdu le cerf de meute, comme il s'est étouffé de crier après les chiens qui étaient en défaut, ou après ceux des chasseurs qui prenaient le change; qu'il a vu donner les six chiens. L'heure presse; il achève de leur parler des abois et de la curée, et il court s'asseoir avec les autres pour juger.

↦ Quel est l'égarement de certains particuliers qui, riches du négoce de leurs pères, dont ils viennent de recueillir la succession, se moulent sur les princes pour leur garde-robe et pour leur équipage, excitent, par une dépense excessive et par un faste ridicule, les traits et la raillerie de toute une ville qu'ils croient éblouir, et se ruinent ainsi à se faire moquer de soi!

Quelques-uns n'ont pas même le triste avantage de répandre leurs folies plus loin que le quartier où ils habitent; c'est le seul théâtre de leur vanité. L'on ne sait point dans l'Ile qu'*André* brille au Marais, et qu'il y dissipe son patrimoine : du moins, s'il était connu dans toute la ville et dans ses faubourgs, il serait difficile qu'entre un si grand nombre de citoyens qui ne savent pas tous juger sainement de toutes choses il ne s'en trouvât quelqu'un qui dirait de lui : *Il est magnifique,* et qui lui tiendrait compte des régals qu'il fait à *Xante* et à *Ariston,* et des fêtes qu'il donne à *Élamire* mais il se ruine obscurément; ce n'est qu'en faveur de deux ou trois personnes, qui ne l'estiment point, qu'il court à l'indigence, et qu'aujourd'hui en carrosse, il n'aura pas dans six mois le moyen d'aller à pied.

↦ *Narcisse* se lève le matin pour se coucher le soir; il a ses heures de toilette comme une femme; il va tous les jours fort régulièrement à la belle messe aux Feuillants ou aux Minimes; il est homme d'un bon commerce, et l'on compte sur lui au quartier de *** pour un tiers ou pour un cinquième à l'hombre ou au reversi. Là il tient le fauteuil quatre heures de suite chez *Aricie*, où il risque chaque soir cinq pistoles d'or. Il lit exactement la *Gazette de Hollande* et le *Mercure galant*; il a lu Bergerac[1], des Marets[2], Lesclache, les Historiettes de Barbin[3], et quelques recueils de poésies. Il se promène avec des femmes à la Plaine ou au Cours, et il est d'une ponctualité religieuse sur les visites. Il fera demain ce qu'il fait aujourd'hui et ce qu'il fit hier, et il meurt ainsi après avoir vécu.

⟶ Voilà un homme, dites-vous, que j'ai vu quelque part : de savoir où, il est difficile ; mais son visage m'est familier. Il l'est à bien d'autres ; et je vais, s'il se peut, aider votre mémoire. Est-ce au boulevard sur un strapontin, ou aux Tuileries, dans la grande allée, ou dans le balcon à la comédie ? Est-ce au sermon, au bal, à Rambouillet[4] ? Où pourriez-vous ne l'avoir point vu ? où n'est-il point ? S'il y a dans la place une fameuse exécution, ou un feu de joie, il paraît à une fenêtre de l'hôtel de ville ; si l'on attend une magnifique entrée, il a sa place sur un échafaud ; s'il se fait un carrousel, le voilà entré, et placé sur l'amphithéâtre ; si le roi reçoit des ambassadeurs, il voit leur marche, il assiste à leur audience, il est en haie quand ils reviennent de leur audience. Sa présence est aussi essentielle aux serments des ligues suisses que celles du chancelier et des ligues mêmes. C'est son visage que l'on voit aux almanachs représenter le peuple ou l'assistance. Il y a une chasse publique, une *Saint-Hubert*, le voilà à cheval ; on parle d'un camp et d'une revue, il est à Ouilles, il est

---

[1] Cyrano. (*Note de l'auteur.*)

[2] Saint-Sorlin. (*Note de l'auteur.*)

[3] Recueil d'anecdotes publié par le libraire Barbin ; on appelait ces historiettes des *barbinades*.

[4] L'enclos de Rambouillet, dans le faubourg Saint-Antoine, qui brodait une jetée près des rives de la Seine, sur laquelle on allait se promener

à Achères. Il aime les troupes, la milice, la guerre; il la voit de près, et jusques au fort de Bernardi. Chanley sait les marches, Jacquier les vivres, Du Metz l'artillerie : celui-ci voit, il a vieilli sous le harnais en voyant, il est spectateur de profession; il ne fait rien de ce qu'un homme doit faire, il ne sait rien de ce qu'il doit savoir; mais il a vu, dit-il, tout ce qu'on peut voir, et il n'aura point regret de mourir. Quelle perte alors pour toute la ville! Qui dira après lui : Le Cours est fermé, on ne s'y promène point; le bourbier de Vincennes est desséché et relevé, on n'y versera plus? Qui annoncera un concert, un beau salut, un prestige de la foire? Qui vous avertira que Beaumavielle mourut hier, que Rochois est enrhumée [1] et ne chantera de huit jours? Qui connaîtra comme lui un bourgeois à ses armes et à ses livrées? Qui dira : *Scapin* porte des fleurs de lis, et qui en sera plus édifié? Qui prononcera avec plus de vanité et d'emphase le nom d'une simple bourgeoise? Qui sera mieux fourni de vaudevilles? Qui prêtera aux femmes les *Annales galantes* et le *Journal amoureux*? Qui saura comme lui chanter à table tout un dialogue de l'*Opéra*, et les fureurs de Roland dans une ruelle? Enfin, puisqu'il y a à la ville comme ailleurs de fort sottes gens, des gens fades, oisifs, désoccupés, qui pourra aussi parfaitement leur convenir?

→ *Théramène* était riche et avait du mérite; il a hérité, il est donc très-riche et d'un très-grand mérite. Voilà toutes les femmes en campagne pour l'avoir pour galant, et toutes les filles pour *épouseur*. Il va de maison en maison faire espérer aux mères qu'il épousera. Est-il assis, elles se retirent pour laisser à leurs filles toute la liberté d'être aimables, et à Théramène de faire ses déclarations. Il tient ici contre le mortier [2]; là il efface le cavalier ou le gentilhomme. Un

---

[1] Beaumavielle et Mlle le Rochois, chanteurs en vogue alors.
[2] C'est-à-dire contre les hauts dignitaires du Parlement qui portaient pour coiffure le bonnet appelé *mortier*.

jeune homme fleuri, vif, enjoué, spirituel, n'est pas souhaité plus ardemment ni mieux reçu; on se l'arrache des mains, on a à peine le loisir de sourire à qui se trouve avec lui dans une même visite. Combien de galants va-t-il mettre en déroute! quels bons partis ne fera-t-il pas manquer! Pourra-t-il suffire à tant d'héritières qui le recherchent? Ce n'est pas seulement la terreur des maris, c'est l'épouvantail de tous ceux qui ont envie de l'être, et qui attendent d'un mariage à remplir le vide de leur consignation. On devrait proscrire de tels personnages si heureux, si pécunieux, d'une ville bien policée, ou condamner le sexe, sous peine de folie ou d'indignité, à ne les traiter pas mieux que s'ils n'avaient que du mérite.

↦ Paris, pour l'ordinaire le singe de la cour, ne sait pas toujours la contrefaire; il ne l'imite en aucune manière dans ces dehors agréables et caressants que quelques courtisans, et surtout les femmes, y ont naturellement pour un homme de mérite, et qui n'a même que du mérite : elles ne s'informent ni de ses contrats ni de ses ancêtres; elles le trouvent à la cour, cela leur suffit; elles le souffrent, elles l'estiment; elles ne demandent pas s'il est venu en chaise ou à pied, s'il a une charge, une terre ou un équipage : comme elles regorgent de train, de splendeur et de dignités, elles se délassent volontiers avec la philosophie ou la vertu. Une femme de ville entend-elle le bruissement d'un carrosse qui s'arrête à sa porte, elle petille de goût et de complaisance pour quiconque est dedans, sans le connaître : mais si elle a vu de sa fenêtre un bel attelage, beaucoup de livrées et que plusieurs rangs de clous parfaitement dorés l'aient éblouie, quelle impatience n'a-t-elle pas de voir déjà dans sa chambre le cavalier ou le magistrat! quelle charmante réception ne lui fera-t-elle point? ôtera-t-elle les yeux de dessus lui? Il ne perd rien auprès d'elle; on lui tient compte des doubles soupentes et des ressorts qui le font rouler plus mollement; elle l'en estime davantage, elle l'en aime mieux.

↦ Cette fatuité de quelques femmes de la ville, qui cause en elles une mauvaise imitation de celles de la cour, est quelque chose de pire que la grossièreté des femmes du peuple, et que la rusticité des villageoises : elle a sur toutes deux l'affectation de plus.

↦ La subtile invention, de faire de magnifiques présents de noces qui ne coûtent rien, et qui doivent être rendus en espèces !

↦ L'utile et la louable pratique, de perdre en frais de noces le tiers de la dot qu'une femme apporte ! de commencer par s'appauvrir de concert par l'amas et l'entassement de choses superflues, et de prendre déjà sur son fonds de quoi payer Gaultier[1] les meubles et la toilette !

↦ Le bel et le judicieux usage, que celui qui, préférant une sorte d'effronterie aux bienséances et à la pudeur, expose une femme d'une seule nuit sur un lit comme sur un théâtre, pour y faire pendant quelques jours un ridicule personnage, et la livre en cet état à la curiosité des gens de l'un et de l'autre sexe, qui, connus ou inconnus, accourent de toute une ville à ce spectacle pendant qu'il dure ! Que manque-t-il à une telle coutume, pour être entièrement bizarre et incompréhensible, que d'être lue dans quelque relation de la Mingrélie[2] ?

---

[1] Fameux marchand de soierie. « Gaultier, écrit Mme de Sévigné, ne peut plus se plaindre ; il aura touché en noces cette année plus d'un million. » (Lettre du 29 décembre 1679.)

[2] C'était un usage au temps de la Bruyère que les nouvelles mariées, pour recevoir leurs visites les trois premiers jours, fussent sur un lit, magnifiquement parées et en compagnie de quelques demoiselles de leurs amies; tout le monde allait les voir, examinait leur fermeté et leur contenance, sur une infinité de questions et de quolibets qu'on leur disait dans cette occasion. — Un pareil usage, selon Mme de Genlis, avait pour but d'éviter l'ennuyeux cérémonial des reconduites; et il était observé

↳ Pénible coutume, asservissement incommode! se chercher incessamment les unes les autres avec l'impatience de ne se point rencontrer; ne se rencontrer que pour se dire des riens, que pour s'apprendre réciproquement des choses dont on est également instruite, et dont il importe peu que l'on soit instruite; n'entrer dans une chambre précisément que pour en sortir; ne sortir de chez soi l'après-dînée que pour y rentrer le soir, fort satisfaite d'avoir vu en cinq petites heures trois suisses, une femme que l'on connaît à peine, et une autre que l'on n'aime guère! Qui considérerait bien le prix du temps, et combien sa perte est irréparable, pleurerait amèrement sur de si grandes misères.

↳ On s'élève à la ville dans une indifférence grossière des choses rurales et champêtres; on distingue à peine la plante qui porte le chanvre d'avec celle qui produit le lin, et le blé froment d'avec les seigles, et l'un ou l'autre d'avec le méteil : on se contente de se nourrir et de s'habiller. Ne parlez à un grand nombre de bourgeois ni de guérets, ni de baliveaux, ni de provins, ni de regains, si vous voulez être entendu; ces termes pour eux ne sont pas français. Parlez aux uns d'aunage, de tarif, ou de sou pour livre, et aux autres de voie d'appel, de requête civile, d'appointement, d'évocation. Ils connaissent le monde, et encore par ce qu'il a de moins beau et de moins spécieux; ils ignorent la nature, ses commencements, ses progrès, ses dons et ses largesses. Leur ignorance souvent est volontaire, et fondée sur l'estime qu'ils ont pour leur profession et pour leurs talents. Il n'y a si vil praticien qui, au fond de son étude sombre et enfumée, et l'esprit occupé d'une plus noire chicane, ne se préfère au laboureur, qui jouit du ciel, qui cultive

par toutes les femmes forcées de recevoir un grand nombre de visites, soit de condoléance, soit de félicitation, etc. Sous le règne de Louis XV, il cessa à l'égard des visites de mariage, et fut modifié pour les autres visites de compliments, que les femmes recevaient tout habillées, étendues sur une chaise longue ou canapé.

la terre, qui sème à propos, et qui fait de riches moissons; et s'il entend quelquefois parler des premiers hommes ou des patriarches, de leur vie champêtre et de leur économie, il s'étonne qu'on ait pu vivre en de tels temps, où il n'y avait encore ni offices, ni commissions, ni présidents, ni procureurs; il ne comprend pas qu'on ait jamais pu se passer du greffe, du parquet et de la buvette.

↦ Les empereurs n'ont jamais triomphé à Rome si mollement, si commodément, ni si sûrement même, contre le vent, la pluie, la poudre et le soleil, que le bourgeois sait à Paris se faire mener par toute la ville : quelle distance de cet usage à la mule de leurs ancêtres! Ils ne savaient point encore se priver du nécessaire pour avoir le superflu, ni préférer le faste aux choses utiles. On ne les voyait point s'éclairer avec des bougies, et se chauffer à un petit feu : la cire était pour l'autel et pour le Louvre. Ils ne sortaient point d'un mauvais dîner pour monter dans leur carrosse; ils se persuadaient que l'homme avait des jambes pour marcher, et ils marchaient. Ils se conservaient propres quand il faisait sec, et dans un temps humide ils gâtaient leur chaussure, aussi peu embarrassés de franchir les rues et les carrefours, que le chasseur de traverser un guéret, ou le soldat de se mouiller dans une tranchée. On n'avait pas encore imaginé d'atteler deux hommes à une litière; il y avait même plusieurs magistrats qui allaient à pied à la chambre ou aux enquêtes, d'aussi bonne grâce qu'Auguste autrefois allait de son pied au Capitole. L'étain, dans ce temps, brillait sur les tables et sur les buffets, comme le fer et le cuivre dans les foyers; l'argent et l'or étaient dans les coffres. Les femmes se faisaient servir par des femmes, on mettait celles-ci jusqu'à la cuisine. Les beaux noms de gouverneurs et de gouvernantes n'étaient pas inconnus à nos pères : ils savaient à qui l'on confiait les enfants des rois et des plus grands princes; mais ils partageaient le service de leurs domestiques avec leurs enfants, contents de veiller eux-mêmes immédiatement à leur éducation. Ils comptaient en toutes choses avec eux-mêmes : leur dépense était proportionnée à leur recette; leurs livrées, leurs équipages, leurs meubles, leur table, leurs maisons de la ville et de la campagne, tout était mesuré sur leurs rentes et sur leur condition. Il y avait entre eux des distinctions extérieures qui empêchaient qu'on ne prît la femme du praticien pour celle du magistrat, et le roturier ou le simple valet pour le gentilhomme. Moins appliqués à dissiper ou à grossir leur patrimoine qu'à le maintenir, ils le laissaient entier à leurs héritiers, et passaient ainsi d'une vie modérée à une mort tranquille. Ils ne disaient point : *Le siècle est dur, la misère est grande, l'argent est rare*; ils en avaient moins que nous, et en avaient assez, plus riches par leur économie et par leur modestie que de leurs revenus et de leurs domaines. Enfin l'on était alors pénétré de cette maxime, que ce qui est dans les grands splendeur, somptuosité, magnificence, est dissipation, folie, ineptie, dans le particulier.

DE LA COUR.

Le reproche, en un sens, le plus honorable que l'on puisse faire à un homme, c'est de lui dire qu'il ne sait pas la cour: il n'y a sorte de vertus qu'on ne rassemble en lui par ce seul mot.

↦ Un homme qui sait la cour est maître de son geste, de ses yeux et de son visage; il est profond, impénétrable; il dissimule les mauvais offices, sourit à ses ennemis, contraint son humeur, déguise ses passions, dément son cœur, parle, agit contre ses sentiments. Tout ce grand raffinement n'est qu'un vice, que l'on appelle fausseté; quelquefois aussi inutile au courtisan pour sa fortune, que la franchise, la sincérité et la vertu.

↳ Qui peut nommer de certaines couleurs changeantes, et qui sont diverses selon les divers jours dont on les regarde? de même, qui peut définir la cour?

↳ Se dérober à la cour un seul moment, c'est y renoncer : le courtisan qui l'a vue le matin la voit le soir, pour la reconnaître le lendemain, ou afin que lui-même y soit connu.

↳ L'on est petit à la cour, et, quelque vanité que l'on ait, on s'y trouve tel ; mais le mal est commun, et les grands mêmes y sont petits.

↳ La province est l'endroit d'où la cour, comme dans son point de vue, paraît une chose admirable : si l'on s'en approche, ses agréments diminuent comme ceux d'une perspective que l'on voit de trop près.

↳ L'on s'accoutume difficilement à une vie qui se passe dans une antichambre, dans des cours, ou sur l'escalier.

↳ La cour ne rend pas content; elle empêche qu'on ne le soit ailleurs.

↳ Il faut qu'un honnête homme ait tâté de la cour : il découvre en y entrant comme un nouveau monde qui lui était inconnu, où il voit régner également le vice et la politesse, et où tout lui est utile, le bon et le mauvais.

↳ La cour est comme un édifice bâti de marbre; je veux dire qu'elle est composée d'hommes fort durs, mais fort polis.

↳ L'on va quelquefois à la cour pour en revenir, et se faire par là respecter du noble de sa province, ou de son diocésain.

↳ Le brodeur et le confiseur seraient superflus, et ne feraient qu'une montre inutile, si l'on était modeste et sobre :

les cours seraient désertes et les rois presque seuls, si l'on était guéri de la vanité et de l'intérêt. Les hommes veulent être esclaves quelque part, et puiser là de quoi dominer ailleurs. Il semble qu'on livre en gros aux premiers de la cour l'air de hauteur, de fierté et de commandement, afin qu'ils le distribuent en détail dans les provinces : ils font précisément comme on leur fait, vrais singes de la royauté.

➤ Il n'y a rien qui enlaidisse certains courtisans comme la présence du prince : à peine les puis-je reconnaître à leurs visages; leurs traits sont altérés, et leur contenance est avilie. Les gens fiers et superbes sont les plus défaits, car ils perdent plus du leur : celui qui est honnête et modeste s'y soutient mieux; il n'a rien à réformer.

➤ L'air de cour est contagieux : il se prend à V**[1], comme l'accent normand à Rouen ou à Falaise; on l'entrevoit en des fourriers, en de petits contrôleurs, et en des chefs de fruiterie [2] : l'on peut, avec une portée d'esprit fort médiocre, y faire de grands progrès. Un homme d'un génie élevé et d'un mérite solide ne fait pas assez de cas de cette espèce de talent pour faire son capital de l'étudier et se le rendre propre; il l'acquiert sans réflexion, et il ne pense point à s'en défaire

➤ N** arrive avec grand bruit : il écarte le monde, se fait faire place; il gratte [3], il heurte presque; il se nomme : on respire, et il n'entre qu'avec la foule.

➤ Il y a dans les cours des apparitions de gens aventuriers et hardis, d'un caractère libre et familier, qui se produisent eux-mêmes, protestent qu'ils ont dans leur art toute l'habileté qui manque aux autres, et qui sont crus sur leur

---

[1] Versailles.
[2] *Fourriers, contrôleurs, chefs de fruiterie*, officiers subalternes qui suivaient la cour et préparaient les logements et la table.
[3] « Il n'est pas permis, dit Furetière, de heurter à la porte du roi mais seulement de *gratter*. »

parole [1]. Ils profitent cependant de l'erreur publique, ou de l'amour qu'ont les hommes pour la nouveauté : ils percent la foule, et parviennent jusqu'à l'oreille du prince, à qui le courtisan les voit parler, pendant qu'il se trouve heureux d'en être vu. Ils ont cela de commode pour les grands, qu'ils en sont soufferts sans conséquence, et congédiés de même : alors ils disparaissent tout à la fois riches et décrédités ; et le monde qu'ils viennent de tromper est encore près d'être trompé par d'autres.

⥲ Vous voyez des gens qui entrent sans saluer que légèrement, qui marchent des épaules, et qui se rengorgent comme une femme : ils vous interrogent sans vous regarder ; ils parlent d'un ton élevé, et qui marque qu'ils se sentent au-dessus de ceux qui se trouvent présents ; ils s'arrêtent, et on les entoure ; ils ont la parole, président au cercle, et persistent dans cette hauteur ridicule et contrefaite, jusqu'à ce qu'il survienne un grand, qui, la faisant tomber tout d'un coup par sa présence, les réduise à leur naturel, qui est moins mauvais.

⥲ Les cours ne sauraient se passer d'une certaine espèce de courtisans, hommes flatteurs, complaisants, insinuants, dévoués aux femmes, dont ils ménagent les plaisirs, étudient les faibles et flattent toutes les passions : ils leur soufflent à l'oreille des grossièretés, leur parlent de leurs maris et de leurs amants dans les termes convenables, devinent leurs chagrins, leurs maladies, et fixent leurs couches ; ils font les modes, raffinent sur le luxe et sur la dépense, et apprennent à ce sexe de prompts moyens de consumer de grandes sommes en habits, en meubles et en équipages ; ils ont eux-mêmes des habits où brillent l'invention et la richesse, et ils n'habitent d'anciens palais qu'après les avoir renouvelés et embellis. Ils mangent délicatement et avec ré-

---

[1] Le marquis Caretti, célèbre médecin empirique

flexion; il n'y a sorte de volupté qu'ils n'essayent, et dont ils ne puissent rendre compte. Ils doivent à eux-mêmes leur fortune, et ils la soutiennent avec la même adresse qu'ils l'ont élevée. Dédaigneux et fiers, ils n'abordent plus leurs pareils, ils ne les saluent plus; ils parlent où tous les autres se taisent; entrent, pénètrent en des endroits et à des heures où les grands n'osent se faire voir : ceux-ci, avec de longs services, bien des plaies sur le corps, de beaux emplois ou de grandes dignités, ne montrent pas un visage si assuré, ni une contenance si libre. Ces gens ont l'oreille des plus grands princes, sont de tous leurs plaisirs et de toutes leurs fêtes, ne sortent pas du Louvre ou du château, où ils marchent et agissent comme chez eux et dans leur domestique, semblent se multiplier en mille endroits, et sont toujours les premiers visages qui frappent les nouveaux venus à une cour : ils embrassent, ils sont embrassés; ils rient, ils éclatent, ils sont plaisants, ils font des contes : personnes commodes, agréables, riches, qui prêtent, et qui sont sans conséquence [1].

↳ Ne croirait-on pas de *Cimon* et de *Clitandre* qu'ils sont seuls chargés des détails de tout l'État, et que seuls aussi ils en doivent répondre? L'un a du moins les affaires de terre, et l'autre les maritimes. Qui pourrait les représenter exprimerait l'empressement, l'inquiétude, la curiosité, l'activité, saurait peindre le mouvement. On ne les a jamais vus assis, jamais fixes et arrêtés : qui même les a vus marcher? On les voit courir, parler en courant, et vous interroger sans attendre de réponse. Ils ne viennent d'aucun endroit, ils ne vont nulle part; ils passent et ils repassent.

---

[1] De Langlée, dont il a déjà été question au chapitre *des Biens de fortune :* « Il fut de toutes les parties, dit Saint-Simon, de toutes les fêtes, lié avec toutes les maîtresses, puis avec toutes les filles du roi, et tellement familier avec elles qu'il leur disait leurs vérités; il s'était rendu maître des modes, des fêtes, des goûts. » Mme de Sévigné écrit à sa fille:

Ne les retardez pas dans leur course précipitée, vous démonteriez leur machine; ne leur faites pas de questions, ou donnez-leur du moins le temps de respirer et de se ressouvenir qu'ils n'ont nulle affaire, qu'ils peuvent demeurer avec vous et longtemps, vous suivre même où il vous plaira de les emmener. Ils ne sont pas les *satellites de Jupiter*, je veux dire ceux qui pressent et qui entourent le prince mais ils l'annoncent et le précèdent; ils se lancent impétueusement dans la foule des courtisans; tout ce qui se trouve sur leur passage est en péril. Leur profession est d'être vus et revus, et ils ne se couchent jamais sans s'être acquittés d'un emploi si sérieux, et si utile à la république. Ils sont, au reste, instruits à fond de toutes les nouvelles indifférentes, et ils savent à la cour tout ce que l'on peut y ignorer : il ne leur manque aucun des talents nécessaires pour s'avancer médiocrement. Gens néanmoins éveillés et alertes sur tout ce qu'ils croient leur convenir, un peu entreprenants, légers et précipités; le dirai-je? ils portent au vent, attelés tous deux au char de la Fortune, et tous deux fort éloignés de s'y voir assis.

↳ Un homme de la cour qui n'a pas un assez beau nom, doit l'ensevelir sous un meilleur; mais, s'il l'a tel qu'il ose le porter, il doit alors insinuer qu'il est de tous les noms le plus illustre, comme sa maison de toutes les maisons la plus ancienne : il doit tenir aux PRINCES LORRAINS, aux ROHANS, aux CHASTILLONS, aux MONTMORENCIS, et, s'il se peut, aux PRINCES DU SANG; ne parler que de ducs, de cardinaux et de ministres; faire entrer dans toutes les conversations ses aïeuls paternels et maternels, et y trouver place pour l'oriflamme et pour les croisades; avoir des salles parées d'arbres généalogiques, d'écussons chargés de seize quartiers, et de tableaux de ses ancêtres et des alliés de ses ancêtres; se piquer d'avoir un ancien château à tourelles, à créneaux et à mâchecoulis; dire en toute rencontre : *Ma race, ma branche, mon nom et mes armes*; dire de celui-ci qu'il n'est pas homme de qualité, de celle-là qu'elle n'est pas demoiselle; ou, si on lui dit qu'*Hyacinthe* a eu le gros lot, demander s'il est gentilhomme. Quelques-uns riront de ces contre-temps, mais il les laissera rire; d'autres en feront des contes, et il leur permettra de conter : il dira toujours qu'il marche après la maison régnante, et, à force de le dire, il sera cru.

↦ C'est une grande simplicité que d'apporter à la cour la moindre roture, et de n'y être pas gentilhomme.

↦ L'on se couche à la cour et l'on se lève sur l'intérêt : c'est ce que l'on digère le matin et le soir, le jour et la nuit; c'est ce qui fait que l'on pense, que l'on parle, que l'on se tait, que l'on agit; c'est dans cet esprit qu'on aborde les uns et qu'on néglige les autres, que l'on monte et l'on descend; c'est sur cette règle que l'on mesure ses soins, ses complaisances, son estime, son indifférence, son mépris. Quelques pas que quelques-uns fassent par vertu vers la modération et la sagesse, un premier mobile d'ambition les emmène avec les plus avares, les plus violents dans leurs désirs, et les plus ambitieux : quel moyen de demeurer immobile où tout marche, où tout se remue, et de ne pas courir où les autres courent? On croit même être responsable à soi-même de son élévation et de sa fortune : celui qui ne l'a point faite à la cour est censé ne l'avoir pas dû faire on n'en appelle pas. Cependant s'en éloignera-t-on avant d'en avoir tiré le moindre fruit, ou persistera-t-on à y demeurer sans grâces et sans récompenses? question si épineuse, si embarrassée, et d'une si pénible décision, qu'un nombre infini de courtisans vieillissent sur le oui et sur le non, et meurent dans le doute.

↦ Il n'y a rien à la cour de si méprisable et de si indigne qu'un homme qui ne peut contribuer en rien à notre fortune : je m'étonne qu'il ose se montrer.

↦ Celui qui voit loin derrière soi un homme de son temps et de sa condition, avec qui il est venu à la cour la première fois, s'il croit avoir une raison solide d'être prévenu de son propre mérite et de s'estimer davantage que cet autre qui est demeuré en chemin, ne se souvient plus de ce qu'avant sa faveur il pensait de soi-même et de ceux qui l'avaient devancé.

↦ C'est beaucoup tirer de notre ami, si, ayant monté à une grande faveur, il est encore un homme de notre connaissance.

↦ Si celui qui est en faveur ose s'en prévaloir avant qu'elle lui échappe, s'il se sert d'un bon vent qui souffle pour faire son chemin, s'il a les yeux ouverts sur tout ce qui vaque, poste, abbaye, pour les demander et les obtenir, et qu'il soit muni de pensions, de brevets et de survivances, vous lui reprochez son avidité et son ambition; vous dites que tout le tente, que tout lui est propre, aux siens, à ses créatures, et que, par le nombre et la diversité des grâces dont il se trouve comblé, lui seul a fait plusieurs fortunes. Cependant qu'a-t-il dû faire? Si j'en juge moins par vos discours que par le parti que vous auriez pris vous-même en pareille situation, c'est ce qu'il a fait.

L'on blâme les gens qui font une grande fortune pendant qu'ils en ont les occasions, parce que l'on désespère, par la médiocrité de la sienne, d'être jamais en état de faire comme eux, et de s'attirer ce reproche. Si l'on était à portée de leur succéder, l'on commencerait à sentir qu'ils ont moins de tort, et l'on serait plus retenu, de peur de prononcer d'avance sa condamnation.

↦ Il ne faut rien exagérer, ni dire des cours le mal qui n'y est point : l'on n'y attente rien de pis contre le vrai mérite que de le laisser quelquefois sans récompense; on ne l'y méprise pas toujours : quand on a pu une fois le discerner, on l'oublie; et c'est là où l'on sait parfaitement ne faire rien, ou faire très-peu de chose, pour ceux que l'on estime beaucoup.

↳ Il est difficile à la cour que, de toutes les pièces que l'on emploie à l'édifice de sa fortune, il n'y en ait quelqu'une qui porte à faux : l'un de mes amis qui a promis de parler ne parle point; l'autre parle mollement; il échappe à un troisième de parler contre mes intérêts et contre ses intentions : à celui-là manque la bonne volonté, à celui-ci l'habileté et la prudence; tous n'ont pas assez de plaisir à me voir heureux pour contribuer de tout leur pouvoir à me rendre tel. Chacun se souvient assez de tout ce que son établissement lui a coûté à faire, ainsi que des secours qui lui en ont frayé le chemin : on serait même assez porté à justifier les services qu'on a reçus des uns par ceux qu'en de pareil besoins on rendrait aux autres, si le premier et l'unique soin qu'on a, après sa fortune faite, n'était pas de songer à soi.

↳ Les courtisans n'emploient pas ce qu'ils ont d'esprit, d'adresse et de finesse, pour trouver les expédients d'obliger ceux de leurs amis qui implorent leur secours, mais seulement pour leur trouver des raisons apparentes, de spécieux prétextes, ou ce qu'ils appellent une impossibilité de le pouvoir faire; et ils se persuadent d'être quittes par là en leur endroit de tous les devoirs de l'amitié ou de la reconnaissance.

Personne à la cour ne veut entamer; on s'offre d'appuyer, parce que, jugeant les autres par soi-même, on espère que nul n'entamera, et qu'on sera ainsi dispensé d'appuyer. C'est une manière douce et polie de refuser son crédit, ses offices et sa médiation à qui en a besoin.

↳ Combien de gens vous étouffent de caresses dans le particulier, vous aiment et vous estiment, qui sont embarrassés de vous dans le public, et qui, au lever ou à la messe, évitent vos yeux et votre rencontre! Il n'y a qu'un petit nombre de courtisans qui, par grandeur ou par une confiance qu'ils ont d'eux-mêmes, osent honorer devant le monde le mérite qui est seul et dénué de grands établissements.

↦ Je vois un homme entouré et suivi ; mais il est en place : j'en vois un autre que tout le monde aborde ; mais il est en faveur. Celui-ci est embrassé et caressé, même des grands ; mais il est riche. Celui-là est regardé de tous avec curiosité, on le montre du doigt ; mais il est savant et éloquent. J'en découvre un que personne n'oublie de saluer ; mais il est méchant. Je veux un homme qui soit bon, qui ne soit rien davantage, et qui soit recherché.

↦ Vient-on de placer quelqu'un dans un nouveau poste, c'est un débordement de louanges en sa faveur qui inonde les cours et la chapelle, qui gagne l'escalier, les salles, la galerie, tout l'appartement ; on en a au-dessus des yeux, on n'y tient pas. Il n'y a pas deux voix différentes sur ce personnage ; l'envie, la jalousie, parlent comme l'adulation : tous se laissent entraîner au torrent qui les emporte qui les force de dire d'un homme ce qu'ils en pensent ou ce qu'ils n'en pensent pas, comme de louer souvent celui qu'ils ne connaissent point. L'homme d'esprit, de mérite ou de valeur, devient en un instant un génie du premier ordre, un héros, un demi-dieu. Il est si prodigieusement flatté dans toutes les peintures que l'on fait de lui, qu'il paraît difforme près de ses portraits ; il lui est impossible d'arriver jamais jusqu'où la bassesse et la complaisance viennent de le porter ; il rougit de sa propre réputation. Commence-t-il à chanceler dans ce poste où on l'avait mis, tout le monde passe facilement à un autre avis : en est-il entièrement déchu, les machines qui l'avaient guindé si haut par l'applaudissement et les éloges sont encore toutes dressées pour le faire tomber dans le dernier mépris[1] ; je veux dire qu'il n'y en a point

---

[1] Allusion à la disgrâce imméritée du maréchal de Luxembourg.

qui le dédaignent mieux, qui le blâment plus aigrement, et qui en disent plus de mal que ceux qui s'étaient comme dévoués à la fureur d'en dire du bien.

↳ Je crois pouvoir dire d'un poste éminent et délicat, qu'on y monte plus aisément qu'on ne s'y conserve.

↳ L'on voit des hommes tomber d'une haute fortune par les mêmes défauts qui les y avaient fait monter.

↳ Il y a dans les cours deux manières de ce que l'on appelle congédier son monde ou se défaire des gens : se fâcher contre eux, ou faire si bien qu'ils se fâchent contre vous et s'en dégoûtent.

↳ L'on dit à la cour du bien de quelqu'un pour deux raisons : la première, afin qu'il apprenne que nous disons du bien de lui ; la seconde, afin qu'il en dise de nous.

↳ Il est aussi dangereux à la cour de faire les avances, qu'il est embarrassant de ne les point faire.

↳ Il y a des gens à qui ne connaître point le nom et le visage d'un homme est un titre pour en rire et le mépriser. Ils demandent qui est cet homme ; ce n'est ni *Rousseau*, ni un *Fabry*[1], ni *la Couture*[2] ; ils ne pourraient le méconnaître.

↳ L'on me dit tant de mal de cet homme, et j'y en vois si peu, que je commence à soupçonner qu'il n'ait un mérite importun, qui éteigne celui des autres.

↳ Vous êtes homme de bien, vous ne songez ni à plaire ni à déplaire aux favoris, uniquement attaché à votre maître et à votre devoir : vous êtes perdu.

↳ On n'est point effronté par choix, mais par complexion ;

---

[1] Brûlé il y a vingt ans. (*Note de l'auteur.*)
[2] « *La Couture*, tailleur d'habits de Mᵐᵉ la Dauphine. Il était devenu fou, et sur ce pied il demeurait à la cour et y faisait des contes fort extravagants. Il allait souvent à la toilette de Mᵐᵉ la Dauphine. »

c'est un vice de l'être, mais naturel. Celui qui n'est pas né tel est modeste, et ne passe pas aisément de cette extrémité à l'autre. C'est une leçon assez inutile que de lui dire : Soyez effronté et vous réussirez. Une mauvaise imitation ne lui profiterait pas, et le ferait échouer. Il ne faut rien de moins dans les cours qu'une vraie et naïve impudence pour réussir.

↦ On cherche, on s'empresse, on brigue, on se tourmente, on demande, on est refusé, on demande et on obtient, mais, dit-on, sans l'avoir demandé, et dans le temps que l'on n'y pensait pas et que l'on songeait même à toute autre chose : vieux style, menterie innocente, et qui ne trompe personne.

↦ On fait sa brigue pour parvenir à un grand poste, on prépare toutes ses machines, toutes les mesures sont bien prises, et l'on doit être servi selon ses souhaits; les uns doivent entamer, les autres appuyer; l'amorce est déjà conduite, et la mine prête à jouer : alors on s'éloigne de la cour. Qui oserait soupçonner *d'Artemon* qu'il ait pensé à se mettre dans une si belle place, lorsqu'on le tire de sa terre ou de son gouvernement pour l'y faire asseoir? Artifice grossier, finesses usées, et dont le courtisan s'est servi tant de fois, que, si je voulais donner le change à tout le public et lui dérober mon ambition, je me trouverais sous l'œil et sous la main du prince, pour recevoir de lui la grâce que j'aurais recherchée avec le plus d'emportement.

↦ Les hommes ne veulent pas que l'on découvre les vues qu'ils ont sur leur fortune, ni que l'on pénètre qu'ils pensent à une telle dignité, parce que, s'ils ne l'obtiennent point, il y a de la honte, se persuadent-ils, à être refusés ; et s'ils y parviennent, il y a plus de gloire pour eux d'en être crus dignes par celui qui la leur accorde, que de s'en juger dignes eux-mêmes par leurs brigues et par leurs cabales : ils se trouvent parés tout à la fois de leur dignité et de leur modestie.

Quelle plus grande honte y a-t-il d'être refusé d'un poste que l'on mérite ou d'y être placé sans le mériter?

Quelques grandes difficultés qu'il y ait à se placer à la cour, il est encore plus âpre et plus difficile de se rendre digne d'être placé.

Il coûte moins à faire dire de soi : Pourquoi a-t-il obtenu ce poste? qu'à faire demander : Pourquoi ne l'a-t-il pas obtenu?

L'on se présente encore pour les charges de ville, l'on postule une place dans l'Académie française; l'on demandait le consulat : quelle moindre raison y aurait-il de travailler les premières années de sa vie à se rendre capable d'un grand emploi, et de demander ensuite sans nul mystère et sans nulle intrigue, mais ouvertement et avec confiance, d'y servir sa patrie, son prince, la république?

☞ Je ne vois aucun courtisan à qui le prince vienne d'accorder un bon gouvernement, une place éminente ou une forte pension, qui n'assure, par vanité ou pour marquer son désintéressement, qu'il est bien moins content du don que de la manière dont il lui a été fait. Ce qu'il y a en cela de sûr et d'indubitable, c'est qu'il le dit ainsi.

C'est rusticité que de donner de mauvaise grâce : le plus fort et le plus pénible est de donner; que coûte-t-il d'y ajouter un sourire?

Il faut avouer néanmoins qu'il s'est trouvé des hommes qui refusaient plus honnêtement que d'autres ne savaient donner; qu'on a dit de quelques-uns qu'ils se faisaient si longtemps prier, qu'ils donnaient si sèchement, et chargeaient une grâce qu'on leur arrachait de conditions si désagréables, qu'une plus grande grâce était d'obtenir d'eux d'être dispensé de rien recevoir[1].

---

[1] Mazarin offensait en donnant, bien différent en cela de Richelieu, qui savait refuser sans déplaire.

↦ L'on remarque dans les cours des hommes avides qui se revêtent de toutes les conditions pour en avoir les avantages : gouvernement, charge, bénéfice, tout leur convient; ils se sont si bien ajustés que, par leur état, ils deviennent capables de toutes les grâces; ils sont *amphibies*, ils vivent de l'Église et de l'épée [1], et auront le secret d'y joindre la robe. Si vous demandez : Que font ces gens à la cour? ils reçoivent, et envient tous ceux à qui l'on donne.

↦ Mille gens à la cour y traînent leur vie à embrasser, serrer et congratuler ceux qui reçoivent, jusqu'à ce qu'ils y meurent sans rien avoir.

↦ *Ménophile* emprunte ses mœurs d'une profession, et d'une autre son habit; il masque toute l'année, quoique à visage découvert; il paraît à la cour, à la ville, ailleurs, toujours sous un certain nom et sous le même déguisement. On le reconnaît, et on sait quel il est à son visage.

↦ Il y a pour arriver aux dignités ce qu'on appelle la grande voie ou le chemin battu; il y a le chemin détourné ou de traverse, qui est le plus court.

↦ L'on court les malheureux pour les envisager; l'on se range en haie, ou l'on se place aux fenêtres, pour observer les traits et la contenance d'un homme qui est condamné, et qui sait qu'il va mourir : vaine, maligne, inhumaine curiosité! Si les hommes étaient sages, la place publique serait abandonnée, et il serait établi qu'il y aurait de l'ignominie seulement à voir de tels spectacles. Si vous êtes si touchés de curiosité, exercez-la du moins en un sujet noble : voyez un heureux contemplez-le dans le jour même où il a été nommé à un nouveau poste, et qu'il en reçoit les compliments; lisez dans ses yeux, et au travers d'un calme étudié et d'une feinte modestie, combien il est content et

---

[1] M. de Villeroi, archevêque de Lyon, qui en était aussi gouverneur, ou le chevalier Hautefeuille, ambassadeur de Malte.

pénétré de soi-même ; voyez quelle sérénité cet accomplissement de ses désirs répand dans son cœur et sur son visage ; comme il ne songe plus qu'à vivre et à avoir de la santé ; comme ensuite sa joie lui échappe et ne peut plus se dissimuler ; comme il plie sous le poids de son bonheur ; quel air froid et sérieux il conserve pour ceux qui ne sont plus ses égaux ; il ne leur répond pas, il ne les voit pas : les embrassements et les caresses des grands, qu'il ne voit plus de si loin, achèvent de lui nuire ; il se déconcerte, il s'étourdit, c'est une courte aliénation. Vous voulez être heureux, vous désirez des grâces ; que de choses pour vous à éviter !

↦ Un homme qui vient d'être placé ne se sert plus de sa raison et de son esprit pour régler sa conduite et ses dehors à l'égard des autres ; il emprunte sa règle de son poste et de son état : de là l'oubli, la fierté, l'arrogance, la dureté, l'ingratitude.

↦ *Théonas*, abbé depuis trente ans, se lassait de l'être. On a moins d'ardeur et d'impatience de se voir habillé de pourpre, qu'il en avait de porter une croix d'or sur sa poitrine ; et parce que les grandes fêtes se passaient toujours sans rien changer à sa fortune, il murmurait contre le temps présent, trouvait l'État mal gouverné, et n'en prédisait rien que de sinistre. Convenant en son cœur que le mérite est dangereux dans les cours à qui veut s'avancer, il avait enfin pris son parti, et renoncé à la prélature, lorsque quelqu'un accourt lui dire qu'il est nommé à un évêché. Rempli de joie et de confiance sur une nouvelle si peu attendue : Vous verrez, dit-il, que je n'en demeurerai pas là, et qu'ils me feront archevêque.

↦ Il faut des fripons à la cour auprès des grands et des ministres, même les mieux intentionnés ; mais l'usage en est délicat, et il faut savoir les mettre en œuvre : il y a des temps et des occasions où ils ne peuvent être suppléés par d'autres. Honneur, vertu, conscience, qualités toujours respectables, souvent inutiles : que voulez-vous quelquefois que l'on fasse d'un homme de bien?

↦ Un vieil auteur, et dont j'ose rapporter ici les propres termes, de peur d'en affaiblir le sens par ma traduction, dit que *s'élongner des petits, voire de ses pareils, et iceulx vilainer et dépriser; s'accointer de grands et puissans en tous biens et chevances, et en cette leur cointise et privauté estre de tous ébats, gabs, mommeries, et vilaines besoignes; estre eshonté, saffranier et sans point de vergogne; endurer brocards et gausseries de tous chacuns, sans pour ce feindre de cheminer en avant, et à tout son entregent, engendre heur et fortune*[1].

↦ Jeunesse du prince, source des belles fortunes.

↦ *Timante*[2], toujours le même, et sans rien perdre de ce mérite qui lui a attiré la première fois de la réputation et des récompenses, ne laissait pas de dégénérer dans l'esprit des courtisans : ils étaient las de l'estimer; ils le saluaient froidement, ils ne lui souriaient plus, ils commençaient à ne le plus joindre, ils ne l'embrassaient plus, ils ne le tiraient plus à l'écart pour lui parler mystérieusement d'une chose indifférente, ils n'avaient plus rien à lui dire. Il lui fallait cette pension ou ce nouveau poste dont il vient d'être honoré pour faire revivre ses vertus à demi effacées de leur mémoire, et en rafraîchir l'idée : ils lui font comme dans les commencements, et encore mieux.

↦ Que d'amis, que de parents naissent en une nuit au nouveau ministre! Les uns font valoir leurs anciennes liaisons, leur société d'études, les droits du voisinage; les au-

---

[1] Auger pense que la citation est simulée, et que la Bruyère a fait un *pastiche*, comme déjà, dans un chapitre précédent, il s'est amusé à imiter Montaigne.

[2] De Pompone, disgracié depuis la paix de Nimègue, et rappelé à la mort de Louvois.

tres feuillettent leur généalogie, remontent jusqu'à un trisaïeul, rappellent le côté paternel et le maternel : l'on veut tenir à cet homme par quelque endroit, et l'on dit plusieurs fois le jour que l'on y tient; on l'imprimerait volontiers : *C'est mon ami, et je suis fort aise de son élévation; j'y dois prendre part, il m'est assez proche*[1]. Hommes vains et dévoués à la fortune, fades courtisans, parliez-vous ainsi il y a huit jours? Est-il devenu, depuis ce temps, plus homme de bien, plus digne du choix que le prince en vient de faire? Attendiez-vous cette circonstance pour le mieux connaître?

↦ Ce qui me soutient et me rassure contre les petits dédains que j'essuie quelquefois des grands et de mes égaux, c'est que je me dis à moi-même : Ces gens n'en veulent peut-être qu'à ma fortune, et ils ont raison; elle est bien petite. Ils m'adoreraient sans doute si j'étais ministre.

Dois-je bientôt être en place? le sait-il? est-ce en lui un pressentiment? il me prévient, il me salue.

↦ Celui qui dit : *Je dînai hier à Tibur*, ou : *J'y soupe ce soir*, qui le répète, qui fait entrer dix fois le nom de *Plancus*[2] dans les moindres conversations, qui dit : *Plancus me demandait... Je disais à Plancus...*, celui-là même apprend dans ce moment que son héros vient d'être enlevé par une mort extraordinaire. Il part de la main[3], il rassemble le peuple dans les places ou sous les portiques, accuse le mort, décrie sa conduite, dénigre son consulat, lui ôte jusqu'à la science des détails que la voix publique lui accorde, ne lui passe point une mémoire heureuse, lui refuse l'éloge d'un

---

[1] Le maréchal de Villeroi, lors de l'élévation de M. Pelletier au contrôle général, s'écria qu'il en était ravi, parce qu'ils étaient parents, bien que cela ne fût pas vrai.

[2] *Tibur* désigne Meudon, et *Plancus* Louvois, qui mourut en 1691. Le passage parut pour la première fois dans la septième édition des *Caractères* en 1692.

[3] *Partir de la main*, terme de manège, se dit d'un cheval qui part légèrement.

homme sévère et laborieux, ne lui fait pas l'honneur de lui croire, parmi les ennemis de l'empire, un ennemi.

⸺ Un homme de mérite se donne, je crois, un joli spectacle, lorsque la même place à une assemblée, ou à un spectacle, dont il est refusé, il la voit accorder à un homme qui n'a point d'yeux pour voir, ni d'oreilles pour entendre, ni d'esprit pour connaître et pour juger; qui n'est recommandable que par de certaines livrées, que même il ne porte plus.

⸺ *Théodote*, avec un habit austère, a un visage comique, et d'un homme qui entre sur la scène : sa voix, sa démarche, son geste, son attitude, accompagnent son visage; il est fin, *cauteleux*, doucereux, mystérieux; il s'approche de vous, et il vous dit à l'oreille : *Voilà un beau temps; voilà un grand dégel.* S'il n'a pas les grandes manières, il a du moins toutes les petites, et celles même qui ne conviennent guère qu'à une jeune précieuse [1]. Imaginez-vous l'application d'un enfant à élever un château de cartes ou à se saisir d'un papillon, c'est celle de Théodote pour une affaire de rien, et qui ne mérite pas qu'on s'en remue : il la traite sérieusement, et comme quelque chose qui est capital; il agit, il s'empresse, il la fait réussir : le voilà qui respire et qui se repose, et il a raison; elle lui a coûté beaucoup de peine. L'on voit des gens enivrés, ensorcelés de la faveur; ils y pensent le jour, ils y rêvent la nuit; ils montent l'escalier d'un ministre, et ils en descendent; ils sortent de son antichambre, et ils y rentrent; ils n'ont rien à lui dire, et ils lui parlent; ils lui parlent une seconde fois : les voilà contents, ils lui ont parlé. Pressez-les, tordez-les, ils dégouttent l'orgueil, l'arrogance, la présomption. Vous leur adressez la parole, ils ne vous répondent point, ils ne vous connaissent point, ils ont les yeux égarés et l'esprit aliéné :

---

[1] On applique ce portrait à l'abbé de Choisy.

c'est à leurs parents à en prendre soin et à les renfermer, de peur que leur folie ne devienne fureur, et que le monde n'en souffre. Théodote a une plus douce manie : il aime la faveur éperdument; mais sa passion a moins d'éclat; il lui fait des vœux en secret, il la cultive, il la sert mystérieusement; il est au guet et à la découverte sur tout ce qui paraît de nouveau avec les livrées de la faveur ; ont-ils une prétention, il s'offre à eux, il s'intrigue pour eux, il leur sacrifie sourdement mérite, alliance, amitié, engagement, reconnaissance. Si la place d'un Cassini devenait vacante, et que le suisse ou le postillon du favori s'avisât de la demander, il appuierait sa demande, il le jugerait digne de cette place, il le trouverait capable d'observer et de calculer, de parler de parélies et de parallaxes. Si vous demandiez de Théodote s'il est auteur ou plagiaire, original ou copiste, je vous donnerais ses ouvrages, et je vous dirais : Lisez, et jugez; mais s'il est dévot ou courtisan, qui pourrait le décider sur le portrait que j'en viens de faire? Je prononcerais plus hardiment sur son étoile. Oui, Théodote, j'ai observé le point de votre naissance; vous serez placé, et bientôt. Ne veillez plus, n'imprimez plus; le public vous demande quartier.

↳ N'espérez plus de candeur, de franchise, d'équité, de bons offices, de services, de bienveillance, de générosité, de fermeté, dans un homme qui s'est depuis quelque temps livré à la cour, et qui secrètement veut sa fortune. Le reconnaissez-vous à son visage, à ses entretiens? Il ne nomme plus chaque chose par son nom : il n'y a plus pour lui de fripons, de fourbes, de sots et d'impertinents; celui dont il lui échapperait de dire ce qu'il en pense est celui-là même qui, venant à le savoir, l'empêcherait de *cheminer*. Pensant mal de tout le monde, il n'en dit de personne; ne voulant du bien qu'à lui seul, il veut persuader qu'il en veut à tous, afin que tous lui en fassent, ou que nul du moins lui soit contraire. Non content de n'être pas sincère, il ne souffre pas que personne le soit; la vérité blesse son oreille. Il est froid et indifférent sur les observations que l'on fait sur la cour et sur le courtisan; et, parce qu'il les a entendues, il s'en croit complice et responsable. Tyran de la société et martyr de son ambition, il a une triste circonspection dans sa conduite et dans ses discours, une raillerie innocente, mais froide et contrainte, un ris forcé, des caresses contrefaites, une conversation interrompue et des distractions fréquentes. Il a une profusion, le dirai-je? des torrents de louanges pour ce qu'a fait ou ce qu'a dit un homme placé et qui est en faveur, et pour tout autre une sécheresse de pulmonique; il a des formules de compliments différents pour l'entrée et pour la sortie à l'égard de ceux qu'il visite ou dont il est visité; et il n'y a personne de ceux qui se payent de mines et de façons de parler qui ne sorte d'avec lui fort satisfait. Il vise également à se faire des patrons et des créatures; il est médiateur, confident, entremetteur : il veut gouverner. Il a une ferveur de novice pour toutes les petites pratiques de cour; il sait où il faut se placer pour être vu; il sait vous embrasser, prendre part à votre joie, vous faire coup sur coup des questions empressées sur votre santé, sur vos affaires; et, pendant que vous lui répondez, il perd le fil de sa curiosité, vous interrompt, entame un autre sujet; ou, s'il survient quelqu'un à qui il doive un discours tout différent, il sait, en achevant de vous congratuler, lui faire un compliment de condoléance; il pleure d'un œil, et il rit de l'autre. Se formant quelquefois sur les ministres ou sur le favori, il parle en public de choses frivoles, du vent, de la gelée; il se tait au contraire, et fait le mystérieux sur ce qu'il sait de plus important, et plus volontiers encore sur ce qu'il ne sait point.

⤞ Il y a un pays [1] où les joies sont visibles, mais fausses,

---

[1] La cour.

et les chagrins cachés, mais réels. Qui croirait que l'empressement pour les spectacles, que les éclats et les applaudissements aux théâtres de Molière et d'Arlequin, les repas, la chasse, les ballets, les carrousels, couvrissent tant d'inquiétudes, de soins et de divers intérêts, tant de craintes et d'espérances, des passions si vives et des affaires si sérieuses?

↦ La vie de la cour est un jeu sérieux, mélancolique, qui applique. Il faut arranger ses pièces et ses batteries, avoir un dessein, le suivre, parer celui de son adversaire, hasarder quelquefois, et jouer de caprice; et après toutes ses rêveries et toutes ses mesures on est échec, quelquefois mat. Souvent, avec des pions qu'on ménage bien, on va à dame, et l'on gagne la partie : le plus habile l'emporte, ou le plus heureux.

↦ Les roues, les ressorts, les mouvements, sont cachés : rien ne paraît d'une montre que son aiguille, qui insensiblement s'avance et achève son tour : image du courtisan, d'autant plus parfaite qu'après avoir fait assez de chemin, il revient souvent au même point d'où il est parti.

↦ Les deux tiers de ma vie sont écoulés; pourquoi tant m'inquiéter sur ce qui m'en reste? La plus brillante fortune ne mérite point ni le tourment que je me donne, ni les petitesses où je me surprends, ni les humiliations, ni les hontes que j'essuie. Trente années détruiront ces colosses de puissance qu'on ne voyait bien qu'à force de lever la tête : nous disparaîtrons, moi qui suis si peu de chose, et ceux que je contemplais si avidement, et de qui j'espérais toute ma grandeur. Le meilleur de tous les biens, s'il y a des biens, c'est le repos, la retraite, et un endroit qui soit son domaine. N*** a pensé cela dans sa disgrâce, et l'a oublié dans la prospérité.

↦ Un noble, s'il vit chez lui dans sa province, il vit libre, mais sans appui; s'il vit à la cour, il est protégé, mais il est esclave : cela se compense.

↦ *Xantippe*[1], au fond de sa province, sous un vieux toit et dans un mauvais lit, a rêvé pendant la nuit qu'il voyait le prince, qu'il lui parlait, et qu'il en ressentait une extrême joie. Il a été triste à son réveil ; il a conté son songe, et il a dit : Quelles chimères ne tombent point dans l'esprit des hommes pendant qu'ils dorment ! Xantippe a continué de vivre : il est venu à la cour, il a vu le prince, il lui a parlé ; et il a été plus loin que son songe, il est favori.

↦ Qui est plus esclave qu'un courtisan assidu, si ce n'est un courtisan plus assidu ?

↦ L'esclave n'a qu'un maître ; l'ambitieux en a autant qu'il y a de gens utiles à sa fortune.

↦ Mille gens à peine connus font la foule au lever pour être vus du prince, qui n'en saurait voir mille à la fois ; et, s'il ne voit aujourd'hui que ceux qu'il vit hier et qu'il verra demain, combien de malheureux !

↦ De tous ceux qui s'empressent auprès des grands et qui leur font la cour, un petit nombre les honore dans le cœur, un grand nombre les recherche par des vues d'ambition et d'intérêt, un plus grand nombre par une ridicule vanité, ou par une sotte impatience de se faire voir.

↦ Il y a de certaines familles qui, par les lois du monde ou ce qu'on appelle de la bienséance, doivent être irréconciliables. Les voilà réunies ; et où la religion a échoué quand elle a voulu l'entreprendre, l'intérêt s'en joue, et le fait sans peine.

↦ L'on parle d'une région où les vieillards sont galants, polis et civils ; les jeunes gens, au contraire, durs, féroces, sans mœurs ni politesse : ils se trouvent affranchis de la passion des femmes dans un âge où l'on commence ailleurs à la sentir ; ils leur préfèrent des repas, des viandes, et des

---

[1] Bontems, valet de chambre du roi gouverneur de Versailles.

amours ridicules. Celui-là, chez eux, est sobre et modéré, qui ne s'enivre que de vin : l'usage trop fréquent qu'ils en ont fait le leur a rendu insipide. Ils cherchent à réveiller leur goût déjà éteint par des eaux-de-vie, et par toutes les liqueurs les plus violentes ; il ne manque à leur débauche que de boire de l'eau-forte. Les femmes du pays précipitent le déclin de leur beauté par des artifices qu'elles croient servir à les rendre belles : leur coutume est de peindre leurs lèvres, leurs joues, leurs sourcils et leurs épaules, qu'elles étalent avec leur gorge, leurs bras et leurs oreilles, comme si elles craignaient de cacher l'endroit par où elles pourraient plaire, ou de ne pas se montrer assez. Ceux qui habitent cette contrée ont une physionomie qui n'est pas nette, mais confuse, embarrassée dans une épaisseur de cheveux étrangers qu'ils préfèrent aux naturels, et dont ils font un long tissu pour couvrir leur tête : il descend à la moitié du corps, change les traits, et empêche qu'on ne connaisse les hommes à leur visage. Ces peuples d'ailleurs ont leur dieu et leur roi. Les grands de la nation s'assemblent tous les jours, à une certaine heure, dans un temple qu'ils nomment église. Il y a au fond de ce temple un autel consacré à leur dieu, où un prêtre célèbre des mystères, qu'ils appellent saints, sacrés et redoutables. Les grands forment un vaste cercle au pied de cet autel, et paraissent debout, le dos tourné directement au prêtre et aux saints mystères, et les faces élevées vers leur roi, que l'on voit à genoux sur une tribune, et à qui ils semblent avoir tout l'esprit et tout le cœur appliqués. On ne laisse pas de voir dans cet usage une espèce de subordination ; car ce peuple paraît adorer le prince, et le prince adorer Dieu. Les gens du pays le nomment *** ; il est à quelque quarante-huit degrés d'élévation du pôle, et à plus d'onze cents lieues de mer des Iroquois et des Hurons [1]

---

[1] Versailles. — La cour

↦ Qui considérera que le visage du prince fait toute la félicité du courtisan, qu'il s'occupe et se remplit pendant toute sa vie de le voir et d'en être vu, comprendra un peu comment voir Dieu peut faire toute la gloire et tout le bonheur des saints.

↦ Les grands seigneurs sont pleins d'égards pour les princes : c'est leur affaire ; ils ont des inférieurs. Les petits courtisans se relâchent sur ces devoirs, font les familiers, et vivent comme gens qui n'ont d'exemples à donner à personne.

↦ Que manque-t-il de nos jours à la jeunesse? Elle peut et elle sait; ou du moins quand elle saurait autant qu'elle peut, elle ne serait pas plus décisive.

↦ Faibles hommes! Un grand dit de *Timagène,* votre ami, qu'il est un sot, et il se trompe. Je ne demande pas que vous répliquiez qu'il est homme d'esprit; osez seulement penser qu'il n'est pas un sot.

De même il prononce d'*Iphicrate* qu'il manque de cœur. Vous lui avez vu faire une belle action. Rassurez-vous; je vous dispense de la raconter, pourvu qu'après ce que vous venez d'entendre, vous vous souveniez encore de la lui avoir vu faire.

↦ Qui sait parler aux rois, c'est peut-être où se termine toute la prudence et toute la souplesse du courtisan. Une parole échappe, et elle tombe de l'oreille du prince bien avant dans sa mémoire, et quelquefois jusque dans son cœur : il est impossible de la ravoir; tous les soins que l'on prend et toute l'adresse dont on use pour l'expliquer ou pour l'affaiblir, servent à la graver plus profondément et à l'enfoncer davantage. Si ce n'est que contre nous-mêmes que nous ayons parlé, outre que ce malheur n'est pas ordinaire, il y a encore un prompt remède, qui est de nous instruire par notre faute, et de souffrir la peine de notre légèreté; mais si c'est contre quelque autre, quel abattement! quel repentir! Y a-t-il une règle plus utile contre un si dangereux inconvénient, que de parler des autres au souverain, de leurs personnes, de leurs ouvrages, de leurs actions, de leurs mœurs ou de leur conduite, du moins avec l'attention, les précautions et les mesures dont on parle de soi?

↦ Diseurs de bons mots, mauvais caractère : je le dirais, s'il n'avait été dit[1]. Ceux qui nuisent à la réputation ou à la fortune des autres, plutôt que de perdre un bon mot, méritent une peine infamante. Cela n'a pas été dit, et je l'ose dire.

↦ Il y a un certain nombre de phrases toutes faites, que l'on prend comme dans un magasin, et dont l'on se sert pour se féliciter les uns les autres sur les événements. Bien qu'elles se disent souvent sans affection et qu'elles soient reçues sans reconnaissance, il n'est pas permis avec cela de les omettre, parce que du moins elles sont l'image de ce qu'il y a au monde de meilleur, qui est l'amitié, et que les hommes, ne pouvant guère compter les uns sur les autres pour la réalité, semblent être convenus entre eux de se contenter des apparences.

↦ Avec cinq ou six termes de l'art, et rien de plus, l'on se donne pour connaisseur en musique, en tableaux, en bâtiments et en bonne chère : l'on croit avoir plus de plaisir qu'un autre à entendre, à voir, et à manger; l'on impose à ses semblables, et l'on se trompe soi-même.

↦ La cour n'est jamais dénuée d'un certain nombre de gens en qui l'usage du monde, la politesse ou la fortune tiennent lieu d'esprit, et suppléent au mérite. Ils savent entrer et sortir; ils se tirent de la conversation en ne s'y mêlant point; ils plaisent à force de se taire, et se rendent importants par un silence longtemps soutenu, ou tout au

---

[1] Par Pascal, dans ses *Pensées*.

plus par quelques monosyllabes; ils paient de mines, d'une inflexion de voix, d'un geste et d'un sourire : ils n'ont pas, si je l'ose dire, deux pouces de profondeur; si vous les enfoncez, vous rencontrez le tuf.

↦ Il y a des gens à qui la faveur arrive comme un accident; ils en sont les premiers surpris et consternés : ils se reconnaissent enfin, et se trouvent dignes de leur étoile, et comme si la stupidité et la fortune étaient deux choses incompatibles, ou qu'il fût impossible d'être heureux et sot tout à la fois, ils se croient de l'esprit; ils hasardent, que dis-je? ils ont la confiance de parler en toute rencontre, et sur quelque matière qui puisse s'offrir, et sans nul discernement, des personnes qui les écoutent. Ajouterai-je qu'ils épouvantent ou qu'ils donnent le dernier dégoût par leur fatuité et par leurs fadaises? Il est vrai du moins qu'ils déshonorent sans ressource ceux qui ont quelque part au hasard de leur élévation.

↦ Comment nommerai-je cette sorte de gens qui ne sont fins que pour les sots ? Je sais du moins que les habiles les confondent avec ceux qu'ils savent tromper.

C'est avoir fait un grand pas dans la finesse, que de faire penser de soi que l'on n'est que médiocrement fin.

La finesse n'est ni une trop bonne ni une trop mauvaise qualité; elle flotte entre le vice et la vertu : il n'y a poin de rencontre où elle ne puisse, et peut-être où elle ne doive être suppléée par la prudence.

La finesse est l'occasion prochaine de la fourberie; de l'un à l'autre le pas est glissant; le mensonge seul en fait la différence : si on l'ajoute à la finesse, c'est fourberie.

Avec les gens qui, par finesse, écoutent tout et parlent peu, parlez encore moins; ou si vous parlez beaucoup, dites peu de chose.

↦ Vous dépendez, dans une affaire qui est juste et importante, du consentement de deux personnes. L'un vous dit : J'y donne les mains pourvu qu'un tel y condescende ; et ce tel y condescend, et ne désire plus que d'être assuré des intentions de l'autre. Cependant rien n'avance ; les mois, les années s'écoulent inutilement. Je m'y perds, dites-vous, et je n'y comprends rien ; il ne s'agit que de faire qu'ils s'abouchent, et qu'ils se parlent. Je vous dis, moi, que j'y vois clair, et que j'y comprends tout : ils se sont parlé.

↦ Il me semble que qui sollicite pour les autres a la confiance d'un homme qui demande justice, et qu'en parlant ou en agissant pour soi-même on a l'embarras et la pudeur de celui qui demande grâce.

↦ Si l'on ne se précautionne à la cour contre les pièges que l'on y tend sans cesse pour faire tomber dans le ridicule, l'on est étonné, avec tout son esprit, de se trouver la dupe de plus sots que soi.

↦ Il y a quelques rencontres dans la vie où la vérité et la simplicité sont le meilleur manége du monde.

↦ Êtes-vous en faveur, tout manége est bon, vous ne faites point de fautes, tous les chemins vous mènent au terme : autrement, tout est faute, rien n'est utile, il n'y a point de sentier qui ne vous égare.

↦ Un homme qui a vécu dans l'intrigue un certain temps ne peut plus s'en passer ; toute autre vie pour lui est languissante.

↦ Il faut avoir de l'esprit pour être homme de cabale : l'on peut cependant en avoir à un certain point, que l'on est au-dessus de l'intrigue et de la cabale, et que l'on ne saurait s'y assujettir ; l'on va alors à une grande fortune ou à une haute réputation par d'autres chemins.

↦ Avec un esprit sublime, une doctrine universelle, une probité à toutes épreuves, et un mérite très-accompli, n'appréhendez pas, ô *Aristide*, de tomber à la cour ou de perdre la faveur des grands, pendant tout le temps qu'ils auront besoin de vous.

↦ Qu'un favori s'observe de fort près; car s'il me fait moins attendre dans son antichambre qu'à l'ordinaire, s'il a le visage plus ouvert, s'il fronce moins le sourcil, s'il m'écoute plus volontiers, et s'il me reconduit un peu plus loin, je penserai qu'il commence à tomber, et je penserai vrai.

L'homme a bien peu de ressources dans soi-même, puisqu'il lui faut une disgrâce ou une mortification pour le rendre plus humain, plus traitable, moins féroce, plus honnête homme.

↦ L'on contemple dans les cours de certaines gens, et l'on voit bien, à leur discours et à toute leur conduite, qu'ils ne songent ni à leurs grands-pères, ni à leurs petits-fils : le présent est pour eux; ils n'en jouissent pas, ils en abusent.

↦ *Straton* est né sous deux étoiles : malheureux, heureux dans le même degré. Sa vie est un roman : non, il lui manque le vraisemblable. Il n'a point eu d'aventures; il a eu de beaux songes, il en a eu de mauvais : que dis-je? on ne rêve point comme il a vécu. Personne n'a tiré d'une destinée plus qu'il a fait; l'extrême et le médiocre lui sont connus : il a brillé, il a souffert, il a mené une vie commune; rien ne lui est échappé. Il s'est fait valoir par des vertus qu'il assurait fort sérieusement qui étaient en lui; il a dit de soi : *J'ai de l'esprit, j'ai du courage;* et tous ont dit après lui : *Il a de l'esprit, il a du courage.* Il a exercé dans l'une et l'autre fortune le génie du courtisan, qui a dit de lui plus de bien peut-être et plus de mal qu'il n'y en avait. Le joli, l'aimable, le rare, le merveilleux, l'héroïque, ont été employés à son éloge; et tout le contraire a servi depuis pour le ravaler : caractère équivoque, mêlé, enveloppé; une énigme, une question presque indécise [1].

---

[1] Il s'agit de Lauzun, et Saint-Simon l'a reconnu lui-même : « Il

↦ La faveur met l'homme au-dessus de ses égaux ; et sa chute, au-dessous.

↦ Celui qui, un beau jour, sait renoncer fermement ou à un grand nom, ou à une grande autorité, ou à une grande fortune, se délivre en un moment de bien des peines, de bien des veilles, et quelquefois de bien des crimes.

↦ Dans cent ans, le monde subsistera encore en son entier ; ce sera le même théâtre et les mêmes décorations ; ce ne seront plus les mêmes acteurs. Tout ce qui se réjouit sur une grâce reçue, ou ce qui s'attriste et se désespère sur un refus, tous auront disparu de dessus la scène. Il s'avance déjà sur le théâtre d'autres hommes qui vont jouer dans une même pièce les mêmes rôles ; ils s'évanouiront à leur tour ; et ceux qui ne sont pas encore, un jour ne seront plus ; de nouveaux acteurs ont pris leur place. Quel fond à faire sur un personnage de comédie ?

↦ Qui a vu la cour a vu du monde ce qui est le plus beau, le plus spécieux et le plus orné : qui méprise la cour, après l'avoir vue, méprise le monde.

↦ La ville dégoûte de la province ; la cour détrompe de la ville, et guérit de la cour.

Un esprit sain puise à la cour le goût de la solitude et de la retraite.

été, dit-il, un personnage si extraordinaire et si unique en tout genre, que c'est avec beaucoup de raison que la Bruyère a dit de lui dans ses *Caractères*, qu'il n'était pas permis de rêver comme il a vécu. »

DES GRANDS.

La prévention du peuple en faveur des grands est si aveugle, et l'entêtement pour leur geste, leur visage, leur ton de voix et leurs manières si général, que, s'ils s'avisaient d'être bons, cela irait à l'idolâtrie.

↳ Si vous êtes né vicieux, ô *Théagène*[1], je vous plains ; si vous le devenez par faiblesse pour ceux qui ont intérêt que vous le soyez, qui ont juré entre eux de vous corrompre, et qui se vantent déjà de pouvoir y réussir, souffrez que je vous méprise. Mais si vous êtes sage, tempérant, modeste, civil, généreux, reconnaissant, laborieux, d'un rang d'ailleurs et d'une naissance à donner des exemples plutôt qu'à les prendre d'autrui, et à faire les règles plutôt qu'à les recevoir, convenez avec cette sorte de gens de suivre par complaisance leurs dérèglements, leurs vices et leur folie, quand ils auront, par la déférence qu'ils vous doivent, exercé toutes les vertus que vous chérissez ; ironie forte, mais utile, très-propre à mettre vos mœurs en sûreté, à renverser tous leurs projets, et à les jeter dans le parti de continuer d'être ce qu'ils sont, et de vous laisser tel que vous êtes.

↳ L'avantage des grands sur les autres hommes est immense par un endroit. Je leur cède leur bonne chère, leurs riches ameublements, leurs chiens, leurs chevaux, leurs singes, leurs nains, leurs fous et leurs flatteurs ; mais je leur envie le bonheur d'avoir à leur service des gens qui les égalent par le cœur et par l'esprit, et qui les passent quelquefois.

[1] Le grand prieur de Vendôme.

¶ Les grands se piquent d'ouvrir une allée dans une forêt, de soutenir des terres par de longues murailles, de dorer des plafonds, de faire venir dix pouces d'eau, de meubler une orangerie ; mais de rendre un cœur content, de combler une âme de joie, de prévenir d'extrêmes besoins ou d'y remédier, leur curiosité ne s'étend point jusque-là.

¶ On demande si, en comparant ensemble les différentes conditions des hommes, leurs peines, leurs avantages, on n'y remarquerait pas un mélange ou une espèce de compensation de bien et de mal qui établirait entre elles l'égalité, ou qui ferait du moins que l'une ne serait guère plus désirable que l'autre. Celui qui est puissant, riche, et à qui il ne manque rien, peut former cette question ; mais il faut que ce soit un homme pauvre qui la décide.

Il ne laisse pas d'y avoir comme un charme attaché à chacune des différentes conditions, et qui y demeure jusques à ce que la misère l'en ait ôté. Ainsi les grands se plaisent dans l'excès, et les petits aiment la modération : ceux-là ont le goût de dominer et de commander, et ceux-ci sentent du plaisir et même de la vanité à les servir et à leur obéir : les grands sont entourés, salués, respectés; les petits entourent, saluent, se prosternent ; et tous sont contents.

¶ Il coûte si peu aux grands à ne donner que des paroles, et leur condition les dispense si fort de tenir les belles promesses qu'ils vous ont faites, que c'est modestie à eux de ne promettre pas encore plus largement.

¶ Il est vieux et usé, dit un grand ; il s'est crevé à me suivre : qu'en faire? Un autre, plus jeune, enlève ses espérances, et obtient le poste qu'on ne refuse à ce malheureux que parce qu'il l'a trop mérité.

¶ Je ne sais, dites-vous avec un air froid et dédaigneux, *Philante* a du mérite, de l'esprit, de l'agrément, de l'exactitude sur son devoir, de la fidélité et de l'attachement pour son maître, et il en est médiocrement considéré ; il ne plaît pas, il n'est pas goûté. Expliquez-vous : est-ce Philante, ou le grand qu'il sert, que vous condamnez ?

↦ Il est souvent plus utile de quitter les grands que de s'en plaindre.

↦ Qui peut dire pourquoi quelques-uns ont le gros lot, ou quelques autres la faveur des grands ?

↦ Les grands sont si heureux, qu'ils n'essuient pas même, dans toute leur vie, l'inconvénient de regretter la perte de leurs meilleurs serviteurs, ou des personnes illustres dans leur genre, et dont ils ont tiré le plus de plaisir et le plus d'utilité. La première chose que la flatterie sait faire, après la mort de ces hommes uniques, et qui ne se réparent point, est de leur supposer des endroits faibles, dont elle prétend que ceux qui leur succèdent sont très-exempts : elle assure que l'un, avec toute la capacité et toutes les lumières de l'autre, dont il prend la place, n'en a point les défauts ; et ce style sert aux princes à se consoler du grand et de l'excellent par le médiocre.

↦ Les grands dédaignent les gens d'esprit qui n'ont que de l'esprit ; les gens d'esprit méprisent les grands qui n'ont que de la grandeur. Les gens de bien plaignent les uns et les autres, qui ont ou de la grandeur ou de l'esprit, sans nulle vertu.

↦ Quand je vois, d'une part, auprès des grands, à leur table, et quelquefois dans leur familiarité, de ces hommes alertes, empressés, intrigants, aventuriers, esprits dangereux et nuisibles, et que je considère, d'autre part, quelle peine ont les personnes de mérite à en approcher, je ne suis pas toujours disposé à croire que les méchants soient soufferts par intérêt, ou que les gens de bien soient regardés comme inutiles ; je trouve plus mon compte à me confirmer dans cette pensée, que grandeur et discernement sont deux choses différentes, et l'amour pour la vertu et pour les vertueux une troisième chose.

↳ *Lucile* aime mieux user sa vie à se faire supporter de quelques grands, que d'être réduit à vivre familièrement avec ses égaux.

La règle de voir de plus grands que soi doit avoir ses restrictions. Il faut quelquefois d'étranges talents pour la réduire en pratique.

↳ Quelle est l'incurable maladie de *Théophile*[1] ? Elle lui dure depuis plus de trente années ; il ne guérit point : il a voulu, il veut et il voudra gouverner les grands ; la mort seule lui ôtera avec la vie cette soif d'empire et d'ascendant sur les esprits. Est-ce en lui zèle du prochain ? est-ce habitude ? est-ce une excessive opinion de soi-même ? Il n'y a point de palais où il ne s'insinue : ce n'est pas au milieu d'une chambre qu'il s'arrête ; il passe à une embrasure, ou au cabinet : on attend qu'il ait parlé, et longtemps, et avec action, pour avoir audience, pour être vu. Il entre dans le secret des familles ; il est de quelque chose dans tout ce qui leur arrive de triste ou d'avantageux ; il prévient, il s'offre, il se fait de fête ; il faut l'admettre. Ce n'est pas assez, pour remplir son temps ou son ambition, que le soin de dix mille âmes dont il répond à Dieu comme de la sienne propre ; il y en a d'un plus haut rang et d'une plus grande distinction dont il ne doit aucun compte, et dont il se charge plus volontiers. Il écoute, il veille sur tout ce qui peut servir de pâture à son esprit d'intrigue, de médiation et de manége. A peine un grand est-il débarqué[2], qu'il l'empoigne et s'en saisit ; on entend plus tôt dire à Théophile qu'il le gouverne, qu'on n'a pu soupçonner qu'il pensait à le gouverner.

---

[1] L'abbé Roquette, évêque d'Autun.
[2] Allusion au roi Jacques II, qui peu de temps après son arrivée en France embrassa la religion catholique.

↦ Une froideur ou une incivilité qui vient de ceux qui sont au-dessus de nous, nous les fait haïr; mais un salut ou un sourire nous les réconcilie.

↦ Il y a des hommes superbes, que l'élévation de leurs rivaux humilie et apprivoise: ils en viennent, par cette disgrâce, jusqu'à rendre le salut; mais le temps, qui adoucit toutes choses, les remet enfin dans leur naturel.

↦ Le mépris que les grands ont pour le peuple les rend indifférents sur les flatteries ou sur les louanges qu'ils en reçoivent, et tempère leur vanité. De même les princes, loués sans fin et sans relâche des grands ou des courtisans, en seraient plus vains, s'ils estimaient davantage ceux qui les louent.

↦ Les grands croient être seuls parfaits, n'admettent qu'à peine dans les autres hommes la droiture d'esprit, l'habileté, la délicatesse, et s'emparent de ces riches talents comme de choses dues à leur naissance. C'est cependant en eux une erreur grossière de se nourrir de si fausses préventions : ce qu'il y a jamais eu de mieux pensé, de mieux dit, de mieux écrit, et peut-être d'une conduite plus délicate, ne nous est pas toujours venu de leur fonds. Ils ont de grands domaines et une longue suite d'ancêtres; cela ne leur peut être contesté.

↦ Avez-vous de l'esprit, de la grandeur, de l'habileté, du goût, du discernement? en croirai-je la prévention et la flatterie, qui publient hardiment votre mérite? elles me sont suspectes, et je les récuse. Me laisserai-je éblouir par un air de capacité ou de hauteur qui vous met au-dessus de tout ce qui se fait, de ce qui se dit et de ce qui s'écrit; qui vous rend sec sur les louanges, et empêche qu'on ne puisse arracher de vous la moindre approbation? Je conclus de là plus naturellement que vous avez de la faveur, du crédit et de grandes richesses. Quel moyen de vous définir, *Télé-*

phon[1]? on n'approche de vous que comme du feu, et dans une certaine distance; et il faudrait vous développer, vous manier, vous confronter avec vos pareils, pour porter de vous un jugement sain et raisonnable. Votre homme de confiance, qui est dans votre familiarité, dont vous prenez conseil, pour qui vous quittez *Socrate* et *Aristide,* avec qui vous riez, et qui rit plus haut que vous, *Dave* enfin, m'est très-connu : serait-ce assez pour vous bien connaître?

⊢ Il y en a de tels, que, s'ils pouvaient connaître leurs subalternes et se connaître eux-mêmes, ils auraient honte de primer.

⊢ S'il y a peu d'excellents orateurs, y a-t-il bien des gens qui puissent les entendre? S'il n'y a pas assez de bons écrivains, où sont ceux qui savent lire? De même on s'est toujours plaint du petit nombre de personnes capables de conseiller les rois, et de les aider dans l'administration de leurs affaires. Mais s'ils naissent enfin, ces hommes habiles et intelligents, s'ils agissent selon leurs vues et leurs lumières, sont-ils aimés, sont-ils estimés autant qu'ils le méritent? Sont-ils loués de ce qu'ils pensent et de ce qu'ils font pour la patrie? Ils vivent, il suffit; on les censure s'ils échouent, et on les envie s'ils réussissent. Blâmons le peuple où il serait ridicule de vouloir l'excuser. Son chagrin et sa jalousie, regardés des grands et des puissants comme inévitables, les ont conduits insensiblement à le compter pour rien, et à négliger ses suffrages dans toutes leurs entreprises, à s'en faire même une règle de politique.

Les petits se haïssent les uns les autres lorsqu'ils se nuisent réciproquement. Les grands sont odieux aux petits par le mal qu'ils leur font, et par tout le bien qu'ils ne leur font pas. Ils leur sont responsables de leur obscurité, de

---

[1] On a appliqué ce *caractère* au duc de la Feuillade, fils du maréchal.

leur pauvreté et de leur infortune ; ou du moins ils leur paraissent tels.

↳ C'est déjà trop d'avoir avec le peuple une même religion et un même Dieu : quel moyen encore de s'appeler Pierre, Jean, Jacques, comme le marchand ou le laboureur? Évitons d'avoir rien de commun avec la multitude; affectons au contraire toutes les distinctions qui nous en séparent. Qu'elle s'approprie les douze apôtres, leurs disciples, les premiers martyrs (tels gens, tels patrons); qu'elle voie avec plaisir revenir, toutes les années, ce jour particulier que chacun célèbre comme sa fête. Pour nous autres grands, ayons recours aux noms profanes [1]; faisons-nous baptiser sous ceux d'Annibal, de César, et de Pompée : c'étaient de grands hommes ; sous celui de Lucrèce, c'était une illustre Romaine ; sous ceux de Renaud, de Roger, d'Olivier et de Tancrède, c'étaient des paladins, et le roman n'a point de héros plus merveilleux ; sous ceux d'Hector, d'Achille, d'Hercule, tous demi-dieux ; sous ceux même de Phébus et de Diane. Et qui nous empêchera de nous faire nommer Jupiter, ou Mercure, ou Vénus, ou Adonis?

↳ Pendant que les grands négligent de rien connaître, je ne dis pas seulement aux intérêts des princes et aux affaires publiques, mais à leurs propres affaires ; qu'ils ignorent l'économie et la science d'un père de famille, et qu'ils se louent eux-mêmes de cette ignorance ; qu'ils se laissent appauvrir et maîtriser par des intendants ; qu'ils se contentent d'être gourmets ou *coteaux* [2], d'aller chez *Thaïs* ou chez *Phryné*, de

---

[1] Plusieurs grands personnages du temps portaient ces noms. Entre autres : *César* de Vendôme, *Annibal* d'Estrées, *Hercule* de Rohan, *Achille* de Harlay, *Phébus* de Foix, *Diane* de Castignier.

[2] Ce nom fut donné à trois grands seigneurs tenant table, qui étaient partagés sur l'estime qu'on devait faire des vins des coteaux qui sont aux environs de Reims. C'étaient le duc de Mortemart, le commandeur de Souvré et le marquis de Sillery, ou, selon Ménage, les comtes d'Olonne

parler de la meute et de la vieille meute, de dire combien il y a de postes de Paris à Besançon, ou à Philisbourg, des citoyens s'instruisent du dedans et du dehors d'un royaume, étudient le gouvernement, deviennent fins et politiques, savent le fort et le faible de tout un État, songent à se mieux placer, se placent, s'élèvent, deviennent puissants, soulagent le prince d'une partie des soins publics. Les grands, qui les dédaignaient, les révèrent ; heureux s'ils deviennent leurs gendres !

↦ Si je compare ensemble les deux conditions des hommes les plus opposées, je veux dire les grands avec le peuple, ce dernier me paraît content du nécessaire, et les autres sont inquiets et pauvres avec le superflu. Un homme du peuple ne saurait faire aucun mal ; un grand ne veut faire aucun bien, et est capable de grands maux. L'un ne se forme et ne s'exerce que dans les choses qui sont utiles ; l'autre y joint les pernicieuses. Là se montre ingénument la grossièreté et la franchise ; ici se cache une sève maligne et corrompue sous l'écorce de la politesse. Le peuple n'a guère d'esprit, et les grands n'ont point d'âme : celui-là a un bon fond, et n'a point de dehors ; ceux-ci n'ont que des dehors et qu'une simple superficie. Faut-il opter ? Je ne balance pas, je veux être peuple.

↦ Quelque profonds que soient les grands de la cour, et quelque art qu'ils aient pour paraître ce qu'ils ne sont pas et pour ne point paraître ce qu'ils sont, ils ne peuvent cacher leur malignité, leur extrême pente à rire aux dépens d'autrui, et à jeter un ridicule souvent où il n'y en peut avoir. Ces beaux talents se découvrent en eux du premier coup d'œil ; admirables sans doute pour envelopper une

---

et de Broussain et l'abbé de Villarceaux. Boileau a employé ce mot dans le même sens dans ce vers de sa troisième Satire :

Et qui s'est dit profés dans l'ordre des Coteaux.

dupe et rendre sot celui qui l'est déjà, mais encore plus propres à leur ôter tout le plaisir qu'ils pourraient tirer d'un homme d'esprit, qui saurait se tourner et se plier en mille manières agréables et réjouissantes, si le dangereux caractère du courtisan ne l'engageait pas à une fort grande retenue. Il lui oppose un caractère sérieux, dans lequel il se retranche ; et il fait si bien que les railleurs, avec des intentions si mauvaises, manquent d'occasion de se jouer de lui.

↦ Les aises de la vie, l'abondance, le calme d'une grande prospérité, font que les princes ont de la joie de reste pour rire d'un nain, d'un singe, d'un imbécile et d'un mauvais conte : les gens moins heureux ne rient qu'à propos.

↦ Un grand aime la Champagne, abhorre la Brie ; il s'enivre de meilleur vin que l'homme du peuple : seule différence que la crapule laisse entre les conditions les plus disproportionnées, entre le seigneur et l'estafier.

↦ Il semble d'abord qu'il entre dans les plaisirs des princes un peu de celui d'incommoder les autres. Mais non, les princes ressemblent aux hommes, ils songent à eux-mêmes, suivent leurs goûts, leurs passions, leur commodité ; cela est naturel.

↦ Il semble que la première règle des compagnies, des gens en place ou des puissants, est de donner à ceux qui dépendent d'eux pour le besoin de leurs affaires toutes les traverses qu'ils en peuvent craindre.

↦ Si un grand a quelque degré de bonheur sur les autres hommes, je ne devine pas lequel, si ce n'est peut-être de se trouver souvent dans le pouvoir et dans l'occasion de faire plaisir ; et, si elle naît, cette conjoncture, il semble qu'il doive s'en servir : si c'est en faveur d'un homme de bien, il doit appréhender qu'elle ne lui échappe. Mais comme c'est en une chose juste, il doit prévenir la sollicitation, et n'être vu que pour être remercié; et si elle est facile, il ne doit pas même la lui faire valoir. S'il la lui refuse, je les plains tous deux.

⁂ Il y a des hommes nés inaccessibles; et ce sont précisément ceux de qui les autres ont besoin, de qui ils dépendent. Ils ne sont jamais que sur un pied; mobiles comme le mercure, ils pirouettent, ils gesticulent, ils crient, ils s'agitent : semblables à ces figures de carton qui servent de montre à une fête publique, ils jettent feu et flamme, tonnent et foudroient; on n'en approche pas; jusqu'à ce que, venant à s'éteindre, ils tombent, et par leur chute deviennent traitables, mais inutiles.

⁂ Le suisse, le valet de chambre, l'homme de livrée, s'ils n'ont plus d'esprit que ne porte leur condition, ne jugent plus d'eux-mêmes par leur première bassesse, mais ar l'élévation et la fortune des gens qu'ils servent, et ettent tous ceux qui entrent par leur porte et montent leur escalier, indifféremment au-dessous d'eux et de leurs maîtres : tant il est vrai qu'on est destiné à souffrir des grands et de ce qui leur appartient!

⁂ Un homme en place doit aimer son prince, sa femme, ses enfants, et après eux les gens d'esprit; il les doit adopter, il doit s'en fournir et n'en jamais manquer. Il ne saurait payer, je ne dis pas de trop de pensions et de bienfaits, mais de trop de familiarité et de caresses, les secours et les services qu'il en tire, même sans le savoir. Quels petits bruits ne dissipent-ils pas? quelles histoires ne réduisent-ils pas à la fable et à la fiction? Ne savent-ils pas justifier les mauvais succès par les bonnes intentions; prouver la bonté d'un dessein et la justesse des mesures par le bonheur des événements; s'élever contre la malignité et l'envie pour accorder à de bonnes entreprises de meilleurs motifs; donner des explications favorables à des apparences qui étaient mauvaises; détourner les petits défauts, ne montrer que les vertus, et les mettre dans leur jour; semer en mille occasions des faits et des détails qui soient avantageux, et tourner le ris et la moquerie contre ceux qui oseraient en douter ou avancer des faits contraires? Je sais que les grands ont pour maxime de laisser parler, et de continuer d'agir; mais je sais aussi qu'il leur arrive, en plusieurs rencontres, que laisser dire les empêche de faire.

↦ Sentir le mérite, et, quand il est une fois connu, le bien traiter, deux grandes démarches à faire tout de suite, et dont la plupart des grands sont fort incapables.

↦ Tu es grand, tu es puissant, ce n'est pas assez; fais que je t'estime, afin que je sois triste d'être déchu de tes bonnes grâces, ou de n'avoir pu les acquérir.

↦ Vous dites d'un grand ou d'un homme en place qu'il est prévenant, officieux, qu'il aime à faire plaisir; et vous le confirmez par un long détail de ce qu'il a fait en une affaire où il a su que vous preniez intérêt. Je vous entends: on va pour vous au-devant de la sollicitation, vous avez du crédit, vous êtes connu du ministre, vous êtes bien avec les puissances: désiriez-vous que je susse autre chose?

Quelqu'un vous dit: *Je me plains d'un tel; il est fier depuis son élévation, il me dédaigne, il ne me connaît plus.* — *Je n'ai pas, pour moi,* lui répondez-vous, *sujet de m'en plaindre; au contraire, je m'en loue fort, et il me semble même qu'il est assez civil.* Je crois encore vous entendre: vous voulez qu'on sache qu'un homme en place a de l'attention pour vous, et qu'il vous démêle dans l'antichambre entre mille honnêtes gens de qui il détourne ses yeux, de peur de tomber dans l'inconvénient de leur rendre le salut ou de leur sourire.

Se louer de quelqu'un, se louer d'un grand, phrase délicate dans son origine, et qui signifie sans doute se louer soi-même, en disant d'un grand tout le bien qu'il nous a fait, ou qu'il n'a pas songé à nous faire.

On loue les grands pour marquer qu'on les voit de près, rarement par estime ou par gratitude. On ne connaît pas souvent ceux que l'on loue : la vanité ou la légèreté l'emporte quelquefois sur le ressentiment; on est mal content d'eux et on les loue.

↦ S'il est périlleux de tremper dans une affaire suspecte, il l'est encore davantage de s'y trouver complice d'un grand : il s'en tire, et vous laisse payer doublement, pour lui et pour vous.

↦ Le prince n'a point assez de toute sa fortune pour payer une basse complaisance, si l'on en juge par tout ce que celui qu'il veut récompenser y a mis du sien; et il n'a pas trop de toute sa puissance pour le punir, s'il mesure sa vengeance au tort qu'il en a reçu.

↦ La noblesse expose sa vie pour le salut de l'État et pour la gloire du souverain; le magistrat décharge le prince d'une partie du soin de juger les peuples : voilà de part et d'autre des fonctions bien sublimes et d'une merveilleuse utilité; les hommes ne sont guère capables de plus grandes choses, et je ne sais d'où la robe et l'épée ont puisé de quoi se mépriser réciproquement.

↦ S'il est vrai qu'un grand donne plus à la fortune lorsqu'il hasarde une vie destinée à couler dans les ris, le plaisir et l'abondance, qu'un particulier qui ne risque que des jours qui sont misérables, il faut avouer aussi qu'il a un tout autre dédommagement, qui est la gloire et la haute réputation. Le soldat ne sent pas qu'il soit connu; il meurt obscur et dans la foule : il vivait de même, à la vérité, mais il vivait; et c'est l'une des sources du défaut de courage dans les conditions basses et serviles. Ceux, au contraire, que la naissance démêle d'avec le peuple, et exposé aux yeux des hommes, à leur censure et à leurs éloges, sont même capables de sortir par effort de leur tempérament, s'il ne les portait pas à la vertu; et cette disposition de cœur et d'esprit, qui passe des aïeuls par les pères dans leurs descendants, est cette bravoure si familière aux personnes nobles, et peut-être la noblesse même.

Jetez-moi dans les troupes comme un simple soldat, je suis Thersite; mettez-moi à la tête d'une armée dont j'aie à répondre à toute l'Europe, je suis Achille.

↦ Les princes, sans autre science ni autre règle, ont un goût de comparaison : ils sont nés et élevés au milieu et comme dans le centre des meilleures choses, à quoi ils rapportent ce qu'ils lisent, ce qu'ils voient et ce qu'ils entendent. Tout ce qui s'éloigne trop de Lulli, de Racine et de le Brun, est condamné.

↦ Ne parler aux jeunes princes que du soin de leur rang est un excès de précaution, lorsque toute une cour met son devoir et une partie de sa politesse à les respecter, et qu'ils sont bien moins sujets à ignorer aucun des égards dus à leur naissance, qu'à confondre les personnes et les traiter indifféremment et sans distinction des conditions et des titres. Ils ont une fierté naturelle, qu'ils retrouvent dans les occasions; il ne leur faut des leçons que pour la régler, que pour leur inspirer la bonté, l'honnêteté et l'esprit de discernement.

↦ C'est une pure hypocrisie [1] à un homme d'une certaine élévation de ne pas prendre d'abord le rang qui lui est dû, et que tout le monde lui cède. Il ne lui coûte rien d'être modeste, de se mêler dans la multitude qui va s'ouvrir pour lui, de prendre dans une assemblée une dernière place, afin que tous l'y voient et s'empressent de l'en ôter. La modestie est d'une pratique plus amère aux hommes d'une condition ordinaire : s'ils se jettent dans la foule, on

---

[1] Ce *caractère* et le suivant s'appliquent au premier président de Harlay; Saint-Simon le dépeint en effet comme un hypocrite; mais Mᵐᵉ de Sévigné cite plusieurs traits à sa louange.

les écrase ; s'ils choisissent un poste incommode, il leur demeure.

↦ *Aristarque* se transporte dans la place avec un héraut et un trompette : celui-ci commence; toute la multitude accourt et se rassemble. Écoutez, peuple, dit le héraut; soyez attentifs; silence, silence ! *Aristarque, que vous voyez présent, doit faire demain une bonne action.* Je dirai plus simplement et sans figure : Quelqu'un fait bien; veut-il faire mieux? Que je ne sache pas qu'il fait bien, ou que je ne le soupçonne pas du moins de me l'avoir appris.

↦ Les meilleures actions s'altèrent et s'affaiblissent par la manière dont on les fait, et laissent même douter des intentions. Celui qui protége ou qui loue la vertu pour la vertu, qui corrige ou qui blâme le vice à cause du vice, agit simplement, naturellement, sans aucun tour, sans nulle singularité, sans faste, sans affectation : il n'use point de réponses graves et sentencieuses, encore moins de traits piquants et satiriques [1]; ce n'est jamais une scène qu'il joue pour le public, c'est un bon exemple qu'il donne; et un devoir dont il s'acquitte : il ne fournit rien aux visites des femmes, ni au cabinet [2], ni aux nouvellistes; il ne donne point à un homme agréable la matière d'un joli conte. Le bien qu'il vient de faire est un peu moins su, à la vérité; mais il a fait ce bien : que voudrait-il davantage?

↦ Les grands ne doivent point aimer les premiers temps; ils ne leur sont point favorables : il est triste pour eux d'y voir que nous sortions tous du frère et de la sœur. Les hommes composent ensemble une même famille; il n'y a que le plus ou le moins dans le degré de parenté.

---

[1] Autre allusion à de Harlay. Saint-Simon dit que « les sentences et les maximes étaient son langage ordinaire, » et que « on ferait un volume de ses traits, tous d'autant plus piquants qu'il avait infiniment d'esprit. »

[2] Rendez-vous à Paris de quelques honnêtes gens pour la conversation. (*Note de l'auteur.*)

↦ *Théognis*[1] est recherché dans son ajustement, et il sor paré comme une femme : il n'est pas hors de sa maison, qu'il a déjà ajusté ses yeux et son visage, afin que ce soi une chose faite quand il sera dans le public, qu'il y paraisse tout concerté, que ceux qui passent le trouvent déjà gracieux et leur souriant, et que nul ne lui échappe. Marche-t-il dans les salles, il se tourne à droit où il y a un grand monde, et à gauche où il n'y a personne ; il salue ceux qui y sont et ceux qui n'y sont pas. Il embrasse un homme qu'il trouve sous sa main ; il lui presse la tête contre sa poitrine : il demande ensuite qui est celui qu'il a embrassé. Quelqu'un a besoin de lui dans une affaire qui est facile ; il va le trouver, lui fait sa prière : Théognis l'écoute favorablement ; il est ravi de lui être bon à quelque chose ; il le conjure de faire naître des occasions de lui rendre service ; et comme celui-ci insiste sur son affaire, il lui dit qu'il ne la fera point ; il le prie de se mettre en sa place, il l'en fait juge. Le client sort, reconduit, caressé, confus, presque content d'être refusé.

↦ C'est avoir une très-mauvaise opinion des hommes, et néanmoins les bien connaître, que de croire, dans un grand poste, leur imposer par des caresses étudiées, par de longs et stériles embrassements.

↦ *Pamphile*[2] ne s'entretient pas avec les gens qu'il rencontre dans les salles ou dans les cours ; si l'on en croit sa gravité et l'élévation de sa voix, il les reçoit, leur donne audience, les congédie. Il a des termes tout à la fois civils et hautains, une honnêteté impérieuse et qu'il emploie sans discernement : il a une fausse grandeur qui l'abaisse, et

---

[1] De Harlay, archevêque de Paris.
[2] Le marquis de Dangeau. « Sa fadeur naturelle, dit Saint-Simon, entée sur la bassesse du courtisan et recrépie de l'orgueil du seigneur postiche, fit un composé que combla la grande maîtrise de l'ordre de Saint-Lazare, que le roi lui donna. »

qui embarrasse fort ceux qui sont ses amis, et qui ne veulent pas le mépriser.

Un Pamphile est plein de lui-même, ne se perd pas de vue, ne sort point de l'idée de sa grandeur, de ses alliances, de sa charge, de sa dignité; il ramasse, pour ainsi dire, toutes ses pièces, s'en enveloppe pour se faire valoir; il dit : *Mon ordre, mon cordon bleu;* il l'étale ou il le cache par ostentation : un Pamphile, en un mot, veut être grand; il croit l'être, il ne l'est pas, il est d'après un grand. Si quelquefois il sourit à un homme du dernier ordre, à un homme d'esprit, il choisit son temps si juste, qu'il n'est jamais pris sur le fait : aussi la rougeur lui monterait-elle au visage, s'il était malheureusement surpris dans la moindre familiarité avec quelqu'un qui n'est ni opulent, ni puissant, ni ami d'un ministre, ni son allié, ni son domestique. Il est sévère et inexorable à qui n'a point encore fait sa fortune. Il vous aperçoit un jour dans une galerie, et il vous fuit; et le lendemain s'il vous trouve en un endroit moins public, ou, s'il est public, en la compagnie d'un grand, il prend courage, il vient à vous, et il vous dit : *Vous ne faisiez pas hier semblant de nous voir.* Tantôt il vous quitte brusquement pour joindre un seigneur ou un premier commis; et tantôt, s'il les trouve avec vous en conversation, il vous coupe et vous les enlève. Vous l'abordez une autre fois, et il ne s'arrête pas; il se fait suivre, vous parle si haut que c'est une scène pour ceux qui passent. Aussi les Pamphiles sont-ils toujours comme sur un théâtre; gens nourris dans le faux, et qui ne haïssent rien tant que d'être naturels; vrais personnages de comédie, des Floridors, des Mondoris.

On ne tarit point sur les Pamphiles : ils sont bas et timides devant les princes et les ministres, pleins de hauteur et de confiance avec ceux qui n'ont que de la vertu; muets et embarrassés avec les savants; vifs, hardis et décisifs avec ceux qui ne savent rien. Ils parlent de guerre à un homme de robe, et de politique à un financier; ils savent l'histoire avec les femmes; ils sont poëtes avec un docteur, et géomètres avec un poëte. De maximes, ils ne s'en chargent pas; de principes, encore moins : ils vivent à l'aventure, poussés et entraînés par le vent de la faveur et par l'attrait des richesses. Ils n'ont point d'opinion qui soit à eux, qui leur soit propre; ils en empruntent à mesure qu'ils en ont besoin ; et celui à qui ils ont recours n'est guère un homme sage, ou habile, ou vertueux : c'est un homme à la mode.

↦ Nous avons pour les grands et pour les gens en place une jalousie stérile ou une haine impuissante qui ne nous venge point de leur splendeur et de leur élévation, et qui ne fait qu'ajouter à notre propre misère le poids insupportable du bonheur d'autrui. Que faire contre une maladie de l'âme si invétérée et si contagieuse? Contentons-nous de peu, et de moins encore, s'il est possible; sachons perdre dans l'occasion : la recette est infaillible, et je consens à l'éprouver. J'évite par là d'apprivoiser un suisse ou de fléchir un commis, d'être repoussé à une porte par la foule innombrable de clients ou de courtisans dont la maison d'un ministre se dégorge plusieurs fois le jour; de languir dans sa salle d'audience; de lui demander, en tremblant et en balbutiant, une chose juste; d'essuyer sa gravité, son ris amer et son *laconisme*. Alors je ne le hais plus, je ne lui porte plus d'envie; il ne me fait aucune prière, je ne lui en fais pas; nous sommes égaux, si ce n'est peut-être qu'il n'est pas tranquille, et que je le suis.

↦ Si les grands ont les occasions de nous faire du bien, ils en ont rarement la volonté; et s'ils désirent de nous faire du mal, ils n'en trouvent pas toujours les occasions. Ainsi l'on peut être trompé dans l'espèce de culte qu'on leur rend, s'il n'est fondé que sur l'espérance ou sur la crainte; et une longue vie se termine quelquefois sans qu'il arrive de dépendre d'eux pour le moindre intérêt, ou qu'on leur doive sa bonne ou mauvaise fortune. Nous devons les honorer, parce qu'ils sont grands et que nous sommes petits, et qu'il y en a d'autres plus petits que nous qui nous honorent.

↦ A la cour, à la ville, mêmes passions, mêmes faiblesses, mêmes petitesses, mêmes travers d'esprit, mêmes brouilleries dans les familles et entre les proches, mêmes envies, mêmes antipathies. Partout des brus et des belles-mères, des maris et des femmes, des divorces, des ruptures, et de mauvais raccommodements; partout des humeurs, des colères, des partialités, des rapports, et ce qu'on appelle de mauvais discours. Avec de bons yeux on voit sans peine la petite ville, la rue Saint-Denis, comme transportées à V*** ou à F***[1]. Ici l'on croit se haïr avec plus de fierté et de hauteur, et peut-être avec plus de dignité : on se nuit réciproquement avec plus d'habileté et de finesse; les colères sont plus éloquentes, et l'on se dit des injures plus poliment et en meilleurs termes; l'on n'y blesse point la pureté de la langue; l'on n'y offense que les hommes ou que leur réputation : tous les dehors du vice y sont spécieux; mais le fond, encore une fois, y est le même que dans les conditions les plus ravalées; tout le bas, tout le faible et tout l'indigne s'y trouvent. Ces hommes si grands ou par leur naissance, ou par leur faveur, ou par leurs dignités, ces têtes si fortes et si habiles, ces femmes si polies et si spirituelles, tous méprisent le peuple, et ils sont peuple.

Qui dit le peuple dit plus d'une chose : c'est une vaste expression, et l'on s'étonnerait de voir ce qu'elle embrasse, et jusques où elle s'étend. Il y a le peuple qui est opposé aux grands : c'est la populace et la multitude; il y a le peuple qui est opposé aux sages, aux habiles et aux vertueux : ce sont les grands comme les petits.

[1] Versailles et Fontainebleau.

↦ Les grands se gouvernent par sentiment : âmes oisives, sur lesquelles tout fait d'abord une vive impression. Une chose arrive : ils en parlent trop ; bientôt ils en parlent peu ; ensuite ils n'en parlent plus, et ils n'en parleront plus. Action, conduite, ouvrage, événement, tout est oublié ; ne leur demandez ni correction, ni prévoyance, ni réflexion, ni reconnaissance, ni récompense.

↦ L'on se porte aux extrémités opposées à l'égard de certains personnages. La satire, après leur mort, court parmi le peuple, pendant que les voûtes des temples retentissent de leurs éloges. Ils ne méritent quelquefois ni libelles ni discours funèbres ; quelquefois aussi ils sont dignes de tous les deux.

↦ L'on doit se taire sur les puissants : il y a presque toujours de la flatterie à en dire du bien ; il y a du péril à en dire du mal pendant qu'ils vivent, et de la lâcheté quand ils sont morts.

DU SOUVERAIN OU DE LA RÉPUBLIQUE.

Quand l'on parcourt, sans la prévention de son pays, toutes les formes du gouvernement, l'on ne sait à laquelle se tenir ; il y a dans toutes le moins bon et le moins mauvais. Ce qu'il y a de plus raisonnable et de plus sûr, c'est d'estimer celle où l'on est né la meilleure de toutes, et de s'y soumettre.

↦ Il ne faut ni art ni science pour exercer la tyrannie ; et la politique qui ne consiste qu'à répandre le sang est fort bornée et de nul raffinement ; elle inspire de tuer ceux dont la vie est un obstacle à notre ambition : un homme né cruel fait cela sans peine. C'est la manière la plus horrible et la plus grossière de se maintenir ou de s'agrandir.

↦ C'est une politique sûre et ancienne dans les républiques que d'y laisser le peuple s'endormir dans les fêtes, dans les spectacles, dans le luxe, dans le faste, dans les plaisirs, dans la vanité et la mollesse; le laisser se remplir du vide et savourer la bagatelle : quelles grandes démarches ne fait-on pas au despotique par cette indulgence!

↦ Il n'y a point de patrie dans le despotique; d'autres choses y suppléent : l'intérêt, la gloire, le service du prince.

↦ Quand on veut changer et innover dans une république, c'est moins les choses que le temps que l'on considère. Il y a des conjonctures où l'on sent bien qu'on ne saurait trop attenter contre le peuple ; et il y en a d'autres où il est clair qu'on ne peut trop le ménager. Vous pouvez aujourd'hui ôter à cette ville ses franchises, ses droits, ses priviléges; mais demain ne songez pas même à réformer ses enseignes.

↦ Quand le peuple est en mouvement, on ne comprend pas par où le calme peut y rentrer ; et quand il est paisible, on ne voit pas par où le calme peut en sortir.

↦ Il y a de certains maux dans la république qui y sont soufferts, parce qu'ils préviennent ou empêchent de plus grands maux. Il y a d'autres maux qui sont tels seulement par leur établissement, et qui, étant dans leur origine un abus ou un mauvais usage, sont moins pernicieux dans leur suite et dans la pratique qu'une loi plus juste ou une coutume plus raisonnable. L'on voit une espèce de maux que l'on peut corriger par le changement ou la nouveauté, qui est un mal, et fort dangereux. Il y en a d'autres cachés et enfoncés comme des ordures dans un cloaque, je veux dire ensevelis sous la honte, sous le secret et dans l'obscurité : on ne peut les fouiller et les remuer qu'ils n'exhalent le poison et l'infamie : les plus sages doutent quelquefois s'il est mieux de connaître ces maux que de les ignorer. L'on tolère quelquefois dans un État un assez grand mal, mais qui détourne un million de petits maux ou d'inconvénients, qui tous seraient inévitables et irrémédiables. Il se trouve des maux dont chaque particulier gémit, et qui deviennent néanmoins un bien public, quoique le public ne soit autre chose que tous les particuliers. Il y a des maux personnels qui concourent au bien et à l'avantage de chaque famille. Il y en a qui affligent, ruinent ou déshonorent les familles, mais qui tendent au bien et à la conservation de la machine de l'État et du gouvernement. D'autres maux renversent des États, et sur leurs ruines en élèvent de nouveaux. On en a vu enfin qui ont sapé par les fondements de grands empires, et qui les ont fait évanouir de dessus la terre, pour varier et renouveler la face de l'univers.

↳ Qu'importe à l'État qu'*Ergaste* soit riche, qu'il ait des chiens qui arrêtent bien, qu'il crée les modes sur les équipages et sur les habits, qu'il abonde en superfluités? Où il s'agit de l'intérêt et des commodités de tout le public, le particulier est-il compté? La consolation des peuples dans les choses qui lui pèsent un peu est de savoir qu'ils soulagent le prince, ou qu'ils n'enrichissent que lui : ils ne se croient point redevables à Ergaste de l'embellissement de sa fortune.

↳ La guerre a pour elle l'antiquité; elle a été dans tous les siècles : on l'a toujours vue remplir le monde de veuves et d'orphelins, épuiser les familles d'héritiers, et faire périr les frères à une même bataille. Jeune SOYECOUR[1], je regrette ta vertu, ta pudeur, ton esprit déjà mûr, pénétrant, élevé, sociable; je plains cette mort prématurée qui te joint à ton

---

[1] Le chevalier de Soyecour mourut de ses blessures après la bataille de Fleurus, en 1690.

intrépide frère, et t'enlève à une cour où tu n'as fait que
te montrer : malheur déplorable, mais ordinaire! De tout
temps les hommes, pour quelque morceau de terre de plus
ou de moins, sont convenus entre eux de se dépouiller, se
brûler, se tuer, s'égorger les uns les autres; et, pour le
faire plus ingénieusement et avec plus de sûreté, ils ont inventé de belles règles qu'on appelle l'art militaire; ils ont
attaché à la pratique de ces règles la gloire ou la plus solide
réputation ; et ils ont depuis enchéri de siècle en siècle sur
la manière de se détruire réciproquement. De l'injustice des
premiers hommes, comme de son unique source, est
venue la guerre, ainsi que la nécessité où ils se sont trouvés
de se donner des maîtres qui fixassent leurs droits et leurs
prétentions. Si, content du sien, on eût pu s'abstenir du
bien de ses voisins, on avait pour toujours la paix et la
liberté.

⊁ Le peuple paisible dans ses foyers, au milieu des siens
et dans le sein d'une grande ville où il n'a rien à craindre
ni pour ses biens ni pour sa vie, respire le feu et le sang,
s'occupe de guerres, de ruines, d'embrasements et de massacres, souffre impatiemment que des armées qui tiennent
la campagne ne viennent point à se rencontrer, ou si elles
sont une fois en présence, qu'elles ne combattent point, ou
si elles se mêlent, que le combat ne soit pas sanglant et
qu'il y ait moins de dix mille hommes sur la place. Il va
même souvent jusques à oublier ses intérêts les plus chers,
le repos et la sûreté, par l'amour qu'il a pour le changement, et par le goût de la nouveauté ou des choses extraordinaires. Quelques-uns consentiraient à voir une autre fois
les ennemis aux portes de Dijon ou de Corbie, à voir tendre
des chaînes, et faire des barricades, pour le seul plaisir d'en
dire ou d'en apprendre la nouvelle.

⊁ *Démophile*, à ma droite, se lamente et s'écrie : Tout
est perdu, c'est fait de l'État; il est du moins sur le pen-

chant de sa ruine. Comment résister à une si forte et si générale conjuration[1]? Quel moyen, je ne dis pas d'être supérieur, mais de suffire seul à tant et de si puissants ennemis? Cela est sans exemple dans la monarchie. Un héros, un ACHILLE y succomberait. On a fait, ajoute-t-il, de lourdes fautes : je sais bien ce que je dis, je suis du métier, j'ai vu la guerre, et l'histoire m'en a beaucoup appris. Il parle là-dessus avec admiration d'Olivier le Daim et de Jacques Cœur : C'étaient là des hommes, dit-il, c'étaient des ministres. Il débite ses nouvelles, qui sont toutes les plus tristes et les plus désavantageuses que l'on pourrait feindre : tantôt un parti des nôtres a été attiré dans une embuscade et taillé en pièces; tantôt quelques troupes renfermées dans un château se sont rendues aux ennemis à discrétion, et ont passé par le fil de l'épée. Et si vous lui dites que ce bruit est faux et qu'il ne se confirme point, il ne vous écoute pas. Il ajoute qu'un tel général a été tué, et bien qu'il soit vrai qu'il n'a reçu qu'une légère blessure, et que vous l'en assuriez, il déplore sa mort, il plaint sa veuve, ses enfants, l'État; il se plaint lui-même : *il a perdu un bon ami et une grande protection*. Il dit que la cavalerie allemande est invincible; il pâlit au seul nom des cuirassiers de l'empereur. Si l'on attaque cette place, continue-t-il, on lèvera le siége. Ou l'on demeurera sur la défensive sans livrer de combat; ou, si on le livre, on le doit perdre; et si on le perd, voilà l'ennemi sur la frontière. Et comme Démophile le fait voler, le voilà dans le cœur du royaume : il entend déjà sonner le beffroi des villes, et crier à l'alarme; il songe à son bien et à ses terres. Où conduira-t-il son argent, ses meubles, sa famille? où se réfugiera-t-il? en Suisse ou à Venise?

Mais, à ma gauche, *Basilide* met tout d'un coup sur pied une armée de trois cent mille hommes; il n'en rabattrait pas une seule brigade : il a la liste des escadrons et des

---

[1] La ligue d'Augsbourg.

bataillons, des généraux et des officiers ; il n'oublie pas l'artillerie ni le bagage. Il dispose absolument de toutes ces troupes : il en envoie tant en Allemagne et tant en Flandre ; il réserve un certain nombre pour les Alpes, un peu moins pour les Pyrénées, et il fait passer la mer à ce qui lui reste. Il connaît les marches de ces armées, il sait ce qu'elles feront et ce qu'elles ne feront pas ; vous diriez qu'il ait l'oreille du prince ou le secret du ministre. Si les ennemis viennent de perdre une bataille [1] où il soit demeuré sur la place quelque neuf à dix mille hommes des leurs, il en compte jusqu'à trente mille, ni plus ni moins ; car ses nombres sont toujours fixes et certains, comme de celui qui est bien informé. S'il apprend le matin que nous avons perdu une bicoque, non-seulement il envoie s'excuser à ses amis qu'il a la veille conviés à dîner, mais même ce jour-là il ne dîne point, et s'il soupe, c'est sans appétit. Si les nôtres assiégent une place très-forte [2], très-régulière, pourvue de vivres et de munitions, qui a une bonne garnison, commandée par un homme d'un grand courage, il dit que la ville a des endroits faibles et mal fortifiés, qu'elle manque de poudre, que son gouverneur manque d'expérience, et qu'elle capitulera après huit jours de tranchée ouverte. Une autre fois il accourt tout hors d'haleine, et après avoir respiré un peu : Voilà, s'écrie-t-il, une grande nouvelle ! ils sont défaits, et à plate couture ; le général, les chefs, du moins une bonne partie, tout est tué, tout a péri. Voilà, continue-t-il, un grand massacre, et il faut convenir que nous jouons d'un grand bonheur. Il s'assied, il souffle, après avoir débité sa nouvelle, à laquelle il ne manque qu'une circonstance, qui est qu'il est certain qu'il n'y a point eu de bataille. Il assure d'ailleurs qu'un tel prince renonce à la ligue, et quitte

---

[1] Probablement la bataille de Fleurus, gagnée par le maréchal de Luxembourg, le 30 juin 1690.

[2] Mons, où Louis XIV entra au bout de neuf jours de tranchée ouverte en présence de l'armée ennemie (9 avril 1691).

ses confédérés; qu'un autre se dispose à prendre le même parti; il croit fermement, avec la populace, qu'un troisième est mort[1] : il nomme le lieu où il est enterré; et quand on est détrompé aux halles et aux faubourgs, il parie encore pour l'affirmative. Il sait, par une voie indubitable, que T. K. L.[2] fait de grands progrès contre l'empereur; que le Grand Seigneur arme *puissamment,* ne veut point de paix, et que son vizir va se montrer une autre fois aux portes de Vienne. Il frappe des mains, et il tressaille sur cet événement, dont il ne doute plus. La triple alliance[3] chez lui est un Cerbère, et les ennemis autant de monstres à assommer. Il ne parle que de lauriers, que de palmes, que de triomphes et que de trophées. Il dit dans le discours familier : *Notre auguste héros, notre grand potentat, notre invincible monarque.* Réduisez-le, si vous pouvez, à dire simplement : *Le roi a beaucoup d'ennemis, ils sont puissants, ils sont unis, ils sont aigris, il les a vaincus, j'espère toujours qu'il les pourra vaincre.* Ce style, trop ferme et trop décisif pour Démophile, n'est pour Basilide ni assez pompeux ni assez exagéré : il a bien d'autres expressions en tête; il travaille aux inscriptions des arcs et des pyramides qui doivent orner la ville capitale un jour d'entrée; et dès qu'il entend dire que les armées sont en présence, ou qu'une place est investie, il fait déplier sa robe et la mettre à l'air, afin qu'elle soit toute prête pour la cérémonie de la cathédrale[4].

↦ Il faut que le capital d'une affaire qui assemble dans une ville les plénipotentiaires ou les agents des couronnes et des républiques, soit d'une longue et extraordinaire

---

[1] Le faux bruit qui courut de la mort du prince d'Orange, depuis roi d'Angleterre.
[2] Tekeli, chef des calvinistes et des malcontents hongrois en 1676.
[3] L'Angleterre, la Hollande et l'Empire.
[4] Voyez sur les travers des nouvellistes *le Grand Parleur* et *le Débit des nouvelles* de Théophraste.

discussion, si elle leur coûte plus de temps, je ne dis pas que les seuls préliminaires, mais que le simple règlement des rangs, des préséances et des autres cérémonies.

Le ministre ou le plénipotentiaire est un caméléon, est un protée. Semblable quelquefois à un joueur habile, il ne montre ni humeur ni complexion, soit pour ne point donner lieu aux conjectures ou se laisser pénétrer, soit pour ne rien laisser échapper de son secret par passion ou par faiblesse. Quelquefois aussi il sait feindre le caractère le plus conforme aux vues qu'il a et aux besoins où il se trouve, et paraître tel qu'il a intérêt que les autres croient qu'il est en effet. Ainsi, dans une grande puissance ou dans une grande faiblesse, qu'il veut dissimuler, il est ferme et inflexible, pour ôter l'envie de beaucoup obtenir; ou il est facile, pour fournir aux autres les occasions de lui demander, et se donner la même licence. Une autre fois, ou il est profond et dissimulé, pour cacher une vérité en l'annonçant, parce qu'il lui importe qu'il l'ait dite, et qu'elle ne soit pas crue; ou il est franc et ouvert, afin que, lorsqu'il dissimule ce qui ne doit pas être su, l'on croie néanmoins qu'on n'ignore rien de ce que l'on veut savoir, et que l'on se persuade qu'il a tout dit. De même, ou il est vif et grand parleur, pour faire parler les autres, pour empêcher qu'on ne lui parle de ce qu'il ne veut pas ou de ce qu'il ne doit pas savoir, pour dire plusieurs choses différentes qui se modifient ou qui se détruisent les unes les autres, qui confondent dans les esprits la crainte et la confiance, pour se défendre d'une ouverture qui lui est échappée par une autre qu'il aura faite; ou il est froid et taciturne, pour jeter les autres dans l'engagement de parler, pour écouter longtemps, pour être écouté quand il parle, pour parler avec ascendant et avec poids, pour faire des promesses ou des menaces qui portent un grand coup et qui ébranlent. Il s'ouvre et parle le premier, pour, en découvrant les oppositions, les contradictions les brigues et les cabales des ministres étrangers sur les propositions qu'il aura avancées, prendre ses mesures et avoir la réplique; et dans une autre rencontre il parle le dernier, pour ne point parler en vain, pour être précis, pour connaître parfaitement les choses sur quoi il est permis de faire fond pour lui ou pour ses alliés, pour savoir ce qu'il doit demander et ce qu'il peut obtenir. Il sait parler en termes clairs et formels; il sait encore mieux parler ambigument, d'une manière enveloppée, user de tours ou de mots équivoques, qu'il peut faire valoir ou diminuer dans les occasions et selon ses intérêts. Il demande peu quand il ne veut pas donner beaucoup; il demande beaucoup pour avoir peu et l'avoir plus sûrement. Il exige d'abord de petites choses, qu'il prétend ensuite lui devoir être comptées pour rien, et qui ne l'excluent pas d'en demander une plus grande; et il évite au contraire de commencer par obtenir un point important, s'il l'empêche d'en gagner plusieurs autres de moindre conséquence, mais qui tous ensemble l'emportent sur le premier. Il demande trop, pour être refusé, mais dans le dessein de se faire un droit ou une bienséance de refuser lui-même ce qu'il sait bien qu'il lui sera demandé, et qu'il ne veut pas octroyer : aussi soigneux alors d'exagérer l'énormité de la demande, et de faire convenir, s'il se peut, des raisons qu'il a de n'y pas entendre, que d'affaiblir celles qu'on prétend avoir de ne lui pas accorder ce qu'il sollicite avec instance; également appliqué à faire sonner haut et à grossir dans l'idée des autres le peu qu'il offre, et à mépriser ouvertement le peu que l'on consent de lui donner. Il fait de fausses offres, mais extraordinaires, qui donnent de la défiance, et obligent de rejeter ce que l'on accepterait inutilement; qui lui sont cependant une occasion de faire des demandes exorbitantes, et mettent dans leur tort ceux qui les lui refusent. Il accorde plus qu'on ne lui demande, pour avoir encore plus qu'il ne doit donner. Il se fait longtemps prier, presser, importuner, sur une chose médiocre, pour éteindre les espérances et ôter la pensée d'exiger de lui rien de plus fort; ou, s'il se laisse fléchir jusques à l'abandonner, c'est toujours avec des conditions qui lui font partager le gain et les avantages avec ceux qui reçoivent. Il prend directement ou indirectement l'intérêt d'un allié, s'il y trouve son utilité et l'avancement de ses prétentions. Il ne parle que de paix, que d'alliances, que de tranquillité publique, que d'intérêt public; et en effet il ne songe qu'aux siens, c'est-à-dire à ceux de son maître ou de sa république. Tantôt il réunit quelques-uns qui étaient contraires les uns aux autres, et tantôt il divise quelques autres qui étaient unis. Il intimide les forts et les puissants, il encourage les faibles. Il unit d'abord d'intérêt plusieurs faibles contre un plus puissant, pour rendre la balance égale; il se joint ensuite aux premiers pour la faire pencher, et il leur vend cher sa protection et son alliance. Il sait intéresser ceux avec qui il traite; et, par un adroit manége, par de fins et de subtils détours, il leur fait sentir leurs avantages particuliers, les biens et les honneurs qu'ils peuvent espérer par une certaine facilité, qui ne choque point leur commission, ni les intentions de leurs maîtres. Il ne veut pas aussi être cru imprenable par cet endroit; il laisse voir en lui quelque peu de sensibilité pour sa fortune : il s'attire par là des propositions qui lui découvrent les vues des autres les plus secrètes, leurs desseins les plus profonds et leur dernière ressource; et il en profite. Si quelquefois il est lésé dans quelques chefs qui ont enfin été réglés, il crie haut : si c'est le contraire, il crie plus haut, et jette ceux qui perdent sur la justification et la défensive. Il a son fait digéré par la cour, toutes ses démarches sont mesurées, les moindres avances qu'il fait lui sont prescrites; et il agit néanmoins, dans les points difficiles et dans les articles contestés, comme s'il se relâchait de lui-même sur-le-champ, et comme par un esprit d'accommodement; il ose même promettre à l'assemblée qu'il fera goûter la proposition, et qu'il n'en sera pas désavoué.

Il fait courir un bruit faux des choses seulement dont il est chargé, muni d'ailleurs de pouvoirs particuliers, qu'il ne découvre jamais qu'à l'extrémité, et dans les moments où il lui serait pernicieux de ne les pas mettre en usage. Il tend surtout par ses intrigues au solide et à l'essentiel, toujours prêt de leur sacrifier les minuties et les points d'honneur imaginaires. Il a du flegme, il s'arme de courage et de patience, il ne se lasse point, il fatigue les autres, et les pousse jusqu'au découragement. Il se précautionne et s'endurcit contre les lenteurs et les remises, contre les reproches, les soupçons, les défiances, contre les difficultés et les obstacles, persuadé que le temps seul et les conjonctures amènent les choses et conduisent les esprits au point où on les souhaite. Il va jusques à feindre un intérêt secret à la rupture de la négociation, lorsqu'il désire le plus ardemment qu'elle soit continuée ; et si, au contraire, il a des ordres précis de faire les derniers efforts pour la rompre, il croit devoir, pour y réussir, en presser la continuation et la fin. S'il survient un grand événement, il se roidit ou il se relâche, selon qu'il lui est utile ou préjudiciable ; et si, par une grande prudence, il sait le prévoir, il presse et il temporise, selon que l'État pour qui il travaille en doit craindre ou espérer ; et il règle sur ses besoins ses conditions. Il prend conseil du temps, du lieu, des occasions, de sa puissance ou de sa faiblesse, du génie des nations avec qui il traite, du tempérament et du caractère des personnes avec qui il négocie. Toutes ses vues, toutes ses maximes, tous les raffinements de sa politique, tendent à une seule fin, qui est de n'être point trompé, et de tromper les autres.

↳ Le caractère des Français demande du sérieux dans le souverain.

↳ L'un des malheurs du prince est d'être souvent trop plein de son secret, par le péril qu'il y a à le répandre :

son bonheur est de rencontrer une personne sûre qui l'en décharge[1].

↳ Il ne manque rien à un roi que les douceurs d'une vie privée; il ne peut être consolé d'une si grande perte que par le charme de l'amitié, et par la fidélité de ses amis.

↳ Le plaisir d'un roi qui mérite de l'être est de l'être moins quelquefois, de sortir du théâtre, de quitter le bas de saye[2] et les brodequins, et de jouer avec une personne de confiance un rôle plus familier.

↳ Rien ne fait plus d'honneur au prince que la modestie de son favori.

↳ Le favori n'a point de suite; il est sans engagement et sans liaisons. Il peut être entouré de parents et de créatures; mais il n'y tient pas; il est détaché de tout, et comme isolé.

↳ Une belle ressource pour celui qui est tombé dans la disgrâce du prince, c'est la retraite. Il lui est avantageux de disparaître, plutôt que de traîner dans le monde le débris d'une faveur qu'il a perdue, et d'y faire un nouveau personnage si différent du premier qu'il a soutenu. Il conserve au contraire le merveilleux de sa vie dans la solitude; et mourant, pour ainsi dire, avant la caducité, il ne laisse de soi qu'une brillante idée et une mémoire agréable.

Une plus belle ressource, pour le favori disgracié, que de se perdre dans la solitude et ne faire plus parler de soi[3], c'est d'en faire parler magnifiquement, et de se jeter, s'il

---

[1] Allusion à Mme de Maintenon, ainsi que dans les articles suivants.
[2] Partie du vêtement des acteurs tragiques dans les pièces grecques ou romaines; on l'appelait sur nos théâtres *tonnelet*. — *Saye* vient de *sagum*, habillement militaire des anciens.
[3] Ce paragraphe faisait peut-être allusion aux démarches que Bussy, dans sa disgrâce, renouvelait à chaque campagne pour obtenir du service; ou bien au commandement que Lauzun se fit donner dans l'expédition d'Irlande, en 1689.

se peut, dans quelque haute et généreuse entreprise qui relève ou confirme du moins son caractère, et rende raison de son ancienne faveur; qui fasse qu'on le plaigne dans sa chute, et qu'on en rejette une partie sur son étoile.

↦ Je ne doute point qu'un favori, s'il a quelque force et quelque élévation, ne se trouve souvent confus et déconcerté des bassesses, des petitesses, de la flatterie, des soins superflus et des attentions frivoles de ceux qui le courent, qui le suivent, et qui s'attachent à lui comme ses viles créatures; et qu'il ne se dédommage dans le particulier d'une si grande servitude par le ris et la moquerie.

↦ Hommes en place, ministres, favoris, me permettrez-vous de le dire? ne vous reposez point sur vos descendants pour le soin de votre mémoire et pour la durée de votre nom : les titres passent, la faveur s'évanouit, les dignités se perdent, les richesses se dissipent, et le mérite dégénère. Vous avez des enfants, il est vrai, dignes de vous, j'ajoute même capables de soutenir toute votre fortune; mais qui peut vous en promettre autant de vos petits-fils? Ne m'en croyez pas, regardez cette unique fois de certains hommes que vous ne regardez jamais, que vous dédaignez : ils ont des aïeuls, à qui, tout grands que vous êtes, vous ne faites que succéder. Ayez de la vertu et de l'humanité; et si vous me dites : Qu'aurons-nous de plus? je vous répondrai : De l'humanité et de la vertu. Maîtres alors de l'avenir, et indépendants d'une postérité, vous êtes sûrs de durer autant que la monarchie; et, dans le temps que l'on montrera les ruines de vos châteaux, et peut-être la seule place où ils étaient construits, l'idée de vos louables actions sera encore fraîche dans l'esprit des peuples; ils considéreront avidement vos portraits et vos médailles; ils diront : Cet homme [1] dont vous regardez la peinture a parlé à son maître avec

---

[1] Le cardinal George d'Amboise.

force et avec liberté, et a plus craint de lui nuire que de lui déplaire ; il lui a permis d'être bon et bienfaisant, de dire de ses villes : *Ma bonne ville,* et de son peuple : *Mon peuple.* Cet autre dont vous voyez l'image[1], et en qui l'on remarque une physionomie forte, jointe à un air grave, austère et majestueux, augmente d'année à autre de réputation : les plus grands politiques souffrent de lui être comparés. Son grand dessein a été d'affermir l'autorité du prince et la sûreté des peuples par l'abaissement des grands : ni les partis, ni les conjurations, ni les trahisons, ni le péril de la mort, ni ses infirmités, n'ont pu l'en détourner. Il a eu du temps de reste pour entamer un ouvrage, continué ensuite et achevé par l'un de nos plus grands et de nos meilleurs princes, l'extinction de l'hérésie.

⇢ Le panneau le plus délié et le plus spécieux qui, dans tous les temps, ait été tendu aux grands par leurs gens d'affaires, et aux rois par leurs ministres, est la leçon qu'ils leur font de s'acquitter et de s'enrichir. Excellent conseil, maxime utile, fructueuse, une mine d'or, un Pérou, du moins pour ceux qui ont su jusqu'à présent l'inspirer à leurs maîtres !

⇢ C'est un extrême bonheur pour les peuples quand le prince admet dans sa confiance et choisit pour le ministère ceux mêmes qu'ils auraient voulu lui donner, s'ils en avaient été les maîtres.

⇢ La science des détails, ou une diligente attention aux moindres besoins de la république, est une partie essentielle au bon gouvernement, trop négligée, à la vérité, dans les derniers temps, par les rois ou par les ministres, mais qu'on ne peut trop souhaiter dans le souverain qui l'ignore, ni assez estimer dans celui qui la possède. Que sert en effet au bien des peuples et à la douceur de leurs jours, que le

---

[1] Le cardinal de Richelieu.

prince place les bornes de son empire au-delà des terres de ses ennemis; qu'il fasse de leurs souverainetés des provinces de son royaume; qu'il leur soit également supérieur par les siéges et par les batailles, et qu'ils ne soient devant lui en sûreté ni dans les plaines ni dans les plus forts bastions; que les nations s'appellent les unes les autres, se liguent ensemble pour se défendre et pour l'arrêter; qu'elles se liguent en vain; qu'il marche toujours et qu'il triomphe toujours; que leurs dernières espérances soient tombées par le raffermissement d'une santé qui donnera au monarque le plaisir de voir les princes ses petits-fils soutenir ou accroître ses destinées, se mettre en campagne, s'emparer de redoutables forteresses, et conquérir de nouveaux États; commander de vieux et expérimentés capitaines, moins par leur rang et leur naissance que par leur génie et leur sagesse; suivre les traces augustes de leur victorieux père, imiter sa bonté, sa docilité, son équité, sa vigilance, son intrépidité? Que me servirait, en un mot, comme à tout le peuple, que le prince fût heureux et comblé de gloire par lui-même et par les siens, que ma patrie fût puissante et formidable, si, triste et inquiet, j'y vivais dans l'oppression ou dans l'indigence; si, à couvert des courses de l'ennemi, je me trouvais exposé, dans les places ou dans les rues d'une ville, au fer d'un assassin, et que je craignisse moins dans l'horreur de la nuit d'être pillé ou massacré dans d'épaisses forêts que dans ses carrefours; si la sûreté, l'ordre et la propreté ne rendaient pas le séjour des villes si délicieux, et n'y avaient pas amené, avec l'abondance, la douceur de la société; si, faible et seul de mon parti, j'avais à souffrir dans ma métairie du voisinage d'un grand, et si l'on avait moins pourvu à me faire justice de ses entreprises; si je n'avais sous ma main autant de maîtres, et d'excellents maîtres, pour élever mes enfants dans les sciences ou dans les arts qui feront un jour leur établissement; si, par la facilité du commerce, il m'était moins ordinaire de m'habiller de bonnes étoffes, et de me nourrir de viandes saines, et de les acheter peu; si enfin, par les soins du prince, je n'étais pas aussi content de ma fortune qu'il doit lui-même, par ses vertus, l'être de la sienne?

⁂ Les huit ou les dix mille hommes sont au souverain comme une monnaie dont il achète une place ou une victoire : s'il fait qu'il lui en coûte moins, s'il épargne les hommes, il ressemble à celui qui marchande et qui connaît mieux qu'un autre le prix de l'argent.

⁂ Tout prospère dans une monarchie où l'on confond les intérêts de l'État avec ceux du prince.

⁂ Nommer un roi PÈRE DU PEUPLE est moins faire son éloge que l'appeler par son nom, ou faire sa définition.

⁂ Il y a un commerce ou un retour de devoirs du souverain à ses sujets, et de ceux-ci au souverain : quels sont les plus assujettissants et les plus pénibles, je ne le déciderai pas. Il s'agit de juger, d'un côté, entre les étroits engagements du respect, des secours, des services, de l'obéissance, de la dépendance; et d'un autre, les obligations indispensables de bonté, de justice, de soins, de défense, de protection. Dire qu'un prince est arbitre de la vie des hommes, c'est dire seulement que les hommes, par leurs crimes, deviennent naturellement soumis aux lois et à la justice, dont le prince est le dépositaire; ajouter qu'il est maître absolu de tous les biens de ses sujets, sans égards, sans compte ni discussion, c'est le langage de la flatterie, c'est l'opinion d'un favori qui se dédira à l'agonie.

⁂ Quand vous voyez quelquefois un nombreux troupeau qui, répandu sur une colline vers le déclin d'un beau jour, paît tranquillement le thym et le serpolet, ou qui broute dans une prairie une herbe menue et tendre qui a échappé à la faux du moissonneur; le berger, soigneux et attentif, est debout auprès de ses brebis; il ne les perd pas de vue, il les suit, il les conduit, il les change de pâturage : si elles se dispersent, il les rassemble; si un loup avide paraît, il lâche son chien, qui le met en fuite; il les nourrit, il les défend ; l'aurore le trouve déjà en pleine campagne, d'où il ne se retire qu'avec le soleil : quels soins! quelle vigilance! quelle servitude! Quelle condition vous paraît la plus délicieuse et la plus libre, ou du berger ou des brebis? Le troupeau est-il fait pour le berger, ou le berger pour le troupeau? Image naïve des peuples et du prince qui les gouverne, s'il est bon prince.

Le faste et le luxe dans un souverain, c'est le berger habillé d'or et de pierreries, la houlette d'or en ses mains; son chien a un collier d'or, il est attaché avec une laisse d'or et de soie. Que sert tant d'or à son troupeau ou contre les loups?

↦ Quelle heureuse place que celle qui fournit dans tous les instants l'occasion à un homme de faire du bien à tant de milliers d'hommes! Quel dangereux poste que celui qui expose à tous moments un homme à nuire à un million d'hommes!

↦ Si les hommes ne sont point capables sur la terre d'une joie plus naturelle, plus flatteuse et plus sensible, que de connaître qu'ils sont aimés, et si les rois sont hommes, peuvent-ils jamais trop acheter le cœur de leurs peuples?

↦ Il y a peu de règles générales et de mesures certaines pour bien gouverner; l'on suit le temps et les conjonctures, et cela roule sur la prudence et sur les vues de ceux qui règnent. Aussi le chef-d'œuvre de l'esprit, c'est le parfait gouvernement; et ce ne serait peut-être pas une chose possible, si les peuples, par l'habitude où ils sont de la dépendance et de la soumission, ne faisaient la moitié de l'ouvrage.

↦ Sous un très-grand roi, ceux qui tiennent les premières places n'ont que des devoirs faciles, et que l'on rempli sans nulle peine : tout coule de source; l'autorité et le génie du prince leur aplanissent les chemins, leur épargnent les difficultés, et font tout prospérer au-delà de leur attente : ils ont le mérite de subalternes.

↳ Si c'est trop de se trouver chargé d'une seule famille, si c'est assez d'avoir à répondre de soi seul, quel poids, quel accablement, que celui de tout un royaume? Un souverain est-il payé de ses peines par le plaisir que semble donner une puissance absolue, par toutes les prosternations des courtisans? Je songe aux pénibles, douteux et dangereux chemins qu'il est quelquefois obligé de suivre pour arriver à la tranquillité publique ; je repasse les moyens extrêmes, mais nécessaires, dont il use souvent pour une bonne fin : je sais qu'il doit répondre à Dieu même de la félicité de ses peuples, que le bien et le mal est en ses mains, et que toute ignorance ne l'excuse pas; et je me dis à moi-même : Voudrais-je régner? Un homme un peu heureux dans une condition privée devrait-il y renoncer pour une monarchie? N'est-ce pas beaucoup, pour celui qui se trouve en place par un droit héréditaire, de supporter d'être né roi?

↳ Que de dons du ciel ne faut-il pas pour bien régner [1]! Une naissance auguste, un air d'empire et d'autorité, un visage qui remplisse la curiosité des peuples empressés de voir le prince, et qui conserve le respect dans le courtisan; une parfaite égalité d'humeur; un grand éloignement pour la raillerie piquante, ou assez de raison pour ne se la permettre point; ne faire jamais ni menaces ni reproches; ne point céder à la colère, et être toujours obéi; l'esprit facile, insinuant; le cœur ouvert, sincère, et dont on croit voir le fond, et ainsi très-propre à se faire des amis, des créatures et des alliés; être secret toutefois, profond et impénétrable

[1] **Portrait de Louis XIV.**

dans ses motifs et dans ses projets : du sérieux et de la gravité dans le public ; de la brièveté, jointe à beaucoup de justesse et de dignité, soit dans les réponses aux ambassadeurs des princes, soit dans les conseils : une manière de faire des grâces qui est comme un second bienfait ; le choix des personnes que l'on gratifie ; le discernement des esprits, des talents et des complexions, pour la distribution des postes et des emplois ; le choix des généraux et des ministres : un jugement ferme, solide, décisif dans les affaires, qui fait que l'on connaît le meilleur parti et le plus juste ; un esprit de droiture et d'équité qui fait qu'on le suit jusques à prononcer quelquefois contre soi-même en faveur du peuple, des alliés, des ennemis : une mémoire heureuse et très-présente, qui rappelle les besoins des sujets, leurs visages, leurs noms, leurs requêtes : une vaste capacité, qui s'étende non-seulement aux affaires du dehors, au commerce, aux maximes d'État, aux vues de la politique, au reculement des frontières par la conquête de nouvelles provinces, et à leur sûreté par un grand nombre de forteresses inaccessibles ; mais qui sache aussi se renfermer au dedans, et comme dans les détails de tout un royaume ; qui en bannisse un culte faux, suspect et ennemi de la souveraineté, s'il s'y rencontre ; qui abolisse des usages cruels et impies, s'ils y règnent[1] ; qui réforme les lois et les coutumes, si elles étaient remplies d'abus ; qui donne aux villes plus de sûreté et plus de commodités par le renouvellement d'une exacte police, plus d'éclat et plus de majesté par des édifices somptueux : punir sévèrement les vices scandaleux ; donner, par son autorité et par son exemple, du crédit à la piété et à la vertu ; protéger l'Église, ses ministres, ses droits, ses libertés ; ménager ses peuples comme ses enfants ; être toujours occupé de la pensée de les soulager, de rendre les subsides légers, et tels qu'ils se lèvent sur les provinces

---

[1] Le duel.

sans les appauvrir : de grands talents pour la guerre; être vigilant, appliqué, laborieux ; avoir des armées nombreuses, les commander en personne; être froid dans le péril, ne ménager sa vie que pour le bien de son État; aimer le bien de son État et sa gloire plus que sa vie : une puissance très-absolue, qui ne laisse point d'occasion aux brigues, à l'intrigue et à la cabale; qui ôte cette distance infinie qui est quelquefois entre les grands et les petits, qui les rapproche, et sous laquelle tous plient également; une étendue de connaissances qui fait que le prince voit tout par ses yeux, qu'il agit immédiatement et par lui-même, que ses généraux ne sont, quoique éloignés de lui, que ses lieutenants, et les ministres que ses ministres : une profonde sagesse, qui sait déclarer la guerre, qui sait vaincre et user de la victoire; qui sait faire la paix, qui sait la rompre; qui sait quelquefois, et selon les divers intérêts, contraindre les ennemis à la recevoir; qui donne des règles à une vaste ambition, et sait jusques où l'on doit conquérir : au milieu d'ennemis couverts ou déclarés, se procurer le loisir des jeux, des fêtes, des spectacles; cultiver les arts et les sciences; former et exécuter des projets d'édifices surprenants : un génie enfin supérieur et puissant, qui se fait aimer et révérer des siens, craindre des étrangers; qui fait d'une cour, et même de tout un royaume, comme une seule famille, unie parfaitement sous un même chef, dont l'union et la bonne intelligence est redoutable au reste du monde. Ces admirables vertus me semblent renfermées dans l'idée du souverain. Il est vrai qu'il est rare de les voir réunies dans un même sujet; il faut que trop de choses concourent à la fois : l'esprit, le cœur, les dehors, le tempérament; et il me paraît qu'un monarque qui les rassemble toutes en sa personne est bien digne du nom de GRAND.

DE L'HOMME.

Ne nous emportons point contre les hommes en voyant leur dureté, leur ingratitude, leur injustice, leur fierté, l'amour d'eux-mêmes, et l'oubli des autres; ils sont ainsi faits, c'est leur nature : c'est ne pouvoir supporter que la pierre tombe ou que le feu s'élève.

↦ Les hommes, en un sens, ne sont point légers, ou ne le sont que dans les petites choses : ils changent leurs habits, leur langage, les dehors, les bienséances; ils changent de goût quelquefois; ils gardent leurs mœurs toujours mauvaises; fermes et constants dans le mal, ou dans l'indifférence pour la vertu.

↦ Le stoïcisme est un jeu d'esprit et une idée semblable à la république de Platon. Les stoïques ont feint qu'on pouvait rire dans la pauvreté; être insensible aux injures, à l'ingratitude, aux pertes de biens, comme à celle des parents et des amis; regarder froidement la mort, et comme une chose indifférente, qui ne devait ni réjouir ni rendre triste; n'être vaincu ni par le plaisir ni par la douleur; sentir le fer ou le feu dans quelque partie de son corps sans pousser le moindre soupir ni jeter une seule larme; et ce fantôme de vertu et de constance ainsi imaginé, il leur a plu de l'appeler un sage. Ils ont laissé à l'homme tous les défauts qu'ils lui ont trouvés, et n'ont presque relevé aucun de ses faibles. Au lieu de faire de ses vices des peintures affreuses ou ridicules qui servissent à l'en corriger, ils lui ont tracé l'idée d'une perfection et d'un héroïsme dont il n'est point capable, et l'ont exhorté à l'impossible. Ainsi le sage qui n'est pas, ou qui n'est qu'imaginaire, se trouve naturellement et par lui-même au-dessus de tous les événements et de tous les maux : ni la goutte la plus douloureuse, ni la colique la plus aiguë, ne sauraient lui arracher une plainte; le ciel et la terre peuvent être renversés sans l'entraîner dans leur chute, et il demeurerait ferme sur les ruines de l'univers; pendant que l'homme qui est en effet, sort de son sens, crie, se désespère, étincelle des yeux, et perd la respiration, pour un chien perdu ou pour une porcelaine qui est en pièces.

↳ Inquiétude d'esprit, inégalité d'humeur, inconstance de cœur, incertitude de conduite, tous vices de l'âme, mais différents, et qui, avec tout le rapport qui paraît entre eux, ne se supposent pas toujours l'un l'autre dans un même sujet.

↳ Il est difficile de décider si l'irrésolution rend l'homme plus malheureux que méprisable; de même, s'il y a toujours plus d'inconvénient à prendre un mauvais parti qu'à n'en prendre aucun.

↳ Un homme inégal n'est pas un seul homme, ce sont plusieurs : il se multiplie autant de fois qu'il a de nouveaux goûts et de manières différentes; il est à chaque moment ce qu'il n'était point, et il va être bientôt ce qu'il n'a jamais été : il se succède à lui-même. Ne demandez pas de quelle complexion il est, mais quelles sont ses complexions; ni de quelle humeur, mais combien il a de sortes d'humeurs. Ne vous trompez-vous point? est-ce *Eutichrate* que vous abordez? Aujourd'hui quelle glace pour vous? hier il vous recherchait, il vous caressait, vous donniez de la jalousie à ses amis. Vous reconnaît-il bien? Dites-lui votre nom.

↳ [1] *Ménalque* descend son escalier, ouvre sa porte pour

---

[1] Ceci est moins un caractère particulier qu'un recueil de faits de distraction. Ils ne sauraient être en trop grand nombre, s'ils sont agréables; car les goûts étant différents, on a à choisir. (*Note de l'auteur*, ajoutée à la 8ᵉ édition.) La plupart des faits dont il s'agit doivent être attribués

sortir; il la referme. Il s'aperçoit qu'il est en bonnet de nuit; et venant à mieux s'examiner, il se trouve rasé à moitié; il voit que son épée est mise du côté droit, que ses bas sont rabattus sur ses talons, et que sa chemise est pardessus ses chausses. S'il marche dans les places, il se sent tout d'un coup rudement frapper à l'estomac ou au visage; il ne soupçonne point ce que ce peut être, jusqu'à ce qu'ouvrant les yeux et se réveillant, il se trouve ou devant un limon de charrette, ou derrière un long ais de menuiserie que porte un ouvrier sur ses épaules. On l'a vu une fois heurter du front contre celui d'un aveugle, s'embarrasser dans ses jambes, et tomber avec lui, chacun de son côté, à la renverse. Il lui est arrivé plusieurs fois de se trouver tête pour tête à la rencontre d'un prince et sur son passage, se reconnaître à peine, et n'avoir que le loisir de se coller à un mur pour lui faire place. Il cherche, il brouille, il crie, il s'échauffe, il appelle ses valets l'un après l'autre; *on lui perd tout, on lui égare tout :* il demande ses gants qu'il a dans ses mains; semblable à cette femme qui prenait le temps de demander son masque, lorsqu'elle l'avait sur son visage. Il entre à l'appartement, et passe sous un lustre où sa perruque s'accroche et demeure suspendue : tous les courtisans regardent et rient; Ménalque regarde aussi et rit plus haut que les autres; il cherche des yeux, dans toute l'assemblée, où est celui qui montre ses oreilles, et à qui il manque une perruque[1]. S'il va par la ville, après avoir fait

---

au comte de Brancas : tout le monde le reconnut; et Saint-Simon a dit de lui : « Il est célèbre par ses prodigieuses distractions, que la Bruyère a immortalisées dans ses *Caractères.* » Mme de Sévigné, dont il était l'ami, en rapporte plusieurs traits. (Voyez Lettres des 10, 29 avril, et 10 juin 1671.) Elle écrit à sa fille, le 22 juillet 1677 : « Il y a trois mois que je n'ai reçu des nouvelles de Brancas. Cela n'est pas vraisemblable, mais il n'est pas vraisemblable aussi. »

[1] Cette aventure est arrivée au comte de Brancas, chez la reine, dont il était chevalier d'honneur.

quelque chemin, il se croit égaré, il s'émeut, et il demande où il est à des passants, qui lui disent précisément le nom de sa rue. Il entre ensuite dans sa maison, d'où il sort précipitamment, croyant qu'il s'est trompé. Il descend du palais ; et, trouvant au bas du grand degré un carrosse qu'il prend pour le sien, il se met dedans : le cocher touche et croit ramener son maître dans sa maison. Ménalque se jette hors de la portière, traverse la cour, monte l'escalier, parcourt l'antichambre, la chambre, le cabinet; tout lui est familier, rien ne lui est nouveau : il s'assied, il se repose, il est chez soi. Le maître arrive : celui-ci se lève pour le recevoir ; il le traite fort civilement, le prie de s'asseoir, et croit faire les honneurs de sa chambre; il parle, il rêve, il reprend la parole : le maître de la maison s'ennuie et demeure étonné; Ménalque ne l'est pas moins, et ne dit pas ce qu'il en pense; il a affaire à un fâcheux, à un homme oisif, qui se retirera à la fin; il l'espère, et il prend patience : la nuit arrive qu'il est à peine détrompé. Une autre fois, il rend visite à une femme; et, se persuadant bientôt que c'est lui qui la reçoit, il s'établit dans son fauteuil, et ne songe nullement à l'abandonner : il trouve ensuite que cette dame fait ses visites longues ; il attend à tout moment qu'elle se lève et le laisse en liberté; mais comme cela tire en longueur, qu'il a faim, et que la nuit est avancée, il la prie à souper : elle rit, et si haut, qu'elle le réveille. Lui-même se marie le matin, l'oublie le soir, et découche la nuit de ses noces; et quelques années après, il perd sa femme, elle meurt entre ses bras, il assiste à ses obsèques, et, le lendemain, quand on vient lui dire qu'on a servi, il demande si sa femme est prête et si elle est avertie. C'est lui encore qui entre dans une église, et, prenant l'aveugle qui est collé à la porte pour un pilier, et sa tasse pour le bénitier, y plonge la main, la porte à son front, lorsqu'il entend tout d'un coup le pilier qui parle, et qui lui offre des oraisons. Il s'avance dans la nef; il croit voir un prie-Dieu, il se jette lourdement dessus : la machine plie, s'enfonce, et fait des efforts pour crier; Ménalque est surpris de se voir à genoux sur les jambes d'un fort petit homme, appuyé sur son dos, les deux bras passés sur ses épaules, et ses deux mains jointes et étendues qui lui prennent le nez et lui ferment la bouche : il se retire confus, et va s'agenouiller ailleurs [1]. Il tire un livre pour faire sa prière, et c'est sa pantoufle qu'il a prise pour ses heures, et qu'il a mise dans sa poche avant que de sortir. Il n'est pas hors de l'église qu'un homme de livrée court après lui, le joint, lui demande en riant s'il n'a point la pantoufle de monseigneur; Ménalque lui montre la sienne, et lui dit : *Voilà toutes les pantoufles que j'ai sur moi :* il se fouille néanmoins, et tire celle de l'évêque de ***, qu'il vient de quitter, qu'il a trouvé malade auprès de son feu, et dont, avant de prendre congé de lui, il a ramassé la pantoufle, comme l'un de ses gants qui était à terre : ainsi Ménalque s'en retourne chez soi avec une pantoufle de moins. Il a une fois perdu au jeu tout l'argent qui est dans sa bourse ; et, voulant continuer de jouer, il entre dans son cabinet, ouvre une armoire; y prend sa cassette, en tire ce qu'il lui plaît, croit la remettre où il l'a prise : il entend aboyer dans son armoire qu'il vient de fermer; étonné de ce prodige, il l'ouvre une seconde fois, et il éclate de rire d'y voir son chien, qu'il a serré pour sa cassette. Il joue au trictrac, il demande à boire, on lui en apporte; c'est à lui à jouer : il tient le cornet d'une main et un verre de l'autre; et comme il a une grande soif, il avale les dés et presque le cornet, jette le verre d'eau dans le trictrac, et inonde celui contre qui il joue. Et dans une chambre où il est familier, il crache sur le lit et jette son chapeau à terre

---

[1] Madame, mère du régent, raconte que c'est la reine elle-même que Brancas prit pour un prie-Dieu : se trouvant derrière elle à l'église, en sa qualité de chevalier d'honneur, il mit les genoux sur ses talons et les bras sur ses épaules. (*Mémoires et fragments historiques de Madame.*)

en croyant faire tout le contraire. Il se promène sur l'eau, et il demande quelle heure il est : on lui présente une montre; à peine l'a-t-il reçue, que, ne songeant plus ni à l'heure ni à la montre, il la jette dans la rivière, comme une chose qui l'embarrasse. Lui-même écrit une longue lettre, met de la poudre dessus à plusieurs reprises, et jette toujours la poudre dans l'encrier. Ce n'est pas tout : il écrit une seconde lettre; et après les avoir cachetées toutes deux, il se trompe à l'adresse; un duc et pair reçoit l'une de ces deux lettres, et en l'ouvrant y lit ces mots : *Maître Olivier, ne manquez, sitôt la présente reçue, de m'envoyer ma provision de foin...* Son fermier reçoit l'autre, il l'ouvre, et se la fait lire; on y trouve : *Monseigneur, j'ai reçu avec une soumission aveugle les ordres qu'il a plu à Votre Grandeur...* Lui-même encore écrit une lettre pendant la nuit, et après l'avoir cachetée, il éteint sa bougie; il ne laisse pas d'être surpris de ne voir *goutte*, et il sait à peine comment cela est arrivé. Ménalque descend l'escalier du Louvre; un autre le monte à qui il dit : *C'est vous que je cherche*; il le prend par la main, le fait descendre avec lui, traverse plusieurs cours, entre dans les salles, en sort; il va, il revient sur ses pas : il regarde enfin celui qu'il traîne après soi depuis un quart d'heure; il est étonné que ce soit lui; il n'a rien à lui dire; il lui quitte la main, et tourne d'un autre côté. Souvent il vous interroge, et il est déjà bien loin de vous quand vous songez à lui répondre; ou bien il vous demande en courant : Comment se porte votre père; et comme vous lui dites qu'il est fort mal, il vous crie qu'il en est bien aise. Il vous trouve quelque autre fois sur son chemin : *Il est ravi de vous rencontrer; il sort de chez vous pour vous entretenir d'une certaine chose.* Il contemple votre main : *Vous avez là, dit-il, un beau rubis; est-il balais?* Il vous quitte et continue sa route : voilà l'affaire importante dont il avait à vous parler. Se trouve-t-il en campagne, il dit à quelqu'un qu'il le trouve heureux d'avoir pu se dérober à la cour pendant l'automne, et d'avoir passé dans ses terres tout le temps de Fontainebleau; il tient à d'autres d'autres discours; puis revenant à celui-ci : Vous avez eu, lui dit-il, de beaux jours à Fontainebleau; vous y avez sans doute beaucoup chassé. Il commence ensuite un conte qu'il oublie d'achever; il rit en lui-même; il éclate d'une chose qui lui passe par l'esprit, il répond à sa pensée, il chante entre ses dents, il siffle, il se renverse dans une chaise, il pousse un cri plaintif, il bâille, il se croit seul. S'il se trouve à un repas, on voit le pain se multiplier insensiblement sur son assiette : il est vrai que ses voisins en manquent aussi bien que de couteaux et de fourchettes, dont il ne les laisse pas jouir longtemps. On a inventé aux tables une grande cuiller pour la commodité du service : il la prend, la plonge dans le plat, l'emplit, la porte à sa bouche, et il ne sort pas d'étonnement de voir répandu sur son linge et sur ses habits le potage qu'il vient d'avaler. Il oublie de boire pendant tout le dîner, ou, s'il s'en souvient, et qu'il trouve que l'on lui donne trop de vin, il en *flaque* plus de la moitié au visage de celui qui est à sa droite; il boit le reste tranquillement, et ne comprend pas pourquoi tout le monde éclate de rire de ce qu'il a jeté à terre ce qu'on lui a versé de trop. Il est un jour retenu au lit pour quelque incommodité : on lui rend visite; il y a un cercle d'hommes et de femmes dans sa ruelle qui l'entretiennent; et, en leur présence, il soulève sa couverture et crache dans ses draps. On le mène aux Chartreux; on lui fait voir un cloître orné d'ouvrages, tous de la main d'un excellent peintre; le religieux qui les lui explique parle de saint Bruno, du chanoine et de son aventure[1], en fait une longue histoire, et la montre dans l'un de ses tableaux. Ménalque, qui pendant la

---

[1] Le miracle qui accompagna la mort du chanoine Raymond et détermina saint Bruno à se retirer dans la solitude. — Les tableaux représentant la vie du saint sont de Lesueur.

narration est hors du cloître, et bien loin au delà, y revient enfin, et demande au père si c'est le chanoine ou saint Bruno qui est damné. Il se trouve par hasard avec une jeune veuve; il lui parle de son défunt mari, lui demande comment il est mort. Cette femme, à qui ce discours renouvelle ses douleurs, pleure, sanglote, et ne laisse pas de reprendre tous les détails de la maladie de son époux, qu'elle conduit depuis la veille de sa fièvre, qu'il se portait bien, jusqu'à l'agonie. *Madame,* lui demande Ménalque, qui l'avait apparemment écoutée avec attention, *n'aviez-vous que celui-là?* Il s'avise un matin de faire tout hâter dans sa cuisine; il se lève avant le fruit, et prend congé de la compagnie : on le voit ce jour-là en tous les endroits de la ville, hormis en celui où il a donné un rendez-vous précis pour cette affaire qui l'a empêché de dîner, et l'a fait sortir à pied, de peur que son carrosse ne le fît attendre. L'entendez-vous crier, gronder, s'emporter contre l'un de ses domestiques? il est étonné de ne le point voir : Où peut-il être? dit-il; que fait-il? qu'est-il devenu? qu'il ne se présente plus devant moi, je le chasse dès à cette heure. Le valet arrive, à qui il demande fièrement d'où il vient; il lui répond qu'il vient de l'endroit où il l'a envoyé, et lui rend un fidèle compte de sa commission. Vous le prendriez souvent pour ce qu'il n'est pas : pour un stupide, car il n'écoute point, et il parle encore moins; pour un fou, car, outre qu'il parle tout seul, il est sujet à de certaines grimaces et à des mouvements de tête involontaires; pour un homme fier et incivil, car vous le saluez, et il passe sans vous regarder, ou il vous regarde sans vous rendre le salut; pour un inconsidéré, car il parle de banqueroute au milieu d'une famille où il y a cette tache; d'exécution et d'échafaud devant un homme dont le père y a monté; de roture devant des roturiers qui sont riches et qui se donnent pour nobles. De même il a dessein d'élever auprès de soi un fils naturel, sous le nom et le personnage d'un valet, et quoiqu'il veuille le dérober à la connaissance de sa femme et de ses enfants, il lui échappe de l'appeler son fils dix fois le jour. Il a pris aussi la résolution de marier son fils à la fille d'un homme d'affaires, et il ne laisse pas de dire de temps en temps, en parlant de sa maison et de ses ancêtres, que les Ménalques ne se sont jamais mésalliés. Enfin, il n'est ni présent ni attentif dans une compagnie à ce qui fait le sujet de la conversation. Il pense et il parle tout à la fois ; mais la chose dont il parle est rarement celle à laquelle il pense; aussi ne parle-t-il guère conséquemment et avec suite : où il dit *non*, souvent il faut dire *oui*, et où il dit *oui*, croyez qu'il veut dire *non*. Il a, en vous répondant si juste, les yeux fort ouverts, mais il ne s'en sert point; il ne regarde ni vous ni personne, ni rien qui soit au monde : tout ce que vous pouvez tirer de lui, et encore dans le temps qu'il est le plus appliqué et d'un meilleur commerce, ce sont ces mots : *Oui vraiment; C'est vrai; Bon! Tout de bon? Oui-da! Je pense qu'oui; Assurément; Ah! ciel!* et quelques autres monosyllabes qui ne sont pas même placés à propos. Jamais aussi il n'est avec ceux avec qui il paraît être : il appelle sérieusement son laquais *monsieur*, et son ami, il l'appelle *la Verdure*; il dit *Votre Révérence* à un prince du sang, et *Votre Altesse* à un jésuite[1]. Il entend la messe : le prêtre vient à éternuer; il lui dit : *Dieu vous assiste*. Il se trouve avec un magistrat : cet homme, grave par son caractère, vénérable par son âge et par sa dignité, l'interroge sur un événement, et lui demande si cela est ainsi; Ménalque lui répond : *Oui, mademoiselle*. Il revient une fois de la campagne : ses laquais en livrée entreprennent de le voler et y réussissent; ils descendent de son carrosse, lui

---

[1] L'abbé de Mauroy, aumônier de Mlle de Monpensier, était sujet, comme le comte de Brancas, à une infinité de distractions. Étant allé, de la part de la princesse, parler de quelques affaires au P. la Chaise, il le traita d'*Altesse royale*, et, en rendant réponse à Mademoiselle, il la traita de *Révérence*.

portent un bout de flambeau sous la gorge, lui demandent la bourse, et il la rend. Arrivé chez soi, il raconte son aventure à ses amis, qui ne manquent pas de l'interroger sur les circonstances, et il leur dit : *Demandez à mes gens, ils y étaient.*

↳ L'incivilité n'est pas un vice de l'âme, elle est l'effet de plusieurs vices : de la sotte vanité, de l'ignorance de ses devoirs, de la paresse, de la stupidité, de la distraction, du mépris des autres, de la jalousie. Pour ne se répandre que sur les dehors, elle n'en est que plus haïssable, parce que c'est toujours un défaut visible et manifeste. Il est vrai cependant qu'il offense plus ou moins selon la cause qui le produit.

↳ Dire d'un homme colère, inégal, querelleux, chagrin, pointilleux, capricieux : C'est son humeur, n'est pas l'excuser, comme on le croit, mais avouer, sans y penser, que de si grands défauts sont irrémédiables.

Ce qu'on appelle humeur est une chose trop négligée parmi les hommes : ils devraient comprendre qu'il ne leur suffit pas d'être bons, mais qu'ils doivent encore paraître tels, du moins s'ils tendent à être sociables, capables d'union et de commerce, c'est-à-dire à être des hommes. L'on n'exige pas des âmes malignes qu'elles aient de la douceur et de la souplesse; elle ne leur manque jamais, et elle leur sert de piége pour surprendre les simples, et pour faire valoir leurs artifices : l'on désirerait de ceux qui ont un bon cœur qu'ils fussent toujours pliants, faciles, complaisants; et qu'il fût moins vrai quelquefois que ce sont les méchants qui nuisent, et les bons qui font souffrir.

↳ Le commun des hommes va de la colère à l'injure : quelques-uns en usent autrement; ils offensent, et puis ils se fâchent : la surprise où l'on est toujours de ce procédé ne laisse pas de place au ressentiment.

↳ Les hommes ne s'attachent pas assez à ne point manquer les occasions de faire plaisir : il semble que l'on n'entre dans un emploi que pour pouvoir obliger et n'en rien faire ; la chose la plus prompte et qui se présente d'abord, c'est le refus, et l'on n'accorde que par réflexion.

⇥ Sachez précisément ce que vous pouvez attendre des hommes en général, et de chacun d'eux en particulier ; et jetez-vous ensuite dans le commerce du monde.

⇥ Si la pauvreté est la mère des crimes, le défaut d'esprit en est le père.

⇥ Il est difficile qu'un fort malhonnête homme ait assez d'esprit : un génie qui est droit et perçant conduit enfin à la règle, à la probité, à la vertu. Il manque du sens et de la pénétration à celui qui s'opiniâtre dans le mauvais comme dans le faux : l'on cherche en vain à le corriger par des traits de satire qui le désignent aux autres, et où il ne se reconnaît pas lui-même : ce sont des injures dites à un sourd. Il serait désirable, pour le plaisir des honnêtes gens et pour la vengeance publique, qu'un coquin ne le fût pas au point d'être privé de tout sentiment.

⇥ Il y a des vices que nous ne devons à personne, que nous apportons en naissant, et que nous fortifions par l'habitude ; il y en a d'autres que l'on contracte, et qui nous sont étrangers. L'on est né quelquefois avec des mœurs faciles, de la complaisance, et tout le désir de plaire ; mais, par les traitements que l'on reçoit de ceux avec qui l'on vit ou de qui l'on dépend, l'on est bientôt jeté hors de ces mesures, et même de son naturel ; l'on a des chagrins et une bile que l'on ne se connaissait point, l'on se voit une autre complexion, l'on est enfin étonné de se trouver dur et épineux.

⇥ L'on demande pourquoi tous les hommes ensemble ne composent pas comme une seule nation et n'ont point voulu parler une même langue, vivre sous les mêmes lois, convenir entre eux des mêmes usages et d'un même culte; et moi, pensant à la contrariété des esprits, des goûts et des sentiments, je suis étonné de voir jusques à sept ou huit personnes se rassembler sous un même toit, dans une même enceinte, et composer une seule famille.

↦ Il y a d'étranges pères, et dont toute la vie ne semble occupée qu'à préparer à leurs enfants des raisons de se consoler de leur mort[1].

↦ Tout est étranger dans l'humeur, les mœurs et les manières de la plupart des hommes. Tel a vécu pendant toute sa vie chagrin, emporté, avare, rampant, soumis, laborieux, intéressé, qui était né gai, paisible, paresseux, magnifique, d'un courage fier, et éloigné de toute bassesse : les besoins de la vie, la situation où l'on se trouve, la loi de la nécessité, forcent la nature et y causent ces grands changements. Ainsi tel homme au fond et en lui-même ne se peut définir : trop de choses qui sont hors de lui l'altèrent, le changent, le bouleversent; il n'est point précisément ce qu'il est ou ce qu'il paraît être.

↦ La vie est courte et ennuyeuse; elle se passe toute à désirer : l'on remet à l'avenir son repos et ses joies, à cet âge souvent où les meilleurs biens ont déjà disparu, la santé et la jeunesse. Ce temps arrive, qui nous surprend encore dans les désirs : on en est là, quand la fièvre nous saisit et nous éteint; si l'on eût guéri, ce n'était que pour désirer plus longtemps.

↦ Lorsqu'on désire, on se rend à discrétion à celui de qui l'on espère : est-on sûr d'avoir, on temporise, on parlemente, on capitule.

↦ Il est si ordinaire à l'homme de n'être pas heureux, et si essentiel à tout ce qui est un bien d'être acheté par mille

[1] Le duc de Gèvres.

peines, qu'une affaire qui se rend facile devient suspecte. L'on comprend à peine, ou que ce qui coûte si peu puisse nous être fort avantageux, ou qu'avec des mesures justes l'on doive si aisément parvenir à la fin que l'on se propose. L'on croit mériter les bons succès, mais n'y devoir compter que fort rarement.

↦ L'homme qui dit qu'il n'est pas né heureux pourrait du moins le devenir par le bonheur de ses amis ou de ses proches. L'envie lui ôte cette dernière ressource.

↦ Quoi que j'aie pu dire ailleurs, peut-être que les affligés ont tort : les hommes semblent être nés pour l'infortune, la douleur et la pauvreté; peu en échappent; et comme toute disgrâce peut leur arriver, ils devraient être préparés à toute disgrâce

↦ Les hommes ont tant de peine à s'approcher sur les affaires, sont si épineux sur les moindres intérêts, si hérissés de difficultés, veulent si fort tromper et si peu être trompés, mettent si haut ce qui leur appartient, et si bas ce qui appartient aux autres, que j'avoue que je ne sais par où et comment se peuvent conclure les mariages, les contrats, les acquisitions, la paix, la trêve, les traités, les alliances.

↦ A quelques-uns l'arrogance tient lieu de grandeur, l'inhumanité de fermeté, et la fourberie d'esprit.

Les fourbes croient aisément que les autres le sont; ils ne peuvent guère être trompés, et ils ne trompent pas longtemps.

Je me rachèterai toujours fort volontiers d'être fourbe, par être stupide et passer pour tel.

On ne trompe point en bien : la fourberie ajoute la malice au mensonge.

↦ S'il y avait moins de dupes, il y aurait moins de ce qu'on appelle des hommes fins ou entendus, et de ceux qui tirent autant de vanité que de distinction d'avoir su, pendant tout le cours de leur vie, tromper les autres. Comment voulez-vous qu'*Érophile*, à qui le manque de parole, les mauvais offices, la fourberie, bien loin de nuire, ont mérité des grâces et des bienfaits de ceux mêmes qu'il a ou manqué de servir ou désobligés, ne présume pas infiniment de soi et de son industrie?

↦ L'on n'entend, dans les places et dans les rues des grandes villes, et de la bouche de ceux qui passent, que les mots d'*exploit*, de *saisie*, d'*interrogatoire*, de *promesse*, et de *plaider contre sa promesse*. Est-ce qu'il n'y aurait pas dans le monde la plus petite équité? Serait-il, au contraire, rempli de gens qui demandent froidement ce qui ne leur est pas dû, ou qui refusent nettement de rendre ce qu'ils doivent?

Parchemins inventés pour faire souvenir ou pour convaincre les hommes de leur parole : honte de l'humanité!

Otez les passions, l'intérêt, l'injustice, quel calme dans les plus grandes villes! Les besoins et la subsistance n'y font pas le tiers de l'embarras.

↦ Rien n'engage tant un esprit raisonnable à supporter tranquillement des parents et des amis les torts qu'ils ont à son égard, que la réflexion qu'il fait sur les vices de l'humanité, et combien il est pénible aux hommes d'être constants, généreux, fidèles, d'être touchés d'une amitié plus forte que leur intérêt. Comme il connait leur portée, il n'exige point d'eux qu'ils pénètrent les corps, qu'ils volent dans l'air, qu'ils aient de l'équité. Il peut haïr les hommes en général, où il y a si peu de vertu; mais il excuse les particuliers, il les aime même par des motifs plus relevés, et il s'étudie à mériter le moins qu'il se peut une pareille indulgence.

↦ Il y a de certains biens que l'on désire avec emportement, et dont l'idée seule nous enlève et nous transporte.

S'il nous arrive de les obtenir, on les sent plus tranquillement qu'on ne l'eût pensé, on en jouit moins que l'on n'aspire encore à de plus grands.

↦ Il y a des maux effroyables et d'horribles malheurs où l'on n'ose penser, et dont la seule vue fait frémir. S'il arrive que l'on y tombe, l'on se trouve des ressources que l'on ne se connaissait point, l'on se roidit contre son infortune, et l'on fait mieux qu'on ne l'espérait

↦ Il ne faut quelquefois qu'une jolie maison dont on hérite, qu'un beau cheval ou un joli chien dont on se trouve le maître, qu'une tapisserie, qu'une pendule, pour adoucir une grande douleur, et pour faire moins sentir une grande perte.

↦ Je suppose que les hommes soient éternels sur la terre, et je médite ensuite sur ce qui pourrait me faire connaître qu'ils se feraient alors une plus grande affaire de leur établissement qu'ils ne s'en font dans l'état où sont les choses.

↦ Si la vie est misérable elle est pénible à supporter; si elle est heureuse, il est horrible de la perdre : l'un revient à l'autre.

↦ Il n'y a rien que les hommes aiment mieux à conserver et qu'ils ménagent moins que leur propre vie.

↦ *Irène* se transporte à grands frais en Épidaure, voit Esculape dans son temple, et le consulte sur tous ses maux. D'abord elle se plaint qu'elle est lasse et recrue de fatigue; et le dieu prononce que cela lui arrive par la longueur du chemin qu'elle vient de faire : elle dit qu'elle est le soir sans appétit; l'oracle lui ordonne de dîner peu : elle ajoute qu'elle est sujette à des insomnies; et il lui prescrit de n'être au lit que pendant la nuit : elle lui demande pourquoi elle devient pesante, et quel remède; l'oracle répond qu'elle doit se lever avant midi, et quelquefois se servir de ses jambes pour marcher : elle lui déclare que le vin lui est nuisible; l'oracle lui dit de boire de l'eau : qu'elle a des indigestions ; et il ajoute qu'elle fasse diète. Ma vue s'affaiblit, dit Irène : Prenez des lunettes, dit Esculape. Je m'affaiblis moi-même, continue-t-elle, et je ne suis ni si forte ni si saine que j'ai été : C'est, dit le dieu, que vous vieillissez. Mais quel moyen de guérir de cette langueur? Le plus court, Irène, c'est de mourir, comme ont fait votre mère et votre aïeule. Fils d'Apollon, s'écrie Irène, quel conseil me donnez-vous? Est-ce là toute cette science que les hommes publient, et qui vous fait révérer de toute la terre? Que m'apprenez-vous de rare et de mystérieux? Et ne savais-je pas tous ces remèdes que vous m'enseignez? Que n'en usiez-vous donc, répond le dieu, sans venir me chercher de si loin, et abréger vos jours par un long voyage[1]?

↦ La mort n'arrive qu'une fois, et se fait sentir à tous les moments de la vie : il est plus dur de l'appréhender que de la souffrir.

↦ L'inquiétude, la crainte, l'abattement, n'éloignent pas la mort, au contraire : je doute seulement que le ris excessif convienne aux hommes, qui sont mortels.

↦ Ce qu'il y a de certain dans la mort est un peu adouci par ce qui est incertain : c'est un indéfini dans le temps, qui tient quelque chose de l'infini et de ce qu'on appelle éternité.

↦ Pensons que, comme nous soupirons présentement pour la florissante jeunesse qui n'est plus, et ne reviendra point, la caducité suivra, qui nous fera regretter l'âge viril où nous sommes encore, et que nous n'estimons pas assez.

↦ L'on craint la vieillesse, que l'on n'est pas sûr de pouvoir atteindre.

---

[1] On prétend qu'un médecin tint ce discours à M⁕⁕ de Montespan, aux eaux de Bourbon, où elle allait souvent pour des maladies imaginaires.

↳ L'on espère de vieillir et l'on craint la vieillesse; c'est-à-dire l'on aime la vie, et l'on fuit la mort.

↳ C'est plus tôt fait de céder à la nature et de craindre la mort, que de faire de continuels efforts, s'armer de raisons et de réflexions, et être continuellement aux prises avec soi-même, pour ne la pas craindre.

↳ Si de tous hommes les uns mouraient, les autres non, ce serait une désolante affliction que de mourir.

↳ Une longue maladie semble être placée entre la vie et la mort, afin que la mort même devienne un soulagement et à ceux qui meurent et à ceux qui restent.

↳ A parler humainement, la mort a un bel endroit, qui est de mettre fin à la vieillesse.

La mort qui prévient la caducité arrive plus à propos que celle qui la termine.

↳ Le regret qu'ont les hommes du mauvais emploi du temps qu'ils ont déjà vécu, ne les conduit pas toujours à faire de celui qui leur reste à vivre un meilleur usage.

↳ La vie est un sommeil. Les vieillards sont ceux dont le sommeil a été plus long : ils ne commencent à se réveiller que quand il faut mourir. S'ils repassent alors sur tout le cours de leurs années, ils ne trouvent souvent ni vertus ni actions louables qui les distinguent les unes des autres; ils confondent leurs différents âges, ils n'y voient rien qui marque assez pour mesurer le temps qu'ils ont vécu. Ils ont eu un songe confus, informe, et sans aucune suite; ils sentent néanmoins, comme ceux qui s'éveillent, qu'ils ont dormi longtemps.

↳ Il n'y a pour l'homme que trois événements : naître, vivre et mourir : il ne se sent pas naître, il souffre à mourir, et il oublie de vivre.

↳ Il y a un temps où la raison n'est pas encore, où l'on ne vit que par instinct, à la manière des animaux, et dont il ne reste dans la mémoire aucun vestige. Il y a un second temps où la raison se développe, où elle est formée, et où elle pourrait agir, si elle n'était pas obscurcie et comme éteinte par les vices de la complexion, et par un enchaînement de passions qui se succèdent les unes aux autres, et conduisent jusques au troisième et dernier âge. La raison, alors dans sa force, devrait produire; mais elle est refroidie et ralentie par les années, par la maladie et la douleur, déconcertée ensuite par le désordre de la machine, qui est dans son déclin : et ces temps néanmoins sont la vie de l'homme!

⇨ Les enfants sont hautains, dédaigneux, colères, envieux, curieux, intéressés, paresseux, volages, timides, intempérants, menteurs, dissimulés; ils rient et pleurent facilement; ils ont des joies immodérées et des afflictions amères sur de très-petits sujets; ils ne veulent point souffrir de mal, et aiment à en faire : ils sont déjà des hommes.

⇨ Les enfants n'ont ni passé ni avenir, et, ce qui ne nous arrive guère, ils jouissent du présent.

⇨ Le caractère de l'enfance paraît unique; les mœurs, dans cet âge, sont assez les mêmes, et ce n'est qu'avec une curieuse attention qu'on en pénètre la différence : elle augmente avec la raison, parce qu'avec celle-ci croissent les passions et les vices, qui seuls rendent les hommes si dissemblables entre eux, et si contraires à eux-mêmes.

⇨ Les enfants ont déjà de leur âme l'imagination et la mémoire, c'est-à-dire ce que les vieillards n'ont plus, et ils en tirent un merveilleux usage pour leurs petits jeux et pour tous leurs amusements : c'est par elles qu'ils répètent ce qu'ils ont entendu dire, qu'ils contrefont ce qu'ils ont vu faire; qu'ils sont de tous métiers, soit qu'ils s'occupent en effet à mille petits ouvrages, soit qu'ils imitent les divers artisans par le mouvement et par le geste; qu'ils se trouvent à un grand festin, et y font bonne chère; qu'ils se transportent dans des palais et dans des lieux enchantés ; que, bien que seuls, ils se voient un riche équipage et un grand cortége; qu'ils conduisent des armées, livrent bataille, et jouissent du plaisir de la victoire; qu'ils parlent aux rois et aux plus grands princes; qu'ils sont rois eux-mêmes, ont des sujets, possèdent des trésors qu'ils peuvent faire de feuilles d'arbres ou de grains de sable; et, ce qu'ils ignorent dans la suite de leur vie, savent, à cet âge, être les arbitres de leur fortune, et les maîtres de leur propre félicité.

↳ Il n'y a nuls vices extérieurs et nuls défauts du corps qui ne soient aperçus par les enfants; ils les saisissent d'une première vue, et ils savent les exprimer par des mots convenables : on ne nomme point plus heureusement. Devenus hommes, ils sont chargés, à leur tour, de toutes les imperfections dont ils se sont moqués.

L'unique soin des enfants est de trouver l'endroit faible de leurs maîtres, comme de tous ceux à qui ils sont soumis : dès qu'ils ont pu les entamer, ils gagnent le dessus, et prennent sur eux un ascendant qu'ils ne perdent plus. Ce qui nous fait déchoir une première fois de cette supériorité à leur égard, est toujours ce qui nous empêche de la recouvrer.

↳ La paresse, l'indolence et l'oisiveté, vices si naturels aux enfants, disparaissent dans leurs jeux, où ils sont vifs, appliqués, exacts, amoureux des règles et de la symétrie, où ils ne se pardonnent nulle faute les uns aux autres, et recommencent eux-mêmes plusieurs fois une seule chose qu'ils ont manquée : présages certains qu'ils pourront un jour négliger leurs devoirs, mais qu'ils n'oublieront rien pour leurs plaisirs.

↳ Aux enfants tout paraît grand, les cours, les jardins, les édifices, les meubles, les hommes, les animaux : aux hommes les choses du monde paraissent ainsi, et j'ose dire par la même raison, parce qu'ils sont petits.

↦ Les enfants commencent entre eux par l'état populaire, chacun y est le maître; et, ce qui est bien naturel, ils ne s'en accommodent pas longtemps, et passent au monarchique. Quelqu'un se distingue, ou par une plus grande vivacité, ou par une meilleure disposition du corps, ou par une connaissance plus exacte des jeux différents et des petites lois qui les composent; les autres lui défèrent, et il se forme alors un gouvernement absolu qui ne roule que sur le plaisir.

↦ Qui doute que les enfants ne conçoivent, qu'ils ne jugent, qu'ils ne raisonnent conséquemment? Si c'est seulement sur de petites choses, c'est qu'ils sont enfants, et sans une longue expérience; et si c'est en mauvais termes, c'est moins leur faute que celle de leurs parents ou de leurs maîtres.

↦ C'est perdre toute confiance dans l'esprit des enfants, et leur devenir inutile, que de les punir des fautes qu'ils n'ont point faites, ou même sévèrement de celles qui sont légères. Ils savent précisément et mieux que personne ce qu'ils méritent, et ils ne méritent guère que ce qu'ils craignent : ils connaissent si c'est à tort ou avec raison qu'on les châtie, et ne se gâtent pas moins par des peines mal ordonnées que par l'impunité.

↦ On ne vit point assez pour profiter de ses fautes : on en commet pendant tout le cours de sa vie; et tout ce que l'on peut faire à force de faillir, c'est de mourir corrigé.

Il n'y a rien qui rafraîchisse le sang comme d'avoir su éviter de faire une sottise.

↦ Le récit de ses fautes est pénible; on veut les couvrir et en charger quelque autre. C'est ce qui donne le pas au directeur sur le confesseur.

⟶ Les fautes des sots sont quelquefois si lourdes et si difficiles à prévoir, qu'elles mettent les sages en défaut, et ne sont utiles qu'à ceux qui les font.

⟶ L'esprit de parti abaisse les plus grands hommes jusques aux petitesses du peuple.

⟶ Nous faisons, par vanité ou par bienséance, les mêmes choses et avec les mêmes dehors que nous les ferions par inclination ou par devoir. Tel vient de mourir à Paris de la fièvre qu'il a gagnée à veiller sa femme, qu'il n'aimait point[1].

⟶ Les hommes, dans le cœur, veulent être estimés, et ils cachent avec soin l'envie qu'ils ont d'être estimés; parce que les hommes veulent passer pour vertueux, et que vouloir tirer de la vertu tout autre avantage que la vertu même, je veux dire l'estime et les louanges, ce ne serait plus être vertueux, mais aimer l'estime et les louanges, ou être vain : les hommes sont très-vains, et ils ne haïssent rien tant que de passer pour tels.

⟶ Un homme vain trouve son compte à dire du bien ou du mal de soi : un homme modeste ne parle point de soi.

On ne voit point mieux le ridicule de la vanité, et combien elle est un vice honteux, qu'en ce qu'elle n'ose se montrer, et qu'elle se cache souvent sous les apparences de son contraire.

La fausse modestie est le dernier raffinement de la vanité; elle fait que l'homme vain ne paraît point tel, et se fait valoir au contraire par la vertu opposée au vice qui fait son caractère : c'est un mensonge. La fausse gloire est l'écueil de la vanité; elle nous conduit à vouloir être estimés par des choses qui, à la vérité, se trouvent en nous, mais qui sont frivoles et indignes qu'on les relève : c'est une erreur

---

[1] Le prince de Conti, qui gagna la petite vérole en soignant sa femme qu'il n'aimait pas : il en mourut et sa femme en guérit.

↳ Les hommes parlent de manière, sur ce qui les regarde, qu'ils n'avouent d'eux-mêmes que de petits défauts, et encore ceux qui supposent en leurs personnes de beaux talents ou de grandes qualités. Ainsi l'on se plaint de son peu de mémoire, content d'ailleurs de son grand sens et de son bon jugement : l'on reçoit le reproche de la distraction et de la rêverie, comme s'il nous accordait le bel esprit : l'on dit de soi qu'on est maladroit, et qu'on ne peut rien faire de ses mains, fort consolé de la perte de ces petits talents par ceux de l'esprit, ou par les dons de l'âme, que tout le monde nous connaît : l'on fait l'aveu de sa paresse en des termes qui signifient toujours son désintéressement, et que l'on est guéri de l'ambition : l'on ne rougit point de sa malpropreté, qui n'est qu'une négligence pour les petites choses, et qui semble supposer qu'on n'a d'application que pour les solides et essentielles. Un homme de guerre aime à dire que c'était par trop d'empressement ou par curiosité qu'il se trouva un certain jour à la tranchée, ou en quelque autre poste très-périlleux, sans être de garde ni commandé ; et il ajoute qu'il en fut repris de son général. De même une bonne tête[1] ou un ferme génie qui se trouve né avec cette prudence que les autres hommes cherchent vainement à acquérir ; qui a fortifié la trempe de son esprit par une grande expérience ; que le nombre, le poids, la diversité, la difficulté et l'importance des affaires occupent seulement, et n'accablent point ; qui, par l'étendue de ses vues et de sa pénétration, se rend maître de tous les événements ; qui, bien loin de consulter toutes les réflexions qui sont écrites sur le gouvernement et la politique, est peut-être de ces âmes sublimes nées pour régir les autres, et sur qui ces premières règles ont été faites ; qui est détourné, par les grandes choses qu'il fait, des belles ou des agréables qu'il pourrait lire, et qui au contraire ne perd

---

[1] On a appliqué ce *caractère* à Louvois.

rien à retracer et à feuilleter, pour ainsi dire, sa vie et ses actions; un homme ainsi fait peut dire aisément, et sans se commettre, qu'il ne connaît aucun livre, et qu'il ne lit jamais.

↦ On veut quelquefois cacher ses faibles, ou en diminuer l'opinion, par l'aveu libre que l'on en fait. Tel dit : Je suis ignorant, qui ne sait rien. Un homme dit : Je suis vieux; il passe soixante ans; un autre encore : Je ne suis pas riche; et il est pauvre.

↦ La modestie n'est point, ou est confondue avec une chose toute différente de soi, si on la prend pour un sentiment intérieur qui avilit l'homme à ses propres yeux, et qui est une vertu surnaturelle qu'on appelle humilité. L'homme, de sa nature, pense hautement et superbement de lui-même, et ne pense ainsi que de lui-même : la modestie ne tend qu'à faire que personne n'en souffre; elle est une vertu du dehors, qui règle ses yeux, sa démarche, ses paroles, son ton de voix, et qui le fait agir extérieurement avec les autres comme s'il n'était pas vrai qu'il les compte pour rien.

↦ Le monde est plein de gens qui, faisant intérieurement et par habitude la comparaison d'eux-mêmes avec les autres, décident toujours en faveur de leur propre mérite, et agissent conséquemment.

↦ Vous dites qu'il faut être modeste; les gens bien nés ne demandent pas mieux : faites seulement que les hommes n'empiètent pas sur ceux qui cèdent par modestie, et ne brisent pas ceux qui plient.

De même l'on dit : Il faut avoir des habits modestes; les personnes de mérite ne désirent rien davantage. Mais le monde veut de la parure, on lui en donne; il est avide de la superfluité, on lui en montre. Quelques-uns n'estiment les autres que par de beau linge ou par une riche étoffe; l'on ne refuse pas toujours d'être estimé à ce prix. Il y a des endroits où il faut se faire voir : un galon d'or plus large ou plus étroit vous fait entrer ou refuser.

↦ Notre vanité et la trop grande estime que nous avons de nous-mêmes nous fait soupçonner dans les autres une fierté à notre égard qui y est quelquefois, et qui souvent n'y est pas : une personne modeste n'a point cette délicatesse.

↦ Comme il faut se défendre de cette vanité qui nous fait penser que les autres nous regardent avec curiosité et avec estime, et ne parlent ensemble que pour s'entretenir de notre mérite et faire notre éloge; aussi devons-nous avoir une certaine confiance qui nous empêche de croire qu'on ne se parle à l'oreille que pour dire du mal de nous, ou que l'on ne rit que pour s'en moquer.

↦ D'où vient qu'*Alcippe* me salue aujourd'hui, me sourit, et se jette hors d'une portière, de peur de me manquer? Je ne suis pas riche, et je suis à pied : il doit, dans les règles, ne me pas voir. N'est-ce point pour être vu lui-même dans un même fond avec un grand?

↦ L'on est si rempli de soi-même, que tout s'y rapporte; l'on aime à être vu, à être montré, à être salué, même des inconnus : ils sont fiers s'ils l'oublient; l'on veut qu'ils nous devinent.

↦ Nous cherchons notre bonheur hors de nous-même, et dans l'opinion des hommes, que nous connaissons flatteurs, peu sincères, sans équité, pleins d'envie, de caprices et de préventions. Quelle bizarrerie!

↦ Il semble que l'on ne puisse rire que des choses ridicules : l'on voit néanmoins de certaines gens qui rient également des choses ridicules et de celles qui ne le sont pas. Si vous êtes sot et inconsidéré, et qu'il vous échappe devant eux quelque impertinence, ils rient de vous : si vous êtes sage, et que vous ne disiez que des choses raisonnables, et du ton qu'il les faut dire, ils rient de même.

⸺ Ceux qui nous ravissent les biens par la violence ou par l'injustice, et qui nous ôtent l'honneur par la calomnie, nous marquent assez leur haine pour nous ; mais ils ne nous prouvent pas également qu'ils aient perdu à notre égard toute sorte d'estime : aussi ne sommes-nous pas incapables de quelque retour pour eux, et de leur rendre un jour notre amitié. La moquerie, au contraire, est de toutes les injures celle qui se pardonne le moins ; elle est le langage du mépris, et l'une des manières dont il se fait le mieux entendre ; elle attaque l'homme dans son dernier retranchement, qui est l'opinion qu'il a de soi-même ; elle veut le rendre ridicule à ses propres yeux ; et ainsi elle le convainc de la plus mauvaise disposition où l'on puisse être pour lui, et le rend irréconciliable.

C'est une chose monstrueuse que le goût et la facilité qui est en nous de railler, d'improuver et de mépriser les autres ; et tout ensemble la colère que nous ressentons contre ceux qui nous raillent, nous improuvent et nous méprisent.

⸺ La santé et les richesses, ôtant aux hommes l'expérience du mal, leur inspirent la dureté pour leurs semblables ; et les gens déjà chargés de leur propre misère sont ceux qui entrent davantage, par la compassion, dans celle d'autrui.

⸺ Il semble qu'aux âmes bien nées les fêtes, les spectacles, la symphonie, rapprochent et font mieux sentir l'infortune de nos proches ou de nos amis.

⸺ Une grande âme est au-dessus de l'injure, de l'injustice, de la douleur, de la moquerie ; et elle serait invulnérable, si elle ne souffrait par la compassion.

⸺ Il y a une espèce de honte d'être heureux à la vue de certaines misères.

⚹ On est prompt à connaître ses plus petits avantages, et lent à pénétrer ses défauts : on n'ignore point qu'on a de beaux sourcils, les ongles bien faits; on sait à peine que l'on est borgne; on ne sait point du tout que l'on manque d'esprit [1].

Argyre tire son gant pour montrer une belle main, et elle ne néglige pas de découvrir un petit soulier qui suppose qu'elle a le pied petit : elle rit des choses plaisantes ou sérieuses, pour faire voir de belles dents : si elle montre son oreille, c'est qu'elle l'a bien faite; et si elle ne danse jamais, c'est qu'elle est peu contente de sa taille, qu'elle a épaisse. Elle entend tous ses intérêts, à l'exception d'un seul : elle parle toujours, et n'a point d'esprit.

⚹ Les hommes comptent presque pour rien toutes les vertus du cœur, et idolâtrent les talents du corps et de l'esprit. Celui qui dit froidement de soi, et sans croire blesser la modestie, qu'il est bon, qu'il est constant, fidèle, sincère, équitable, reconnaissant, n'ose dire qu'il est vif, qu'il a les dents belles et la peau douce : cela est trop fort.

Il est vrai qu'il y a deux vertus que les hommes admirent, la bravoure et la libéralité, parce qu'il y a deux choses qu'ils estiment beaucoup, et que ces vertus font négliger, la vie et l'argent : aussi personne n'avance de soi qu'il est brave ou libéral.

Personne ne dit de soi, et surtout sans fondement, qu'il est beau, qu'il est généreux, qu'il est sublime : on a mis ces qualités à un trop haut prix; on se contente de le penser.

⚹ Quelque rapport qu'il paraisse de la jalousie à l'émulation, il y a entre elles le même éloignement que celui qui se trouve entre le vice et la vertu.

---

[1] On a appliqué ces traits au chevalier de Soissons, fils naturel du comte de Soissons, tué à la bataille de Sedan en 1641. Il était borgne.

La jalousie et l'émulation s'exercent sur le même objet, qui est le bien ou le mérite des autres; avec cette différence, que celle-ci est un sentiment volontaire, courageux, sincère, qui rend l'âme féconde, qui la fait profiter des grands exemples, et la porte souvent au-dessus de ce qu'elle admire; et que celle-là au contraire est un mouvement violent et comme un aveu contraint du mérite qui est hors d'elle; qu'elle va même jusques à nier la vertu dans les sujets où elle existe, ou qui, forcée de la reconnaître, lui refuse les éloges ou lui envie les récompenses; une passion stérile qui laisse l'homme dans l'état où elle le trouve, qui le remplit de lui-même, de l'idée de sa réputation, qui le rend froid et sec sur les actions ou sur les ouvrages d'autrui, qui fait qu'il s'étonne de voir dans le monde d'autres talents que les siens, ou d'autres hommes avec les mêmes talents dont il se pique : vice honteux, et qui, par son excès, rentre toujours dans la vanité et dans la présomption, et ne persuade pas tant à celui qui en est blessé qu'il a plus d'esprit et de mérite que les autres, qu'il lui fait croire qu'il a lui seul de l'esprit et du mérite.

L'émulation et la jalousie ne se rencontrent guère que dans les personnes de même art, de mêmes talents et de même condition. Les plus vils artisans sont les plus sujets à la jalousie. Ceux qui font profession des arts libéraux ou des belles-lettres, les peintres, les musiciens, les orateurs, les poëtes, tous ceux qui se mêlent d'écrire, ne devraient être capables que d'émulation.

Toute jalousie n'est point exempte de quelque sorte d'envie, et souvent même ces deux passions se confondent. L'envie, au contraire, est quelquefois séparée de la jalousie, comme est celle qu'excitent dans notre âme les conditions fort élevées au-dessus de la nôtre, les grandes fortunes, la faveur, le ministère.

L'envie et la haine s'unissent toujours et se fortifient l'une l'autre dans un même sujet; et elles ne sont reconnaissables entre elles qu'en ce que l'une s'attache à la personne, l'autre à l'état et à la condition.

Un homme d'esprit n'est point jaloux d'un ouvrier qui a travaillé une bonne épée, ou d'un statuaire qui vient d'achever une belle figure. Il sait qu'il y a dans ces arts des règles et une méthode qu'on ne devine point, qu'il y a des outils à manier dont il ne connaît ni l'usage, ni le nom, ni la figure; et il lui suffit de penser qu'il n'a point fait l'apprentissage d'un certain métier, pour se consoler de n'y être point maître. Il peut, au contraire, être susceptible d'envie et même de jalousie contre un ministre et contre ceux qui gouvernent, comme si la raison et le bon sens, qui lui sont communs avec eux, étaient les seuls instruments qui servent à régir un État et à présider aux affaires publiques, et qu'ils dussent suppléer aux règles, aux préceptes, à l'expérience.

⊢ L'on voit peu d'esprits entièrement lourds et stupides; l'on en voit encore moins qui soient sublimes et transcendants. Le commun des hommes nage entre ces deux extrémités : l'intervalle est rempli par un grand nombre de talents ordinaires, mais qui sont d'un grand usage, servent à la république, et renferment en soi l'utile et l'agréable; comme le commerce, les finances, le détail des armées, la navigation, les arts, les métiers, l'heureuse mémoire, l'esprit du jeu, celui de la société et de la conversation.

⊢ Tout l'esprit qui est au monde est inutile à celui qui n'en a point : il n'a nulles vues, et il est incapable de profiter de celles d'autrui.

⊢ Le premier degré dans l'homme après la raison, ce serait de sentir qu'il l'a perdue; la folie même est incompatible avec cette connaissance. De même, ce qu'il y aurait en nous de meilleur après l'esprit, ce serait de connaître qu'il nous manque : par là on ferait l'impossible, on saurait, sans esprit, n'être pas un sot, ni un fat, ni un impertinent.

↳ Un homme qui n'a de l'esprit que dans une certaine médiocrité est sérieux et tout d'une pièce : il ne rit point, il ne badine jamais, il ne tire aucun fruit de la bagatelle ; aussi incapable de s'élever aux grandes choses que de s'accommoder, même par relâchement, des plus petites, il sait à peine jouer avec ses enfants.

↳ Tout le monde dit d'un fat qu'il est un fat ; personne n'ose le lui dire à lui-même : il meurt sans le savoir, et sans que personne se soit vengé.

↳ Quelle mésintelligence entre l'esprit et le cœur ! Le philosophe vit mal avec tous ses préceptes, et le politique, rempli de vues et de réflexions, ne sait pas se gouverner.

↳ L'esprit s'use comme toutes choses : les sciences sont ses aliments, elles le nourrissent et le consument.

↳ Les petits sont quelquefois chargés de mille vertus inutiles : ils n'ont pas de quoi les mettre en œuvre.

↳ Il se trouve des hommes qui soutiennent facilement le poids de la faveur et de l'autorité, qui se familiarisent avec leur propre grandeur, et à qui la tête ne tourne point dans les postes les plus élevés. Ceux au contraire que la fortune, aveugle, sans choix et sans discernement, a comme accablés de ses bienfaits, en jouissent avec orgueil et sans modération : leurs yeux, leur démarche, leur ton de voix et leur accès, marquent longtemps en eux l'admiration où ils sont d'eux-mêmes et de se voir si éminents ; et ils deviennent si farouches, que leur chute seule peut les apprivoiser.

↳ Un homme haut et robuste, qui a une poitrine large et de larges épaules, porte légèrement et de bonne grâce un lourd fardeau ; il lui reste encore un bras de libre : un nain serait écrasé de la moitié de sa charge. Ainsi les postes éminents rendent les grands hommes encore plus grands, et les petits beaucoup plus petits.

⁌ Il y a des gens qui gagnent à être extraordinaires : ils voguent, ils cinglent dans une mer où les autres échouent et se brisent; ils parviennent, en blessant toutes les règles de parvenir; ils tirent de leur irrégularité et de leur folie tous les fruits d'une sagesse la plus consommée : hommes dévoués à d'autres hommes, aux grands à qui ils ont sacrifié, en qui ils ont placé leurs dernières espérances, ils ne les servent point, mais ils les amusent. Les personnes de mérite et de service sont utiles aux grands, ceux-ci leur sont nécessaires; ils blanchissent auprès d'eux dans la pratique des bons mots, qui leur tiennent lieu d'exploits dont ils attendent la récompense; ils s'attirent, à force d'être plaisants, des emplois graves, et s'élèvent, par un continuel enjouement, jusqu'au sérieux des dignités : ils finissent enfin, et rencontrent inopinément un avenir qu'ils n'ont ni craint ni espéré. Ce qui reste d'eux sur la terre, c'est l'exemple de leur fortune, fatal à ceux qui voudraient le suivre [1].

⁌ L'on exigerait de certains personnages qui ont une fois été capables d'une action noble, héroïque, et qui a été sue de toute la terre, que, sans paraître comme épuisés par un si grand effort, ils eussent du moins, dans le reste de leur vie, cette conduite sage et judicieuse qui se remarque même dans les hommes ordinaires; qu'ils ne tombassent point dans des petitesses indignes de la haute réputation qu'ils avaient acquise; que, se mêlant moins dans le peuple, et ne lui laissant pas le loisir de les voir de près, ils ne le fissent point passer de la curiosité et de l'admiration à l'indifférence, et peut-être au mépris [2].

---

[1] Ce *caractere* a été appliqué par les uns au duc de la Feuillade, par les autres au duc de Lauzun.

[2] Allusion à Jacques II qui s'était distingué dans le commandement de la flotte d'Angleterre, lorsqu'il n'était que duc d'York, et qui depuis ce

↦ Il coûte moins à certains hommes de s'enrichir de mille vertus que de se corriger d'un seul défaut; ils sont même si malheureux, que ce vice est souvent celui qui convenait le moins à leur état, et qui pouvait leur donner dans le monde plus de ridicule : il affaiblit l'éclat de leurs grandes qualités, empêche qu'ils ne soient des hommes parfaits et que leur réputation ne soit entière. On ne leur demande point qu'ils soient plus éclairés et plus incorruptibles, qu'ils soient plus amis de l'ordre et de la discipline, plus fidèles à leurs devoirs, plus zélés pour le bien public, plus graves ; on veut seulement qu'ils ne soient point amoureux [1].

↦ Quelques hommes, dans le cours de leur vie, sont si différents d'eux-mêmes par le cœur et par l'esprit, qu'on est sûr de se méprendre, si l'on en juge seulement par ce qui a paru d'eux dans leur première jeunesse. Tels étaient pieux, sages, savants, qui, par cette mollesse inséparable d'une trop riante fortune, ne le sont plus [2]. L'on en sait d'autres qui ont commencé leur vie par les plaisirs, et qui ont mis ce qu'ils avaient d'esprit à les connaître, que les disgrâces ensuite ont rendus religieux, sages, tempérants. Ces derniers sont, pour l'ordinaire, de grands sujets, et sur qui l'on peut faire beaucoup de fond : ils ont une probité éprouvée par la patience et par l'adversité; ils entent sur cette extrême politesse que le commerce des femmes leur a donnée, et dont ils ne se défont jamais, un esprit de règle, de réflexion, et quelquefois une haute capacité, qu'ils doivent à la chambre et au loisir d'une mauvaise fortune [3].

Tout notre mal vient de ne pouvoir être seuls : de là le

---

temps-là ne fit aucune action d'éclat, ou au duc d'Orléans, depuis régent, qui tout jeune encore se distingua aux batailles de Steinkerque et de Nerwinde au point de porter ombrage à Louis XIV.

[1] De Harlay, archevêque de Paris.
[2] Le cardinal de Bouillon.
[3] Boutillier de Rancé, abbé de la Trappe, et le cardinal le Camus, évêque de Grenoble.

jeu, le luxe, la dissipation, le vin, les femmes, l'ignorance, la médisance, l'envie, l'oubli de soi-même et de Dieu.

➳ L'homme semble quelquefois ne se suffire pas à soi-même : les ténèbres, la solitude, le troublent, le jettent dans des craintes frivoles et dans de vaines terreurs : le moindre mal alors qui puisse lui arriver est de s'ennuyer.

➳ L'ennui est entré dans le monde par la paresse ; elle a beaucoup de part dans la recherche que font les hommes des plaisirs, du jeu, de la société. Celui qui aime le travail a assez de soi-même.

➳ La plupart des hommes emploient la première partie de leur vie à rendre l'autre misérable.

➳ Il y a des ouvrages qui commencent par A et finissent par Z : le bon, le mauvais, le pire, tout y entre ; rien en un certain genre n'est oublié : quelle recherche, quelle affectation dans ces ouvrages ! On les appelle des jeux d'esprit. De même, il y a un jeu dans la conduite : on a commencé, il faut finir ; on veut fournir toute la carrière. Il serait mieux ou de changer ou de suspendre ; mais il est plus rare et plus difficile de poursuivre : on poursuit, on s'anime par les contradictions ; la vanité soutient, supplée à la raison, qui cède et qui se désiste. On porte ce raffinement jusque dans les actions les plus vertueuses, dans celles même où il entre de la religion.

➳ Il n'y a que nos devoirs qui nous coûtent, parce que leur pratique ne regardant que les choses que nous sommes étroitement obligés de faire, elle n'est pas suivie de grands éloges, qui est tout ce qui nous excite aux actions louables, et qui nous soutient dans nos entreprises. N*** aime une piété fastueuse qui lui attire l'intendance des besoins des pauvres, le rend dépositaire de leur patrimoine, et fait de sa maison un dépôt public où se font les distributions : les gens à petits collets et les *sœurs grises* y ont une libre entrée; toute une ville voit ses aumônes et les publie. Qui pourrait douter qu'il soit homme de bien, si ce n'est peut-être ses créanciers?

↦ *Géronte* meurt de caducité, et sans avoir fait ce testament qu'il projetait depuis trente années : dix têtes viennent *ab intestat* partager sa succession. Il ne vivait depuis longtemps que par les soins d'*Astérie*, sa femme, qui, jeune encore, s'était dévouée à sa personne, ne le perdait pas de vue, secourait sa vieillesse, et lui a enfin fermé les yeux. Il ne lui laisse pas assez de bien pour pouvoir se passer, pour vivre, d'un autre vieillard.

↦ Laisser perdre charges et bénéfices plutôt que de vendre ou de résigner, même dans son extrême vieillesse, c'est se persuader qu'on n'est pas du nombre de ceux qui meurent; ou si l'on croit que l'on peut mourir, c'est s'aimer soi-même, et n'aimer que soi.

↦ *Fauste* est un dissolu, un prodigue, un libertin, un ingrat, un emporté, qu'*Aurèle*, son oncle, n'a pu haïr ni déshériter.

Frontin, neveu d'Aurèle, après vingt années d'une probité connue, et d'une complaisance aveugle pour ce vieillard, ne l'a pu fléchir en sa faveur, et ne tire de sa dépouille qu'une légère pension que Fauste, unique légataire, lui doit payer.

↦ Les haines sont si longues et si opiniâtres, que le plus grand signe de mort, dans un homme malade, c'est la réconciliation.

↦ L'on s'insinue auprès de tous les hommes ou en les flattant dans les passions qui occupent leur âme, ou en compatissant aux infirmités qui affligent leur corps. En cela seul consistent les soins que l'on peut leur rendre; de là vient que celui qui se porte bien, et qui désire peu de chose, est moins facile à gouverner.

↦ La mollesse et la volupté naissent avec l'homme, et ne finissent qu'avec lui; ni les heureux ni les tristes événements ne l'en peuvent séparer; c'est pour lui ou le fruit de la bonne fortune, ou un dédommagement de la mauvaise.

↦ C'est une grande difformité dans la nature qu'un vieillard amoureux.

↦ Peu de gens se souviennent d'avoir été jeunes, et combien il leur était difficile d'être chastes et tempérants. La première chose qui arrive aux hommes après avoir renoncé aux plaisirs, ou par bienséance, ou par lassitude, ou par régime, c'est de les condamner dans les autres. Il entre dans cette conduite une sorte d'attachement pour les choses mêmes que l'on vient de quitter; l'on aimerait qu'un bien qui n'est plus pour nous ne fût plus aussi pour le reste du monde : c'est un sentiment de jalousie.

↦ Ce n'est pas le besoin d'argent où les vieillards peuvent appréhender de tomber un jour qui les rend avares, car il y en a de tels qui ont de si grands fonds qu'ils ne peuvent guère avoir cette inquiétude; et d'ailleurs, comment pourraient-ils craindre de manquer dans leur caducité des commodités de la vie, puisqu'ils s'en privent eux-mêmes volontairement pour satisfaire à leur avarice? Ce n'est point aussi l'envie de laisser de plus grandes richesses à leurs enfants, car il n'est pas naturel d'aimer quelque autre chose plus que soi-même, outre qu'il se trouve des avares qui n'ont point d'héritiers. Ce vice est plutôt l'effet de l'âge et de la complexion des vieillards, qui s'y abandonnent aussi naturellement qu'ils suivaient leurs plaisirs dans leur jeunesse, ou leur ambition dans l'âge viril. Il ne faut ni vigueur, ni jeunesse, ni santé, pour être avare; l'on n'a aussi nul besoin de s'empresser ou de se donner le moindre mouvement pour épargner ses revenus : il faut laisser seulement son bien dans ses coffres, et se priver de tout. Cela est commode aux vieillards, à qui il faut une passion, parce qu'ils sont hommes.

↦ Il y a des gens qui sont mal logés, mal couchés, mal habillés, et plus mal nourris; qui essuient les rigueurs des saisons; qui se privent eux-mêmes de la société des hommes, et passent leurs jours dans la solitude; qui souffrent du présent, du passé et de l'avenir; dont la vie est comme une pénitence continuelle, et qui ont ainsi trouvé le secret d'aller à leur perte par le chemin le plus pénible : ce sont les avares.

↦ Le souvenir de la jeunesse est tendre dans les vieillards : ils aiment les lieux où ils l'ont passée; les personnes qu'ils ont commencé de connaître dans ce temps leur sont chères; ils affectent quelques mots du premier langage qu'ils ont parlé; ils tiennent pour l'ancienne manière de chanter et pour la vieille danse; ils vantent les modes qui régnaient alors dans les habits, les meubles et les équipages; ils ne peuvent encore désapprouver des choses qui servaient à leurs passions, qui étaient si utiles à leurs plaisirs, et qui en rappellent la mémoire. Comment pourraient-ils leur préférer de nouveaux visages et des modes toutes récentes, où ils n'ont nulle part, dont ils n'espèrent rien, que les jeunes gens ont faites, et dont ils tirent à leur tour de si grands avantages contre la vieillesse?

↦ Une trop grande négligence comme une excessive parure dans les vieillards multiplient leurs rides, et font mieux voir leur caducité.

↦ Un vieillard est fier, dédaigneux, et d'un commerce difficile, s'il n'a beaucoup d'esprit.

↦ Un vieillard qui a vécu à la cour, qui a un grand sens et une mémoire fidèle, est un trésor inestimable. Il est plein de faits et de maximes; l'on y trouve l'histoire du siècle, revêtue de circonstances très-curieuses, et qui ne se lisent nulle part; l'on y apprend des règles pour la conduite et pour les mœurs, qui sont toujours sûres, parce qu'elles sont fondées sur l'expérience.

⊢ Les jeunes gens, à cause des passions qui les amusent, s'accommodent mieux de la solitude que les vieillards

⊢ *Phidippe*, déjà vieux, raffine sur la propreté et sur la mollesse; il passe aux petites délicatesses; il s'est fait un art du boire, du manger, du repos et de l'exercice. Les petites règles qu'il s'est prescrites, 1 qui tendent toutes aux aises de sa personne, il les observe avec scrupule, et ne les romprait pas pour une maîtresse, si le régime lui avait permis d'en retenir. Il s'est accablé de superfluités, que l'habitude enfin lui rend nécessaires. Il double ainsi et renforce les liens qui l'attachent à la vie, et il veut employer ce qui lui en reste à en rendre la perte plus douloureuse. N'appréhendait-il pas assez de mourir?

⊢ *Gnathon* ne vit que pour soi et tous les hommes ensemble sont à son égard comme s'ils n'étaient point. Non content de remplir à une table la première place, il occupe lui seul celle de deux autres : il oublie que le repas est pour lui et pour toute la compagnie; il se rend maître du plat, et fait son propre de chaque service : il ne s'attache à aucun des mets, qu'il n'ait achevé d'essayer de tous; il voudrait pouvoir les savourer tous tout à la fois. Il ne se sert à table que de ses mains; il manie les viandes, les remanie, démembre, déchire, et en use de manière qu'il faut que les conviés, s'ils veulent manger, mangent ses restes. Il ne leur épargne aucune de ces malpropretés dégoûtantes, capables d'ôter l'appétit aux plus affamés; le jus et les sauces lui dégouttent du menton et de la barbe; s'il enlève un ragoût de dessus un plat, il le répand en chemin dans un autre plat et sur la nappe; on le suit à la trace : il mange haut et avec grand bruit; il roule les yeux en mangeant; la table est pour lui un râtelier; il écure ses dents, et il continue à manger. Il se fait, quelque part où il se trouve, une manière d'établissement, et ne souffre pas d'être plus pressé au sermon ou au théâtre que dans sa chambre. Il n'y a dans un carrosse que les places du fond qui lui conviennent; dans toute autre, si on veut l'en croire, il pâlit et tombe en faiblesse. S'il fait un voyage avec plusieurs, il les prévient dans les hôtelleries, et il sait toujours se conserver dans la meilleure chambre le meilleur lit. Il tourne tout à son usage; ses valets, ceux d'autrui, courent dans le même temps pour son service : tout ce qu'il trouve sous sa main lui est propre, hardes, équipages. Il embarrasse tout le monde, ne se contraint pour personne, ne plaint personne, ne connaît de maux que les siens, que sa réplétion et sa bile; ne pleure point la mort des autres, n'appréhende que la sienne, qu'il rachèterait volontiers de l'extinction du genre humain.

⇥ *Cliton* n'a jamais eu en toute sa vie que deux affaires, qui est de dîner le matin et de souper le soir : il ne semble né que pour la digestion. Il n'a de même qu'un entretien : il dit les entrées qui ont été servies au dernier repas où il s'est trouvé; il dit combien il y a eu de potages, et quels potages; il place ensuite le rôt et les entremets; il se souvient exactement de quels plats on a relevé le premier service; il n'oublie pas les *hors-d'œuvre,* le fruit et les assiettes; il nomme tous les vins et toutes les liqueurs dont il a bu; il possède le langage des cuisines autant qu'il peut s'étendre, et il me fait envie de manger à une bonne table où il ne soit point. Il a surtout un palais sûr, qui ne prend point le change, et il ne s'est jamais vu exposé à l'horrible inconvénient de manger un mauvais ragoût ou de boire d'un vin médiocre. C'est un personnage illustre dans son genre, et qui a porté le talent de se bien nourrir jusques où il pouvait aller. On ne reverra plus un homme qui mange tant et qui mange si bien; aussi est-il l'arbitre des bons morceaux, et il n'est guère permis d'avoir du goût pour ce qu'il désapprouve. Mais il n'est plus : il s'est fait du moins porter à table jusqu'au dernier soupir. Il donnait à manger le jour qu'il est mort. Quelque part où il soit, il mange; et s'il revient au monde c'est pour manger[1].

⊢ *Ruffin* commence à grisonner; mais il est sain, il a un visage frais et un œil vif qui lui promettent encore vingt années de vie; il est gai, *jovial,* familier, indifférent; il rit de tout son cœur, et il rit tout seul et sans sujet : il est content de soi, des siens, de sa petite fortune; il dit qu'il est heureux. Il perd son fils unique, jeune homme de grande espérance, et qui pouvait un jour être l'honneur de sa famille; il remet sur d'autres le soin de le pleurer; il dit : *Mon fils est mort, cela fera mourir sa mère;* et il est consolé. Il n'a point de passions; il n'a ni amis ni ennemis; personne ne l'embarrasse, tout le monde lui convient, tout lui est propre; il parle à celui qu'il voit une première fois avec la même liberté et la même confiance qu'à ceux qu'il appelle de vieux amis, et lui fait part bientôt de ses *quolibets* et de ses historiettes. On l'aborde, on le quitte sans qu'il y fasse attention; et le même conte qu'il a commencé de faire à quelqu'un, il l'achève à celui qui prend sa place.

⊢ N*** est moins affaibli par l'âge que par la maladie, car il ne passe point soixante-huit ans; mais il a la goutte, et il est sujet à une colique néphrétique : il a le visage décharné, le teint verdâtre, et qui menace ruine : il fait marner sa terre, et il compte que de quinze ans entiers il ne sera obligé de la fumer : il plante un jeune bois, et il espère qu'en moins de vingt années il lui donnera un beau couvert : il fait bâtir dans la rue *** une maison de pierre de taille, raffermie dans les encoignures par des mains de fer,

---

[1] Ce passage s'applique aux comtes d'Olonne et du Broussain, gastronomes renommés.

et dont il assure, en toussant et avec une voix frêle et débile, qu'on ne verra jamais la fin : il se promène tous les jours dans ses ateliers sur le bras d'un valet qui le soulage : il montre à ses amis ce qu'il a fait, et il leur dit ce qu'il a dessein de faire. Ce n'est pas pour ses enfants qu'il bâtit, car il n'en a point; ni pour ses héritiers, personnes viles et qui se sont brouillées avec lui : c'est pour lui seul, et il mourra demain.

↦ *Antagoras* a un visage trivial et populaire; un suisse de paroisse ou le saint de pierre qui orne le grand autel n'est pas mieux connu que lui de toute la multitude. Il parcourt le matin toutes les chambres et tous les greffes d'un parlement, et le soir les rues et les carrefours d'une ville : il plaide depuis quarante ans, plus proche de sortir de la vie que de sortir d'affaires. Il n'y a point eu au Palais depuis tout ce temps de causes célèbres ou de procédures longues et embrouillées où il n'ait du moins intervenu : aussi a-t-il un nom fait pour remplir la bouche de l'avocat, et qui s'accorde avec le demandeur ou le défendeur comme le substantif et l'adjectif. Parent de tous et haï de tous, il n'y a guère de familles dont il ne se plaigne, et qui ne se plaignent de lui : appliqué successivement à saisir une terre, à s'opposer au sceau, à se servir d'un *committimus*[1], ou à mettre un arrêt à exécution; outre qu'il assiste chaque jour à quelques assemblées de créanciers : partout syndic de directions, et perdant à toutes les banqueroutes, il a des heures de reste pour ses visites; vieil meuble de ruelle, où il parle procès et dit des nouvelles. Vous l'avez laissé dans une maison au Marais, vous le retrouvez au grand Faubourg, où il vous a prévenu, et où déjà il redit ses nouvelles et son procès. Si vous plaidez vous-même, et que vous alliez le

---

[1] *Committimus*, lettres de chancellerie par lesquelles les causes étaient commises en première instance aux requêtes du Palais ou de l'hôtel de Paris. (*Dictionnaire de l'Académie.*)

lendemain à la pointe du jour chez l'un de vos juges pour le solliciter, le juge attend pour vous donner audience qu'Antagoras soit expédié.

↦ Tels hommes passent une longue vie à se défendre des uns et à nuire aux autres, et ils meurent consumés de vieillesse, après avoir causé autant de maux qu'ils en ont souffert.

↦ Il faut des saisies de terre et des enlèvements de meubles, des prisons et des supplices, je l'avoue; mais justice, lois et besoins à part, ce m'est une chose toujours nouvelle de contempler avec quelle férocité les hommes traitent d'autres hommes.

↦ L'on voit certains animaux farouches, des mâles et des femelles, répandus par la campagne, noirs, livides et tout brûlés du soleil, attachés à la terre qu'ils fouillent et qu'ils remuent avec une opiniâtreté invincible : ils ont comme une voix articulée, et, quand ils se lèvent sur leurs pieds, ils montrent une face humaine ; et en effet ils sont des hommes. Ils se retirent la nuit dans des tanières, où ils vivent de pain noir, d'eau et de racines : ils épargnent aux autres hommes la peine de semer, de labourer et de recueillir pour vivre, et méritent ainsi de ne pas manquer de ce pain qu'ils ont semé.

↦ *Don Fernand*, dans sa province, est oisif, ignorant, médisant, querelleux, fourbe, intempérant, impertinent; mais il tire l'épée contre ses voisins, et pour un rien il expose sa vie; il a tué des hommes, il sera tué.

↦ Le noble de province, inutile à sa patrie, à sa famille et à lui-même, souvent sans toit, sans habit et sans aucun mérite, répète dix fois le jour qu'il est gentilhomme, traite les fourrures et les mortiers de bourgeoisie, occupé toute sa vie de ses parchemins et de ses titres, qu'il ne changerait pas contre les masses d'un chancelier.

⟶ Il se fait généralement dans tous les hommes des combinaisons infinies de la puissance, de la faveur, du génie, des richesses, des dignités, de la noblesse, de la force, de l'industrie, de la capacité, de la vertu, du vice, de la faiblesse, de la stupidité, de la pauvreté, de l'impuissance, de la roture, et de la bassesse. Ces choses, mêlées ensemble en mille manières différentes, et composées l'une par l'autre en divers sujets, forment aussi les divers états et les différentes conditions. Les hommes d'ailleurs, qui tous savent le fort et le faible les uns des autres, agissent aussi réciproquement comme ils croient le devoir faire, connaissent ceux qui leur sont égaux, sentent la supériorité que quelques-uns ont sur eux, et celle qu'ils ont sur quelques autres; et de là naissent entre eux ou la familiarité, ou le respect et la déférence, où la fierté et le mépris. De cette source vient que, dans les endroits publics et où le monde se rassemble, on se trouve à tous moments entre celui que l'on cherche à aborder ou à saluer, et cet autre que l'on feint de ne pas connaître, et dont l'on veut encore moins se laisser joindre; que l'on se fait honneur de l'un, et qu'on a honte de l'autre; qu'il arrive même que celui dont vous vous faites honneur, et que vous voulez retenir, est celui aussi qui est embarrassé de vous, et qui vous quitte; et que le même est souvent celui qui rougit d'autrui, et dont on rougit, qui dédaigne ici, et qui là est dédaigné : il est encore assez ordinaire de mépriser qui nous méprise. Quelle misère! et puisqu'il est vrai que dans un si étrange commerce, ce que l'on pense gagner d'un côté on le perd de l'autre, ne reviendrait-il pas au même de renoncer à toute hauteur et à toute fierté, qui convient si peu aux faibles hommes, et de composer ensemble, de se traiter tous avec une mutuelle bonté, qui, avec l'avantage de n'être jamais mortifiés, nous procurerait un aussi grand bien que celui de ne mortifier personne?

➻ Bien loin de s'effrayer ou de rougir même du nom de philosophe, il n'y a personne au monde qui ne dût avoir une forte teinture de philosophie[1]. Elle convient à tout le monde; la pratique en est utile à tous les âges, à tous les sexes et à toutes les conditions; elle nous console du bonheur d'autrui, des indignes préférences, des mauvais succès, du déclin de nos forces ou de notre beauté; elle nous arme contre la pauvreté, la vieillesse, la maladie et la mort, contre les sots et les mauvais railleurs; elle nous fait vivre sans une femme, ou nous fait supporter celle avec qui nous vivons.

➻ Les hommes, en un même jour, ouvrent leur âme à de petites joies, et se laissent dominer par de petits chagrins; rien n'est plus inégal et moins suivi que ce qui se passe en si peu de temps dans leur cœur et dans leur esprit. Le remède à ce mal est de n'estimer les choses du monde précisément que ce qu'elles valent.

➻ Il est aussi difficile de trouver un homme vain qui se croie assez heureux, qu'un homme modeste qui se croie trop malheureux.

➻ Le destin du vigneron, du soldat et du tailleur de pierre, m'empêche de m'estimer malheureux par la fortune des princes ou des ministres, qui me manque.

➻ Il n'y a pour l'homme qu'un vrai malheur, qui est de se trouver en faute, et d'avoir quelque chose à se reprocher.

➻ La plupart des hommes, pour arriver à leurs fins, sont plus capables d'un grand effort que d'une longue persévérance : leur paresse ou leur inconstance leur fait perdre le fruit des meilleurs commencements; ils se laissent souvent devancer par d'autres qui sont partis après eux, et qui marchent lentement, mais constamment.

---

[1] L'on ne peut plus entendre que celle qui est dépendante de la religion chrétienne. (*Note de l'auteur.*)

↦ J'ose presque assurer que les hommes savent encore mieux prendre des mesures que les suivre, résoudre ce qu'il faut faire et ce qu'il faut dire que de faire ou de dire ce qu'il faut. On se propose fermement, dans une affaire qu'on négocie, de taire une certaine chose ; et ensuite, ou par passion, ou par une intempérance de langue, ou dans la chaleur de l'entretien, c'est la première qui échappe.

↦ Les hommes agissent mollement dans les choses qui sont de leur devoir, pendant qu'ils se font un mérite, ou plutôt une vanité, de s'empresser pour celles qui leur sont étrangères, et qui ne conviennent ni à leur état ni à leur caractère.

↦ La différence d'un homme qui se revêt d'un caractère étranger à lui-même, quand il rentre dans le sien, est celle d'un masque à un visage.

↦ *Téléphe* a de l'esprit, mais dix fois moins, de compte fait, qu'il ne présume d'en avoir : il est donc, dans ce qu'il dit, dans ce qu'il fait, dans ce qu'il médite et ce qu'il projette, dix fois au-delà de ce qu'il a d'esprit ; il n'est donc jamais dans ce qu'il a de force et d'étendue : ce raisonnement est juste. Il y a comme une barrière qui le ferme, et qui devrait l'avertir de s'arrêter en deçà ; mais il passe outre, il se jette hors de sa sphère ; il trouve lui-même son endroit faible, et se montre par cet endroit : il parle de ce qu'il ne sait point, ou de ce qu'il sait mal ; il entreprend au-dessus de son pouvoir, il désire au-delà de sa portée ; il s'égale à ce qu'il y a de meilleur en tout genre : il a du bon et du louable, qu'il offusque par l'affectation du grand ou du merveilleux : on voit clairement ce qu'il n'est pas, et il faut deviner ce qu'il est en effet. C'est un homme qui ne se mesure point, qui ne se connaît point ; son caractère est de ne savoir pas se renfermer dans celui qui lui est propre, et qui est le sien.

↦ L'homme du meilleur esprit est inégal, il souffre des

accroissements et des diminutions; il entre en verve, mais il en sort : alors, s'il est sage, il parle peu, il n'écrit point, il ne cherche point à imaginer ni à plaire. Chante-t-on avec un rhume? ne faut-il pas attendre que la voix revienne?

Le sot est *automate*, il est machine, il est ressort; le poids l'emporte, le fait mouvoir, le fait tourner, et toujours, et dans le même sens, et avec la même égalité : il est uniforme, il ne se dément point; qui l'a vu une fois, l'a vu dans tous les instants et dans toutes les périodes de sa vie; c'est tout au plus le bœuf qui meugle, ou le merle qui siffle : il est fixé et déterminé par sa nature, et j'ose dire par son espèce. Ce qui paraît le moins en lui, c'est son âme; elle n'agit point, elle ne s'exerce point, elle se repose.

↦ Le sot ne meurt point; ou, si cela lui arrive, selon notre manière de parler, il est vrai de dire qu'il gagne à mourir, et que, dans ce moment où les autres meurent, il commence à vivre : son âme alors pense, raisonne, infère, conclut, juge, prévoit, fait précisément tout ce qu'elle ne faisait point; elle se trouve dégagée d'une masse de chair, où elle était comme ensevelie sans fonction, sans mouvement, sans aucun du moins qui fût digne d'elle : je dirais presque qu'elle rougit de son propre corps et des organes bruts et imparfaits auxquels elle s'est vue attachée si longtemps, et dont elle n'a pu faire qu'un sot ou qu'un stupide : elle va d'égal avec les grandes âmes, avec celles qui font les bonnes têtes ou les hommes d'esprit. L'âme d'Alain ne se démêle plus d'avec celle du grand Condé, de Richelieu, de Pascal et de Lingendes[1].

↦ La fausse délicatesse dans les actions libres, dans les mœurs ou dans la conduite, n'est pas ainsi nommée parce qu'elle est feinte, mais parce qu'en effet elle s'exerce sur des

---

[1] Évêque de Mâcon, qui s'était acquis une grande réputation comme prélat et comme orateur; député du clergé en 1655; il mourut en 1665.

choses et en des occasions qui n'en méritent point. La fausse délicatesse de goût et de complexion n'est telle, au contraire, que parce qu'elle est feinte ou affectée. C'est *Émilie* qui crie de toute sa force sur un petit péril qui ne lui fait pas de peur; c'est une autre qui par mignardise pâlit à la vue d'une souris, ou qui veut aimer les violettes, et s'évanouir aux tubéreuses.

↦ Qui oserait se promettre de contenter les hommes? Un prince, quelque bon et quelque puissant qu'il fût, voudrait-il l'entreprendre? Qu'il l'essaye : qu'il se fasse lui-même une affaire de leurs plaisirs; qu'il ouvre son palais à ses courtisans, qu'il les admette jusque dans son domestique; que, dans des lieux dont la vue seule est un spectacle[1], il leur fasse voir d'autres spectacles; qu'il leur donne le choix des jeux, des concerts et de tous les rafraîchissements; qu'il y ajoute une chère splendide et une entière liberté; qu'il entre avec eux en société des mêmes amusements; que le grand homme devienne aimable, et que le héros soit humain et familier : il n'aura pas assez fait. Les hommes s'ennuient enfin des mêmes choses qui les ont charmés dans leurs commencements : ils déserteraient la *table des dieux*; et le *nectar*, avec le temps, leur devient insipide. Ils n'hésitent pas de critiquer des choses qui sont parfaites; il y entre de la vanité et une mauvaise délicatesse : leur goût, si on les en croit, est encore au-delà de toute l'affectation qu'on aurait à les satisfaire, et d'une dépense toute royale que l'on ferait pour y réussir : il s'y mêle de la malignité, qui va jusques à vouloir affaiblir dans les autres la joie qu'ils auraient de les rendre contents. Ces mêmes gens, pour l'ordinaire si flatteurs et si complaisants, peuvent se démentir : quelquefois on ne les reconnaît plus, et l'on voit l'homme jusque dans le courtisan.

[1] Versailles, Marly.

↦ L'affectation dans le geste, dans le parler et dans les manières, est souvent une suite de l'oisiveté ou de l'indifférence; et il semble qu'un grand attachement ou de sérieuses affaires jettent l'homme dans son naturel.

↦ Les hommes n'ont point de caractère, ou, s'ils en ont, c'est celui de n'en avoir aucun qui soit suivi, qui ne se démente point, et où ils soient reconnaissables. Ils souffrent beaucoup à être toujours les mêmes, à persévérer dans la règle ou dans le désordre; et, s'ils se délassent quelquefois d'une vertu par une autre vertu, ils se dégoûtent plus souvent d'un vice par un autre vice : ils ont des passions contraires et des faibles qui se contredisent; il leur coûte moins de joindre les extrémités que d'avoir une conduite dont une partie naisse de l'autre. Ennemis de la modération, ils outrent toutes choses, les bonnes et les mauvaises, dont ne pouvant ensuite supporter l'excès, ils l'adoucissent par le changement. *Adraste* était si corrompu et si libertin, qu'il lui a été moins difficile de suivre la mode et se faire dévot : il lui eût coûté davantage d'être homme de bien.

↦ D'où vient que les mêmes hommes qui ont un flegme tout prêt pour recevoir indifféremment les plus grands désastres, s'échappent, et ont une bile intarissable sur les plus petits inconvénients? Ce n'est pas sagesse en eux qu'une telle conduite, car la vertu est égale et ne se dément point : c'est donc un vice; et quel autre que la vanité, qui ne se réveille et ne se recherche que dans les événements où il y a de quoi faire parler le monde, et beaucoup à gagner pour elle, mais qui se néglige sur tout le reste?

↦ L'on se repent rarement de parler peu, très-souvent de trop parler; maxime usée et triviale que tout le monde sait, et que tout le monde ne pratique pas.

↦ C'est se venger contre soi-même, et donner un trop grand avantage à ses ennemis, que de leur imputer des choses qui ne sont pas vraies, et de mentir pour les décrier.

↦ Si l'homme savait rougir de soi, quels crimes, non-seulement cachés, mais publics et connus, ne s'épargnerait-il pas?

↦ Si certains hommes ne vont pas dans le bien jusques où ils pourraient aller, c'est par le vice de leur première instruction.

↦ Il y a dans quelques hommes une certaine médiocrité d'esprit qui contribue à les rendre sages.

↦ Il faut aux enfants les verges et la férule; il faut aux hommes faits une couronne, un sceptre, un mortier, des fourrures, des faisceaux, des timbales, des hoquetons. La raison et la justice dénuées de tous leurs ornements ni ne persuadent ni n'intimident. L'homme, qui est esprit, se mène par les yeux et les oreilles.

↦ *Timon*[1], ou le misanthrope, peut avoir l'âme austère et farouche, mais extérieurement il est civil et *cérémonieux*: il ne s'échappe pas, il ne s'apprivoise pas avec les hommes; au contraire, il les traite honnêtement et sérieusement; il emploie à leur égard tout ce qui peut éloigner leur familiarité; il ne veut pas les mieux connaître ni s'en faire des amis, semblable en ce sens à une femme qui est en visite chez une autre femme.

↦ La raison tient de la vérité, elle est une; l'on n'y arrive que par un chemin, et l'on s'en écarte par mille. L'étude de la sagesse a moins d'étendue que celle que l'on ferait des sots et des impertinents. Celui qui n'a vu que des hommes polis et raisonnables, ou ne connaît pas l'homme, ou ne le connaît qu'à demi : quelque diversité qui se trouve dans les complexions ou dans les mœurs, le commerce du monde et

---

[1] Le duc de Villeroi.

la politesse donnent les mêmes apparences, font qu'on se ressemble les uns aux autres par des dehors qui plaisent réciproquement, qui semblent communs à tous, et qui font croire qu'il n'y a rien ailleurs qui ne s'y rapporte. Celui, au contraire, qui se jette dans le peuple ou dans la province, y fait bientôt, s'il a des yeux, d'étranges découvertes, y voit des choses qui lui sont nouvelles, dont il ne se doutait pas, dont il ne pouvait avoir le moindre soupçon : il avance, par des expériences continuelles, dans la connaissance de l'humanité; il calcule presque en combien de manières différentes l'homme peut être insupportable.

↦ Après avoir mûrement approfondi les hommes, et connu le faux de leurs pensées, de leurs sentiments, de leurs goûts et de leurs affections, l'on est réduit à dire qu'il y a moins à perdre pour eux par l'inconstance que par l'opiniâtreté.

↦ Combien d'âmes faibles, molles et indifférentes, sans de grands défauts, et qui puissent fournir à la satire ! Combien de sortes de ridicules répandus parmi les hommes, mais qui, par leur singularité, ne tirent point à conséquence, et ne sont d'aucune ressource pour l'instruction et pour la morale ! Ce sont des vices uniques qui ne sont pas contagieux, et qui sont moins de l'humanité que de la personne.

DES JUGEMENTS.

Rien ne ressemble plus à la vive persuasion que le mauvais entêtement : de là les partis, les cabales, les hérésies.

↦ L'on ne pense pas toujours constamment d'un même sujet : l'entêtement et le dégoût se suivent de près.

➻ Les grandes choses étonnent, et les petites rebutent : nous nous apprivoisons avec les unes et les autres par l'habitude.

➻ Deux choses toutes contraires nous préviennent également, l'habitude et la nouveauté.

➻ Il n'y a rien de plus bas, et qui convienne mieux au peuple, que de parler en des termes magnifiques de ceux mêmes dont l'on pensait très-modestement avant leur élévation.

➻ La faveur des princes n'exclut pas le mérite, et ne le suppose pas aussi.

➻ Il est étonnant qu'avec tout l'orgueil dont nous sommes gonflés, et la haute opinion que nous avons de nous-mêmes et de la bonté de notre jugement, nous négligions de nous en servir pour prononcer sur le mérite des autres. La vogue, la faveur populaire, celle du prince, nous entraînent comme un torrent : nous louons ce qui est loué bien plus que ce qui est louable.

➻ Je ne sais s'il y a rien au monde qui coûte davantage à approuver et à louer que ce qui est plus digne d'approbation et de louange, et si la vertu, le mérite, la beauté, les bonnes actions, les beaux ouvrages, ont un effet plus naturel et plus sûr que l'envie, la jalousie et l'antipathie. Ce n'est pas d'un saint dont un dévot[1] sait dire du bien, mais d'un autre dévot. Si une belle femme approuve la beauté d'une autre femme, on peut conclure qu'elle a mieux que ce qu'elle approuve. Si un poëte loue les vers d'un autre poëte, il y a à parier qu'ils sont mauvais et sans conséquence.

➻ Les hommes ne se goûtent qu'à peine les uns les autres, n'ont qu'une faible pente à s'approuver réciproquement :

---

[1] Faux dévot. (*Note de l'auteur.*)

action, conduite, pensée, expression, rien ne plaît, rien ne contente. Ils substituent à la place de ce qu'on leur récite, de ce qu'on leur dit ou de ce qu'on leur lit, ce qu'ils auraient fait eux-mêmes en pareille conjoncture, ce qu'ils penseraient ou ce qu'ils écriraient sur un tel sujet; et ils sont si pleins de leurs idées, qu'il n'y a plus de place pour celles d'autrui

↦ Le commun des hommes est si enclin au déréglement et à la bagatelle, et le monde est si plein d'exemples ou pernicieux ou ridicules, que je croirais assez que l'esprit de singularité, s'il pouvait avoir ses bornes et ne pas aller trop loin, approcherait fort de la droite raison et d'une conduite régulière.

Il faut faire comme les autres : maxime suspecte, qui signifie presque toujours : il faut mal faire, dès qu'on l'étend au-delà de ces choses purement extérieures, qui n'ont point de suite, qui dépendent de l'usage, de la mode ou des bienséances

↦ Si les hommes sont hommes plutôt qu'ours et panthères, s'ils sont équitables, s'ils se font justice à eux-mêmes, et qu'ils la rendent aux autres, que deviennent les lois, leur texte et le prodigieux accablement de leurs commentaires? que devient le *pétitoire* et le *possessoire,* et tout ce qu'on appelle jurisprudence? où se réduisent même ceux qui doivent tout leur relief et toute leur enflure à l'autorité où ils sont établis, de faire valoir ces mêmes lois? Si ces mêmes hommes ont de la droiture et de la sincérité, s'ils sont guéris de la prévention, où sont évanouies les disputes de l'école, la scolastique et les controverses? S'ils sont tempérants, chastes et modérés, que leur sert le mystérieux jargon de la médecine, et qui est une mine d'or pour ceux qui s'avisent de le parler? Légistes, docteurs, médecins, quelle chute pour vous, si nous pouvions tous nous donner le mot de devenir sages !

De combien de grands hommes, dans les différents exercices de la paix et de la guerre, aurait-on dû se passer! A quel point de perfection et de raffinement n'a-t-on pas porté de certains arts et de certaines sciences qui ne devaient point être nécessaires, et qui sont dans le monde comme des remèdes à tous les maux dont notre malice est l'unique source!

Que de choses depuis VARRON, que VARRON a ignorées! Ne nous suffirait-il pas même de n'être savant que comme PLATON ou comme SOCRATE?

↦ Tel, à un sermon, à une musique, ou dans une galerie de peintures, a entendu à sa droite et à sa gauche, sur une chose précisément la même, des sentiments précisément opposés. Cela me ferait dire volontiers que l'on peut hasarder, dans tout genre d'ouvrages, d'y mettre le bon et le mauvais : le bon plaît aux uns, et le mauvais aux autres. L'on ne risque guère davantage d'y mettre le pire : il a ses partisans.

↦ Le phénix de la poésie *chantante* renaît de ses cendres; il a vu mourir et revivre sa réputation en un même jour. Ce juge même si infaillible et si ferme dans ses jugements, le public, a varié sur son sujet; ou il se trompe, ou il s'est trompé. Celui qui prononcerait aujourd'hui que Q*** [1], en un certain genre, est mauvais poëte, parlerait presque aussi mal que s'il eût dit il y a quelque temps : *Il est bon poëte*.

↦ Chapelain était riche, et Corneille ne l'était pas : *la Pucelle* et *Rodogune* méritaient chacune une autre aventure. Ainsi l'on a toujours demandé pourquoi, dans telle ou telle profession, celui-ci avait fait sa fortune, et cet autre l'avait manquée; et en cela les hommes cherchent la raison de leurs propres caprices, qui, dans les conjonctures pressantes de leurs affaires, de leurs plaisirs, de leur santé et de leur

---

[1] Quinault.

vie, leur font souvent laisser les meilleurs et prendre les pires

↦ La condition des comédiens était infâme chez les Romains et honorable chez les Grecs : qu'est-elle chez nous ? On pense d'eux comme les Romains, on vit avec eux comme les Grecs.

↦ Il suffisait à *Bathylle* [1] d'être pantomime pour être couru des dames romaines; à *Rhoé*, de danser au théâtre; à *Roscie* et à *Nérine*, de représenter dans les chœurs, pour s'attirer une foule d'amants. La vanité et l'audace, suites d'une trop grande puissance, avaient ôté aux Romains le goût du secret et du mystère; ils se plaisaient à faire du théâtre public celui de leurs amours : ils n'étaient point jaloux de l'amphithéâtre, et partageaient avec la multitude les charmes de leurs maîtresses. Leur goût n'allait qu'à laisser voir qu'ils aimaient, non pas une belle personne ou une excellente comédienne, mais une comédienne [2].

↦ Rien ne découvre mieux dans quelle disposition sont les hommes à l'égard des sciences et des belles-lettres, et de quelle utilité ils les croient dans la république, que le prix qu'ils y ont mis, et l'idée qu'ils se forment de ceux qui ont pris le parti de les cultiver. Il n'y a point d'art si mécanique ni de si vile condition où les avantages ne soient plus sûrs, plus prompts et plus solides. Le comédien [3], couché dans son carrosse, jette de la boue au visage de CORNEILLE, qui est à pied. Chez plusieurs, savant et pédant sont synonymes.

Souvent, où le riche parle, et parle de doctrine, c'est aux doctes à se taire, à écouter, à applaudir, s'ils veulent du moins ne passer que pour doctes.

---

[1] Pécourt.
[2] La Dancourt, femme de l'auteur comique.
[3] Champmêlé, ou Baron.

↦ Il y a une sorte de hardiesse à soutenir devant certains esprits la honte de l'érudition : l'on trouve chez eux une prévention tout établie contre les savants, à qui ils ôtent les manières du monde, le savoir-vivre, l'esprit de société, et qu'ils renvoient, ainsi dépouillés, à leur cabinet et à leurs livres. Comme l'ignorance est un état paisible et qui ne coûte aucune peine, l'on s'y range en foule, et elle forme, à la cour et à la ville, un nombreux parti, qui l'emporte sur celui des savants. S'ils allèguent en leur faveur les noms d'Estrées, de Harlay, Bossuet, Séguier, Montausier, Vardes, Chevreuse, Novion, Lamoignon, Scudéry[1], Pélisson, et de tant d'autres personnages également doctes et polis; s'ils osent même citer les grands noms de Chartres, de Condé, de Conti, de Bourbon, du Maine, de Vendôme, comme de princes qui ont su joindre aux plus belles et aux plus hautes connaissances et l'atticisme des Grecs et l'urbanité des Romains, l'on ne feint point de leur dire que ce sont des exemples singuliers; et s'ils ont recours à de solides raisons, elles sont faibles contre la voix de la multitude. Il semble néanmoins que l'on devrait décider sur cela avec plus de précaution, et se donner seulement la peine de douter si ce même esprit qui fait faire de si grands progrès dans les sciences, qui fait bien penser, bien juger, bien parler et bien écrire, ne pourrait point encore servir à être poli.

Il faut très-peu de fonds pour la politesse dans les manières; il en faut beaucoup pour celle de l'esprit.

↦ Il est savant, dit un politique, il est donc incapable d'affaires; je ne lui confierais l'état de ma garde-robe; et il a raison. Ossat, Ximenès, Richelieu, étaient savants : étaient-ils habiles? ont-ils passé pour de bons ministres? Il sait le grec, continue l'homme d'État, c'est un grimaud, c'est un philosophe. Et, en effet, une fruitière à Athènes, selon les

---

[1] Mlle de Scudéry. (*Note de l'auteur.*)

epparences, parlait grec, et, par cette raison, était philosophe. Les Bignon, les Lamoignon, étaient de purs grimauds : qui en peut douter? ils savaient le grec. Quelle vision, quel délire au grand, au sage, au judicieux Antonin, de dire qu'*alors les peuples seraient heureux, si l'empereur philosophait, ou si le philosophe ou le grimaud venait à l'empire!*

Les langues sont la clef ou l'entrée des sciences, et rien davantage; le mépris des unes tombe sur les autres. Il ne s'agit point si les langues sont anciennes ou nouvelles, mortes ou vivantes; mais si elles sont grossières ou polies, si les livres qu'elles ont formés sont d'un bon ou d'un mauvais goût. Supposons que notre langue pût un jour avoir le sort de la grecque et de la latine, serait-on pédant, quelques siècles après qu'on ne la parlerait plus, pour lire Molière ou la Fontaine?

↦ Je nomme *Euripile*, et vous dites : C'est un bel esprit. Vous dites aussi de celui qui travaille une poutre : Il est charpentier; et de celui qui refait un mur : Il est maçon. Je vous demande quel est l'atelier où travaille cet homme de métier, ce bel esprit, quelle est son enseigne, à quel habit le reconnaît-on, quels sont ses outils : est-ce le coin? sont-ce le marteau ou l'enclume? où fend-il, où cogne-t-il son ouvrage? où l'expose-t-il en vente? Un ouvrier se pique d'être ouvrier; Euripile se pique-t-il d'être bel esprit? S'il est tel, vous me peignez un fat, qui met l'esprit en roture, une âme vile et mécanique, à qui ni ce qui est beau ni ce qui est esprit ne sauraient s'appliquer sérieusement; et s'il est vrai qu'il ne se pique de rien, je vous entends, c'est un homme sage et qui a de l'esprit. Ne dites-vous pas encore du savantasse : Il est bel esprit; et ainsi du mauvais poëte? Mais vous-même vous croyez-vous sans aucun esprit? et si vous en avez, c'est sans doute de celui qui est beau et convenable : vous voilà donc un bel esprit; ou, s'il s'en faut peu que vous ne preniez ce nom pour une injure, continuez, j'y consens, de le donner à Euripile, et d'employer cette ironie comme les sots, sans le moindre discernement, ou comme les ignorants, qu'elle console d'une certaine culture qui leur manque, et qu'ils ne voient que dans les autres.

↦ Qu'on ne me parle jamais d'encre, de papier, de plume, de style, d'imprimeur, d'imprimerie ; qu'on ne se hasarde plus de me dire : Vous écrivez si bien, *Antisthène*[1] ! continuez d'écrire. Ne verrons-nous point de vous un *in-folio*. Traitez de toutes les vertus et de tous les vices dans un ouvrage suivi, méthodique, qui n'ait point de fin ; ils devraient ajouter : Et nul cours. Je renonce à tout ce qui a été, qui est et qui sera livre. *Bérylle* tombe en syncope à la vue d'un chat, et moi à la vue d'un livre. Suis-je mieux nourri et plus lourdement vêtu, suis-je dans ma chambre à l'abri du nord, ai-je un lit de plumes, après vingt ans entiers qu'on me débite dans la place? J'ai un grand nom, dites-vous, et beaucoup de gloire ; dites que j'ai beaucoup de vent qui ne sert à rien. Ai-je un grain de ce métal qui procure toutes choses ? Le vil praticien grossit son mémoire, se fait rembourser des frais qu'il n'avance pas, et il a pour gendre un comte ou un magistrat. Un homme *rouge* ou *feuille-morte*[2] devient commis, et bientôt plus riche que son maître; il le laisse dans la roture, et, avec de l'argent, il devient noble. B ***[3] s'enrichit à montrer, dans un cercle, des marionnettes ; BB ***[4], à vendre en bouteille l'eau de la rivière. Un autre charlatan[5] arrive ici de delà les monts avec une malle ; il n'est pas déchargé, que les pen-

---

[1] Allusion faite par l'auteur à lui-même et à la forme de ses écrits.
[2] C'est-à-dire en habit de livrée.
[3] Benoît, qui avait amassé du bien en montrant des figures de cire.
[4] Barbereau, qui avait fait fortune en vendant de l'eau de la rivière de Seine pour des eaux minérales.
[5] C'est encore le médecin italien Caretti.

sions courent; et il est près de retourner d'où il arrive avec des mulets et des fourgons. *Mercure*[1] est *Mercure*, et rien davantage, et l'or ne peut payer ses médiations et ses intrigues ; on y ajoute la faveur et les distinctions. Et, sans parler que des gains licites, on paie au tuilier sa tuile, et à l'ouvrier son temps et son ouvrage. Paie-t-on à un auteur ce qu'il pense et ce qu'il écrit? et s'il pense très-bien, le paie-t-on très-largement? Se meuble-t-il, s'anoblit-il à force de penser et d'écrire juste? Il faut que les hommes soient habillés, qu'ils soient rasés; il faut que, retirés dans leurs maisons, ils aient une porte qui ferme bien : est-il nécessaire qu'ils soient instruits? Folie, simplicité, imbécillité, continue Anthistène, de mettre l'enseigne d'auteur ou de philosophe! Avoir, s'il se peut, un *office lucratif*, qui rende la vie aimable, qui fasse prêter à ses amis, et donner à ceux qui ne peuvent rendre : écrire alors par jeu, par oisiveté, et comme *Tityre* siffle ou joue de la flûte; cela ou rien. : j'écris à ces conditions, et je cède ainsi à la violence de ceux qui me prennent à la gorge, et me disent Vous écrirez. Ils liront pour titre de mon nouveau livre : DU BEAU, DU BON, DU VRAI, DES IDÉES, DU PREMIER PRINCIPE, *par Antisthène, vendeur de marée*.

↳ Si les ambassadeurs des princes étrangers[2] étaient des singes instruits à marcher sur leurs pieds de derrière, et à se faire entendre par interprète, nous ne pourrions pas marquer un plus grand étonnement que celui que nous donne la justesse de leurs réponses, et le bon sens qui paraît quelquefois dans leurs discours. La prévention du pays, jointe à l'orgueil de la nation, nous fait oublier que la raison est de tous les climats, et que l'on pense juste partout où il y a des hommes. Nous n'aimerions pas à être traités

---

[1] Bontemps, valet de chambre du roi.
[2] Allusion à l'ambassade de Siam qui vint à la cour de Louis XIV en 1686.

ainsi de ceux que nous appelons barbares; et s'il y a en nous quelque barbarie, elle consiste à être épouvantés de voir d'autres peuples raisonner comme nous.

Tous les étrangers ne sont pas barbares, et tous nos compatriotes ne sont pas civilisés : de même, toute campagne n'est pas agreste [1] et toute ville n'est pas polie. Il y a dans l'Europe un endroit d'une province maritime d'un grand royaume où le villageois est doux et insinuant, le bourgeois au contraire et le magistrat grossiers, et dont la rusticité est héréditaire.

↳ Avec un langage si pur, une si grande recherche dans nos habits, des mœurs si cultivées, de si belles lois et un visage blanc, nous sommes barbares pour quelques peuples.

↳ Si nous entendions dire des Orientaux qu'ils boivent ordinairement d'une liqueur qui leur monte à la tête, leur fait perdre la raison et les fait vomir, nous dirions : Cela est bien barbare.

↳ Ce prélat se montre peu à la cour; il n'est de nul commerce; on ne le voit point avec des femmes; il ne joue ni à grande ni à petite prime [2]; il n'assiste ni aux fêtes ni aux spectacles; il n'est point homme de cabale, et il n'a point l'esprit d'intrigue : toujours dans son évêché, où il fait une résidence continuelle, il ne songe qu'à instruire son peuple par la parole, et à l'édifier par son exemple; il consume son bien en des aumônes, et son corps par la pénitence; il n'a que l'esprit de régularité, et il est imitateur du zèle et de la piété des Apôtres. Les temps sont changés, et il est menacé sous ce règne d'un titre plus éminent [3].

---

[1] Ce terme s'entend ici métaphoriquement. (*Note de l'auteur.*)
[2] Jeux de cartes en vogue au XVII° siècle.
[3] Le cardinal de Noailles. « Il avait été évêque à Châlons, où il garda, dit Saint-Simon, une résidence exacte, uniquement appliqué aux visites,

↦ Ne pourrait-on point faire comprendre aux personnes d'un certain caractère et d'une profession sérieuse, pour ne rien dire de plus, qu'ils ne sont point obligés à faire dire d'eux qu'ils jouent, qu'ils chantent, et qu'ils badinent comme les autres hommes; et qu'à les voir si plaisants et si agréables, on ne croirait point qu'ils fussent d'ailleurs si réguliers et si sévères? Oserait-on même leur insinuer qu'ils s'éloignent par de telles manières de la politesse dont ils se piquent; qu'elle assortit au contraire et conforme les dehors aux conditions, qu'elle évite le contraste, et de montrer le même homme sous des figures différentes et qui font de lui un composé bizarre ou un grotesque?

↦ Il ne faut pas juger des hommes comme d'un tableau ou d'une figure, sur une seule et première vue; il y a un intérieur et un cœur qu'il faut approfondir. Le voile de la modestie couvre le mérite, et le masque de l'hypocrisie cache la malignité. Il n'y a qu'un très-petit nombre de connaisseurs qui discerne, et qui soit en droit de prononcer. Ce n'est que peu à peu, et forcés même par le temps et les occasions, que la vertu parfaite et le vice consommé viennent enfin à se déclarer.

Fragment

↦ «.... Il disait que l'esprit dans cette belle personne était
» un diamant bien mis en œuvre. Et continuant de parler
» d'elle : C'est, ajoutait-il, comme une nuance de raison et
» d'agrément qui occupe les yeux et le cœur de ceux qui
» lui parlent; on ne sait si on l'aime ou si on l'admire : il
» y a en elle de quoi faire une parfaite amie, il y a aussi
» de quoi vous mener plus loin que l'amitié; trop jeune et

au gouvernement de son diocèse et à toutes sortes de bonnes œuvres. Nommé à l'archevêché de Paris, il refusa d'abord cette dignité, et ne s'y résigna que sur des ordres réitérés. » (SAINT-SIMON, tome Ier.)

» trop fleurie pour ne pas plaire, mais trop modeste pour
» songer à plaire, elle ne tient compte aux hommes que de
» leur mérite, et ne croit avoir que des amis. Pleine de vi-
» vacités et capable de sentiments, elle surprend et elle
» intéresse ; et, sans rien ignorer de ce qui peut entrer de
» plus délicat et de plus fin dans les conversations, elle a
» encore ces saillies heureuses qui, entre autres plaisirs
» qu'elles font, dispensent toujours de la réplique. Elle vous
» parle comme celle qui n'est pas savante, qui doute et qui
» cherche à s'éclaircir ; et elle vous écoute comme celle qui
» sait beaucoup, qui connaît le prix de ce que vous lu
» dites, et auprès de qui vous ne perdez rien de ce qui vou
» échappe. Loin de s'appliquer à vous contredire avec es-
» prit, et d'imiter *Elvire,* qui aime mieux passer pour une
» femme vive que marquer du bon sens et de la justesse,
» elle s'approprie vos sentiments, elle les croit siens, elle
» les étend, elle les embellit ; vous êtes content de vous
» d'avoir pensé si bien, et d'avoir mieux dit encore que
» vous n'aviez cru. Elle est toujours au-dessus de la vanité,
» soit qu'elle parle, soit qu'elle écrive : elle oublie les traits
» où il faut des raisons ; elle a déjà compris que la simplicité
» est éloquente. S'il s'agit de servir quelqu'un et de vous
» jeter dans les mêmes intérêts, laissant à Elvire les jolis
» discours et les belles-lettres, qu'elle met à tous usages,
» *Arténice* n'emploie auprès de vous que la sincérité, l'ar-
» deur, l'empressement et la persuasion. Ce qui domine en
» elle, c'est le plaisir de la lecture, avec le goût des per-
» sonnes de nom et de réputation, moins pour en être con-
» nue que pour les connaître. On peut la louer d'avance de
» toute la sagesse qu'elle aura un jour, et de tout le mérite
» qu'elle se prépare par les années, puisque avec une bonne
» conduite elle a de meilleures intentions, des principes sûrs,
» utiles à celles qui sont comme elle exposées aux soins et
» à la flatterie ; et qu'étant assez particulière sans pourtant
« être farouche, ayant même un peu de penchant pour la

» retraite, il ne lui saurait peut-être manquer que les occa-
» sions, ou ce qu'on appelle un grand théâtre, pour y faire
» briller toutes ses vertus [1]. »

↦ Une belle femme est aimable dans son naturel; elle ne perd rien à être négligée, et sans autre parure que celle qu'elle tire de sa beauté et de sa jeunesse; une grâce naïve éclate sur son visage, anime ses moindres actions : il y aurait moins de péril à la voir avec tout l'attirail de l'ajustement et de la mode. De même un homme de bien est respectable par lui-même, et indépendamment de tous les dehors dont il voudrait s'aider pour rendre sa personne plus grave et sa vertu plus spécieuse. Un air réformé, une modestie outrée, la singularité de l'habit, une ample calotte, n'ajoutent rien à la probité, ne relèvent pas le mérite; ils le fardent, et font peut-être qu'il est moins pur et moins ingénu [2].

Une gravité trop étudiée devient comique : ce sont comme des extrémités qui se touchent et dont le milieu est dignité; cela ne s'appelle pas être grave, mais en jouer le personnage; celui qui songe à le devenir ne le sera jamais. Ou la gravité n'est point, ou elle est naturelle; et il est moins difficile d'en descendre que d'y monter.

↦ Un homme de talent et de réputation, s'il est chagrin et austère, il effarouche les jeunes gens, les fait penser mal de la vertu, et la leur rend suspecte d'une trop grande réforme et d'une pratique trop ennuyeuse. S'il est au contraire d'un bon commerce, il leur est une leçon utile; il leur apprend qu'on peut vivre gaiement et laborieusement,

[1] On a cru, sur la foi de Chaulieu, qu'il était question dans ce fragment de Catherine Turgot, femme de Gilles d'Aligre; et, en effet, *Arténice* est l'anagramme de Caterine; mais ce que l'on sait d'elle et de sa conduite s'accorde peu avec le *caractère* que la Bruyère a tracé.

[2] Allusion à la fausse gravité et au costume singulier du premier président de Harlay.

avoir des vues sérieuses sans renoncer aux plaisirs honnêtes : il leur devient un exemple qu'on peut suivre.

↳ La physionomie n'est pas une règle qui nous soit donnée pour juger des hommes : elle nous peut servir de conjecture.

↳ L'air spirituel est dans les hommes ce que la régularité des traits est dans les femmes : c'est le genre de beauté où les plus vains puissent aspirer.

↳ Un homme qui a beaucoup de mérite et d'esprit, et qui est connu pour tel, n'est pas laid, même avec des traits qui sont difformes ; ou s'il a de la laideur, elle ne fait pas son impression[1].

↳ Combien d'art pour rentrer dans la nature ! Combien de temps, de règles, d'attention et de travail, pour danser avec la même liberté et la même grâce que l'on sait marcher ; pour chanter comme on parle ; parler et s'exprimer comme l'on pense ; jeter autant de force, de vivacité, de passion et de persuasion dans un discours étudié et que l'on prononce dans le public, qu'on en a quelquefois naturellement et sans préparation dans les entretiens les plus familiers !

↳ Ceux qui, sans nous connaître assez, pensent mal de nous, ne nous font pas de tort : ce n'est pas nous qu'ils attaquent, c'est le fantôme de leur imagination.

↳ Il y a de petites règles, des devoirs, des bienséances, attachés aux lieux, aux temps, aux personnes, qui ne se devinent point à force d'esprit, et que l'usage apprend sans nulle peine : juger des hommes par les fautes qui leur échappent en ce genre, avant qu'ils soient assez instruits,

---

[1] Pélisson. Mme de Sévigné écrivait à sa fille (5 janvier 1674) : « Guilleragues disait hier que Pélisson abusait de la permission qu'ont les hommes d'être laids. »

c'est en juger par leurs ongles ou par la pointe de leurs cheveux ; c'est vouloir un jour être détrompé.

↳ Je ne sais s'il est permis de juger des hommes par une faute qui est unique, et si un besoin extrême, ou une violente passion, ou un premier mouvement, tirent à conséquence.

↳ Le contraire des bruits qui courent des affaires ou des personnes est souvent la vérité.

↳ Sans une grande roideur et une continuelle attention à toutes ses paroles, on est exposé à dire en moins d'une heure le oui et le non sur une même chose ou sur une même personne, déterminé seulement par un esprit de société et de commerce, qui entraîne naturellement à ne pas contredire celui-ci et celui-là qui en parlent différemment.

↳ Un homme partial est exposé à de petites mortifications : car, comme il est également impossible que ceux qu'il favorise soient toujours heureux et sages, et que ceux contre qui il se déclare soient toujours en faute ou malheureux, il naît de là qu'il lui arrive souvent de perdre contenance dans le public, ou par le mauvais succès de ses amis, ou par une nouvelle gloire qu'acquièrent ceux qu'il n'aime point.

↳ Un homme sujet à se laisser prévenir, s'il ose remplir une dignité ou séculière ou ecclésiastique, est un aveugle qui veut peindre, un muet qui s'est chargé d'une harangue, un sourd qui juge d'une symphonie : faibles images, et qui n'expriment qu'imparfaitement la misère de la prévention. Il faut ajouter qu'elle est un mal désespéré, incurable, qui infecte tous ceux qui s'approchent du malade, qui fait déserter les égaux, les inférieurs, les parents, les amis, jusqu'aux médecins : ils sont bien éloignés de le guérir, s'ils ne peuvent le faire convenir de sa maladie, ni des remèdes, qui seraient d'écouter, de douter, de s'informer et de s'éclaircir. Les flatteurs, les fourbes, les calomniateurs, ceux qui ne délient leur langue que pour le mensonge et l'intérêt, sont les charlatans en qui il se confie, et qui lui font avaler tout ce qui leur plaît : ce sont eux aussi qui l'empoisonnent et qui le tuent.

⇥ La règle de DESCARTES, qui ne veut pas qu'on décide sur les moindres vérités avant qu'elles soient connues clairement et distinctement, est assez belle et assez juste pour devoir s'étendre au jugement que l'on fait des personnes.

⇥ Rien ne nous venge mieux des mauvais jugements que les hommes font de notre esprit, de nos mœurs et de nos manières, que l'indignité et le mauvais caractère de ceux qu'ils approuvent.

Du même fonds dont on néglige un homme de mérite, l'on sait encore admirer un sot.

⇥ Un sot est celui qui n'a pas même ce qu'il faut d'esprit pour être fat.

⇥ Un fat est celui que les sots croient un homme de mérite.

⇥ L'impertinent est un fat outré. Le fat lasse, ennuie, dégoûte, rebute; l'impertinent rebute, aigrit, irrite, offense; il commence où l'autre finit.

Le fat est entre l'impertinent et le sot : il est composé de l'un et de l'autre.

⇥ Les vices partent d'une dépravation du cœur; les défauts, d'un vice de tempérament; le ridicule, d'un défaut d'esprit.

L'homme ridicule est celui qui, tant qu'il demeure tel, a les apparences du sot.

Le sot ne se tire jamais du ridicule : c'est son caractère; l'on y entre quelquefois avec de l'esprit, mais l'on en sort.

Une erreur de fait jette un homme sage dans le ridicule.

La sottise est dans le sot, la fatuité dans le fat, et l'impertinence dans l'impertinent : il semble que le ridicule réside tantôt dans celui qui en effet est ridicule, et tantôt dans l'imagination de ceux qui croient voir le ridicule où il n'est point et ne peut être.

↦ La grossièreté, la rusticité, la brutalité, peuvent être les vices d'un homme d'esprit.

↦ Le stupide est un sot qui ne parle point, en cela plus supportable que le sot qui parle.

↦ La même chose souvent est, dans la bouche d'un homme d'esprit, une naïveté ou un bon mot, et dans celle du sot, une sottise.

↦ Si le fat pouvait craindre de mal parler, il sortirait de son caractère.

↦ L'une des marques de la médiocrité de l'esprit est de toujours conter.

↦ Le sot est embarrassé de sa personne; le fat a l'air libre et assuré; l'impertinent passe à l'effronterie : le mérite a de la pudeur.

↦ Le suffisant est celui en qui la pratique de certains détails, que l'on honore du nom d'affaires, se trouve jointe à une très-grande médiocrité d'esprit.

Un grain d'esprit et une once d'affaires plus qu'il n'en entre dans la composition du suffisant, font l'important.

Pendant qu'on ne fait que rire de l'important, il n'a pas un autre nom; dès qu'on s'en plaint, c'est l'arrogant.

↦ L'honnête homme tient le milieu entre l'habile homme et l'homme de bien, quoique dans une distance inégale de ces deux extrêmes.

La distance qu'il y a de l'honnête homme à l'habile homme s'affaiblit de jour à autre, et est sur le point de disparaître.

L'habile homme est celui qui cache ses passions, qui

entend ses intérêts, qui y sacrifie beaucoup de choses, qui a su acquérir du bien ou en conserver.

L'honnête homme est celui qui ne vole pas sur les grands chemins, et qui ne tue personne, dont les vices enfin ne sont pas scandaleux.

On connaît assez qu'un homme de bien est honnête homme; mais il est plaisant d'imaginer que tout honnête homme n'est pas homme de bien.

L'homme de bien est celui qui n'est ni un saint ni un dévot[1], et qui s'est borné à n'avoir que de la vertu.

↦ Talent, goût, esprit, bon sens, choses différentes, non incompatibles.

Entre le bon sens et le bon goût il y a la différence de la cause à son effet.

Entre esprit et talent il y a la proportion du tout à sa partie.

Appellerai-je homme d'esprit celui qui, borné et renfermé dans quelque art, ou même dans une certaine science qu'il exerce dans une grande perfection, ne montre hors de là ni jugement, ni mémoire, ni vivacité, ni mœurs, ni conduite; qui ne m'entend pas, qui ne pense point, qui s'énonce mal; un musicien, par exemple, qui, après m'avoir comme enchanté par ses accords, semble s'être remis avec son luth dans un même étui, ou n'être plus, sans cet instrument, qu'une machine démontée, à qui il manque quelque chose, et dont il n'est pas permis de rien attendre?

Que dirai-je encore de l'esprit du jeu? pourrait-on me le définir? Ne faut-il ni prévoyance, ni finesse, ni habileté, pour jouer l'hombre ou les échecs? et s'il en faut, pourquoi voit-on des imbéciles qui y excellent, et de très-beaux génies qui n'ont pu même atteindre la médiocrité, à qui une pièce ou une carte dans les mains trouble la vue, et fait perdre contenance?

[1] Faux dévot. (*Note de l'auteur.*)

Il y a dans le monde quelque chose, s'il se peut, de plus incompréhensible. Un homme[1] paraît grossier, lourd, stupide; il ne sait pas parler, ni raconter ce qu'il vient de voir; s'il se met à écrire, c'est le modèle des bons contes; il fait parler les animaux, les arbres, les pierres, tout ce qui ne parle point : ce n'est que légèreté, qu'élégance, que beau naturel, et que délicatesse dans ses ouvrages.

Un autre est simple[2], timide, d'une ennuyeuse conversation; il prend un mot pour un autre, et il ne juge de la bonté de sa pièce que par l'argent qui lui en revient; il ne sait pas la réciter, ni lire son écriture. Laissez-le s'élever par la composition : il n'est pas au-dessous d'Auguste, de Pompée, de Nicomède, d'Héraclius; il est roi, et un grand roi; il est politique, il est philosophe; il entreprend de faire parler des héros, de les faire agir; il peint les Romains : ils sont plus grands et plus Romains dans ses vers que dans leur histoire.

Voulez-vous quelque autre prodige? Concevez un homme facile, doux, complaisant, traitable; et tout d'un coup violent, colère, fougueux, capricieux : imaginez-vous un homme simple, ingénu, crédule, badin, volage, un enfant en cheveux gris[3]; mais permettez-lui de se recueillir, ou plutôt de se livrer à un génie qui agit en lui, j'ose dire, sans qu'il y prenne part, et comme à son insu : quelle verve! quelle élévation! quelles images! quelle latinité! Parlez-vous d'une même personne? me direz-vous. Oui, du même, de *Théodas*, et de lui seul. Il crie, il s'agite, il se roule à terre, il se relève, il tonne, il éclate; et du milieu de cette tempête il sort une lumière qui brille et qui réjouit : disons-le sans figure, il parle comme un fou, et pense comme un homme sage; il dit ridiculement des choses

---

[1] La Fontaine.
[2] Pierre Corneille.
[3] Le poëte Santeuil, qui se lia intimement avec la Bruyère, dont il a fait l'éloge en vers latins.

vraies, et follement des choses sensées et raisonnables : on est surpris de voir naître et éclore le bon sens du sein de la bouffonnerie, parmi les grimaces et les contorsions. Qu'ajouterai-je davantage? Il dit et il fait mieux qu'il ne sait : ce sont en lui comme deux âmes qui ne se connaissent point, qui ne dépendent point l'une de l'autre, qui ont chacune leur tour ou leurs fonctions toutes séparées. Il manquerait un trait à cette peinture si surprenante, si j'oubliais de dire qu'il est tout à la fois avide et insatiable de louanges, près de se jeter aux yeux de ses critiques, et dans le fond assez docile pour profiter de leur censure. Je commence à me persuader moi-même que j'ai fait le portrait de deux personnages tout différents : il ne serait pas même impossible d'en trouver un troisième dans Théodas; car il est bon homme, il est plaisant homme, et il est excellent homme.

⇥ Après l'esprit de discernement, ce qu'il y a au monde de plus rare, ce sont les diamants et les perles.

⇥ Tel, connu dans le monde par de grands talents, honoré et chéri partout où il se trouve, est petit dans son domestique et aux yeux de ses proches, qu'il n'a pu réduire à l'estimer : tel autre, au contraire, prophète dans son pays, jouit d'une vogue qu'il a parmi les siens et qui est resserrée dans l'enceinte de sa maison ; s'applaudit d'un mérite rare et singulier qui lui est accordé par sa famille, dont il est l'idole, mais qu'il laisse chez soi toutes les fois qu'il sort, et qu'il ne porte nulle part.

⇥ Tout le monde s'élève contre un homme qui entre en réputation : à peine ceux qu'il croit ses amis lui pardonnent-ils un mérite naissant, et une première vogue qui semble l'associer à la gloire dont ils sont déjà en possession. L'on ne se rend qu'à l'extrémité, et après que le prince s'est déclaré par les récompenses : tous alors se rapprochent de lui, et de ce jour-là seulement il prend son rang d'homme de mérite.

↦ Nous affectons souvent de louer avec exagération des hommes assez médiocres, et de les élever, s'il se pouvait, jusqu'à la hauteur de ceux qui excellent, ou parce que nous sommes las d'admirer toujours les mêmes personnes, ou parce que leur gloire, ainsi partagée, offense moins notre vue, et nous devient plus douce et plus supportable.

↦ L'on voit des hommes que le vent de la faveur pousse d'abord à pleines voiles; ils perdent en un moment la terre de vue, et font leur route : tout leur rit, tout leur succède; action, ouvrage, tout est comblé d'éloges et de récompenses; ils ne se montrent que pour être embrassés et félicités. Il y a un rocher immobile qui s'élève sur une côte; les flots se brisent au pied; la puissance, les richesses, la violence, la flatterie, l'autorité, la faveur, tous les vents ne l'ébranlent pas : c'est le public, où ces gens échouent.

↦ Il est ordinaire et comme naturel de juger du travail d'autrui seulement par rapport à celui qui nous occupe. Ainsi le poëte, rempli de grandes et sublimes idées, estime peu le discours de l'orateur, qui ne s'exerce souvent que sur de simples faits; et celui qui écrit l'histoire de son pays ne peut comprendre qu'un esprit raisonnable emploie sa vie à imaginer des fictions et à trouver une rime : de même le bachelier, plongé dans les quatre premiers siècles, traite toute autre doctrine de science triste, vaine et inutile, pendant qu'il est peut-être méprisé du géomètre.

↦ Tel a assez d'esprit pour exceller dans une certaine matière et en faire des leçons, qui en manque pour voir qu'il doit se taire sur quelque autre dont il n'a qu'une faible connaissance : il sort hardiment des limites de son génie; mais il s'égare, et fait que l'homme illustre parle comme un sot.

↦ *Hérille*, soit qu'il parle, qu'il harangue ou qu'il écrive, veut citer : il fait dire au prince des philosophes que le vin enivre, et à l'orateur romain que l'eau le tempère. S'il se jette dans la morale, ce n'est pas lui, c'est le divin Platon qui assure que la vertu est aimable, le vice odieux, ou que l'un et l'autre se tournent en habitude. Les choses les plus communes, les plus triviales, et qu'il est même capable de penser, il veut les devoir aux anciens, aux Latins, aux Grecs; ce n'est ni pour donner plus d'autorité à ce qu'il dit, ni peut-être pour se faire honneur de ce qu'il sait : il veut citer.

⁂ C'est souvent hasarder un bon mot et vouloir le perdre que de le donner pour sien : il n'est pas relevé, il tombe avec des gens d'esprit, ou qui se croient tels, qui ne l'ont pas dit, et qui devaient le dire. C'est au contraire le faire valoir que de le rapporter comme d'un autre : ce n'est qu'un fait, et qu'on ne se croit pas obligé de savoir; il est dit avec plus d'insinuation et reçu avec moins de jalousie; personne n'en souffre : on rit s'il faut rire, et s'il faut admirer, on admire.

⁂ On a dit de Socrate qu'il était en délire, et que c'était un fou tout plein d'esprit; mais ceux des Grecs qui parlaient ainsi d'un homme si sage passaient pour fous. Ils disaient : Quels bizarres portraits nous fait ce philosophe! quelles mœurs étranges et particulières ne décrit-il point! où a-t-il rêvé, creusé, rassemblé des idées si extraordinaires? quelles couleurs! quel pinceau! ce sont des chimères. Ils se trompaient : c'étaient des monstres, c'étaient des vices, mais peints au naturel; on croyait les voir, ils faisaient peur. Socrate s'éloignait du cynique; il épargnait les personnes, et blâmait les mœurs, qui étaient mauvaises[1].

---

[1] Une lettre de la Bruyère en réponse à une critique sur son ouvrage et adressée peut-être à Ménage, contient ces lignes qui font croire que l'auteur parle ici de lui-même : « En ce qui regarde Socrate, je n'ai trouvé nulle part qu'on ait dit de lui en propres termes que c'était un fou tout plein d'esprit; façon de parler à mon avis impertinente et pourtant en usage que j'ai essayé de décréditer en la faisant servir pour

➤ Celui qui est riche par son savoir-faire connaît un philosophe, ses préceptes, sa morale et sa conduite; et, n'imaginant pas dans tous les hommes une autre fin de toutes leurs actions que celle qu'il s'est proposée lui-même toute sa vie, dit en son cœur : Je le plains, je le tiens échoué, ce rigide censeur; il s'égare, et il est hors de route; ce n'est pas ainsi que l'on prend le vent, et que l'on arrive au délicieux port de la fortune; et, selon ses principes, il raisonne juste.

Je pardonne, dit *Antisthius*[1], à ceux que j'ai loués dans mon ouvrage, s'ils m'oublient : qu'ai-je fait pour eux? ils étaient louables. Je le pardonnerais moins à tous ceux dont j'ai attaqué les vices sans toucher à leurs personnes, s'ils me devaient un aussi grand bien que celui d'être corrigés; mais comme c'est un événement qu'on ne voit point, il suit de là que ni les uns ni les autres ne sont tenus de me faire du bien.

L'on peut, ajoute ce philosophe, envier ou refuser à mes écrits leur récompense; on ne saurait en diminuer la réputation; et si on le fait, qui m'empêchera de le mépriser?

➤ Il est bon d'être philosophe, il n'est guère utile de passer pour tel. Il n'est pas permis de traiter quelqu'un de philosophe : ce sera toujours lui dire une injure, jusqu'à ce qu'il ait plu aux hommes d'en ordonner autrement, et, en restituant à un si beau nom son idée propre et convenable, de lui concilier toute l'estime qui lui est due.

➤ Il y a une philosophie qui nous élève au-dessus de

Socrate, comme l'on s'en sert aujourd'hui pour diffamer les personnes les plus sages, mais qui, s'élevant au-dessus d'une morale basse et servile qui règne depuis si longtemps, se distinguent dans leurs ouvrages par la hardiesse et la vivacité de leurs traits et par la beauté de leur imagination. » Ainsi *Socrate* ici n'est pas *Socrate*, c'est un nom qui en cache un autre.

[1] C'est encore à lui-même que la Bruyère fait allusion sous le nom d'Antisthius, comme plus haut sous celui d'Antisthène.

l'ambition et de la fortune, qui nous égale, que dis-je? qui nous place plus haut que les riches, que les grands et que les puissants ; qui nous fait négliger les postes et ceux qui les procurent ; qui nous exempte de désirer, de demander, de prier, de solliciter, d'importuner, et qui nous sauve même l'émotion et l'excessive joie d'être exaucés. Il y a une autre philosophie qui nous soumet et nous assujettit à toutes ces choses en faveur de nos proches ou de nos amis : c'est la meilleure.

↦ C'est abréger, et s'épargner mille discussions, que de penser de certaines gens qu'ils sont incapables de parler juste, et de condamner ce qu'ils disent, ce qu'ils ont dit, et ce qu'ils diront.

↦ Nous n'approuvons les autres que par les rapports que nous sentons qu'ils ont avec nous-mêmes ; et il semble qu'estimer quelqu'un, c'est l'égaler à soi.

↦ Les mêmes défauts qui, dans les autres, sont lourds et insupportables, sont chez nous comme dans leur centre ; ils ne pèsent plus, on ne les sent pas. Tel parle d'un autre, et en fait un portrait affreux, qui ne voit pas qu'il se peint lui-même.

Rien ne nous corrigerait plus promptement de nos défauts, que si nous étions capables de les avouer et de les reconnaître dans les autres : c'est dans cette juste distance que, nous paraissant tels qu'ils sont, ils se feraient haïr autant qu'ils le méritent.

↦ La sage conduite roule sur deux pivots, le passé et l'avenir. Celui qui a la mémoire fidèle et une grande prévoyance est hors du péril de censurer dans les autres ce qu'il a peut-être fait lui-même, ou de condamner une action dans un pareil cas, et dans toutes les circonstances où elle lui sera un jour inévitable.

↦ Le guerrier et le politique, non plus que le joueur habile, ne font pas le hasard, mais ils le préparent, ils l'attirent, et semblent presque le déterminer. Non-seulement ils savent ce que le sot et le poltron ignorent, je veux dire se servir du hasard quand il arrive ; ils savent même profiter, par leurs précautions et leurs mesures, d'un tel ou d'un tel hasard, ou de plusieurs tout à la fois : si ce point arrive, ils gagnent ; si c'est cet autre, ils gagnent encore ; un même point souvent les fait gagner de plusieurs manières. Ces hommes sages peuvent être loués de leur bonne fortune comme de leur bonne conduite, et le hasard doit être récompensé en eux comme la vertu.

⊢ Je ne mets au-dessus d'un grand politique que celui qui néglige de le devenir, et qui se persuade de plus en plus que le monde ne mérite point qu'on s'en occupe.

⊢ Il y a dans les meilleurs conseils de quoi déplaire : ils viennent d'ailleurs que de notre esprit ; c'est assez pour être rejetés d'abord par présomption et par humeur, et suivis seulement par nécessité ou par réflexion.

⊢ Quel bonheur surprenant a accompagné ce favori pendant tout le cours de sa vie ! quelle autre fortune mieux soutenue, sans interruption, sans la moindre disgrâce ! les premiers postes, l'oreille du prince, d'immenses trésors, une santé parfaite, et une mort douce. Mais quel étrange compte à rendre d'une vie passée dans la faveur, des conseils que l'on a donnés, de ceux qu'on a négligé de donner ou de suivre, des biens que l'on n'a point faits, des maux au contraire que l'on a faits, ou par soi-même ou par les autres ; en un mot, de toute sa prospérité [1] !

⊢ L'on gagne à mourir d'être loué de ceux qui nous survivent, souvent sans autre mérite que celui de n'être plus : le même éloge sert alors pour *Caton* et pour *Pison*.

Le bruit court que Pison est mort. C'est une grande perte :

[1] Le chancelier le Tellier.

c'était un homme de bien, et qui méritait une plus longue vie ; il avait de l'esprit et de l'agrément, de la fermeté et du courage ; il était sûr, généreux, fidèle ; ajoutez : pourvu qu'il soit mort.

↦ La manière dont on se récrie sur quelques-uns qui se distinguent par la bonne foi, le désintéressement et la probité, n'est pas tant leur éloge que le décréditement du genre humain.

↦ Tel soulage les misérables, qui néglige sa famille et laisse son fils dans l'indigence : un autre élève un nouvel édifice, qui n'a pas encore payé les plombs d'une maison qui est achevée depuis dix années : un troisième fait des présents et des largesses, et ruine ses créanciers. Je demande : la pitié, la libéralité, la magnificence, sont-ce les vertus d'un homme injuste ? ou plutôt si la bizarrerie et la vanité ne sont pas les causes de l'injustice.

↦ Une circonstance essentielle à la justice que l'on doit aux autres, c'est de la faire promptement et sans différer : la faire attendre, c'est injustice.

Ceux-là font bien, ou font ce qu'ils doivent, qui font ce qu'ils doivent. Celui qui, dans toute sa conduite, laisse longtemps dire de soi qu'il fera bien, fait très-mal.

↦ L'on dit d'un grand qui tient table deux fois le jour, et qui passe sa vie à faire digestion, qu'il meurt de faim, pour exprimer qu'il n'est pas riche, ou que ses affaires sont fort mauvaises : c'est une figure ; on le dirait plus à la lettre de ses créanciers.

↦ L'honnêteté, les égards et la politesse des personnes avancées en âge, de l'un et de l'autre sexe, me donnent bonne opinion de ce qu'on appelle le vieux temps.

↦ C'est un excès de confiance dans les parents d'espérer tout de la bonne éducation de leurs enfants, et une grande erreur de n'en attendre rien et de la négliger.

↦ Quand il serait vrai, ce que plusieurs disent, que l'éducation ne donne point à l'homme un autre cœur ni une autre complexion, qu'elle ne change rien dans son fond et ne touche qu'aux superficies, je ne laisserais pas de dire qu'elle ne lui est pas inutile.

↦ Il n'y a que de l'avantage pour celui qui parle peu : la présomption est qu'il a de l'esprit; et s'il est vrai qu'il n'en manque pas, la présomption est qu'il l'a excellent.

↦ Ne songer qu'à soi et au présent, source d'erreur dans la politique.

↦ Le plus grand malheur, après celui d'être convaincu d'un crime, est souvent d'avoir eu à s'en justifier. Tels arrêts nous déchargent et nous renvoient absous, qui sont infirmés par la voix du peuple [1].

↦ Un homme est fidèle à de certaines pratiques de religion, on le voit s'en acquitter avec exactitude : personne ne le loue ni ne le désapprouve, on n'y pense pas. Tel autre y revient après les avoir négligées dix années entières : on se récrie, on l'exalte; cela est libre : moi, je le blâme d'un si long oubli de ses devoirs, et je le trouve heureux d'y être rentré.

↦ Le flatteur n'a pas assez bonne opinion de soi ni des autres.

↦ Tels sont oubliés dans la distribution des grâces, et font dire d'eux : *Pourquoi les oublier?* qui, si l'on s'en était souvenu, auraient fait dire : *Pourquoi s'en souvenir?* D'où vient cette contrariété? Est-ce du caractère de ces personnes ou de l'incertitude de nos jugements, ou même de tous les deux?

---

[1] Penautier, receveur général du clergé, avait été impliqué dans l'affaire de la Brinvilliers; son acquittement fut attribué au crédit de ses amis, ainsi qu'à l'argent répandu. Il en est question dans les lettres de Mme de Sévigné des 8, 10, 22, 24 et 29 juillet 1676.

¶ — L'on dit communément : Après un tel, qui sera chancelier ? qui sera primat des Gaules ? qui sera pape ? On va plus loin : chacun, selon ses souhaits ou son caprice, fait sa promotion, qui est souvent de gens plus vieux et plus caducs que celui qui est en place ; et comme il n'y a pas de raison qu'une dignité tue celui qui s'en trouve revêtu, qu'elle sert au contraire à le rajeunir, et à donner au corps et à l'esprit de nouvelles ressources, ce n'est pas un événement fort rare à un titulaire d'enterrer son successeur.

¶ — La disgrâce éteint les haines et les jalousies. Celui-là peut bien faire, qui ne nous aigrit plus par une grande faveur : il n'y a aucun mérite, il n'y a sorte de vertus qu'on ne lui pardonne ; il serait un héros impunément.

Rien n'est bien d'un homme disgracié ; vertus, mérite, tout est dédaigné, ou mal expliqué, ou imputé à vice : qu'il ait un grand cœur, qu'il ne craigne ni le fer ni le feu, qu'il aille d'aussi bonne grâce à l'ennemi que BAYARD et MONTREVEL[1], c'est un bravache ; on en plaisante ; il n'a plus de quoi être un héros.

Je me contredis, il est vrai : accusez-en les hommes, dont je ne fais que rapporter les jugements ; je ne dis pas de différents hommes, je dis les mêmes, qui jugent si différemment.

¶ — Il ne faut pas vingt années accomplies pour voir changer les hommes d'opinion sur les choses les plus sérieuses, comme sur celles qui leur ont paru les plus sûres et les plus vraies. Je ne hasarderai pas d'avancer que le feu en soi, et indépendamment de nos sensations, n'a aucune chaleur, c'est-à-dire rien de semblable à ce que nous éprouvons en nous-mêmes à son approche, de peur que quelque jour il ne devienne aussi chaud qu'il a jamais été. J'assurerai aussi

---

[1] Marquis de Montrevel, commissaire général de la cavalerie, lieutenant général. (*Note de l'auteur.*)

peu qu'une ligne droite tombant sur une autre ligne droite fait deux angles droits, ou égaux à deux droits, de peur que, les hommes venant à y découvrir quelque chose de plus ou de moins, je ne sois raillé de ma proposition. Ainsi, dans un autre genre, je dirai à peine avec toute la France : VAUBAN est infaillible, on n'en appelle point : qui me garantirait que dans peu de temps on n'insinuera pas que même sur le siége, qui est son fort et où il décide souverainement, il erre quelquefois[1], sujet aux fautes comme *Antiphile* ?

⟶ Si vous en croyez des personnes aigries l'une contre l'autre, et que la passion domine, l'homme docte est un *savantasse*, le magistrat un bourgeois ou un praticien, le financier un *maltôtier*, et le gentilhomme un *gentillâtre*; mais il est étrange que de si mauvais noms, que la colère et la haine ont su inventer, deviennent familiers, et que le dédain, tout froid et tout paisible qu'il est, ose s'en servir.

⟶ Vous vous agitez, vous vous donnez un grand mouvement, surtout lorsque les ennemis commencent à fuir et que la victoire n'est plus douteuse, ou devant une ville après qu'elle a capitulé; vous aimez, dans un combat ou pendant un siége, à paraître en cent endroits pour n'être nulle part, à prévenir les ordres du général de peur de les suivre, et à chercher les occasions plutôt que de les attendre et les recevoir : votre valeur serait-elle fausse ?

⟶ Faites garder aux hommes quelque poste où ils puissent être tués, et où néanmoins ils ne soient pas tués : ils aiment l'honneur et la vie.

---

[1] Vauban, après la reprise de Namur par le prince d'Orange, en 1695, fut accusé d'avoir fort mal fortifié cette place ; mais il s'en justifia en prouvant que, pour épargner quelque dépense, l'on n'avait point suivi le plan qu'il avait donné.

↦ A voir comme les hommes aiment la vie, pouvait-on soupçonner qu'ils aimassent quelque autre chose plus que la vie; et que la gloire, qu'ils préfèrent à la vie, ne fût souvent qu'une certaine opinion d'eux-mêmes établie dans l'esprit de mille gens ou qu'ils ne connaissent point ou qu'ils n'estiment point?

↦ Ceux qui, ni guerriers ni courtisans, vont à la guerre et suivent la cour, qui ne font pas un siége, mais qui y assistent[1], ont bientôt épuisé leur curiosité sur une place de guerre, quelque surprenante qu'elle soit, sur la tranchée, sur l'effet des bombes et du canon, sur les coups de main, comme sur l'ordre et le succès d'une attaque qu'ils entrevoient : la résistance continue, les pluies surviennent, les fatigues croissent, on plonge dans la fange, on a à combattre les saisons et l'ennemi, on peut être forcé dans ses lignes et enfermé entre une ville et une armée : quelles extrémités! On perd courage, on murmure. Est-ce un si grand inconvénient que de lever un siége? Le salut de l'État dépend-il d'une citadelle de plus ou de moins? Ne faut-il pas, ajoutent-ils, fléchir sous les ordres du Ciel, qui semble se déclarer contre nous, et remettre la partie à un autre temps? Alors ils ne comprennent plus la fermeté, et, s'ils osaient dire, l'opiniâtreté du général[2], qui se roidit contre les obstacles, qui s'anime par la difficulté de l'entreprise, qui veille la nuit et s'expose le jour pour la conduire à sa fin. A-t-on capitulé, ces hommes si découragés relèvent l'importance de cette conquête, en prédisent les suites, exagèrent la nécessité qu'il y avait de la faire, le péril et la honte qui suivaient de s'en désister, prouvent que l'armée qui nous couvrait des ennemis était invincible. Ils reviennent avec la cour, passent par les villes et les bourgades,

---

[1] Allusion à plusieurs particuliers, gens de robe et de finance qui allèrent voir le siége de Namur en 1693.
[2] Vauban.

fiers d'être regardés de la bourgeoisie, qui est aux fenêtres, comme ceux mêmes qui ont pris la place; ils en triomphent par les chemins, ils se croient braves. Revenus chez eux, ils vous étourdissent de flancs, de redans, de ravelins, de fausse-braie, de courtines et de chemin couvert; ils rendent compte des endroits où *l'envie de voir* les a portés, et où *il ne laissait pas d'y avoir du péril;* des hasards qu'ils ont courus, à leur retour, d'être pris ou tués par l'ennemi: ils taisent seulement qu'ils ont eu peur.

↦ C'est le plus petit inconvénient du monde que de demeurer court dans un sermon ou dans une harangue; il laisse à l'orateur ce qu'il a d'esprit, de bon sens, d'imagination, de mœurs et de doctrine; il ne lui ôte rien : mais on ne laisse pas de s'étonner que les hommes, ayant voulu une fois y attacher une espèce de honte et de ridicule, s'exposent, par de longs et souvent d'inutiles discours, à en courir tout le risque.

↦ Ceux qui emploient mal leur temps sont les premiers à se plaindre de sa brièveté. Comme ils le consument à s'habiller, à manger, à dormir, à de sots discours, à se résoudre sur ce qu'ils doivent faire, et souvent à ne rien faire, ils en manquent pour leurs affaires ou pour leurs plaisirs. Ceux, au contraire, qui en font un meilleur usage en ont de reste.

Il n'y a point de ministre si occupé qui ne sache perdre chaque jour deux heures de temps; cela va loin à la fin d'une longue vie : et si le mal est encore plus grand dans les autres conditions des hommes, quelle perte infinie ne se fait pas dans le monde d'une chose si précieuse, et dont l'on se plaint qu'on n'a point assez!

↦ Il y a des créatures de Dieu, qu'on appelle des hommes, qui ont une âme qui est esprit, dont toute la vie est occupée et toute l'attention est réunie à scier du marbre : cela est bien simple, c'est bien peu de chose. Il y en a d'autres qui s'en étonnent, mais qui sont entièrement inutiles, et qui passent les jours à ne rien faire : c'est encore moins que de scier du marbre.

⸺ La plupart des hommes oublient si fort qu'ils ont une âme, et se répandent en tant d'actions et d'exercices où il semble qu'elle est inutile, que l'on croit parler avantageusement de quelqu'un en disant qu'il pense. Cet éloge même est devenu vulgaire, qui pourtant ne met cet homme qu'au-dessus du chien ou du cheval.

⸺ A quoi vous divertissez-vous? à quoi passez-vous le temps? vous demandent les sots et les gens d'esprit. Si je réplique que c'est à ouvrir les yeux et à voir, à prêter l'oreille et à entendre, à avoir la santé, le repos, la liberté, ce n'est rien dire. Les solides biens, les grands biens, les seuls biens, ne sont pas comptés, ne se font pas sentir. Jouez-vous? masquez-vous? il faut répondre.

Est-ce un bien pour l'homme que la liberté, si elle peut être trop grande et trop étendue, telle enfin qu'elle ne serve qu'à lui faire désirer quelque chose, qui est d'avoir moins de liberté?

La liberté n'est pas oisiveté; c'est un usage libre du temps, c'est le choix du travail et de l'exercice : être libre, en un mot, n'est pas ne rien faire, c'est être seul arbitre de ce qu'on fait ou de ce qu'on ne fait point. Quel bien en ce sens que la liberté !

⸺ César n'était point trop vieux pour penser à la conquête de l'univers[1] : il n'avait point d'autre béatitude à se faire que le cours d'une belle vie, et un grand nom après sa mort. Né fier, ambitieux, et se portant bien comme il faisait, il ne pouvait mieux employer son temps qu'à conquérir le monde. Alexandre était bien jeune pour un des-

---

[1] Voyez les *Pensées* de M. Pascal, chapitre XXXI, où il dit le contraire. (*Note de l'auteur.*)

sein si sérieux : il est étonnant que, dans ce premier âge, les femmes ou le vin n'aient plus tôt rompu son entreprise.

↦ UN JEUNE PRINCE [1], D'UNE RACE AUGUSTE, L'AMOUR ET L'ESPÉRANCE DES PEUPLES, DONNÉ DU CIEL POUR PROLONGER LA FÉLICITÉ DE LA TERRE, PLUS GRAND QUE SES AIEUX, FILS D'UN HÉROS QUI EST SON MODÈLE, A DÉJA MONTRÉ A L'UNIVERS, PAR SES DIVINES QUALITÉS ET PAR UNE VERTU ANTICIPÉE, QUE LES ENFANTS DES HÉROS SONT PLUS PROCHES DE L'ÊTRE QUE LES AUTRES HOMMES [2].

↦ Si le monde dure seulement cent millions d'années, il est encore dans toute sa fraîcheur, et ne fait presque que commencer ; nous-mêmes nous touchons aux premiers hommes et aux patriarches : et qui pourra ne nous pas confondre avec eux dans des siècles si reculés ? Mais si l'on juge par le passé de l'avenir, quelles choses nouvelles nous sont inconnues dans les arts, dans les sciences, dans la nature, et j'ose dire dans l'histoire ! quelles découvertes ne fera-t-on point ! quelles différentes révolutions ne doivent pas arriver sur toute la face de la terre, dans les États et dans les empires ! Quelle ignorance est la nôtre ! et quelle légère expérience que celle de six ou sept mille ans !

↦ Il n'y a point de chemin trop long à qui marche lentement et sans se presser : il n'y a point d'avantages trop éloignés à qui s'y prépare par la patience.

↦ Ne faire sa cour à personne, ni attendre de quelqu'un qu'il vous fasse la sienne, douce situation, âge d'or, état de l'homme le plus naturel !

↦ Le monde est pour ceux qui suivent les cours ou qui peuplent les villes : la nature n'est que pour ceux qui habi-

[1] Le Dauphin, fils de Louis XIV. Il se distingua au siège de Philisbourg (1688); les soldats le surnommèrent Louis-le-Hardi.
[2] Contre la maxime latine et triviale. (*Note de l'auteur.*) — Cette maxime est celle-ci : *Filii heroum noxœ*; « les fils des héros dégénèrent de leurs pères. »

tent la campagne; eux seuls vivent, eux seuls du moins connaissent qu'ils vivent.

↦ Pourquoi me faire froid, et vous plaindre de ce qui m'est échappé sur quelques jeunes gens qui peuplent les cours. Êtes-vous vicieux, ô *Thrasille?* Je ne le savais pas; et vous me l'apprenez : ce que je sais est que vous n'êtes plus jeune.

Et vous qui voulez être offensé personnellement de ce que j'ai dit de quelques grands, ne criez-vous point de la blessure d'un autre? Êtes-vous dédaigneux, malfaisant, mauvais plaisant, flatteur, hypocrite? Je l'ignorais, et ne pensais pas à vous : j'ai parlé des grands.

↦ L'esprit de modération et une certaine sagesse dans la conduite laissent les hommes dans l'obscurité : il leur faut de grandes vertus pour être connus et admirés, ou peut-être de grands vices.

↦ Les hommes, sur la conduite des grands et des petits indifféremment, sont prévenus, charmés, enlevés par la réussite : il s'en faut peu que le crime heureux ne soit loué comme la vertu même, et que le bonheur ne tienne lieu de toutes les vertus. C'est un noir attentat, c'est une sale et odieuse entreprise que celle que le succès ne saurait justifier.

↦ Les hommes, séduits par de belles apparences et de spécieux prétextes, goûtent aisément un projet d'ambition que quelques grands ont médité; ils en parlent avec intérêt, il leur plaît même par la hardiesse ou par la nouveauté que l'on lui impute; ils y sont déjà accoutumés, et n'en attendent que le succès, lorsque, venant au contraire à avorter, ils décident avec confiance, et sans nulle crainte de se tromper, qu'il était téméraire et ne pouvait réussir.

↦ Il y a de tels projets, d'un si grand éclat et d'une conséquence si vaste, qui font parler les hommes si longtemps, qui font tant espérer ou tant craindre, selon les divers intérêts des peuples, que toute la gloire et toute la fortune d'un homme y sont commises. Il ne peut pas avoir paru sur la scène avec un si bel appareil pour se retirer sans rien dire; quelques affreux périls qu'il commence à prévoir dans la suite de son entreprise, il faut qu'il l'entame : le moindre mal pour lui est de la manquer [1].

↦ Dans un méchant homme il n'y a pas de quoi faire un grand homme. Louez ses vues et ses projets, admirez sa conduite, exagérez son habileté à se servir des moyens les plus propres et les plus courts pour parvenir à ses fins : si ses fins sont mauvaises, la prudence n'y a aucune part; et où manque la prudence, trouvez la grandeur, si vous le pouvez.

↦ Un ennemi est mort[2], qui était à la tête d'une armée formidable, destinée à passer le Rhin; il savait la guerre, et son expérience pouvait être secondée de la fortune : quels feux de joie a-t-on vus? quelle fête publique? Il y a des hommes, au contraire, naturellement odieux, et dont l'aversion devient populaire : ce n'est point précisément par les progrès qu'ils font, ni par la crainte de ceux qu'ils peuvent faire, que la voix du peuple éclate à leur mort, et que tout tressaille, jusqu'aux enfants, dès que l'on murmure dans les places que la terre enfin en est délivrée [3].

↦ O temps, ô mœurs, s'écrie *Héraclite*, ô malheureux siècle! siècle rempli de mauvais exemples, où la vertu souffre, où le crime domine, où il triomphe! Je veux être un *Lycaon*, un *Égiste*; l'occasion ne peut être meilleure, ni les conjonctures plus favorables, si je désire du moins de

---

[1] Allusion à l'entreprise du prince d'Orange, Guillaume de Nassau, de détrôner son beau-père, Jacques II.

[2] Charles V, duc de Lorraine.

[3] Le bruit courut que le prince d'Orange avait été tué au combat de la Boyne.

fleurir et de prospérer. Un homme dit¹ : Je passerai la mer, je dépouillerai mon père de son patrimoine, je le chasserai, lui, sa femme, son héritier, de ses terres et de ses États; et comme il l'a dit, il l'a fait. Ce qu'il devait appréhender c'était le ressentiment de plusieurs rois qu'il outrage en la personne d'un seul roi; mais ils tiennent pour lui; ils lui ont presque dit : Passez la mer, dépouillez votre père², montrez à tout l'univers qu'on peut chasser un roi de son royaume, ainsi qu'un petit seigneur de son château, ou un fermier de sa métairie : qu'il n'y ait plus de différence entre de simples particuliers et nous; nous sommes las de ces distinctions : apprenez au monde que ces peuples que Dieu a mis sous nos pieds peuvent nous abandonner, nous trahir, nous livrer, se livrer eux-mêmes à un étranger, et qu'ils ont moins à craindre de nous que nous d'eux et de leur puissance. Qui pourrait voir des choses si tristes avec des yeux secs et une âme tranquille? Il n'y a point de charges qui n'aient leurs priviléges; il n'y a aucun titulaire qui ne parle, qui ne plaide, qui ne s'agite pour les défendre : la dignité royale seule n'a plus de priviléges; les rois eux-mêmes y ont renoncé. Un seul, toujours bon³ et magnanime, ouvre ses bras à une famille malheureuse; tous les autres se liguent comme pour se venger de lui, et de l'appui qu'il donne à une cause qui leur est commune : l'esprit de pique et de jalousie prévaut chez eux à l'intérêt de l'honneur, de la religion et de leur État; est-ce assez? à leur intérêt personnel et domestique; il y va, je ne dis pas de leur élection, mais de leur succession, de leurs droits comme héréditaires : enfin, dans tous, l'homme l'emporte sur le souverain. Un prince délivrait l'Europe⁴, se délivrait lui-

---

¹ Guillaume de Nassau.
² Le roi Jacques II.
³ Louis XIV, qui donna retraite à Jacques II et à toute sa famille, après qu'il eut été obligé de se retirer d'Angleterre.
⁴ L'empereur.

même d'un fatal ennemi, allait jouir de la gloire d'avoir détruit un grand empire [1] : il la néglige pour une guerre douteuse. Ceux qui sont nés arbitres et médiateurs [2] temporisent; et, lorsqu'ils pourraient avoir déjà employé utilement leur médiation, ils la promettent. O pâtres! continue Héraclite, ô rustres qui habitez sous le chaume et dans les cabanes ! si les événements ne vont point jusqu'à vous, si vous n'avez point le cœur percé par la malice des hommes, si on ne parle plus d'hommes dans vos contrées, mais seulement de renards et de loups-cerviers, recevez-moi parmi vous à manger votre pain noir et à boire l'eau de vos citernes!

↳ Petits hommes hauts de 6 pieds, tout au plus de 7, qui vous enfermez aux foires comme géants, et comme des pièces rares dont il faut acheter la vue, dès que vous allez jusques à 8 pieds; qui vous donnez sans pudeur de la *hautesse* et de l'*éminence*, qui est tout ce que l'on pourrait accorder à ces montagnes voisines du ciel et qui voient les nuages se former au-dessous d'elles; espèces d'animaux glorieux et superbes, qui méprisez toute autre espèce, qui ne faites pas même comparaison avec l'éléphant et la baleine; approchez, hommes, répondez un peu à *Démocrite*. Ne dites-vous pas en commun proverbe : *des loups ravissants, des lions furieux, malicieux comme un singe?* Et vous autres, qui êtes-vous? J'entends corner sans cesse à mes oreilles : *l'homme est un animal raisonnable.* Qui vous a passé cette définition? sont-ce les loups, les singes et les lions, ou si vous vous l'êtes accordée à vous-mêmes? C'est déjà une chose plaisante que vous donniez aux animaux, vos confrères, ce qu'il y a de pire, pour prendre pour vous ce qu'il y a de meilleur. Laissez-les un peu se définir eux-mêmes, et vous verrez comme ils s'oublieront et comme

[1] La Turquie.
[2] Innocent XI.

vous serez traités. Je ne parle point, ô hommes, de vos légèretés, de vos folies et de vos caprices, qui vous mettent au-dessous de la taupe et de la tortue, qui vont sagement leur petit train, et qui suivent, sans varier, l'instinct de leur nature; mais écoutez-moi un moment. Vous dites d'un tiercelet de faucon qui est fort léger, et qui fait une belle descente sur la perdrix : Voilà un bon oiseau; et d'un lévrier qui prend un lièvre corps à corps : C'est un bon lévrier. Je consens aussi que vous disiez d'un homme qui courre le sanglier, qui le met aux abois, qui l'atteint et qui le perce : Voilà un brave homme. Mais si vous voyez deux chiens qui s'aboient, s'affrontent, qui se mordent et se déchirent, vous dites : Voilà de sots animaux; et vous prenez un bâton pour les séparer. Que si l'on vous disait que tous les chats d'un grand pays se sont assemblés par milliers dans une plaine, et qu'après avoir miaulé tout leur soûl, ils se sont jetés avec fureur les uns sur les autres, et ont joué ensemble de la dent et de la griffe; que de cette mêlée il est demeuré de part et d'autre neuf à dix mille chats sur la place, qui ont infecté l'air à 10 lieues de là par leur puanteur, ne diriez-vous pas : Voilà le plus abominable *sabbat* dont on ait jamais ouï parler? Et si les loups en faisaient de même, quels hurlements! quelle boucherie! Et si les uns ou les autres vous disaient qu'ils aiment la gloire, concluriez-vous de ce discours qu'ils la mettent à se trouver à ce beau rendez-vous, à détruire ainsi et à anéantir leur propre espèce? ou, après l'avoir conclu, ne ririez-vous pas de tout votre cœur de l'ingénuité de ces pauvres bêtes? Vous avez déjà, en animaux raisonnables, et pour vous distinguer de ceux qui ne se servent que de leurs dents et de leurs ongles, imaginé les lances, les piques, les dards, les sabres et les cimeterres, et à mon gré fort judicieusement : car, avec vos seules mains, que pouviez-vous vous faire les uns aux autres, que vous arracher les cheveux, vous égratigner au visage, ou tout au plus vous arracher les yeux de la tête? au lieu que vous voilà munis d'instruments commodes, qui vous servent à vous faire réciproquement de larges plaies, d'où peut couler votre sang jusqu'à la dernière goutte, sans que vous puissiez craindre d'en échapper. Mais, comme vous devenez d'année à autre plus raisonnables, vous avez bien enchéri sur cette vieille manière de vous exterminer : vous avez de petits globes [1] qui vous tuent tout d'un coup, s'ils peuvent seulement vous atteindre à la tête ou à la poitrine ; vous en avez d'autres [2] plus pesants et plus massifs, qui vous coupent en deux parts ou qui vous éventrent, sans compter ceux [3] qui, tombant sur vos toits, enfoncent les planchers, vont du grenier à la cave, en enlèvent les voûtes, et font sauter en l'air, avec vos maisons, vos femmes qui sont en couche, l'enfant et la nourrice : et c'est là encore où *gît* la gloire ; elle aime le *remue-ménage*, et elle est personne d'un grand fracas. Vous avez d'ailleurs des armes défensives, et, dans les bonnes règles, vous devez en guerre être habillés de fer, ce qui est, sans mentir, une jolie parure, et qui me fait souvenir de ces quatre puces célèbres que montrait autrefois un charlatan, subtil ouvrier, dans une fiole où il avait trouvé le secret de les faire vivre : il leur avait mis à chacune une salade en tête, leur avait passé un corps de cuirasse, mis des brassards, des genouillères, la lance sur la cuisse ; rien ne leur manquait, et en cet équipage elles allaient par sauts et par bonds dans leur bouteille. Feignez un homme de la taille du mont *Athos :* pourquoi non? une âme serait-elle embarrassée d'animer un tel corps? elle en serait plus au large : si cet homme avait la vue assez subtile pour vous découvrir quelque part sur la terre avec vos armes offensives et défensives, que croyez-vous qu'il penserait de pe-

---

[1] Les balles de mousquet.
[2] Les boulets de canon.
[3] Les bombes.

tits marmousets ainsi équipés, et de ce que vous appelez guerre, cavalerie, infanterie, un mémorable siége, une fameuse journée? N'entendrai-je donc plus bourdonner d'autre chose parmi vous? le monde ne se divise-t-il plus qu'en régiments et en compagnies? tout est-il devenu bataillon ou escadron? *Il a pris une ville, il en a pris une seconde, puis une troisième; il a gagné une bataille, deux batailles; il chasse l'ennemi, il vainc sur mer, il vainc sur terre* . est-ce de quelqu'un de vous autres, est-ce d'un géant, d'un *Athos*, que vous parlez? Vous avez surtout un homme pâle et livide qui n'a pas sur soi 10 onces de chair, et que l'on croirait jeter à terre du moindre souffle[1]. Il fait néanmoins plus de bruit que quatre autres, et met tout en combustion; il vient de pêcher en eau trouble une île tout entière[2] : ailleurs, à la vérité, il est battu et poursuivi; mais il se sauve par les *marais*, et ne veut écouter ni paix ni trêve. Il a montré de bonne heure ce qu'il savait faire : il a mordu le sein de sa nourrice; elle en est morte, la pauvre femme : je m'entends, il suffit[3]. En un mot, il était né sujet, et il ne l'est plus; au contraire, il est le maître, et ceux qu'il a domptés et mis sous le joug vont à la charrue et labourent de bon courage[4] : ils semblent même appréhender, les bonnes gens, de pouvoir se délier un jour et de devenir libres, car ils ont étendu la courroie et allongé le fouet de celui qui les fait marcher; ils n'oublient rien pour accroître leur servitude; ils lui font passer l'eau pour se faire d'autres vassaux et s'acquérir de nouveaux domaines : il s'agit, il est vrai, de prendre son père et sa mère par les épaules et de les jeter hors de leur maison; et ils l'aident dans une si

---

[1] Le prince d'Orange.
[2] L'Angleterre.
[3] Le prince d'Orange, devenu plus puissant par la couronne d'Angleterre, s'était rendu maître absolu en Hollande et y faisait tout ce qui lui plaisait
[4] Les Anglais

honnête entreprise. Les gens de delà l'eau et ceux d'en deçà se cotisent et mettent chacun du leur pour se le rendre à eux tous de jour en jour plus redoutable : les *Pictes* et les *Saxons* imposent silence aux *Bataves*, et ceux-ci aux *Pictes* et aux *Saxons;* tous se peuvent vanter d'être ses humbles esclaves, et autant qu'ils le souhaitent. Mais qu'entends-je de certains personnages qui ont des couronnes, je ne dis pas des comtes ou des marquis, dont la terre fourmille, mais des princes et des souverains? Ils viennent trouver cet homme dès qu'il a sifflé, ils se découvrent dès son antichambre, et ils ne parlent que quand on les interroge[1]. Sont-ce là ces mêmes princes si pointilleux, si formalistes sur leurs rangs et sur leurs préséances, et qui consument, pour les régler, les mois entiers dans une diète? Que fera ce nouvel *archonte* pour payer une si aveugle soumission, et pour répondre à une si haute idée qu'on a de lui? S'il se livre une bataille, il doit la gagner, et en personne; si l'ennemi fait un siège, il doit le lui faire lever, et avec honte, à moins que tout l'océan ne soit entre lui et l'ennemi : il ne saurait moins faire en faveur de ses courtisans. *César*[2] lui-même ne doit-il pas venir en grossir le nombre? il en attend du moins d'importants services; car, ou l'archonte échouera avec ses alliés, ce qui est plus difficile qu'impossible à concevoir, ou, s'il réussit et que rien ne lui résiste, le voilà tout porté, avec ses alliés jaloux de la religion et de la puissance de César, pour fondre sur lui, pour lui enlever *l'aigle,* et le réduire, lui ou son héritier, à la *fasce d'argent*[3] et aux pays héréditaires. Enfin c'en est fait, ils se sont tous livrés à lui volontairement, à celui peut-être de qui ils devaient se défier davantage. *Ésope* ne leur dirait-il

---

[1] Le prince d'Orange, à son premier retour d'Angleterre, en 1690, vint à la Haye, où les ligués se rendirent, et où le duc de Bavière fut longtemps à attendre dans l'antichambre.

[2] L'empereur.

[3] Armes de la maison d'Autriche

pas : *La gent volatile d'une certaine contrée prend l'alarme et s'effraye du voisinage du lion, dont le seul rugissement lui fait peur. elle se refugie auprès de la bête, qui lui fait parler d'accommodement et la prend sous sa protection, qui se termine enfin à les croquer tous l'un après l'autre.*

DE LA MODE.

Une chose folle et qui découvre bien notre petitesse, c'est l'assujettissement aux modes, quand on l'étend à ce qui concerne le goût, le vivre, la santé et la conscience. La viande noire est hors de mode, et, par cette raison, insipide; ce serait pêcher contre la mode que de guérir de la fièvre par la saignée. De même, l'on ne mourait plus depuis longtemps par *Théotime;* ses tendres exhortations ne sauvaient plus que le peuple, et Théotime a vu son successeur.

↦ La curiosité n'est pas un goût pour ce qui est bon ou ce qui est beau, mais pour ce qui est rare, unique, pour ce qu'on a et ce que les autres n'ont point. Ce n'est pas un attachement à ce qui est parfait, mais à ce qui est couru, à ce qui est à la mode. Ce n'est pas un amusement, mais une passion, et souvent si violente, qu'elle ne cède à l'amour et à l'ambition que par la petitesse de son objet. Ce n'est pas une passion qu'on a généralement pour les choses rares et qui ont cours, mais qu'on a seulement pour une certaine chose, qui est rare, et pourtant à la mode.

Le fleuriste a un jardin dans un faubourg; il y court au lever du soleil, et il en revient à son coucher. Vous le voyez planté et qui a pris racine au milieu de ses tulipes et devant la *Solitaire* : il ouvre de grands yeux, il frotte ses mains, il se baisse, il la voit de plus près, il ne l'a jamais vue si belle, il a le cœur épanoui de joie : il la quitte pour *l'Orientale*; de là, il va à la *Veuve*, il passe au *Drap d'or*; de celle-ci à *l'Agathe*; d'où il revient enfin à la *Solitaire*, où il se fixe, où il se lasse, où il s'assied, où il oublie de dîner : aussi est-elle nuancée, bordée, huilée, à pièces emportées; elle a un beau vase ou un beau calice : il la contemple, il l'admire : Dieu et la nature sont en tout cela ce qu'il n'admire point; il ne va pas plus loin que l'oignon de sa tulipe, qu'il ne livrerait pas pour 1,000 écus, et qu'il donnera pour rien quand les tulipes seront négligées et que les œillets auront prévalu. Cet homme raisonnable qui a une âme, qui a un culte et une religion, revient chez soi fatigué, affamé, mais fort content de sa journée : il a vu des tulipes.

Parlez à cet autre de la richesse des moissons, d'une ample récolte, d'une bonne vendange : il est curieux de fruits; vous n'articulez pas, vous ne vous faites pas entendre. Parlez-lui de figues et de melons; dites que les poiriers rompent de fruits cette année, que les pêchers ont donné avec abondance : c'est pour lui un idiome inconnu; il s'attache aux seuls pruniers, il ne vous répond pas. Ne l'entretenez pas même de vos pruniers; il n'a de l'amour que pour une certaine espèce, toute autre que vous lui nommez le fait sourire et se moquer. Il vous mène à l'arbre, cueille artistement cette prune exquise; il l'ouvre, vous en donne une moitié, et prend l'autre : Quelle chair ! dit-il; goûtez-vous cela? cela est-il divin ? voilà ce que vous ne trouverez pas ailleurs; et là-dessus ses narines s'enflent, il cache avec peine sa joie et sa vanité par quelques dehors de modestie. O l'homme divin, en effet! homme qu'on ne peut jamais assez louer et admirer! homme dont il sera parlé dans plusieurs siècles! que je voie sa taille et son visage pendant qu'il vit; que j'observe les traits et la contenance d'un homme qui seul entre les mortels possède une telle prune!

Un troisième, que vous allez voir, vous parle des curieux, ses confrères, et surtout de Diognète. Je l'admire, dit-il, et je le comprends moins que jamais. Pensez-vous qu'il cherche à s'instruire par les médailles, et qu'il les regarde comme des preuves parlantes de certains faits, et des monuments fixes et indubitables de l'ancienne histoire? rien moins. Vous croyez peut-être que toute la peine qu'il se donne pour recouvrer une *tête* vient du plaisir qu'il se fait de ne voir pas une suite d'empereurs interrompue? c'est encore moins. Diognète sait d'une médaille le *fruste*, le *flou* et la *fleur de coin*; il a une tablette dont toutes les places sont garnies, à l'exception d'une seule : ce vide lui blesse la vue, et c'est précisément et à la lettre pour le remplir qu'il emploie son bien et sa vie.

Vous voulez, ajoute Démocède, voir mes estampes; et bientôt il les étale et vous les montre. Vous en rencontrez une qui n'est ni noire, ni nette, ni dessinée, et d'ailleurs moins propre à être gardée dans un cabinet qu'à tapisser, un jour de fête, le Petit-Pont ou la rue Neuve : il convient qu'elle est mal gravée, plus mal dessinée; mais il assure qu'elle est d'un Italien qui a travaillé peu, qu'elle n'a presque pas été tirée, que c'est la seule qui soit en France de ce dessin, qu'il l'a achetée très-cher, et qu'il ne la changerait pas pour ce qu'il a de meilleur. J'ai, continue-t-il, une sensible affliction, et qui m'obligera à renoncer aux estampes pour le reste de mes jours : j'ai tout *Callot*, hormis une seule, qui n'est pas, à la vérité, de ses bons ouvrages; au contraire, c'est un des moindres, mais qui m'achèverait Callot : je travaille depuis vingt ans à recouvrer cette estampe, et je désespère enfin d'y réussir; cela est bien rude!

Tel autre fait la satire de ces gens qui s'engagent par inquiétude ou par curiosité dans de longs voyages, qui ne font ni mémoires ni relations, qui ne portent point de tablettes; qui vont pour voir, et qui ne voient pas, ou qui oublient ce qu'ils ont vu ; qui désirent seulement de connaître de nouvelles tours ou de nouveaux clochers, et de passer des rivières qu'on n'appelle ni la Seine ni la Loire ; qui sortent de leur patrie pour y retourner, qui aiment à être absents, qui veulent un jour être revenus de loin. Et ce satirique parle juste, et se fait écouter.

Mais quand il ajoute que les livres en apprennent plus que les voyages, et qu'il m'a fait comprendre par ses discours qu'il a une bibliothèque, je souhaite de la voir : je vais trouver cet homme, qui me reçoit dans une maison où, dès l'escalier, je tombe en faiblesse d'une odeur de maroquin noir dont ses livres sont tous couverts. Il a beau me crier aux oreilles, pour me ranimer, qu'ils sont dorés sur tranche, ornés de filets d'or, et de la bonne édition, me nommer les meilleurs l'un après l'autre, dire que sa galerie est remplie, à quelques endroits près qui sont peints de manière qu'on les prend pour de vrais livres arrangés sur des tablettes, et que l'œil s'y trompe ; ajouter qu'il ne lit jamais, qu'il ne met pas le pied dans cette galerie, qu'il y viendra pour me faire plaisir ; je le remercie de sa complaisance, et ne veux, non plus que lui, visiter sa tannerie, qu'il appelle bibliothèque.

Quelques-uns, par une intempérance de savoir, et par ne pouvoir se résoudre à renoncer à aucune sorte de connaissance, les embrassent toutes et n'en possèdent aucune : ils aiment mieux savoir beaucoup que de savoir bien, et être faibles et superficiels dans diverses sciences que d'être sûrs et profonds dans une seule. Ils trouvent en toutes rencontres celui qui est leur maître et qui les redresse ; ils sont les dupes de leur vaine curiosité, et ne peuvent au plus, par de longs et pénibles efforts, que se tirer d'une ignorance crasse.

D'autres ont la clef des sciences, où ils n'entrent jamais : ils passent leur vie à déchiffrer les langues orientales et les langues du Nord, celles des deux Indes, celles des deux pôles, et celle qui se parle dans la lune. Les idiomes les plus inutiles, avec les caractères les plus bizarres et les plus magiques, sont précisément ce qui réveille leur passion et qui excite leur travail; ils plaignent ceux qui se bornent ingénument à savoir leur langue, ou tout au plus la grecque et la latine. Ces gens lisent toutes les histoires, et ignorent l'histoire; ils parcourent tous les livres, et ne profitent d'aucun; c'est en eux une stérilité de faits et de principes qui ne peut être plus grande, mais, à la vérité, la meilleure récolte et la richesse la plus abondante de mots et de paroles qui puisse s'imaginer : ils plient sous le faix ; leur mémoire en est accablée, pendant que leur esprit demeure vide.

Un bourgeois[1] aime les bâtiments; il se fait bâtir un hôtel si beau, si riche et si orné, qu'il est inhabitable; le maître, honteux de s'y loger, ne pouvant peut-être se résoudre à le louer à un prince ou à un homme d'affaires, se retire au galetas, où il achève sa vie, pendant que l'enfilade et les planchers de rapport sont en proie aux Anglais et aux Allemands qui voyagent, et qui viennent là du Palais-Royal, du palais L... G...[2] et du Luxembourg. On heurte sans fin à cette belle porte; tous demandent à voir la maison, et personne à voir Monsieur.

On en sait d'autres qui ont des filles devant leurs yeux, à qui ils ne peuvent pas donner une dot; que dis-je? elles ne sont pas vêtues, à peine nourries; qui se refusent un tour de lit et du linge blanc, qui sont pauvres ; et la source de leur misère n'est pas fort loin : c'est un garde-meuble chargé et embarrassé de bustes rares, déjà poudreux et couverts d'ordures, dont la vente les mettrait au large, mais qu'ils ne peuvent se résoudre à mettre en vente.

Diphile commence par un oiseau et finit par mille : sa

---

[1] Amelot de Bisseuil; son hôtel était dans la rue Vieille-du-Temple, au coin de la rue des Blancs-Manteaux.
[2] Lesdisguières.

maison n'en est pas égayée, mais empestée; la cour, la salle, l'escalier, le vestibule, les chambres, le cabinet, tout est volière[1]. Ce n'est plus un ramage, c'est un vacarme; les vents d'automne et les eaux dans leurs plus grandes crues ne font pas un bruit si perçant et si aigu; on ne s'entend non plus parler les uns les autres que dans ces chambres où il faut attendre, pour faire le compliment d'entrée, que les petits chiens aient aboyé. Ce n'est plus pour Diphile un agréable amusement, c'est une affaire laborieuse, et à laquelle à peine il peut suffire. Il passe les jours, ces jours qui échappent et qui ne reviennent plus, à verser du grain et à nettoyer des ordures. Il donne pension à un homme qui n'a point d'autre ministère que de siffler des serins au flageolet et de faire couver des *canaris*. Il est vrai que ce qu'il dépense d'un côté, il l'épargne de l'autre, car ses enfants sont sans maîtres et sans éducation. Il se renferme le soir, fatigué de son propre plaisir, sans pouvoir jouir du moindre repos que ses oiseaux ne reposent, et que ce petit peuple, qu'il n'aime que parce qu'il chante, ne cesse de chanter. Il retrouve ses oiseaux dans son sommeil: lui-même il est oiseau, il est huppé, il gazouille, il perche; il rêve la nuit qu'il mue ou qu'il couve.

Qui pourrait épuiser tous les différents genres de curieux? Devineriez-vous, à entendre parler celui-ci de son *Léopard*, de sa *Plume*, de sa *Musique*[2], les vanter comme ce qu'il y a sur la terre de plus singulier et de plus merveilleux, qu'il veut vendre ses coquilles? Pourquoi non, s'il les achète au poids de l'or?

Cet autre aime les insectes; il en fait tous les jours de nouvelles emplettes : c'est surtout le premier homme de l'Europe pour les papillons; il en a de toutes les tailles et

---

[1] Santeuil, dit-on, avait cette manie; toutes ses chambres étaient pleines de serins.

[2] Noms de coquillages. (*Note de l'auteur.*)

de toutes les couleurs. Quel temps prenez-vous pour lui rendre visite? il est plongé dans une amère douleur; il a l'humeur noire, chagrine, et dont toute sa famille souffre : aussi a-t-il fait une perte irréparable. Approchez, regardez ce qu'il vous montre sur son doigt, qui n'a plus de vie et qui vient d'expirer : c'est une chenille, et quelle chenille!

⸺ Le duel est le triomphe de la mode, et l'endroit où elle a exercé sa tyrannie avec plus d'éclat. Cet usage n'a pas laissé au poltron la liberté de vivre; il l'a mené se faire tuer par un plus brave que soi, et l'a confondu avec un homme de cœur : il a attaché de l'honneur et de la gloire à une action folle et extravagante; il a été approuvé par la présence des rois; il y a eu quelquefois une espèce de religion à le pratiquer; il a décidé de l'innocence des hommes, des accusations fausses ou véritables sur des crimes capitaux; il s'était enfin si profondément enraciné dans l'opinion des peuples, et s'était si fort saisi de leur cœur et de leur esprit, qu'un des plus beaux endroits de la vie d'un très-grand roi a été de les guérir de cette folie [1].

⸺ Tel a été à la mode, ou pour le commandement des armées et la négociation, ou pour l'éloquence de la chaire, ou pour les vers, qui n'y est plus. Y a-t-il des hommes qui dégénèrent de ce qu'ils furent autrefois? Est-ce leur mérite qui est usé, ou le goût que l'on avait pour eux?

⸺ Un homme à la mode dure peu, car les modes passent : s'il est par hasard homme de mérite, il n'est pas anéanti; et il subsiste encore par quelque endroit : également estimable, il est seulement moins estimé.

La vertu a cela d'heureux, qu'elle se suffit à elle-même, et qu'elle sait se passer d'admirateurs, de partisans et de protecteurs : le manque d'appui et d'approbation non-seulement ne lui nuit pas, mais il la conserve, l'épure et la rend

---

[1] Allusion aux édits de Henri IV contre le duel.

parfaite : qu'elle soit à la mode, qu'elle n'y soit plus, elle demeure vertu.

↦ Si vous dites aux hommes, et surtout aux grands, qu'un tel a de la vertu, ils vous disent : Qu'il la garde ; qu'il a bien de l'esprit, de celui surtout qui plaît et qui amuse, ils vous répondent : Tant mieux pour lui ; qu'il a l'esprit fort cultivé, qu'il sait beaucoup, ils vous demandent quelle heure il est ou quel temps il fait. Mais si vous leur apprenez qu'il y a un *Tigillin* qui *souffle* ou qui *jette en sable* un verre d'eau-de-vie[1], et, chose merveilleuse ! qui y revient à plusieurs fois en un repas, alors ils disent : Où est-il ? amenez-le-moi demain, ce soir ; me l'amènerez-vous ? On le leur amène ; et cet homme, propre à parer les avenues d'une foire et à être montré en chambre pour de l'argent, ils l'admettent dans leur familiarité.

↦ Il n'y a rien qui mette plus subitement un homme à la mode, et qui le soulève davantage, que le grand jeu : cela va de pair avec la crapule. Je voudrais bien voir un homme poli, enjoué, spirituel, fût-il un Catulle ou son disciple, faire quelque comparaison avec celui qui vient de perdre 800 pistoles en une séance.

↦ Une personne à la mode ressemble à une fleur bleue[2] qui croît de soi-même dans les sillons, où elle étouffe les épis, diminue la moisson, et tient la place de quelque chose de meilleur ; qui n'a de prix et de beauté que ce qu'elle emprunte d'un caprice léger qui naît et qui tombe presque dans le même instant : aujourd'hui elle est courue, les femmes s'en parent ; demain elle est négligée, et rendue au peuple.

Une personne de mérite, au contraire, est une fleur qu'on ne désigne pas par sa couleur, mais que l'on nomme par

---

[1] *Souffler* ou *jeter en sable* signifiait avaler d'un trait.
[2] Les bluets des champs furent, un été, à la mode ; toutes les dames s'en paraient.

son nom, que l'on cultive, par sa beauté ou par son odeur; l'une des grâces de la nature, l'une de ces choses qui embellissent le monde, qui est de tous les temps et d'une vogue ancienne et populaire; que nos pères ont estimée, et que nous estimons après nos pères; à qui le dégoût ou l'antipathie de quelques-uns ne saurait nuire : un lis, une rose.

↦ L'on voit *Eustrate* assis dans sa nacelle, où il jouit d'un air pur et d'un ciel serein : il avance d'un bon vent et qui a toutes les apparences de devoir durer; mais il tombe tout d'un coup, le ciel se couvre, l'orage se déclare, un tourbillon enveloppe la nacelle, elle est submergée : on voit Eustrate revenir sur l'eau et faire quelques efforts; on espère qu'il pourra du moins se sauver et venir à bord; mais une vague l'enfonce, on le tient perdu : il paraît une seconde fois, et les espérances se réveillent, lorsqu'un flot survient et l'abîme : on ne le revoit plus, il est noyé.

↦ VOITURE et SARRAZIN étaient nés pour leur siècle, et ils ont paru dans un temps où il semble qu'ils étaient attendus. S'ils s'étaient moins pressés de venir, ils arrivaient trop tard; et j'ose douter qu'ils fussent tels aujourd'hui qu'ils ont été alors. Les conversations légères, les cercles, la fine plaisanterie, les lettres enjouées et familières, les petites parties où l'on était admis seulement avec de l'esprit, tout a disparu. Et qu'on ne dise point qu'ils les feraient revivre : ce que je puis faire en faveur de leur esprit est de convenir que peut-être ils excelleraient dans un autre genre : mais les femmes sont, de nos jours, ou dévotes, ou coquettes, ou joueuses, ou ambitieuses, quelques-unes même tout cela à la fois; le goût de la faveur, le jeu, les galants, les directeurs, ont pris la place, et la défendent contre les gens d'esprit.

↦ Un homme fat et ridicule porte un long chapeau, un pourpoint à ailerons, des chausses à aiguillettes et des bottines : il rêve la veille par où et comment il pourra se faire remarquer le jour qui suit. Un philosophe se laisse habiller par son tailleur. Il y a autant de faiblesse à fuir la mode qu'à l'affecter.

↦ L'on blâme une mode qui, divisant la taille des hommes en deux parties égales, en prend une tout entière pour le buste, et laisse l'autre pour le reste du corps : l'on condamne celle qui fait de la tête des femmes la base d'un édifice à plusieurs étages, dont l'ordre et la structure changent selon leurs caprices ; qui éloigne les cheveux du visage, bien qu'ils ne croissent que pour l'accompagner ; qui les relève et les hérisse à la manière des bacchantes, et semble avoir pourvu à ce que les femmes changent leur physionomie douce et modeste en une autre qui soit fière et audacieuse. On se récrie enfin contre une telle ou une telle mode, qui cependant, toute bizarre qu'elle est, pare et embellit pendant qu'elle dure, et dont l'on tire tout l'avantage qu'on en peut espérer, qui est de plaire. Il me paraît qu'on devrait seulement admirer l'inconstance et la légèreté des hommes, qui attachent successivement les agréments et la bienséance à des choses tout opposées ; qui emploient pour le comique et pour la mascarade ce qui leur a servi de parure grave et d'ornements les plus sérieux ; et que si peu de temps en fasse la différence.

↦ N... est riche, elle mange bien, elle dort bien : mais les coiffures changent ; et lorsqu'elle y pense le moins, et qu'elle se croit heureuse, la sienne est hors de mode.

↦ *Iphis* voit à l'église un soulier d'une nouvelle mode ; il regarde le sien et en rougit ; il ne se croit plus habillé. Il était venu à la messe pour s'y montrer, et il se cache : le voilà retenu par le pied dans sa chambre tout le reste du jour. Il a la main douce, et il l'entretient avec une pâte de senteur : il a soin de rire pour montrer ses dents : il fait la petite bouche, et il n'y a guère de moments où il ne veuille sourire : il regarde ses jambes, il se voit au miroir ;

l'on ne peut être plus content de personne qu'il l'est de lui-même : il s'est acquis une voix claire et délicate, et heureusement il parle gras : il a un mouvement de tête, et je ne sais quel adoucissement dans les yeux, dont il n'oublie pas de s'embellir : il a une démarche molle et le plus joli maintien qu'il est capable de se procurer : il met du rouge, mais rarement, il n'en fait pas habitude : il est vrai aussi qu'il porte des chausses et un chapeau, et qu'il n'a ni boucles d'oreilles ni collier de perles ; aussi ne l'ai-je pas mis dans le chapitre des femmes.

↦ Ces mêmes modes que les hommes suivent si volontiers pour leurs personnes, ils affectent de les négliger dans leurs portraits, comme s'ils sentaient ou qu'ils prévissent l'indécence et le ridicule où elles peuvent tomber dès qu'elles auront perdu ce qu'on appelle la fleur ou l'agrément de la nouveauté : ils leur préfèrent une parure arbitraire, une draperie indifférente ; fantaisies du peintre qui ne sont prises ni sur l'air ni sur le visage, qui ne rappellent ni les mœurs ni la personne : ils aiment des attitudes forcées ou immodestes, une manière dure, sauvage, étrangère, qui font un capitan d'un jeune abbé, et un matamore d'un homme de robe ; une Diane d'une femme de ville, comme d'une femme simple et timide une amazone ou une Pallas ; une Laïs d'une honnête fille ; un Scythe, un Attila, d'un prince qui est bon et magnanime.

Une mode a à peine détruit une autre mode, qu'elle est abolie par une plus nouvelle, qui cède elle-même à celle qui la suit, et qui ne sera pas la dernière : telle est notre légèreté. Pendant ces révolutions, un siècle s'est écoulé qui a mis toutes ces parures au rang des choses passées et qui ne sont plus. La mode alors la plus curieuse et qui fait plus de plaisir à voir, c'est la plus ancienne : aidée du temps et des années, elle a le même agrément dans les portraits qu'a la saye ou l'habit romain sur les théâtres qu'ont la mante, le voile et la tiare [1] dans nos tapisseries et dans nos peintures.

Nos pères nous ont transmis, avec la connaissance de leurs personnes, celle de leurs habits, de leurs coiffures, de leurs armes [2], et des autres ornements qu'ils ont aimés pendant leur vie. Nous ne saurions bien reconnaître cette sorte de bienfait qu'en traitant de même nos descendants.

↦ Le courtisan autrefois avait ses cheveux, était en chausses et en pourpoint, portait de larges canons, et il était libertin. Cela ne sied plus : il porte une perruque, l'habit serré, le bas uni, et il est dévot : tout se règle par la mode.

↦ Celui qui depuis quelque temps à la cour était dévot, et par là contre toute raison peu éloigné du ridicule, pouvait-il espérer de devenir à la mode?

↦ De quoi n'est point capable un courtisan dans la vue de sa fortune, si, pour ne la pas manquer, il devient dévot?

↦ Les couleurs sont préparées, et la toile est toute prête : mais comment le fixer, cet homme inquiet, léger, inconstant, qui change de mille et mille figures? Je le peins dévot, et je crois l'avoir attrapé; mais il m'échappe, et déjà il est libertin. Qu'il demeure du moins dans cette mauvaise situation, et je saurai le prendre dans un point de dérèglement de cœur et d'esprit où il sera reconnaissable; mais la mode presse, il est dévot.

↦ Celui qui a pénétré la cour connaît ce que c'est que vertu et ce que c'est que dévotion [3]; il ne peut plus s'y tromper.

↦ Négliger vêpres comme une chose antique et hors de

---

[1] Habit des Orientaux. (*Note de l'auteur.*)
[2] Offensives et défensives. (*Idem.*)
[3] Fausse dévotion. (*Idem.*)

mode, garder sa place soi-même pour le salut, savoir les êtres de la chapelle, connaître le flanc, savoir où l'on est vu et où l'on n'est pas vu ; rêver dans l'église à Dieu et à ses affaires, y recevoir des visites, y donner des ordres et des commissions, y attendre les réponses ; avoir un directeur mieux écouté que l'Évangile ; tirer toute sa sainteté et tout son relief de la réputation de son directeur ; dédaigner ceux dont le directeur a moins de vogue, et convenir à peine de leur salut ; n'aimer de la parole de Dieu que ce qui s'en prêche chez soi ou par son directeur ; préférer sa messe aux autres messes, et les sacrements donnés de sa main à ceux qui ont moins de cette circonstance ; ne se repaître que de livres de spiritualité, comme s'il n'y avait ni Évangile, ni Épîtres des Apôtres, ni morale des Pères ; lire ou parler un jargon inconnu aux premiers siècles ; circonstancier à confesse les défauts d'autrui, y pallier les siens ; s'accuser de ses souffrances, de sa patience ; dire comme un péché son peu de progrès dans l'héroïsme ; être en liaison secrète avec de certaines gens contre certains autres ; n'estimer que soi et sa cabale ; avoir pour suspecte la vertu même ; goûter, savourer la prospérité et la faveur, n'en vouloir que pour soi ; ne point aider au mérite ; faire servir la piété à son ambition ; aller à son salut par le chemin de la fortune et des dignités : c'est du moins jusqu'à ce jour le plus bel effort de la dévotion du temps.

Un dévot[1] est celui qui, sous un roi athée, serait athée.

⇥ Les dévots[2] ne connaissent de crimes que l'incontinence, parlons plus précisément, que le bruit ou les dehors de l'incontinence. Si *Phérécide* passe pour être guéri des femmes, ou *Phérénice* pour être fidèle à son mari, ce leur est assez ; laissez-les jouer un jeu ruineux, faire perdre leurs créanciers, se réjouir du malheur d'autrui et en profiter, idolâtrer les

---

[1] Faux dévot. (*Note de l'auteur.*)
[2] Faux dévots. (*Idem.*)

grands, mépriser les petits, s'enivrer de leur propre mérite, sécher d'envie, mentir, médire, cabaler, nuire, c'est leur état. Voulez-vous qu'ils empiètent sur celui des gens de bien, qui, avec les vices cachés, fuient encore l'orgueil et l'injustice?

↦ Quand un courtisan sera humble, guéri du faste et de l'ambition, qu'il n'établira point sa fortune sur la ruine de ses concurrents; qu'il sera équitable, soulagera ses vassaux, paiera ses créanciers; qu'il ne sera ni fourbe ni médisant; qu'il renoncera aux grands repas et aux amours illégitimes; qu'il priera autrement que des lèvres, et même hors de la présence du prince; quand ailleurs il ne sera point d'un abord farouche et difficile; qu'il n'aura point le visage austère et la mine triste; qu'il ne sera point paresseux et contemplatif; qu'il saura rendre, par une scrupuleuse attention, divers emplois très-compatibles; qu'il pourra et qu'il voudra même tourner son esprit et ses soins aux grandes et laborieuses affaires, à celles surtout d'une suite la plus étendue pour les peuples et pour tout l'État; quand son caractère me fera craindre de le nommer en cet endroit, et que sa modestie l'empêchera, si je ne le nomme pas, de s'y reconnaître; alors je dirai de ce personnage [1] : Il est dévot; ou plutôt, c'est un homme donné à son siècle pour le modèle d'une vertu sincère et pour le discernement de l'hypocrite.

↦ *Onuphre* n'a pour tout lit qu'une housse de serge grise mais il couche sur le coton et sur le duvet : de même il est habillé simplement, mais commodément, je veux dire d'une étoffe fort légère en été, et d'une autre fort moelleuse pendant l'hiver; il porte des chemises très-déliées, qu'il a un très-grand soin de bien cacher. Il ne dit point : *Ma haire et ma discipline*, au contraire; il passerait pour ce qu'il est

---

[1] On a appliqué ce *caractère* au duc de Beauvilliers.

pour un hypocrite, et il veut passer pour ce qu'il n'est pas, pour un homme dévot : il est vrai qu'il fait en sorte que l'on croit, sans qu'il le dise, qu'il porte une haire et qu'il se donne la discipline. Il y a quelques livres répandus dans sa chambre indifféremment; ouvrez-les : c'est *le Combat spirituel*, *le Chrétien intérieur*, et *l'Année sainte* : d'autres livres sont sous la clef. S'il marche par la ville, et qu'il découvre de loin un homme devant qui il est nécessaire qu'il soit dévot; les yeux baissés, la démarche lente et modeste, l'air recueilli, lui sont familiers. il joue son rôle. S'il entre dans une église, il observe d'abord de qui il peut être vu, et, selon la découverte qu'il vient de faire, il se met à genoux et prie, ou il ne songe ni à se mettre à genoux ni à prier. Arrive t-il vers lui un homme de bien et d'autorité qui le verra et qui peut l'entendre, non-seulement il prie, mais il médite, il pousse des élans et des soupirs : si l'homme de bien se retire, celui-ci, qui le voit partir, s'apaise et ne souffle pas. Il entre une autre fois dans un lieu saint, place la foule, choisit un endroit pour se recueillir, et où tout le monde voit qu'il s'humilie : s'il entend des courtisans qui parlent, qui rient, et qui sont à la chapelle avec moins de silence que dans l'antichambre, il fait plus de bruit qu'eux pour les faire taire; il reprend sa méditation, qui est toujours la comparaison qu'il fait de ces personnes avec lui-même, et où il trouve son compte. Il évite une église déserte et solitaire, où il pourrait entendre deux messes de suite, le sermon, vêpres et complies, tout cela entre Dieu et lui, et sans que personne lui en sût gré : il aime la paroisse, il fréquente les temples où se fait un grand concours; on n'y manque point son coup, on y est vu. Il choisit deux ou trois jours dans toute l'année, où, à propos de rien, il jeûne ou fait abstinence; mais à la fin de l'hiver il tousse, il a une mauvaise poitrine, il a des vapeurs, il a eu la fièvre : il se fait prier, presser, quereller, pour rompre le carême dès son commencement, et il en vient là par complaisance. Si Onuphre est nommé arbitre dans une querelle de parents ou dans un procès de famille, il est pour les plus forts, je veux dire pour les plus riches, et il ne se persuade point que celui ou celle qui a beaucoup de bien puisse avoir tort. S'il se trouve bien d'un homme opulent, à qui il a su imposer, dont il est le parasite, et dont il peut tirer de grands secours, il ne cajole point sa femme, il ne lui fait du moins ni avance ni déclaration ; il s'enfuira, il lui laissera son manteau, s'il n'est aussi sûr d'elle que de lui-même : il est encore plus éloigné d'employer pour la flatter et pour la séduire le jargon de la dévotion[1]; ce n'est point par habitude qu'il le parle, mais avec dessein, et selon qu'il lui est utile, et jamais quand il ne servirait qu'à le rendre très-ridicule. Il sait où se trouvent des femmes plus sociables et plus dociles que celle de son ami ; il ne les abandonne pas pour longtemps, quand ce ne serait que pour faire dire de soi dans le public qu'il fait des retraites : qui, en effet, pourrait en douter, quand on le revoit paraître avec un visage exténué et d'un homme qui ne se ménage point? Les femmes d'ailleurs qui fleurissent et qui prospèrent à l'ombre de la dévotion[2] lui conviennent, seulement avec cette petite différence, qu'il néglige celles qui ont vieilli, et qu'il cultive les jeunes, et entre celles-ci les plus belles et les mieux faites, c'est son attrait : elles vont, et il va; elles reviennent, et il revient; elles demeurent, et il demeure; c'est en tous lieux et à toutes les heures qu'il a la consolation de les voir. Qui pourrait n'en être pas édifié? elles sont dévotes et il est dévot. Il n'oublie pas de tirer avantage de l'aveuglement de son ami, et de la prévention où il l'a jeté en sa faveur : tantôt il lui emprunte de l'argent, tantôt il fait si bien que cet ami lui en offre; il se fait reprocher de n'avoir pas re-

---

[1] Fausse dévotion. (*Note de l'auteur.*)
[2] Fausse dévotion. (*Idem.*)

cours à ses amis dans ses besoins. Quelquefois il ne veut pas recevoir une obole sans donner un billet, qu'il est bien sûr de ne jamais retirer. Il dit une autre fois, et d'une certaine manière, que rien ne lui manque, et c'est lorsqu'il ne lui faut qu'une petite somme. Il vante quelque autre fois publiquement la générosité de cet homme, pour le piquer d'honneur et le conduire à lui faire une grande largesse. Il ne pense point à profiter de toute sa succession, ni à s'attirer une donation générale de tous ses biens, s'il s'agit surtout de les enlever à un fils, le légitime héritier. Un homme dévot n'est ni avare, ni violent, ni injuste, ni même intéressé. Onuphre n'est pas dévot, mais il veut être cru tel, et, par une parfaite quoique fausse imitation de la piété, ménager sourdement ses intérêts : aussi ne se joue-t-il pas à la ligne directe, et il ne s'insinue jamais dans une famille où se trouvent tout à la fois une fille à pourvoir et un fils à établir ; il y a là des droits trop forts et trop inviolables ; on ne les traverse point sans faire de l'éclat, et il l'appréhende ; sans qu'une pareille entreprise vienne aux oreilles du prince, à qui il dérobe sa marche, par la crainte qu'il a d'être découvert et de paraître ce qu'il est. Il en veut à la ligne collatérale, on l'attaque plus impunément : il est la terreur des cousins et des cousines, du neveu et de la nièce, le flatteur et l'ami déclaré de tous les oncles qui ont fait fortune ; il se donne pour l'héritier légitime de tout vieillard qui meurt riche et sans enfants : et il faut que celui-ci le déshérite, s'il veut que ses parents recueillent sa succession. Si Onuphre ne trouve pas jour à les en frustrer à fond, il leur en ôte du moins une bonne partie : une petite calomnie, moins que cela, une légère médisance, lui suffit pour ce pieux dessein, et c'est le talent qu'il possède à un plus haut degré de perfection ; il se fait même souvent un point de conduite de ne le pas laisser inutile ; il y a des gens, selon lui, qu'on est obligé en conscience de décrier, et ces gens sont ceux qu'il n'aime point, à qui il veut nuire, et dont il désire la dépouille. Il vient à ses fins sans se donner même la peine d'ouvrir la bouche : on lui parle d'*Eudoxe*, il sourit ou il soupire ; on l'interroge, on insiste, il ne répond rien ; et il a raison, il en a assez dit.

⇥ Riez, *Zélie*[1], soyez badine et folâtre à votre ordinaire : qu'est devenue votre joie? Je suis riche, dites-vous, me voilà au large, et je commence à respirer. Riez plus haut, Zélie, éclatez : que sert une meilleure fortune, si elle amène avec soi le sérieux et la tristesse? Imitez les grands qui sont nés dans le sein de l'opulence ; ils rient quelquefois, ils cèdent à leur tempérament, suivez le vôtre : ne faites pas dire de vous qu'une nouvelle place ou que quelques mille livres de rente de plus ou de moins vous font passer d'une extrémité à l'autre. Je tiens, dites-vous, à la faveur par un endroit. Je m'en doutais, Zélie ; mais, croyez-moi, ne laissez pas de rire, et même de me sourire en passant, comme autrefois : ne craignez rien, je n'en serai ni plus libre ni plus familier avec vous ; je n'aurai pas une moindre opinion de vous et de votre poste ; je croirai également que vous êtes riche et en faveur. Je suis dévote, ajoutez-vous. C'est assez, Zélie, et je dois me souvenir que ce n'est plus la sérénité et la joie que le sentiment d'une bonne conscience étale sur le visage ; les passions tristes et austères ont pris le dessus et se répandent sur les dehors : elles mènent plus loin, et l'on ne s'étonne plus de voir que la dévotion[2] sache encore mieux que la beauté et la jeunesse rendre une femme fière et dédaigneuse.

⇥ L'on a été loin depuis un siècle dans les arts et dans les sciences, qui toutes ont été poussées à un grand point de raffinement, jusques à celle du salut, que l'on a réduite en règle et en méthode, et augmentée de tout ce que les-

---

[1] Mme de Ponchartrain.
[2] Fausse dévotion (*Note de l'auteur*

prit des hommes pouvait inventer de plus beau et de plus sublime. La dévotion[1] et la géométrie ont leurs façons de parler, ou ce qu'on appelle les termes de l'art : celui qui ne les sait pas n'est ni dévot ni géomètre. Les premiers dévots, ceux même qui ont été dirigés par les apôtres, ignoraient ces termes; simples gens qui n'avaient que la foi et les œuvres, et qui se réduisaient à croire et à bien vivre !

↦ C'est une chose délicate à un prince religieux de réformer la cour, et de la rendre pieuse : instruit jusques où le courtisan veut lui plaire, et aux dépens de quoi il ferait sa fortune, il le ménage avec prudence, il tolère, il dissimule, de peur de le jeter dans l'hypocrisie ou le sacrilége; il attend plus de Dieu et du temps que de son zèle et de son industrie.

↦ C'est une pratique ancienne dans les cours de donner des pensions et de distribuer des grâces à un musicien, à un maître de danse, à un farceur, à un joueur de flûte, à un flatteur, à un complaisant : ils ont un mérite fixe et des talents sûrs et connus qui amusent les grands et qui les délassent de leur grandeur. On sait que Favier est beau danseur, et que Lorenzani fait de beaux motets : qui sait, au contraire, si l'homme dévot a de la vertu? Il n'y a rien pour lui sur la cassette ni à l'épargne, et avec raison : c'est un métier aisé à contrefaire, qui, s'il était récompensé, exposerait le prince à mettre en honneur la dissimulation et la fourberie, et à payer pension à l'hypocrite.

↦ L'on espère que la dévotion de la cour ne laissera pas d'inspirer la résidence [2].

↦ Je ne doute point que la vraie dévotion ne soit la source

---

[1] Fausse dévotion. (*Note de l'auteur.*)
[2] Allusion aux évêques qui ne résidaient pas dans leurs diocèses.

du repos; elle fait supporter la vie et rend la mort douce : on n'en tire pas tant de l'hypocrisie.

↦ Chaque heure en soi, comme à notre égard, est unique : est-elle écoulée une fois, elle a péri entièrement, les millions de siècles ne la ramèneront pas. Les jours, les mois, les années, s'enfoncent et se perdent sans retour dans l'abîme des temps. Le temps même sera détruit : ce n'est qu'un point dans les espaces immenses de l'éternité, et il sera effacé. Il y a de légères et frivoles circonstances du temps qui ne sont point stables, qui passent, et que j'appelle des modes, la grandeur, la faveur, les richesses, la puissance, l'autorité, l'indépendance, le plaisir, les joies, la superfluité. Que deviendront ces modes quand le temps même aura disparu? La vertu seule, si peu à la mode, va au-delà des temps.

DE QUELQUES USAGES.

Il y a des gens qui n'ont pas le moyen d'être nobles [1].

Il y en a de tels, que, s'ils eussent obtenu six mois de délai de leurs créanciers, ils étaient nobles.

Quelques autres se couchent roturiers et se lèvent nobles [2].

Combien de nobles dont le père et les aînés sont roturiers !

↦ Tel abandonne son père qui est connu, et dont l'on cite le greffe ou la boutique, pour se retrancher sur son aïeul, qui, mort depuis longtemps, est inconnu et hors de

---

[1] Secrétaires du roi. (*Note de l'auteur.*) — Ces charges conféraient la noblesse.
[2] Vétérans. (*Note de l'auteur.*) Conseillers du Parlement et de la Cour des aides, qui, après vingt ans d'exercice, obtenaient des lettres de noblesse.

prise. Il montre ensuite un gros revenu, une grande charge, de belles alliances; et, pour être noble, il ne lui manque que des titres.

⇥ Réhabilitations, mot en usage dans les tribunaux, qui a fait vieillir et rendu gothique celui de lettres de noblesse, autrefois si français et si usité. Se faire réhabiliter suppose qu'un homme, devenu riche, originairement est noble, qu'il est d'une nécessité plus que morale qu'il le soit; qu'à la vérité, son père a pu déroger ou par la charrue, ou par la houe, ou par la malle, ou par les livrées; mais qu'il ne s'agit pour lui que de rentrer dans les premiers droits de ses ancêtres, et de continuer les armes de sa maison, les mêmes pourtant qu'il a fabriquées, et tout autres que celles de sa vaisselle d'étain; qu'en un mot, les lettres de noblesse ne lui conviennent plus, qu'elles n'honorent que le roturier, c'est-à-dire celui qui cherche encore le secret de devenir riche.

⇥ Un homme du peuple, à force d'assurer qu'il a vu un prodige, se persuade faussement qu'il a vu un prodige. Celui qui continue de cacher son âge pense enfin lui-même être aussi jeune qu'il veut le faire croire aux autres. De même, le roturier qui dit par habitude qu'il tire son origine de quelque ancien baron ou de quelque châtelain, dont il est vrai qu'il ne descend pas, a le plaisir de croire qu'il en descend.

⇥ Quelle est la roture un peu heureuse et établie à qui il manque des armes, et dans ces armes une pièce honorable, des supports, un cimier, une devise, et peut-être le cri de guerre? Qu'est devenue la distinction des casques et des *heaumes*? Le nom et l'usage en sont abolis; il ne s'agit plus de les porter de front ou de côté, ouverts ou fermés, et ceux-ci de tant, ou de tant de grilles; on n'aime pas les minuties, on passe droit aux couronnes; cela est plus simple : on s'en croit digne, on se les adjuge. Il reste encore aux meilleurs bourgeois une certaine pudeur qui les empêche de se parer d'une couronne de marquis, trop satisfaits de la comtale : quelques-uns même ne vont pas la chercher fort loin, et la font passer de leur enseigne à leur carrosse.

↦ Il suffit de n'être point né dans une ville, mais sous une chaumière répandue dans la campagne, ou sous une ruine qui trempe dans un marécage, et qu'on appelle château, pour être cru noble sur sa parole.

↦ Un bon gentilhomme veut passer pour un petit seigneur, et il y parvient. Un grand seigneur affecte la principauté, et il use de tant de précautions, qu'à force de beaux noms, de disputes sur le rang et les préséances, de nouvelles armes, et d'une généalogie que D'HOZIER ne lui a pas faite, il devient enfin un petit prince.

↦ Les grands, en toutes choses, se forment et se moulent sur de plus grands, qui, de leur part, pour n'avoir rien de commun avec leurs inférieurs, renoncent volontiers à toutes les rubriques d'honneurs et de distinctions dont leur condition se trouve chargée, et préfèrent à cette servitude une vie plus libre et plus commode. Ceux qui suivent leur piste observent déjà par émulation cette simplicité et cette modestie : tous ainsi se réduiront par hauteur à vivre naturellement et comme le peuple. Horrible inconvénient[1] !

↦ Certaines gens portent trois noms, de peur d'en manquer : ils en ont pour la campagne et pour la ville, pour les lieux de leur service ou de leur emploi. D'autres ont un seul nom dissyllabe, qu'ils anoblissent par des particules, dès que leur fortune devient meilleure. Celui-ci, par la sup-

---

[1] Monsieur, pour s'approcher de monseigneur le Dauphin, ne voulait plus qu'on le traitât d'*altesse royale*, mais qu'on lui parlât par *vous*, comme l'on faisait à Monseigneur et aux enfants de France. Les autres princes, à son exemple, ne voulurent plus être traités d'*altesse*, mais simplement de *vous*.

pression d'une syllabe, fait de son nom obscur un nom illustre; celui-là, par le changement d'une lettre en une autre, se travestit, et de *Syrus* devient *Cyrus*. Plusieurs suppriment leurs noms, qu'ils pourraient conserver sans honte, pour en adopter de plus beaux, où ils n'ont qu'à perdre par la comparaison que l'on fait toujours d'eux qui les portent, avec les grands hommes qui les ont portés. Il s'en trouve enfin qui, nés à l'ombre des clochers de Paris, veulent être Flamands ou Italiens, comme si la roture n'était pas de tout pays; allongent leurs noms français d'une terminaison étrangère, et croient que venir de bon lieu c'est venir de loin.

↦ Le besoin d'argent a réconcilié la noblesse avec la roture, et a fait évanouir la preuve des quatre quartiers.

↦ A combien d'enfants serait utile la loi qui déciderait que c'est le ventre qui anoblit! mais à combien d'autres serait-elle contraire

↦ Il y a peu de familles dans le monde qui ne touchent aux plus grands princes par une extrémité, et par l'autre, au simple peuple.

↦ Il n'y a rien à perdre à être noble: franchises, immunités, exemptions, priviléges, que manque-t-il à ceux qui ont un titre? Croyez-vous que ce soit pour la noblesse que des solitaires[1] se sont faits nobles? Ils ne sont pas si vains: c'est pour le profit qu'ils en reçoivent. Cela ne leur sied-il pas mieux que d'entrer dans les gabelles? je ne dis pas à chacun en particulier; leurs vœux s'y opposent, je dis même à la communauté.

↦ Je le déclare nettement, afin que l'on s'y prépare, et

[1] Maison religieuse, secrétaire du roi. (*Note de l'auteur*, ajoutée dans la 7ᵉ édition.) Plusieurs maisons religieuses, pour jouir des priviléges et franchises accordés à la noblesse, avaient acquis des charges de secrétaire du roi.

que personne un jour n'en soit surpris : s'il arrive jamais que quelque grand me trouve digne de ses soins, si je fais enfin une belle fortune, il y a un Geoffroy de la Bruyère que toutes les chroniques rangent au nombre des plus grands seigneurs de France qui suivirent GODEFROY DE BOUILLON à la conquête de la terre sainte : voilà alors de qui je descends en ligne directe.

↦ Si la noblesse est vertu, elle se perd par tout ce qui n'est pas vertueux ; et si elle n'est pas vertu, c'est peu de chose.

↦ Il y a des choses qui, ramenées à leurs principes et à leur première institution, sont étonnantes et incompréhensibles. Qui peut concevoir, en effet, que certains abbés, à qui il ne manque rien de l'ajustement, de la mollesse et de la vanité des sexes et des conditions, qui entrent auprès des femmes en concurrence avec le marquis et le financier, et qui l'emportent sur tous les deux, qu'eux-mêmes soient originairement, et dans l'étymologie de leur nom, les pères et les chefs de saints moines et d'humbles solitaires, et qu'ils en devraient être l'exemple? Quelle force, quel empire, quelle tyrannie de l'usage! Et, sans parler de plus grands désordres, ne doit-on pas craindre de voir un jour un simple abbé en velours gris et à ramages comme une éminence, ou avec des mouches et du rouge comme une femme?

↦ Que les saletés des dieux, la Vénus, le Ganymède et les autres nudités du Carrache, aient été faites pour des princes de l'Église, et qui se disent successeurs des apôtres, le palais Farnèse en est la preuve.

↦ Les belles choses le sont moins hors de leur place : les bienséances mettent la perfection ; et la raison met les bienséances. Ainsi l'on n'entend point une gigue à la chapelle, ni dans un sermon des tons de théâtre ; l'on ne voit point d'images profanes¹ dans les temples, un Christ par exemple, et le *Jugement de Paris* dans le même sanctuaire, ni à des personnes consacrées à l'Église le train et l'équipage d'un cavalier.

↦ Déclarerai-je donc ce que je pense de ce qu'on appelle dans le monde un beau salut, la décoration souvent profane, les places retenues et payées, des livres² distribués comme au théâtre, les entrevues et les rendez-vous fréquents, le murmure et les causeries étourdissantes, quelqu'un monté sur une tribune qui y parle familièrement, sèchement, et sans autre zèle que de rassembler le peuple, l'amuser, jusqu'à ce qu'un orchestre, le dirai-je ? et des voix qui concertent depuis longtemps, se fassent entendre ? Est-ce à moi à m'écrier que le zèle de la maison du Seigneur me consume, et à tirer le voile léger qui couvre les mystères témoins d'une telle indécence ? Quoi ! parce que l'on ne danse pas encore aux TT***, me forcera-t-on d'appeler tout ce spectacle office d'église³ ?

↦ L'on ne voit point faire de vœux ni de pèlerinages pour obtenir d'un saint d'avoir l'esprit plus doux, l'âme plus reconnaissante, d'être plus équitable et moins malfaisant, d'être guéri de la vanité, de l'inquiétude et de la mauvaise raillerie.

↦ Quelle idée plus bizarre que de se représenter une foule de chrétiens de l'un et de l'autre sexe, qui se rassemblent à certains jours dans une salle, pour y applaudir à une troupe d'excommuniés, qui ne le sont que par le plaisir qu'ils leur donnent, et qui est déjà payé d'avance ? Il me

---

1 Tapisseries. (*Note de l'auteur.*)
2 Le motet traduit en vers français par L. L*** (*Note de l'auteur.*) Ces initiales désignent Lorenzani.
3 Allusion aux saluts des PP. théatins, composés par Lorenzani, Italien, qui a été depuis maître de la musique du pape Innocent XII. — Les lettres TT*** signifient les théatins.

semble qu'il faudrait ou fermer les théâtres, ou prononcer moins sévèrement sur l'état des comédiens.

⇥ Dans ces jours qu'on appelle saints, le moine confesse, pendant que le curé tonne en chaire contre le moine et ses adhérents. Telle femme pieuse sort de l'autel, qui entend au prône qu'elle vient de faire un sacrilége. N'y a-t-il point dans l'église une puissance à qui il appartienne ou de faire taire le pasteur, ou de suspendre pour un temps le pouvoir du *barnabite*?

⇥ Il y a plus de rétribution dans les paroisses pour un mariage que pour un baptême, et plus pour un baptême que pour la confession : l'on dirait que ce soit un taux sur les sacrements, qui semblent par là être appréciés. Ce n'est rien au fond que cet usage; et ceux qui reçoivent pour les choses saintes ne croient point les vendre, comme ceux qui donnent ne pensent point à les acheter : ce sont peut-être des apparences qu'on pourrait épargner aux simples et aux indévots.

⇥ Un pasteur frais et en parfaite santé, en linge fin et en point de Venise, a sa place dans l'œuvre auprès les pourpres et les fourrures : il y achève sa digestion, pendant que le feuillant ou le récollet quitte sa cellule et son désert, où il est lié par ses vœux et par la bienséance, pour venir le prêcher, lui et ses ouailles, et en recevoir le salaire, comme d'une pièce d'étoffe. Vous m'interrompez, et vous dites : Quelle censure! et combien elle est nouvelle et peu attendue! Ne voudriez-vous point interdire à ce pasteur et à son troupeau la parole divine et le pain de l'Évangile? Au contraire, je voudrais qu'il le distribuât lui-même, le matin, le soir, dans les temples, dans les maisons, dans les places, sur les toits, et que nul ne prétendît à un emploi si grand, si laborieux, qu'avec des intentions, des talents et des poumons capables de lui mériter les belles offrandes et les riches rétributions qui y sont attachées. Je suis forcé, il est vrai, d'excuser un curé sur cette conduite, par un usage reçu, qu'il trouve établi, et qu'il laissera à son successeur; mais c'est cet usage bizarre, dénué de fondement et d'apparence, que je ne puis approuver, et que je goûte encore moins que celui de se faire payer quatre fois les mêmes obsèques, pour soi, pour ses droits, pour sa présence, pour son assistance.

⟶ *Tite*, par vingt années de service dans une seconde place, n'est pas encore digne de la première, qui est vacante : ni ses talents, ni sa doctrine, ni une vie exemplaire, ni les vœux des paroissiens, ne sauraient l'y faire asseoir. Il naît de dessous terre un autre clerc [1] pour la remplir. Tite est reculé ou congédié : il ne se plaint pas; c'est l'usage.

⟶ Moi, dit le chevecier, je suis maître du chœur : qui me forcera d'aller à matines? mon prédécesseur n'y allait point : suis-je de pire condition? dois-je laisser avilir ma dignité entre mes mains, ou la laisser telle que je l'ai reçue ? Ce n'est point, dit l'écolâtre, mon intérêt qui me mène, mais celui de la prébende : il serait bien dur qu'un grand chanoine fût sujet au chœur, pendant que le trésorier, l'archidiacre, le pénitencier et le grand vicaire [2] s'en croient exempts. Je suis bien fondé, dit le prévôt, à demander la rétribution sans me trouver à l'office : il y a vingt années entières que je suis en possession de dormir les nuits; je veux finir comme j'ai commencé, et l'on ne me verra point déroger à mon titre : que me servirait d'être à la tête d'un chapitre? mon exemple ne tire point à conséquence. Enfin c'est entre eux tous à qui ne louera point Dieu, à qui fera voir, par un long usage, qu'il n'est point obligé de le faire : l'émulation de ne se point rendre aux offices divins ne saurait être plus vive ni plus ardente. Les

---

[1] Ecclésiastique. (*Note de l'auteur.*)
[2] Dignitaires de la Sainte-Chapelle qui jouissaient de grands privilèges.

cloches sonnent dans une nuit tranquille; et leur mélodie, qui réveille les chantres et les enfants de chœur, endort les chanoines, les plonge dans un sommeil doux et facile, et qui ne leur procure que de beaux songes : ils se lèvent tard, et vont à l'église se faire payer d'avoir dormi.

↳ Qui pourrait s'imaginer, si l'expérience ne nous le mettait devant les yeux, quelle peine ont les hommes à se résoudre d'eux-mêmes à leur propre félicité, et qu'on ait besoin de gens d'un certain habit, qui, par un discours préparé, tendre et pathétique, par de certaines inflexions de voix, par des larmes, par des mouvements qui les mettent en sueur et qui les jettent dans l'épuisement, fassent enfin consentir un homme chrétien et raisonnable, dont la maladie est sans ressource, à ne se point perdre et à faire son salut?

↳ La fille d'*Aristippe* est malade et en péril; elle envoie vers son père, veut se réconcilier avec lui et mourir dans ses bonnes grâces. Cet homme si sage, le conseil de toute une ville, fera-t-il de lui-même cette démarche si raisonnable? y entraînera-t-il sa femme? Ne faudra-t-il point pour les remuer tous deux la machine du directeur?

↳ Une mère, je ne dis pas qui cède et qui se rend à la vocation de sa fille, mais qui la fait religieuse, se charge d'une âme avec la sienne, en répond à Dieu même, en est la caution. Afin qu'une telle mère ne se perde pas, il faut que sa fille se sauve.

↳ Un homme joue et se ruine : il marie néanmoins l'aînée de ses deux filles de ce qu'il a pu sauver des mains d'un *Ambreville*[1]. La cadette est sur le point de faire ses vœux, qui n'a point d'autre vocation que le jeu de son père.

---

[1] Fameux joueur.

↦ Il s'est trouvé des filles qui avaient de la vertu, de la santé, de la ferveur, et une bonne vocation, mais qui n'étaient pas assez riches pour faire dans une riche abbaye vœu de pauvreté.

↦ Celle qui délibère sur le choix d'une abbaye ou d'un simple monastère pour s'y renfermer agite l'ancienne question de l'état populaire et du despotique.

↦ Faire une folie et se marier *par amourette*, c'est épouser *Mélite*[1], qui est jeune, belle, sage, économe, qui plaît, qui vous aime, qui a moins de bien qu'*Ægine* qu'on vous propose, et qui, avec une riche dot, apporte de riches dispositions à la consumer, et tout votre fonds avec sa dot.

↦ Il était délicat autrefois de se marier ; c'était un long établissement, une affaire sérieuse, et qui méritait qu'on y pensât : l'on était pendant toute sa vie le mari de sa femme, bonne ou mauvaise : même table, même demeure, même lit ; l'on n'en était point quitte pour une pension : avec des enfants et un ménage complet, l'on n'avait pas les apparences et les délices du célibat.

↦ Qu'on évite d'être vu seul avec une femme qui n'est point la sienne, voilà une pudeur qui est bien placée : qu'on sente quelque peine à se trouver dans le monde avec des personnes dont la réputation est attaquée, cela n'est pas incompréhensible. Mais quelle mauvaise honte fait rougir un homme de sa propre femme, et l'empêche de paraître dans le public avec celle qu'il s'est choisie pour sa compagne inséparable, qui doit faire sa joie, ses délices et toute sa société ; avec celle qu'il aime et qu'il estime, qui est son ornement, dont l'esprit, le mérite, la vertu, l'alliance, lui font honneur ? Que ne commence-t-il par rougir de son mariage ?

---

[1] Allusion au duc de Richelieu et à Mlle Mazarin, fille du duc de ce nom.

Je connais la force de la coutume, et jusqu'où elle maîtrise les esprits et contraint les mœurs, dans les choses même les plus dénuées de raison et de fondement : je sens néanmoins que j'aurais l'impudence de me promener au Cours, et d'y passer en revue avec une personne qui serait ma femme.

↦ Ce n'est pas une honte ni une faute à un jeune homme que d'épouser une femme avancée en âge; c'est quelquefois prudence, c'est précaution. L'infamie est de se jouer de sa bienfaitrice par des traitements indignes et qui lui découvrent qu'elle est la dupe d'un hypocrite et d'un ingrat. Si la fiction est excusable, c'est où il faut feindre de l'amitié; s'il est permis de tromper, c'est dans une occasion où il y aurait de la dureté à être sincère. Mais elle vit longtemps. Aviez-vous stipulé qu'elle mourût après avoir signé votre fortune et l'acquit de toutes vos dettes? N'a-t-elle plus, après ce grand ouvrage, qu'à retenir son haleine, qu'à prendre de l'opium ou de la ciguë? A-t-elle tort de vivre? Si même vous mourez avant celle dont vous aviez déjà réglé les funérailles, à qui vous destiniez la grosse sonnerie et les beaux ornements, en est-elle responsable?

↦ Il y a depuis longtemps dans le monde une manière[1] de faire valoir son bien, qui continue toujours d'être pratiquée par d'honnêtes gens, et d'être condamnée par d'habiles docteurs.

↦ On a toujours vu dans la république de certaines charges qui semblent n'avoir été imaginées la première fois que pour enrichir un seul aux dépens de plusieurs; les fonds ou l'argent des particuliers y coule sans fin et sans interruption[2]. Dirai-je qu'il n'en revient plus, ou qu'il n'en revient que tard? C'est un gouffre, c'est une mer qui reçoit les eaux

---

[1] Billets et obligations. (*Note de l'auteur.*)
[2] Greffe, consignation. (*Idem.*)

des fleuves, et qui ne les rend pas; ou si elle les rend, c'est par des conduits secrets et souterrains, sans qu'il y paraisse, ou qu'elle en soit moins grosse et moins enflée; ce n'est qu'après en avoir joui longtemps, et qu'elle ne peut plus les retenir.

↦ Le fonds perdu, autrefois si sûr, si religieux et si inviolable, est devenu avec le temps, et par les soins de ceux qui en étaient chargés, un bien perdu[1]. Quel autre secret de doubler mes revenus et de thésauriser? Entrerai-je dans le huitième denier, ou dans les aides? Serai-je avare, partisan, ou administrateur?

↦ Vous avez une pièce d'argent, ou même une pièce d'or; ce n'est pas assez, c'est le nombre qui opère : faites-en, si vous pouvez, un amas considérable et qui s'élève en pyramide, et je me charge du reste. Vous n'avez ni naissance, ni esprit, ni talents, ni expérience, qu'importe? ne diminuez rien de votre monceau, et je vous placerai si haut que vous vous couvrirez devant votre maître, si vous en avez; il sera même fort éminent, si, avec votre métal, qui de jour à autre se multiplie, je ne fais en sorte qu'il se découvre devant vous.

↦ *Orante* plaide depuis dix ans entiers en règlement de juges, pour une affaire juste, capitale, et où il y va de toute sa fortune : elle saura peut-être, dans cinq années, quels seront ses juges, et dans quel tribunal elle doit plaider le reste de sa vie.

↦ L'on applaudit à la coutume qui s'est introduite dans les tribunaux d'interrompre les avocats au milieu de leur action, de les empêcher d'être éloquents et d'avoir de l'esprit, de les ramener au fait et aux preuves toutes sèches

---

[1] Allusion à la banqueroute des hôpitaux de Paris et des Incurables, en 1689 : elle fit perdre aux particuliers qui avaient des *deniers* à fonds perdu sur ces établissements la plus grande partie de leurs biens.

qui établissent leurs causes et le droit de leurs parties ; et cette pratique si sévère, qui laisse aux orateurs le regret de n'avoir pas prononcé les plus beaux traits de leurs discours, qui bannit l'éloquence du seul endroit où elle est en sa place, et va faire du Parlement une muette juridiction, on l'autorise par une raison solide et sans réplique, qui est celle de l'expédition : il est seulement à désirer qu'elle fût moins oubliée en toute autre rencontre, qu'elle réglât au contraire les bureaux comme les audiences, et qu'on cherchât une fin aux écritures[1], comme on a fait aux plaidoyers.

↦ Le devoir des juges est de rendre la justice ; leur métier, de la différer. Quelques-uns savent leur devoir, et font leur métier.

↦ Celui qui sollicite son juge ne lui fait pas honneur : car, ou il se défie de ses lumières et même de sa probité, ou il cherche à le prévenir, ou il lui demande une injustice.

↦ Il se trouve des juges auprès de qui la faveur, l'autorité, les droits de l'amitié et de l'alliance, nuisent à une bonne cause, et qu'une trop grande affectation de passer pour incorruptibles expose à être injustes.

↦ Le magistrat coquet ou galant est pire dans les conséquences que le dissolu : celui-ci cache son commerce et ses liaisons, et l'on ne sait souvent par où aller jusqu'à lui ; celui-là est ouvert par mille faibles qui sont connus, et l'on y arrive par toutes les femmes à qui il veut plaire.

↦ Il s'en faut peu que la religion et la justice n'aillent de pair dans la république, et que la magistrature ne consacre les hommes comme la prêtrise. L'homme de robe ne saurait guère danser au bal, paraître aux théâtres, renoncer aux habits simples et modestes, sans consentir à son propre avi-

---

[1] Procès par écrit. (*Note de l'auteur.*)

lissement; et il est étrange qu'il ait fallu une loi pour régler son extérieur, et le contraindre ainsi à être grave et plus respecté[1].

⁌ Il n'y a aucun métier qui n'ait son apprentissage, et, en montant des moindres conditions jusques aux plus grandes, on remarque dans toutes un temps de pratique et d'exercice qui prépare aux emplois, où les fautes sont sans conséquence, et mènent au contraire à la perfection. La guerre même, qui ne semble naître et durer que par la confusion et le désordre, a ses préceptes : on ne se massacre pas par pelotons et par troupes en rase campagne, sans l'avoir appris, et l'on s'y tue méthodiquement. Il y a l'école de la guerre : où est l'école du magistrat? Il y a un usage, des lois, des coutumes : où est le temps, et le temps assez long que l'on emploie à les digérer et à s'en instruire? L'essai et l'apprentissage d'un jeune adolescent qui passe de la férule à la pourpre, et dont la consignation a fait un juge, est de décider souverainement des vies et des fortunes des hommes.

⁌ La principale partie de l'orateur, c'est la probité : sans elle, il dégénère en déclamateur; il déguise ou il exagère les faits, il cite faux, il calomnie, il épouse la passion et les haines de ceux pour qui il parle; et il est de la classe de ces avocats dont le proverbe dit qu'ils sont payés pour dire des injures.

⁌ Il est vrai, dit-on, cette somme lui est due, et ce droit lui est acquis; mais je l'attends à cette petite formalité; s'il l'oublie, il n'y revient plus, et *conséquemment* il perd sa somme, ou il est *incontestablement* déchu de son droit : or,

---

[1] Un arrêt du conseil rendu à la requête de de Harlay, alors procureur général, obligea les conseillers à être en rabat. Avant ce temps-là ils étaient presque toujours en cravate.

il oubliera cette formalité. Voilà ce que j'appelle une conscience de praticien.

Une belle maxime pour le palais, utile au public, remplie de raison, de sagesse et d'équité, ce serait précisément la contradictoire de celle qui dit que la forme emporte le fond.

↦ La question est une invention merveilleuse et tout à fait sûre pour perdre un innocent qui a la complexion faible, et sauver un coupable qui est né robuste.

↦ Un coupable puni est un exemple pour la canaille : un innocent condamné est l'affaire de tous les honnêtes gens.

Je dirai presque de moi : Je ne serai pas voleur ou meurtrier : je ne serai pas un jour puni comme tel, c'est parler bien hardiment.

Une condition lamentable est celle d'un homme innocent à qui la précipitation et la procédure ont trouvé un crime; celle même de son juge peut-elle l'être davantage [1] ?

↦ Si l'on me racontait qu'il s'est trouvé autrefois un prévôt ou l'un de ces magistrats créés pour poursuivre les voleurs et les exterminer, qui les connaissait tous depuis longtemps de nom et de visage, savait leurs vols, j'entends l'espèce, le nombre et la quantité, pénétrait si avant dans toutes ces profondeurs, et était si initié dans tous ces affreux mystères, qu'il sut rendre à un homme de crédit un bijou qu'on lui avait pris dans la foule au sortir d'une assemblée, et dont il était sur le point de faire de l'éclat; que le Parlement intervint dans cette affaire, et fit le procès à cet officier [2]; je regarderais cet événement comme l'une de ces choses dont l'histoire se charge, et à qui le temps ôte la

---

[1] Le marquis de Langlade, accusé d'avoir volé le comte de Montgommery, fut condamné aux galères, où il est mort, et son innocence ensuite reconnue, par la découverte du vrai coupable.

[2] M. de Grand-Maison, grand prévôt de la connétablie, fit rendre à M. de Saint-Pouange une boucle de diamants qui lui avait été dérobée à l'Opéra.

croyance : comment donc pourrais-je croire qu'on doive présumer, par des faits récents, connus et circonstanciés, qu'une connivence si pernicieuse dure encore, qu'elle ait même tourné en jeu et passé en coutume?

↦ Combien d'hommes qui sont forts contre les faibles, fermes et inflexibles aux sollicitations du simple peuple, sans nuls égards pour les petits, rigides et sévères dans les minuties, qui refusent les petits présents, qui n'écoutent ni leurs parents ni leurs amis, et que les femmes seules peuvent corrompre !

↦ Il n'est pas absolument impossible qu'une personne qui se trouve dans une grande faveur perde un procès.

↦ Les mourants qui parlent dans leurs testaments peuvent s'attendre à être écoutés comme des oracles : chacun les tire de son côté et les interprète à sa manière, je veux dire selon ses désirs ou ses intérêts.

↦ Il est vrai qu'il y a des hommes dont on peut dire que la mort fixe moins la dernière volonté qu'elle ne leur ôte, avec la vie, l'irrésolution et l'inquiétude. Un dépit, pendant qu'ils vivent, les fait tester ; ils s'apaisent et déchirent leur minute, la voilà en cendre. Ils n'ont pas moins de testaments dans leur cassette que d'almanachs sur leur table ; ils les comptent par les années : un second se trouve détruit par un troisième, qui est anéanti lui-même par un autre mieux digéré, et celui-ci encore par un cinquième *olographe*. Mais si le moment, ou la malice, ou l'autorité, manque à celui qui a intérêt de le supprimer, il faut qu'il en essuie les clauses et les conditions : car appert-il mieux des dispositions des hommes les plus inconstants que par un dernier acte, signé de leur main, et après lequel ils n'ont pas du moins eu le loisir de vouloir tout le contraire ?

↦ S'il n'y avait point de testaments pour régler le droit des héritiers, je ne sais si l'on aurait besoin de tribunaux pour régler les différends des hommes ; les juges seraient presque réduits à la triste fonction d'envoyer au gibet les voleurs et les incendiaires. Qui voit-on dans les lanternes des chambres, au parquet, à la porte ou dans la salle du magistrat? des héritiers *ab intestat?* Non, les lois ont pourvu à leurs partages. On y voit les testamentaires qui plaident en explication d'une clause ou d'un article ; les personnes exhérédées ; ceux qui se plaignent d'un testament fait avec loisir, avec maturité, par un homme grave, habile, consciencieux, et qui a été aidé d'un bon conseil, d'un acte où le praticien n'a rien *obmis* de son jargon et de ses finesses ordinaires : il est signé du testateur et des témoins publics, il est paraphé ; et c'est en cet état qu'il est cassé et déclaré nul.

⇝ *Titius* assiste à la lecture d'un testament avec des yeux rouges et humides, et le cœur serré de la perte de celui dont il espère recueillir la succession. Un article lui donne la charge, un autre les rentes de la ville, un troisième le rend maître d'une terre à la campagne ; il y a une clause qui, bien entendue, lui accorde une maison située au milieu de Paris, comme elle se trouve, et avec les meubles : son affliction augmente, les larmes lui coulent des yeux ; le moyen de les contenir? il se voit officier, logé aux champs et à la ville, meublé de même ; il se voit une bonne table et un carrosse : *Y avait-il au monde un plus honnête homme que le défunt, un meilleur homme?* Il y a un codicille, il faut le lire : Il fait *Mævius* légataire universel, et il renvoie Titius dans son faubourg, sans rente, sans titre, et le met à pied. Il essuie ses larmes : c'est à Mævius à s'affliger.

⇝ La loi qui défend de tuer un homme n'embrasse-t-elle pas dans cette défense le fer, le poison, le feu, l'eau, les embûches, la force ouverte, tous les moyens enfin qui peuvent servir à l'homicide? La loi qui ôte aux maris et aux femmes le pouvoir de se donner réciproquement, n'a-t-elle connu que les voies directes et immédiates de donner? a-t-elle manqué de prévoir les indirectes? a-t-elle introduit les fidéicommis, ou si même elle les tolère? Avec une femme qui nous est chère et qui nous survit, lègue-t-on son bien à un ami fidèle par un sentiment de reconnaissance pour lui, ou plutôt par une extrême confiance, et par la certitude qu'on a du bon usage qu'il saura faire de ce qu'on lui lègue? Donne-t-on à celui que l'on peut soupçonner de ne devoir pas rendre à la personne à qui en effet l'on veut donner? Faut-il se parler, faut-il s'écrire, est-il besoin de pacte ou de serments pour former cette collusion? Les hommes ne sentent-ils pas en cette rencontre ce qu'ils peuvent espérer les uns des autres? Et si, au contraire, la propriété d'un tel bien est dévolue au fidéicommissaire, pourquoi perd-il sa réputation à le retenir? Sur quoi fonde-t-on la satire et les vaudevilles? Voudrait-on le comparer au dépositaire qui trahit le dépôt, à un domestique qui vole l'argent que son maître lui envoie porter? On aurait tort : y a-t-il de l'infamie à ne pas faire une libéralité, et à conserver pour soi ce qui est à soi? Étrange embarras, horrible poids que le fidéicommis! Si, par la révérence des lois, on se l'approprie, il ne faut plus passer pour homme de bien; si par le respect d'un ami mort, l'on suit ses intentions en le rendant à sa veuve, on est confidentiaire, on blesse la loi. Elle cadre donc bien mal avec l'opinion des hommes. Cela peut être; et il ne me convient pas de dire ici : La loi pèche, ni : Les hommes se trompent.

↳ J'entends dire de quelques particuliers ou de quelques compagnies : Tel et tel corps se contestent l'un à l'autre la préséance ; le mortier et la pairie se disputent le pas. Il me paraît que celui des deux qui évite de se rencontrer aux assemblées est celui qui cède, et qui, sentant son faible, juge lui-même en faveur de son concurrent.

↳ *Typhon* fournit un grand de chiens et de chevaux.

que ne lui fournit-il point? Sa protection le rend audacieux; il est impunément dans sa province tout ce qu'il lui plaît d'être, assassin, parjure; il brûle ses voisins, et il n'a pas besoin d'asile. Il faut enfin que le prince se mêle lui-même de sa punition.

↦ Ragoûts, liqueurs, entrées, entremets, tous mots qui devraient être barbares et inintelligibles en notre langue; et s'il est vrai qu'ils ne devraient pas être d'usage en pleine paix, où ils ne servent qu'à entretenir le luxe et la gourmandise, comment peuvent-ils être entendus dans le temps de la guerre et d'une misère publique, à la vue de l'ennemi, à la veille d'un combat, pendant un siége? Où est-il parlé de la table de *Scipion* ou de celle de *Marius*? Ai-je lu quelque part que *Miltiade*, qu'*Épaminondas*, qu'*Agésilas*, aient fait une chère délicate? Je voudrais qu'on ne fît mention de la délicatesse, de la propreté et de la somptuosité des généraux, qu'après n'avoir plus rien à dire sur leur sujet, et s'être épuisé sur les circonstances d'une bataille gagnée et d'une ville prise : j'aimerais même qu'ils voulussent se priver de cet éloge[1].

↦ *Hermippe* est l'esclave de ce qu'il appelle ses petites commodités; il leur sacrifie l'usage reçu, la coutume, les modes, la bienséance; il les cherche en toutes choses, il quitte une moindre pour une plus grande, il ne néglige aucune de celles qui sont praticables, il s'en fait une étude, et il ne se passe aucun jour qu'il ne fasse en ce genre une découverte. Il laisse aux autres hommes le dîner et le souper; à peine en admet-il les termes; il mange quand il a faim, et les mets seulement où son appétit le porte. Il voit faire son lit : quelle main assez adroite ou assez heureuse pourrait le faire dormir comme il veut dormir? Il sort rare-

---

[1] Le luxe de table que déployaient à l'armée les gentilshommes et les généraux donna lieu à cette critique, qui s'appliquait particulièrement au maréchal d'Humières.

ment de chez soi ; il aime la chambre, où il n'est ni oisif ni laborieux, où il n'agit point, où il *tracasse*, et dans l'équipage d'un homme qui a pris médecine. On dépend servilement d'un serrurier et d'un menuisier, selon ses besoins, pour lui, s'il faut limer, il a une lime ; une scie, s'il faut scier, et des tenailles, s'il faut arracher. Imaginez, s'il est possible, quelques outils qu'il n'ait pas, et meilleurs et plus commodes à son gré que ceux même dont les ouvriers se servent : il en a de nouveaux et d'inconnus, qui n'ont point de nom, productions de son esprit, et dont il a presque oublié l'usage. Nul ne se peut comparer à lui pour faire en peu de temps et sans peine un travail fort inutile. Il faisait dix pas pour aller de son lit dans sa garde-robe, il n'en fait plus que neuf par la manière dont il a su tourner sa chambre : combien de pas épargnés dans le cours d'une vie ! Ailleurs l'on tourne la clef, l'on pousse contre, ou l'on tire à soi, et une porte s'ouvre : quelle fatigue ! voilà un mouvement de trop qu'il sait s'épargner ; et comment ? c'est un mystère qu'il ne révèle point. Il est, à la vérité, un grand maître pour le ressort et pour la mécanique, pour celle du moins dont tout le monde se passe. Hermippe tire le jour de son appartement d'ailleurs que de la fenêtre ; il a trouvé le secret de monter et de descendre autrement que par l'escalier, et il cherche celui d'entrer et de sortir plus commodément que par la porte.

⥤ Il y a déjà longtemps que l'on improuve les médecins, et que l'on s'en sert : le théâtre et la satire ne touchent point à leurs pensions ; ils dotent leurs filles, placent leurs fils aux parlements et dans la prélature[1], et les railleurs eux-mêmes fournissent l'argent. Ceux qui se portent bien deviennent malades ; il leur faut des gens dont le métier soit de les assurer qu'ils ne mourront point. Tant que les

---

[1] Daquin, premier médecin du roi.

hommes pourront mourir, et qu'ils aimeront à vivre, le médecin sera raillé et bien payé.

❥ Un bon médecin est celui qui a des remèdes spécifiques, ou, s'il en manque, qui permet à ceux qui les ont de guérir son malade.

❥ La témérité des charlatans, et leurs tristes succès, qui en sont les suites, font valoir la médecine et les médecins : si ceux-ci laissent mourir, les autres tuent.

❥ *Carro Carri*[1] débarque avec une recette qu'il appelle un prompt remède, et qui quelquefois est un poison lent : c'est un bien de famille, mais amélioré en ses mains; de spécifique qu'il était contre la colique, il guérit de la fièvre quarte, de la pleurésie, de l'hydropisie, de l'apoplexie, de l'épilepsie. Forcez un peu votre mémoire, nommez une maladie, la première qui vous viendra en l'esprit : l'hémorragie, dites-vous? il la guérit. Il ne ressuscite personne, il est vrai; il ne rend pas la vie aux hommes; mais il les conduit nécessairement jusqu'à la décrépitude, et ce n'est que par hasard que son père et son aïeul, qui avaient ce secret, sont morts fort jeunes. Les médecins reçoivent pour leurs visites ce qu'on leur donne; quelques-uns se contentent d'un remercîment : Carro Carri est si sûr de son remède, et de l'effet qui en doit suivre, qu'il n'hésite pas de s'en faire payer d'avance, et de recevoir avant que de donner. Si le mal est incurable, tant mieux; il n'en est que plus digne de son application et de son remède. Commencez par lui livrer quelques sacs de mille francs, passez-lui un contrat de constitution, donnez-lui une de vos terres, la plus petite, et ne soyez pas ensuite plus inquiet que lui de votre guérison. L'émulation de cet homme a peuplé le

---

[1] Le fameux charlatan Caretti, auquel la Bruyère a déjà fait plusieurs fois allusion; il vendait fort cher ses remèdes, et les faisait payer d'avance.

monde de noms en O et en I, noms vénérables, qui imposent aux malades et aux maladies. Vos médecins, Fagon[1], et de toutes les facultés, avouez-le, ne guérissent pas toujours, ni sûrement ; ceux, au contraire, qui ont hérité de leurs pères la médecine pratique, et à qui l'expérience est échue par succession, promettent toujours, et avec serments, qu'on guérira. Qu'il est doux aux hommes de tout espérer d'une maladie mortelle, et de se porter encore passablement bien à l'agonie ! La mort surprend agréablement et sans s'être fait craindre ; on la sent plutôt qu'on n'a songé à s'y préparer et à s'y résoudre. O Fagon Esculape ! faites régner sur toute la terre le quinquina et l'émétique ; conduisez à sa perfection la science des simples, qui sont donnés aux hommes pour prolonger leur vie ; observez dans les cures, avec plus de précision et de sagesse que personne n'a encore fait, le climat, les temps, les symptômes et les complexions ; guérissez de la manière seule qu'il convient à chacun d'être guéri ; chassez des corps, où rien ne vous est caché de leur économie, les maladies les plus obscures et les plus invétérées ; n'attentez pas sur celles de l'esprit, elles sont incurables ; laissez à *Corinne,* à *Lesbie,* à *Canidie,* à *Trimalcion* et à *Carpus,* la passion ou la fureur des charlatans.

❥ L'on souffre dans la république les chiromanciens et les devins, ceux qui font l'horoscope et qui tirent la figure, ceux qui connaissent le passé par le mouvement du *sas,* ceux qui font voir dans un miroir ou dans un vase d'eau la claire vérité ; et ces gens sont en effet de quelque usage : ils prédisent aux hommes qu'ils feront fortune, aux filles qu'elles épouseront leurs amants ; consolent les enfants dont les pères ne meurent point, et charment inquiétude des

---

[1] Premier médecin du roi, successeur de Daquin, dont l'ambition et les importunités avaient lassé le roi.

jeunes femmes qui ont de vieux maris : ils trompent enfin à très-vil prix ceux qui cherchent à être trompés.

↦ Que penser de la magie et du sortilége? La théorie en est obscure, les principes vagues, incertains, et qui approchent du visionnaire ; mais il y a des faits embarrassants, affirmés par des hommes graves qui les ont vus, ou qui les ont appris de personnes qui leur ressemblent : les admettre tous ou les nier tous paraît un égal inconvénient ; et j'ose dire qu'en cela, comme dans toutes les choses extraordinaires et qui sortent des communes règles, il y a un parti à trouver entre les âmes crédules et les esprits forts.

↦ L'on ne peut guère charger l'enfance de la connaissance de trop de langues, et il me semble que l'on devrait mettre toute son application à l'en instruire : elles sont utiles à toutes les conditions des hommes, et elles leur ouvrent également l'entrée ou à une profonde ou à une facile et agréable érudition. Si l'on remet cette étude si pénible à un âge un peu plus avancé, et qu'on appelle la jeunesse, ou l'on n'a pas la force de l'embrasser par choix, ou l'on n'a pas celle d'y persévérer ; et si l'on y persévère, c'est consumer à la recherche des langues le même temps qui est consacré à l'usage que l'on en doit faire ; c'est borner à la science des mots un âge qui veut déjà aller plus loin, et qui demande des choses ; c'est au moins avoir perdu les premières et les plus belles années de sa vie. Un si grand fonds ne se peut bien faire que lorsque tout s'imprime dans l'âme naturellement et profondément ; que la mémoire est neuve, prompte et fidèle ; que l'esprit et le cœur sont encore vides de passions, de soins et de désirs, et que l'on est déterminé à de longs travaux par ceux de qui l'on dépend. Je suis persuadé que le petit nombre d'habiles, ou le grand nombre de gens superficiels, vient de l'oubli de cette pratique.

↦ L'étude des textes ne peut jamais être assez recommandée ; c'est le chemin le plus court, le plus sûr et le plus agréable pour tout genre d'érudition. Ayez les choses de la première main, puisez à la source ; maniez, remaniez le texte, apprenez-le de mémoire, citez-le dans les occasions, songez surtout à en pénétrer le sens dans toute son étendue et dans ses circonstances ; conciliez un auteur original, ajustez ses principes, tirez vous-même les conclusions. Les premiers commentateurs se sont trouvés dans le cas où je désire que vous soyez : n'empruntez leurs lumières et ne suivez leurs vues qu'où les vôtres seraient trop courtes ; leurs explications ne sont pas à vous, et peuvent aisément vous échapper : vos observations, au contraire, naissent de votre esprit, et y demeurent ; vous les retrouvez plus ordinairement dans la conversation, dans la consultation et dans la dispute. Ayez le plaisir de voir que vous n'êtes arrêté dans la lecture que par les difficultés qui sont invincibles, où les commentateurs et les scoliastes eux-mêmes demeurent courts, si fertiles d'ailleurs, si abondants et si chargés d'une vaine et fastueuse érudition dans les endroits clairs, et qui ne font de peine ni à eux ni aux autres. Achevez ainsi de vous convaincre, par cette méthode d'étudier, que c'est la paresse des hommes qui a encouragé le pédantisme à grossir plutôt qu'à enrichir les bibliothèques, à faire périr le texte sous le poids des commentaires ; et qu'elle a en cela agi contre soi-même et contre ses plus chers intérêts, en multipliant les lectures, les recherches et le travail, qu'elle cherchait à éviter.

↦ Qui règle les hommes dans leur manière de vivre et d'user des aliments ? La santé et le régime ? Cela est douteux. Une nation entière mange les viandes après les fruits[1], une autre fait tout le contraire ; quelques-uns com-

---

[1] Les Espagnols.

mencent leurs repas par de certains fruits, et les finissent par d'autres : est-ce raison? est-ce usage? Est-ce par un soin de leur santé que les hommes s'habillent jusqu'au menton, portent des fraises et des collets, eux qui ont eu si longtemps la poitrine découverte? Est-ce par bienséance, surtout dans un temps où ils avaient trouvé le secret de paraître nus tout habillés? Et d'ailleurs, les femmes, qui montrent leur gorge et leurs épaules, sont-elles d'une complexion moins délicate que les hommes, ou moins sujettes qu'eux aux bienséances? Quelle est la pudeur qui engage celles-ci à couvrir leurs jambes et presque leurs pieds, et qui leur permet d'avoir les bras nus au-dessus du coude? Qui avait mis autrefois dans l'esprit des hommes qu'on était à la guerre ou pour se défendre ou pour attaquer, et qui leur avait insinué l'usage des armes offensives et des défensives? Qui les oblige aujourd'hui de renoncer à celles-ci, et, pendant qu'ils se bottent pour aller au bal, de soutenir sans armes et en pourpoint des travailleurs exposés à tout le feu d'une contrescarpe? Nos pères, qui ne jugeaient pas une telle conduite utile au prince et à la patrie, étaient-ils sages ou insensés? Et nous-mêmes, quels héros célébrons-nous dans notre histoire? Un Guesclin, un Clisson, un Foix, un Boucicaut, qui tous ont porté l'armet et endossé une cuirasse.

Qui pourrait rendre raison de la fortune de certains mots et de la proscription de quelques autres? *Ains* a péri : la voyelle qui le commence, et si propre pour l'élision, n'a pu le sauver; il a cédé à un autre monosyllabe[1], et qui n'est au plus que son anagramme. *Certes* est beau dans sa vieillesse, et a encore de la force sur son déclin : la poésie le réclame, et notre langue doit beaucoup aux écrivains qui le disent en prose, et qui se commettent pour lui dans leurs ouvrages. *Maint* est un mot qu'on ne devait

---

[1] Mais. (*Note de l'auteur.*)

jamais abandonner, et par la facilité qu'il y avait à le couler dans le style, et par son origine, qui est française. *Moult*, quoique latin, était dans son temps d'un même mérite, et je ne vois pas par où *beaucoup* l'emporte sur lui. Quelle persécution le *car* n'a-t-il pas essuyée! et, s'il n'eût trouvé de la protection parmi les gens polis, n'était-il pas banni honteusement d'une langue à qui il a rendu de si longs services, sans qu'on sût quel mot lui substituer? *Cil* a été, dans ses beaux jours, le plus joli mot de la langue française; il est douloureux pour les poëtes qu'il ait vieilli. *Douloureux* ne vient pas plus naturellement de *douleur*, que de *chaleur* vient *chaleureux* ou *chaloureux*; celui-ci se passe, bien que ce fût une richesse pour la langue, et qu'il se dise fort juste où *chaud* ne s'emploie qu'improprement. *Valeur* devait aussi nous conserver *valeureux*; *haine*, *haineux*; *peine*, *peineux*; *fruit*, *fructueux*; *pitié*, *piteux*; *joie*, *jovial*; *foi*, *féal*; *cour*, *courtois*; *gîte*, *gisant*; *haleine*, *haleiné*; *vanterie*, *vantard*; *mensonge*, *mensonger*; *coutume*, *coutumier* . comme *part* maintient *partial*; *point*, *pointu* et *pointilleux* : *ton*, *tonnant*; *son*, *sonore*; *frein*, *effréné*; *front*, *effronté*; *ris*, *ridicule*; *loi*, *loyal*; *cœur*, *cordial*; *bien*, *bénin*; *mal*, *malicieux*. *Heur* se plaçait où *bonheur* ne saurait entrer, il a fait *heureux*, qui est si français, et il a cessé de l'être : si quelques poëtes s'en sont servis, c'est moins par choix que par la contrainte de la mesure. *Issue* prospère, et vient d'*issir*, qui est aboli. *Fin* subsiste sans conséquence pour *finer*, qui vient de lui, pendant que *cesse* et *cesser* régnent également. *Verd* ne fait plus *verdoyer*; ni *fête*, *fêtoyer*; ni *larme*, *larmoyer*; ni *deuil*, *se douloir*, *se condouloir*; ni *joie*, *s'éjouir*, bien qu'il fasse toujours *se réjouir*, *se conjouir*, ainsi qu'*orgueil*, *s'enorgueillir*. On a dit *gent*, le corps *gent* : ce mot si facile non-seulement est tombé, l'on voit même qu'il a entraîné *gentil* dans sa chute. On dit *diffamé*, qui dérive de *fame*, qui ne s'entend plus. On dit *curieux*, dérivé de *cure*, qui est hors d'usage. Il y avait à gagner de dire *si que,* pour *de sorte que,* ou *de manière que; de moi,* au lieu de *pour moi* ou de *quant à moi;* de dire *je sais que c'est qu'un mal,* plutôt que *je sais ce que c'est qu'un mal,* soit par l'analogie latine, soit par l'avantage qu'il y a souvent à avoir un mot de moins à placer dans l'oraison. L'usage a préféré *par conséquent* à *par conséquence,* et *en conséquence* à *en conséquent; façons de faire* à *manière de faire,* et *manières d'agir* à *façons d'agir...;* dans les verbes, *travailler* à *ouvrer, être accoutumé* à *souloir, convenir* à *duire, faire du bruit* à *bruire, injurier* à *vilainer, piquer* à *poindre, faire ressouvenir* à *ramentevoir...;* et dans les noms, *pensées* à *pensers,* un si beau mot, et dont le vers se trouvait si bien! *grandes actions* à *prouesses, louanges* à *loz, méchanceté* à *mauvaistié, porte* à *huis, navire* à *nef, armée* à *ost, monastere* à *monstier, prairies* à *prées...;* tous mots qui pouvaient durer ensemble d'une égale beauté, et rendre une langue plus abondante. L'usage a, par l'addition, la suppression, le changement ou le dérangement de quelques lettres, fait *frelater* de *fralater, prouver* de *preuver, profit* de *proufit, froment* de *froument, profil* de *pourfil, provision* de *pourveoir, promener* de *pourmener,* et *promenade* de *pourmenade.* Le même usage fait, selon l'occasion, d'*habile,* d'*utile,* de *facile,* de *docile,* de *mobile* et de *fertile,* sans y rien changer, des genres différents : au contraire de *vil, vile; subtil, subtile,* selon leur terminaison, masculins ou féminins. Il a altéré les terminaisons anciennes : de *scel* il a fait *sceau;* de *mantel, manteau;* de *capel, chapeau;* de *coutel, couteau;* de *hamel, hameau;* de *damoisel, damoiseau;* de *jouvencel, jouvenceau;* et cela sans que l'on voie guère ce que la langue française gagne à ces différences et à ces changements. Est-ce donc faire pour le progrès d'une langue, que de déférer à l'usage? Serait-il mieux de secouer le joug de son empire si despotique? Faudrait-il, dans une langue vivante, écouter la seule raison, qui prévient les équivoques, suit la racine des mots et le rapport qu'ils ont avec les langues originaires dont ils sont sortis, si la raison, d'ailleurs, veut qu'on suive l'usage?

Si nos ancêtres ont mieux écrit que nous, ou si nous l'emportons sur eux par le choix des mots, par le tour et l'expression, par la clarté et la brièveté du discours, c'est une question souvent agitée, toujours indécise : on ne la terminera point en comparant, comme l'on fait quelquefois, un froid écrivain de l'autre siècle aux plus célèbres de celui-ci, ou les vers de Laurent, payé pour ne plus écrire, à ceux de MAROT et de DESPORTES. Il faudrait, pour prononcer juste sur cette matière, opposer siècle à siècle, et excellent ouvrage à excellent ouvrage, par exemple, les meilleurs rondeaux de BENSERADE ou de VOITURE à ces deux-ci, qu'une tradition nous a conservés, sans nous en marquer le temps ni l'auteur :

> Bien à propos s'en vint Ogier en France
> Pour le païs de mescreans monder :
> Ja n'est besoin de conter sa vaillance
> Puisque ennemis n'osoient le regarder.
>
> Or, quand il eut tout mis en assurance
> De voyager il voulut s'enharder;
> En Paradis trouva l'eau de Jouvance,
> Dont il se sceut de vieillesse engarder
>   Bien à propos.
>
> Puis par cette eau son corps tout decrepite
> Transmué fut par maniere subite
> En jeune gars, frais, gracieux et droit.
>
> Grand dommage est que cecy soit sornettes
> Filles connoy qui ne sont pas jeunettes
> A qui cette eau de Jouvance viendroit
>   Bien à propos.

> De cettuy preux maints grands clercs ont écrit
> Qu'oncques dangier n'étonna son courage :

Abusé fut par le malin esprit,
Qu'il épousa sous feminin visage.

Si piteux cas à la fin découvrit,
Sans un seul brin de peur ny de dommage,
Dont grand renom par tout le monde acquit,
Si qu'on tenoit tres honneste langage
    De cettuy preux.

Bien-tost après fille de roy s'éprit
De son amour, qui volentiers s'offrit
Au bon Richard en second mariage.

Donc, s'il vaut mieux de diable ou femme avoir,
Et qui des deux bruit plus en ménage,
Ceulx qui voudront, si le pourront sçavoir
    De cettuy preux [1].

DE LA CHAIRE.

Le discours chrétien est devenu un spectacle. Cette tristesse évangélique qui en est l'âme ne s'y remarque plus : elle est suppléée par les avantages de la mine, par les inflexions de la voix, par la régularité du geste, par le choix des mots, et par les longues énumérations. On n'écoute plus sérieusement la parole sainte : c'est une sorte d'amusement entre mille autres; c'est un jeu où il y a de l'émulation et des parieurs.

↦ L'éloquence profane est transposée, pour ainsi dire, du barreau, où Le Maitre, Pucelle et Fourcroy l'ont fait régner, et où elle n'est plus d'usage, à la chaire, où elle ne doit pas être.

L'on fait assaut d'éloquence jusqu'au pied de l'autel et

---

[1] Selon M. Walckenaër, ces deux rondeaux seraient assez modernes.

en la présence des mystères. Celui qui écoute s'établit juge de celui qui prêche, pour condamner ou pour applaudir, et n'est pas plus converti par le discours qu'il favorise que par celui auquel il est contraire. L'orateur plaît aux uns, déplaît aux autres, et convient avec tous en une chose, que, comme il ne cherche point à les rendre meilleurs, ils ne pensent pas aussi à le devenir.

Un apprentif est docile, il écoute son maître, il profite de ses leçons, et il devient maître. L'homme indocile critique le discours du prédicateur, comme le livre du philosophe ; et il ne devient ni chrétien ni raisonnable.

→ Jusqu'à ce qu'il revienne un homme[1] qui, avec un style nourri des saintes Écritures, explique au peuple la parole divine uniment et familièrement, les orateurs et les déclamateurs seront suivis.

→ Les citations profanes, les froides allusions, le mauvais pathétique, les antithèses, les figures outrées, ont fini ; les portraits finiront, et feront place à une simple explication de l'Évangile, jointe aux mouvements qui inspirent la conversion.

→ Cet homme que je souhaitais impatiemment, et que je ne daignais pas espérer de notre siècle, est enfin venu. Les courtisans, à force de goût et de connaître les bienséances, lui ont applaudi ; ils ont, chose incroyable ! abandonné la chapelle du roi, pour venir entendre avec le peuple la parole de Dieu annoncée par cet homme apostolique[2]. La ville n'a pas été de l'avis de la cour : où il a prêché, les paroissiens ont déserté ; jusqu'aux marguilliers ont disparu : les pasteurs ont tenu ferme ; mais les ouailles se sont dispersées, et les orateurs voisins en ont grossi leur auditoire. Je

---

[1] Le Tourneux, auteur de *l'Année sainte* et d'un autre ouvrage : *Principes et règles de la vie chrétienne*, dont Mme de Sévigné fait l'éloge. (Lettres des 11 novembre 1688 et 2 février 1689.)

[2] Le P. Séraphin, capucin. (*Note de l'auteur.*)

devais le prévoir, et ne pas dire qu'un tel homme n'avait qu'à se montrer pour être suivi, et qu'à parler pour être écouté : ne savais-je pas quelle est dans les hommes, et en toutes choses, la force indomptable de l'habitude? Depuis trente années on prête l'oreille aux rhéteurs, aux déclamateurs, aux *énumérateurs*; on court ceux qui peignent en grand ou en miniature. Il n'y a pas longtemps qu'ils avaient des chutes ou des transitions ingénieuses, quelquefois même si vives et si aiguës qu'elles pouvaient passer pour épigrammes : ils les ont adoucies, je l'avoue, et ce ne sont plus que des madrigaux. Ils ont toujours, d'une nécessité indispensable et géométrique, trois sujets admirables de vos attentions : ils prouveront une telle chose dans la première partie de leur discours, cette autre dans la seconde partie, et cette autre encore dans la troisième. Ainsi, vous serez convaincu d'abord d'une certaine vérité, et c'est leur premier point; d'une autre vérité, et c'est leur second point; et puis d'une troisième vérité, et c'est leur troisième point : de sorte que la première réflexion vous instruira d'un principe des plus fondamentaux de votre religion; la seconde, d'un autre principe qui ne l'est pas moins; et la dernière réflexion, d'un troisième et dernier principe, le plus important de tous, qui est remis pourtant, faute de loisir, à une autre fois. Enfin, pour reprendre et abréger cette division et former un plan... Encore! dites-vous, et quelles préparations pour un discours de trois quarts d'heure qui leur reste à faire! Plus ils cherchent à le digérer et à l'éclaircir, plus ils m'embrouillent. Je vous crois sans peine, et c'est l'effet le plus naturel de tout cet amas d'idées qui reviennent à la même, dont ils chargent sans pitié la mémoire de leurs auditeurs. Il semble, à les voir s'opiniâtrer à cet usage, que la grâce de la conversion soit attachée à ces énormes partitions. Comment, néanmoins, serait-on converti par de tels apôtres, si l'on ne peut qu'à peine les entendre articuler, les suivre et ne les pas perdre de vue? Je leur demanderais volontiers qu'au milieu de leur course impétueuse, ils voulussent plusieurs fois reprendre haleine, souffler un peu, et laisser souffler leurs auditeurs. Vains discours, paroles perdues ! Le temps des homélies n'est plus; les Basile, les Chrysostôme, ne le ramèneraient pas ; on passerait en d'autres diocèses pour être hors de la portée de leur voix et de leurs familières instructions. Le commun des hommes aime les phrases et les périodes, admire ce qu'il n'entend pas, se suppose instruit: content de décider entre un premier et un second point, ou entre le dernier sermon et le pénultième.

↦ Il y a moins d'un siècle qu'un livre français était un certain nombre de pages latines, où l'on découvrait quelques lignes ou quelques mots en notre langue. Les passages, les traits et les citations n'en étaient pas demeurés là : Ovide et Catulle achevaient de décider des mariages et des testaments, et venaient avec les Pandectes au secours de la veuve et des pupilles. Le sacré et le profane ne se quittaient point; ils s'étaient glissés ensemble jusque dans la chaire : saint Cyrille, Horace, saint Cyprien, Lucrèce, parlaient alternativement : les poëtes étaient de l'avis de saint Augustin et de tous les Pères; on parlait latin, et longtemps, devant des femmes et des marguilliers; on a parlé grec : il fallait savoir prodigieusement pour prêcher si mal. Autre temps, autre usage : le texte est encore latin, tout le discours est français et d'un beau français; l'Évangile même n'est pas cité : il faut savoir aujourd'hui très-peu de chose pour bien prêcher.

↦ L'on a enfin banni la scolastique de toutes les chaires des grandes villes, et on l'a reléguée dans les bourgs et dans les villages pour l'instruction et pour le salut du laboureur ou du vigneron.

↦ C'est avoir de l'esprit que de plaire au peuple dans un sermon par un style fleuri, une morale enjouée, des figures réitérées, des traits brillants et de vives descriptions; mais ce n'est point en avoir assez[1]. Un meilleur esprit néglige ces ornements étrangers, indignes de servir à l'Évangile; il prêche simplement, fortement, chrétiennement.

↳ L'orateur fait de si belles images de certains désordres, y fait entrer des circonstances si délicates, met tant d'esprit, de tour et de raffinement dans celui qui pèche, que, si je n'ai pas de pente à vouloir ressembler à ses portraits j'ai besoin du moins que quelque apôtre, avec un style plus chrétien, me dégoûte des vices dont l'on m'avait fait une peinture si agréable.

↳ Un beau sermon est un discours oratoire qui est dans toutes ses règles, purgé de tous ses défauts, conforme aux préceptes de l'éloquence humaine, et paré de tous les ornements de la rhétorique. Ceux qui entendent finement n'en perdent pas le moindre trait ni une seule pensée; ils suivent sans peine l'orateur dans toutes les énumérations où il se promène, comme dans toutes les élévations où il se jette : ce n'est une énigme que pour le peuple.

↳ Le solide et l'admirable discours que celui qu'on vient d'entendre! Les points de religion les plus essentiels, comme les plus pressants motifs de conversion, y ont été traités : quel grand effet n'a-t-il pas dû faire sur l'esprit et dans l'âme de tous les auditeurs! Les voilà rendus; ils en sont émus et touchés au point de résoudre dans leur cœur, sur ce sermon de *Théodore*, qu'il est encore plus beau que le dernier qu'il a prêché [2].

↳ La morale douce et relâchée tombe avec celui qui la prêche; elle n'a rien qui réveille et qui pique la curiosité d'un homme du monde, qui craint moins qu'on ne pense

---

[1] On a pensé que ce jugement s'adressait à Fléchier.
[2] On a appliqué aux sermons de Bourdaloue cet article et le précédent.

une doctrine sévère, et qui l'aime même dans celui qui fait son devoir en l'annonçant. Il semble donc qu'il y ait dans l'Église comme deux états qui doivent la partager : celui de dire la vérité dans toute son étendue, sans égards, sans déguisement; celui de l'écouter avidement, avec goût, avec admiration, avec éloges, et de n'en faire cependant ni pis ni mieux.

⤻ L'on peut faire ce reproche à l'héroïque vertu des grands hommes, qu'elle a corrompu l'éloquence, ou du moins amolli le style de la plupart des prédicateurs. Au lieu de s'unir seulement avec les peuples pour bénir le Ciel de si rares présents qui en sont venus, ils ont entré en société avec les auteurs et les poëtes; et, devenus comme eux panégyristes, ils ont enchéri sur les épîtres dédicatoires, sur les stances et sur les prologues; ils ont changé la parole sainte en un tissu de louanges, justes à la vérité, mais mal placées, intéressées, que personne n'exige d'eux, et qui ne conviennent point à leur caractère. On est heureux si, à l'occasion du héros qu'ils célèbrent jusque dans le sanctuaire, ils disent un mot de Dieu et du mystère qu'ils devaient prêcher. Il s'en est trouvé quelques-uns qui, ayant assujetti le saint Évangile, qui doit être commun à tous, à la présence d'un seul auditeur, se sont vus déconcertés par des hasards qui le retenaient ailleurs, n'ont pu prononcer devant des chrétiens un discours chrétien qui n'était pas fait pour eux, et ont été suppléés par d'autres orateurs, qui n'ont eu le temps que de louer Dieu dans un sermon précipité[1].

⤻ *Théodule* a moins réussi que quelques-uns de ses auditeurs ne l'appréhendaient; ils sont contents de lui et de son

---

[1] On rapporte que l'abbé de Roquette, neveu de l'évêque d'Autun, ayant à prêcher devant le roi un jeudi saint, avait préparé un discours à sa louange; mais le roi n'ayant pu venir l'entendre, il n'osa monter en chaire et ne prononça pas son sermon.

discours ; il a mieux fait, à leur gré, que de charmer l'esprit et les oreilles, qui est de flatter leur jalousie.

↦ Le métier de la parole ressemble en une chose à celui de la guerre ; il y a plus de risques qu'ailleurs, mais la fortune y est plus rapide.

↦ Si vous êtes d'une certaine qualité, et que vous ne vous sentiez point d'autre talent que celui de faire de froids discours, prêchez, faites de froids discours : il n'y a rien de pire pour sa fortune que d'être entièrement ignoré. *Théodat* a été payé de ses mauvaises phrases et de son ennuyeuse monotonie.

↦ L'on a eu de grands évêchés par un mérite de chaire, qui présentement ne vaudrait pas à son homme une simple prébende.

↦ Le nom de ce panégyriste semble gémir sous le poids des titres dont il est accablé ; leur grand nombre remplit de vastes affiches qui sont distribuées dans les maisons, ou que l'on lit par les rues en caractères monstrueux, et qu'on en peut non plus ignorer que la place publique. Quand, sur une si belle montre, l'on a seulement essayé du personnage, et qu'on l'a un peu écouté, l'on reconnaît qu'il manque au dénombrement de ses qualités celle de mauvais prédicateur.

↦ L'oisiveté des femmes, et l'habitude qu'ont les hommes de les courir partout où elles s'assemblent, donnent du nom à de froids orateurs, et soutiennent quelque temps ceux qui ont décliné.

↦ Devrait-il suffire d'avoir été grand et puissant dans le monde pour être louable ou non, et, devant le saint autel et dans la chaire de la vérité, loué et célébré à ses funérailles ? N'y a-t-il point d'autre grandeur que celle qui vient de l'autorité et de la naissance ? Pourquoi n'est-il pas établi de faire publiquement le panégyrique d'un homme qui a excellé pendant sa vie dans la bonté, dans l'équité, dans la douceur, dans la fidélité, dans la piété? Ce qu'on appelle une oraison funèbre n'est aujourd'hui bien reçue du plus grand nombre des auditeurs qu'à mesure qu'elle s'éloigne davantage du discours chrétien, ou, si vous l'aimez mieux ainsi, qu'elle approche de plus près d'un éloge profane.

↦ L'orateur cherche par ses discours un évêché : l'apôtre fait des conversions; il mérite de trouver ce que l'autre cherche.

↦ L'on voit des clercs revenir de quelques provinces où ils n'ont pas fait un grand séjour, vains des conversions qu'ils ont trouvées toutes faites, comme de celles qu'ils n'ont pu faire, se comparer déjà aux Vincent et aux Xavier, et se croire des hommes apostoliques : de si grands travaux et de si heureuses missions ne seraient pas, à leur gré, payés d'une abbaye.

↦ Tel, tout d'un coup, et sans y avoir pensé la veille, prend du papier, une plume, dit en soi-même : Je vais faire un livre, sans autre talent pour écrire que le besoin qu'il a de cinquante pistoles. Je lui crie inutilement : Prenez une scie, *Dioscore*, sciez, ou bien tournez, ou faites une jante de roue; vous aurez votre salaire. Il n'a point fait l'apprentissage de tous ces métiers. Copiez donc, transcrivez, soyez au plus correcteur d'imprimerie, n'écrivez point. Il veut écrire et faire imprimer; et parce qu'on n'envoie pas à l'imprimeur un cahier blanc, il le barbouille de ce qui lui plaît: il écrirait volontiers que la Seine coule à Paris, qu'il y a sept jours dans la semaine, ou que le temps est à la pluie; et comme ce discours n'est ni contre la religion ni contre l'État, et qu'il ne fera point d'autre désordre dans le public que de lui gâter le goût et l'accoutumer aux choses fades et insipides, il passe à l'examen, il est imprimé, et, à la honte du siècle, comme pour l'humiliation des bons auteurs, réimprimé. De même, un homme dit en son cœur : Je précherai, et il prêche ; le voilà en chaire, sans autre talent ni vocation que le besoin d'un bénéfice.

↦ Un clerc mondain ou irréligieux, s'il monte en chaire, est déclamateur.

Il y a au contraire des hommes saints, et dont le seul caractère est efficace pour la persuasion : ils paraissent, et tout un peuple qui doit les écouter est déjà ému et comme persuadé par leur présence ; le discours qu'ils vont prononcer fera le reste.

↦ L'[1] de Meaux et le P. Bourdaloue me rappellent Démosthènes et Cicéron. Tous deux, maîtres dans l'éloquence de la chaire, ont eu le destin des grands modèles : l'un a fait de mauvais censeurs, l'autre de mauvais copistes.

↦ L'éloquence de la chaire, en ce qui y entre d'humain et du talent de l'orateur, est cachée, connue de peu de personnes, et d'une difficile exécution. Quel art en ce genre pour plaire en persuadant ! Il faut marcher par des chemins battus, dire ce qui a été dit, et ce que l'on prévoit que vous allez dire. Les matières sont grandes, mais usées et triviales ; les principes sûrs, mais dont les auditeurs pénètrent les conclusions d'une seule vue. Il y entre des sujets qui sont sublimes ; mais qui peut traiter le sublime ? Il y a des mystères que l'on doit expliquer, et qui s'expliquent mieux par une leçon de l'école que par un discours oratoire. La morale même de la chaire, qui comprend une matière aussi vaste et aussi diversifiée que le sont les mœurs des hommes, roule sur les mêmes pivots, retrace les mêmes images, et se prescrit des bornes bien plus étroites que la satire. Après l'invective commune contre les honneurs, les richesses et le plaisir, il ne reste plus à l'orateur qu'à courir à la fin de son discours et à congédier l'assemblée. Si quelquefois on pleure, si l'on est ému, après avoir fait attention

[1] L' pour l'évêque, Bossuet

au génie et au caractère de ceux qui font pleurer, peut-être conviendra-t-on que c'est la matière qui se prêche elle-même, et notre intérêt le plus capital qui se fait sentir ; que c'est moins une véritable éloquence que la ferme poitrine du missionnaire qui nous ébranle et qui cause en nous ces mouvements. Enfin, le prédicateur n'est point soutenu, comme l'avocat, par des faits toujours nouveaux, par de différents événements, par des aventures inouïes ; il ne s'exerce point sur les questions douteuses, il ne fait point valoir les violentes conjectures et les présomptions ; toutes choses néanmoins qui élèvent le génie, lui donnent de la force et de l'étendue, et qui contraignent bien moins l'éloquence qu'elles ne la fixent et ne la dirigent. Il doit, au contraire, tirer son discours d'une source commune, et où tout le monde puise ; et s'il s'écarte de ces lieux communs, il n'est plus populaire, il est abstrait ou déclamateur, il ne prêche plus l'Évangile. Il n'a besoin que d'une noble simplicité, mais il faut l'atteindre ; talent rare, et qui passe les forces du commun des hommes : ce qu'ils ont de génie, d'imagination, d'érudition et de mémoire, ne leur sert souvent qu'à s'en éloigner.

La fonction de l'avocat est pénible, laborieuse, et suppose, dans celui qui l'exerce, un riche fonds et de grandes ressources. Il n'est pas seulement chargé, comme le prédicateur, d'un certain nombre d'oraisons composées avec loisir, récitées de mémoire, avec autorité, sans contradicteurs, et qui, avec de médiocres changements, lui font honneur plus d'une fois. Il prononce de graves plaidoyers devant des juges qui peuvent lui imposer silence, et contre des adversaires qui l'interrompent ; il doit être prêt sur la réplique ; il parle en un même jour, dans divers tribunaux, de différentes affaires. Sa maison n'est pas pour lui un lieu de repos et de retraite, ni un asile contre les plaideurs ; elle est ouverte à tous ceux qui viennent l'accabler de leurs questions et de leurs doutes : il ne se met pas au lit, on ne l'essuie point, on ne lui prépare point des rafraîchissements ; il ne se fait point dans sa chambre un concours de monde de tous les états et de tous les sexes, pour le féliciter sur l'agrément et sur la politesse de son langage, lui remettre l'esprit sur un endroit où il a couru risque de demeurer court, ou sur un scrupule qu'il a sur le chevet d'avoir plaidé moins vivement qu'à l'ordinaire. Il se délasse d'un long discours par de plus longs écrits, il ne fait que changer de travaux et de fatigues : j'ose dire qu'il est, dans son genre, ce qu'étaient dans le leur les premiers hommes apostoliques.

Quand on a ainsi distingué l'éloquence du barreau de la fonction de l'avocat, et l'éloquence de la chaire du ministère du prédicateur, on croit voir qu'il est plus aisé de prêcher que de plaider, et plus difficile de bien prêcher que de bien plaider

↦ Quel avantage n'a pas un discours prononcé sur un ouvrage qui est écrit ! Les hommes sont les dupes de l'action et de la parole, comme de tout l'appareil de l'auditoire : pour peu de prévention qu'ils aient en faveur de celui qui parle, ils l'admirent, et cherchent ensuite à le comprendre : avant qu'il ait commencé, ils s'écrient qu'il va bien faire ; ils s'endorment bientôt, et le discours fini, ils se réveillent pour dire qu'il a bien fait. On se passionne moins pour un auteur : son ouvrage est lu dans le loisir de la campagne, ou dans le silence du cabinet ; il n'y a point de rendez-vous publics pour lui applaudir, encore moins de cabale pour lui sacrifier tous ses rivaux, et pour l'élever à la prélature. On lit son livre, quelque excellent qu'il soit, dans l'esprit de le trouver médiocre ; on le feuillette, on le discute, on le confronte ; ce ne sont pas des sons qui se perdent en l'air et qui s'oublient ; ce qui est imprimé demeure imprimé. On l'attend quelquefois plusieurs jours avant l'impression pour le décrier ; et le plaisir le plus délicat que l'on en tire vient de la critique qu'on en fait : on est piqué d'y trouver à chaque page des traits qui doivent plaire, on va même souvent jusqu'à appréhender d'en être diverti, et on ne quitte ce livre que parce qu'il est bon. Tout le monde ne se donne pas pour orateur; les phrases, les figures, le don de la mémoire, la robe ou l'engagement de celui qui prêche, ne sont pas des choses qu'on ose ou qu'on veuille toujours s'approprier. Chacun, au contraire, croit penser bien, et écrire encore mieux ce qu'il a pensé l en est moins favorable à celui qui pense et qui écrit aussi bien que lui. En un mot, le *sermonneur* est plus tôt évêque que le plus solide écrivain n'est revêtu d'un prieuré simple et dans la distribution des grâces, de nouvelles sont accordées à celui-là, pendant que l'auteur grave se tient heureux d'avoir ses restes.

↳ S'il arrive que les méchants vous haïssent et vous persécutent, les gens de bien vous conseillent de vous humilier devant Dieu, pour vous mettre en garde contre la vanité qui pourrait vous venir de déplaire à des gens de ce caractère : de même, si certains hommes, sujets à se récrier sur le médiocre, désapprouvent un ouvrage que vous aurez écrit, ou un discours que vous venez de prononcer en public, soit au barreau, soit dans la chaire, ou ailleurs, humiliez-vous, on ne peut guère être exposé à une tentation d'orgueil plus délicate et plus prochaine.

↳ Il me semble qu'un prédicateur devrait faire choix, dans chaque discours, d'une vérité unique, mais capitale, terrible ou instructive, la manier à fond, et l'épuiser; abandonner toutes ces divisions si recherchées, si retournées, si remaniées et si différenciées; ne point supposer ce qui est faux; je veux dire que le grand et le beau monde sait sa religion et ses devoirs; et ne pas appréhender de faire, ou à ces bonnes têtes, ou à ces esprits si raffinés, des catéchismes; ce temps si long que l'on use à composer un long ouvrage, l'employer à se rendre si maître de sa matière, que le tour et les expressions naissent dans l'action, et coulent de source ; se livrer, après une certaine préparation, à son génie et aux mouvements qu'un grand sujet peut inspirer : qu'il pourrait enfin s'épargner ces prodigieux efforts de mémoire, qui ressemblent mieux à une gageure qu'à une affaire sérieuse, qui corrompent le geste et défigurent le visage ; jeter au contraire, par un bel enthousiasme, la persuasion dans les esprits et l'alarme dans le cœur, et toucher ses auditeurs d'une tout autre crainte que de celle de le voir demeurer court.

↦ Que celui qui n'est pas encore assez parfait pour s'oublier soi-même dans le ministère de la parole sainte ne se décourage point par les règles austères qu'on lui prescrit, comme si elles lui ôtaient les moyens de faire montre de son esprit, et de monter aux dignités où il aspire : quel plus beau talent que celui de prêcher apostoliquement ? et quel autre mérite mieux un évêché ? Fénelon en était-il indigne ? aurait-il pu échapper au choix du prince que par un autre choix ?

DES ESPRITS FORTS.

Les esprits forts savent-ils qu'on les appelle ainsi par ironie ? Quelle plus grande faiblesse que d'être incertain quel est le principe de son être, de sa vie, de ses sens, de ses connaissances, et quelle en doit être la fin ? Quel découragement plus grand que de douter si son âme n'est point matière comme la pierre et le reptile, et si elle n'est point corruptible comme ces viles créatures ? N'y a-t-il pas plus de force et de grandeur à recevoir dans notre esprit l'idée d'un être supérieur à tous les êtres, qui les a tous faits, et à qui tous se doivent rapporter ; d'un être souverainement parfait, qui est pur, qui n'a point commencé et qui ne peut finir, dont notre âme est l'image, et, si j'ose dire, une portion, comme esprit et comme immortelle ?

↦ Le docile et le faible sont susceptibles d'impressions : l'un en reçoit de bonnes, l'autre de mauvaises ; c'est-à-dire que le premier est persuadé et fidèle, et que le second est entêté et corrompu. Ainsi, l'esprit docile admet la vraie religion ; et l'esprit faible, ou n'en admet aucune, ou en admet une fausse : or l'esprit fort, ou n'a point de religion, ou se fait une religion ; donc l'esprit fort, c'est l'esprit faible.

↦ J'appelle mondains, terrestres ou grossiers, ceux dont l'esprit et le cœur sont attachés à une petite portion de ce monde qu'ils habitent, qui est la terre ; qui n'estiment rien, qui n'aiment rien au delà : gens aussi limités que ce qu'ils appellent leurs possessions ou leur domaine, que l'on mesure, dont on compte les arpents, et dont on montre les bornes. Je ne m'étonne pas que des hommes qui s'appuient sur un atome chancellent, dans les moindres efforts qu'ils font pour sonder la vérité ; si, avec des vues si courtes, ils ne percent point, à travers le ciel et les astres, jusques à Dieu même ; si, ne s'apercevant point ou de l'excellence de ce qui est esprit, ou de la dignité de l'âme, ils ressentent encore moins combien elle est difficile à assouvir, combien la terre entière est au-dessous d'elle, de quelle nécessité lui devient un être souverainement parfait, qui est Dieu, et quel besoin indispensable elle a d'une religion qui le lui indique, et qui lui en est une caution sûre. Je comprends au contraire fort aisément qu'il est naturel à de tels esprits de tomber dans l'incrédulité ou l'indifférence, et de faire servir Dieu et la religion à la politique, c'est-à-dire à l'ordre et à la décoration de ce monde, la seule chose, selon eux, qui mérite qu'on y pense.

↦ Quelques-uns achèvent de se corrompre par de longs voyages, et perdent le peu de religion qui leur restait : ils voient de jour à autre un nouveau culte, diverses mœurs, diverses cérémonies. Ils ressemblent à ceux qui entrent dans les magasins, indéterminés sur le choix des étoffes qu'ils veulent acheter : le grand nombre de celles qu'on leur montre les rend plus indifférents; elles ont chacune leur agrément et leur bienséance : ils ne se fixent point, ils sortent sans emplette.

↦ Il y a des hommes qui attendent à être dévots et religieux que tout le monde se déclare impie et libertin : ce sera alors le parti du vulgaire; ils sauront s'en dégager. La singularité leur plaît dans une matière si sérieuse et si profonde; ils ne suivent la mode et le train commun que dans les choses de rien et de nulle suite : qui sait même s'ils n'ont pas déjà mis une sorte de bravoure et d'intrépidité à courir tout le risque de l'avenir? Il ne faut pas d'ailleurs que, dans une certaine condition, avec une certaine étendue d'esprit et de certaines vues, l'on songe à croire comme les savants et le peuple.

↦ L'on doute de Dieu dans une pleine santé, comme l'on doute que ce soit pécher que d'avoir un commerce avec une personne libre[1]. Quand l'on devient malade, et que l'hydropisie est formée, l'on quitte sa concubine, et l'on croit en Dieu.

↦ Il faudrait s'éprouver et s'examiner très-sérieusement, avant que de se déclarer esprit fort ou libertin[2], afin, au moins, et selon ses principes, de finir comme l'on a vécu; ou, si l'on ne se sent pas la force d'aller si loin, se résoudre de vivre comme l'on veut mourir.

↦ Toute plaisanterie dans un homme mourant est hors de sa place : si elle roule sur de certains chapitres, elle est

---

[1] Une fille. (*Note de l'auteur.*)
[2] *Libertin* avait, au XVIIIe siècle, le sens de libre penseur.

funeste. C'est une extrême misère que de donner à ses dépens, à ceux que l'on laisse, le plaisir d'un bon mot.

Dans quelque prévention où l'on puisse être sur ce qui doit suivre la mort, c'est une chose bien sérieuse que de mourir : ce n'est point alors le badinage qui sied bien, mais la constance.

↳ Il y a eu de tout temps de ces gens d'un bel esprit et d'une agréable littérature, esclaves des grands dont ils ont épousé le libertinage et porté le joug toute leur vie contre leurs propres lumières et contre leur conscience. Ces hommes n'ont jamais vécu que pour d'autres hommes, et ils semblent les avoir regardés comme leur dernière fin. Ils ont eu honte de se sauver à leurs yeux, de paraître tels qu'ils étaient peut-être dans le cœur, et ils se sont perdus par déférence ou par faiblesse. Y a-t-il donc sur la terre des grands assez grands et des puissants assez puissants pour mériter de nous que nous croyions et que nous vivions à leur gré, selon leur goût et leurs caprices, et que nous poussions la complaisance plus loin, en mourant non de la manière qui est la plus sûre pour nous, mais de celle qui leur plaît davantage?

↳ J'exigerais de ceux qui vont contre le train commun et les grandes règles, qu'ils sussent plus que les autres, qu'ils eussent des raisons claires, et de ces arguments qui emportent conviction.

↳ Je voudrais voir un homme sobre, modéré, chaste, équitable, prononcer qu'il n'y a point de Dieu; il parlerait du moins sans intérêt : mais cet homme ne se trouve point.

↳ J'aurais une extrême curiosité de voir celui qui serait persuadé que Dieu n'est point; il me dirait du moins la raison invincible qui a su le convaincre.

↦ L'impossibilité où je suis de prouver que Dieu n'est pas me découvre son existence.

↦ Dieu condamne et punit ceux qui l'offensent, seul juge en sa propre cause; ce qui répugne, s'il n'est lui-même la justice et la vérité, c'est-à-dire s'il n'est Dieu.

↦ Je sens qu'il y a un Dieu, et je ne sens pas qu'il n'y en ait point; cela me suffit, tout le raisonnement du monde m'est inutile : je conclus que Dieu existe. Cette conclusion est dans ma nature; j'en ai reçu les principes trop aisément dans mon enfance, et je les ai conservés depuis trop naturellement dans un âge plus avancé, pour les soupçonner de fausseté. Mais il y a des esprits qui se défont de ces principes. C'est une grande question s'il s'en trouve de tels; et, quand il serait ainsi, cela prouve seulement qu'il y a des monstres.

↦ L'athéisme n'est point. Les grands, qui en sont le plus soupçonnés, sont trop paresseux pour décider en leur esprit que Dieu n'est pas : leur indolence va jusqu'à les rendre froids et indifférents sur cet article si capital, comme sur la nature de leur âme, et sur les conséquences d'une vraie religion; ils ne nient ces choses ni ne les accordent; ils n'y pensent point.

↦ Nous n'avons pas trop de toute notre santé, de toutes nos forces, et de tout notre esprit, pour penser aux hommes ou au plus petit intérêt : il semble, au contraire, que la bienséance et la coutume exigent de nous que nous ne pensions à Dieu que dans un état où il ne reste en nous qu'autant de raison qu'il faut pour ne pas dire qu'il n'y en a plus.

↦ Un grand croit s'évanouir, et il meurt; un autre grand périt insensiblement, et perd chaque jour quelque chose de soi-même avant qu'il soit éteint : formidables leçons, mais inutiles! Des circonstances si marquées et si sensiblement opposées ne se relèvent point, et ne touchent personne. Les hommes n'y ont pas plus d'attention qu'à une fleur qui se fane ou à une feuille qui tombe ; ils envient les places qui demeurent vacantes, ou ils s'informent si elles sont remplies, et par qui

¶ Les hommes sont-ils assez bons, assez fidèles, assez équitables, pour mériter toute notre confiance, et ne nous pas faire désirer du moins que Dieu existât, à qui nous puissions appeler de leurs jugements et avoir recours quand nous en sommes persécutés ou trahis ?

¶ Si c'est le grand et le sublime de la religion qui éblouit ou qui confond les esprits forts, ils ne sont plus des esprits forts, mais de faibles génies et de petits esprits ; et, si c'est au contraire ce qu'il y a d'humble et de simple qui les rebute, ils sont à la vérité des esprits forts, et plus forts que tant de grands hommes si éclairés, si élevés, et néanmoins si fidèles, que les LÉON, les BASILE, les JÉRÔME, les AUGUSTIN.

¶ Un Père de l'Église, un docteur de l'Église, quels noms ! quelle tristesse dans leurs écrits ! quelle sécheresse, quelle froide dévotion, et peut-être quelle scolastique ! disent ceux qui ne les ont jamais lus. Mais plutôt quel étonnement pour tous ceux qui se sont fait une idée des Pères si éloignée de la vérité, s'ils voyaient dans leurs ouvrages plus de tour et de délicatesse, plus de politesse et d'esprit, plus de richesse d'expression et plus de force de raisonnement, des traits plus vifs et des grâces plus naturelles, que l'on n'en remarque dans la plupart des livres de ce temps, qui sont lus avec goût, qui donnent du nom et de la vanité à leurs auteurs ! Quel plaisir d'aimer la religion, et de la voir crue, soutenue, expliquée par de si beaux génies et par de si solides esprits ! surtout lorsque l'on vient à connaître que, pour l'étendue de connaissances, pour la profondeur et la pénétration, pour les principes de la pure philosophie, pour leur application et leur développement, pour la justesse des conclusions, pour la dignité du discours, pour la beauté de la morale et des sentiments, il n'y a rien, par exemple, que l'on puisse comparer à SAINT AUGUSTIN, que PLATON et que CICÉRON.

↦ L'homme est né menteur. La vérité est simple et ingénue; et il veut du spécieux et de l'ornement : elle n'est pas à lui, elle vient du ciel toute faite, pour ainsi dire, et dans toute sa perfection; et l'homme n'aime que son propre ouvrage, la fiction et la fable. Voyez le peuple : il controuve, il augmente, il charge, par grossièreté et par sottise; demandez même au plus honnête homme s'il est toujours vrai dans ses discours, s'il ne se surprend pas quelquefois dans des déguisements où engagent nécessairement la vanité et la légèreté; si, pour faire un meilleur conte, il ne lui échappe pas souvent d'ajouter à un fait qu'il récite une circonstance qui y manque. Une chose arrive aujourd'hui, et presque sous nos yeux; cent personnes qui l'ont vue la racontent en cent façons différentes; celui-ci, s'il est écouté, la dira encore d'une manière qui n'a pas été dite. Quelle créance donc pourrais-je donner à des faits qui sont anciens et éloignés de nous par plusieurs siècles? quel fondement dois-je faire sur les plus graves historiens? que devient l'histoire? César a-t-il été massacré au milieu du sénat? y a-t-il eu un César? Quelle conséquence! me dites-vous; quels doutes! quelle demande! Vous riez, vous ne me jugez pas digne d'aucune réponse; et je crois même que vous avez raison. Je suppose néanmoins que le livre qui fait mention de César ne soit pas un livre profane, écrit de la main des hommes, qui sont menteurs, trouvé par hasard dans les bibliothèques parmi d'autres manuscrits qui contiennent des histoires vraies ou apocryphes; qu'au contraire il soit inspiré, saint, divin; qu'il porte en soi ces caractères; qu'il se trouve depuis près de deux mille ans dans une société nombreuse qui n'a pas permis qu'on y ait fait pendant tout ce temps la moindre altération, et qui s'est fait une religion de le conserver dans toute son intégrité ; qu'il y ait même un engagement religieux et indispensable d'avoir de la foi pour tous les faits contenus dans ce volume où il est parlé de César et de sa dictature : avouez-le, *Lucile*, vous douterez alors qu'il y ait eu un César.

↦ Toute musique n'est pas propre à louer Dieu et à être entendue dans le sanctuaire ; toute philosophie ne parle pas dignement de Dieu, de sa puissance, des principes de ses opérations et de ses mystères : plus cette philosophie est subtile et idéale, plus elle est vaine et inutile pour expliquer des choses qui ne demandent des hommes qu'un sens droit pour être connues jusques à un certain point, et qui au delà sont inexplicables. Vouloir rendre raison de Dieu, de ses perfections, et si j'ose ainsi parler, de ses actions, c'est aller plus loin que les anciens philosophes, que les apôtres, que les premiers docteurs ; mais ce n'est pas rencontrer si juste, c'est creuser longtemps et profondément, sans trouver les sources de la vérité. Dès qu'on a abandonné les termes de bonté, de miséricorde, de justice et de toute-puissance, qui donnent de Dieu de si hautes et de si aimables idées, quelque grand effort d'imagination qu'on puisse faire, il faut recevoir les expressions sèches, stériles, vides de sens ; admettre les pensées creuses, écartées des notions communes, ou tout au plus les subtiles et les ingénieuses ; et, à mesure que l'on acquiert d'ouverture dans une nouvelle métaphysique, perdre un peu de sa religion[1].

↦ Jusques où les hommes ne se portent-ils point par l'intérêt de la religion, dont ils sont si peu persuadés, et qu'ils pratiquent si mal !

↦ Cette même religion que les hommes défendent avec chaleur et avec zèle contre ceux qui en ont une toute con-

---

[1] Cet article est dirigé contre Malebranche et ses disciples. (*E. Saisset.*)

traire; ils l'altèrent eux-mêmes dans leur esprit par des sentiments particuliers, ils y ajoutent et ils en retranchent mille choses souvent essentielles, selon ce qui leur convient, et ils demeurent fermes et inébranlables dans cette forme qu'ils lui ont donnée. Ainsi, à parler populairement, on peut dire d'une seule nation qu'elle vit sous un même culte, et qu'elle n'a qu'une seule religion; mais, à parler exactement, il est vrai qu'elle en a plusieurs, et que chacun presque y a la sienne.

↦ Deux sortes de gens fleurissent dans les cours, et y dominent dans divers temps, les libertins et les hypocrites : ceux-là gaiement, ouvertement, sans art et sans dissimulation; ceux-ci finement, par des artifices, par la cabale. Cent fois plus épris de la fortune que les premiers, ils en sont jaloux jusqu'à l'excès; ils veulent la gouverner, la posséder seuls, la partager entre eux et en exclure tout autre; dignités, charges, postes, bénéfices, pensions, honneurs, tout leur convient et ne convient qu'à eux, le reste des hommes en est indigne; ils ne comprennent point que sans leur attache on ait l'impudence de les espérer. Une troupe de masques entre dans un bal : ont-ils la main, ils dansent, ils se font danser les uns les autres, ils dansent encore, ils dansent toujours : ils ne rendent la main à personne de l'assemblée, quelque digne qu'elle soit de leur attention. On languit, on sèche de les voir danser et de ne danser point : quelques-uns murmurent; les plus sages prennent leur parti, et s'en vont.

↦ Il y a deux espèces de libertins : les libertins, ceux du moins qui croient l'être, et les hypocrites ou faux dévots, c'est-à-dire ceux qui ne veulent pas être crus libertins : les derniers, dans ce genre-là, sont les meilleurs.

Le faux dévot ou ne croit pas en Dieu, ou se moque de Dieu; parlons de lui obligeamment : il ne croit pas en Dieu.

↦ Si toute religion est une crainte respectueuse de la

Divinité, que penser de ceux qui osent la blesser dans s plus vive image, qui est le prince?

↳ Si l'on nous assurait que le motif secret de l'ambassade des Siamois[1] a été d'exciter le roi Très-Chrétien à renoncer au christianisme, à permettre l'entrée de son royaume aux *talapoins*, qui eussent pénétré dans nos maisons pour persuader leur religion à nos femmes, à nos enfants et à nous-mêmes, par leurs livres et par leurs entretiens; qui eussent élevé des *pagodes* au milieu des villes, où ils eussent placé des figures de métal pour être adorés, avec quelles risées et quel étrange mépris n'entendrions-nous pas des choses si extravagantes! Nous faisons cependant six mille lieues de mer pour la conversion des Indes, des royaumes de Siam, de la Chine et du Japon, c'est-à-dire pour faire très-sérieusement à tous ces peuples des propositions qui doivent leur paraître très-folles et très-ridicules. Ils supportent néanmoins nos religieux et nos prêtres; ils les écoutent quelquefois, leur laissent bâtir leurs églises et faire leurs missions : qui fait cela en eux et en nous? ne serait-ce point la force de la vérité?

↳ Il ne convient pas à toute sorte de personnes de lever l'étendard d'aumônier, et d'avoir tous les pauvres d'une ville assemblés à sa porte, qui y reçoivent leurs portions. Qui ne sait pas, au contraire, des misères plus secrètes, qu'il peut entreprendre de soulager, ou immédiatement et par ses secours, ou du moins par sa médiation? De même il n'est pas donné à tous de monter en chaire et d'y distribuer, en missionnaire ou en catéchiste, la parole sainte; mais qui n'a pas quelquefois sous sa main un libertin à réduire et à ramener, par de douces et insinuantes conversations, à la docilité? Quand on ne serait pendant sa vie que l'apôtre

---

[1] Envoyée au roi en 1680.

d'un seul homme, ce ne serait pas être en vain sur la terre, ni lui être un fardeau inutile.

↦ Il y a deux mondes : l'un où l'on séjourne peu, et dont l'on doit sortir pour n'y plus rentrer ; l'autre où l'on doit bientôt entrer pour n'en jamais sortir. La faveur, l'autorité, les amis, la haute réputation, les grands biens, servent pour le premier monde ; le mépris de toutes ces choses sert pour le second. Il s'agit de choisir.

↦ Qui a vécu un seul jour, a vécu un siècle : même soleil, même terre, même monde, mêmes sensations; rien ne ressemble mieux à aujourd'hui que demain. Il y aurait quelque curiosité à mourir, c'est-à-dire à n'être plus un corps, mais à être seulement esprit. L'homme cependant, impatient de la nouveauté, n'est point curieux sur ce seul article ; né inquiet et qui s'ennuie de tout, il ne s'ennuie point de vivre; il consentirait peut-être à vivre toujours. Ce qu'il voit de la mort le frappe plus violemment que ce qu'il en sait : la maladie, la douleur, le cadavre, le dégoûtent de la connaissance d'un autre monde; il faut tout le sérieux de la religion pour le réduire.

↦ Si Dieu avait donné le choix, ou de mourir ou de toujours vivre; après avoir médité profondément ce que c'est que de ne voir nulle fin à la pauvreté, à la dépendance, à l'ennui, à la maladie, ou de n'essayer des richesses, de la grandeur, des plaisirs et de la santé, que pour les voir changer inviolablement, et par la révolution des temps, en leurs contraires, et être ainsi le jouet des biens et des maux, l'on ne saurait guère à quoi se résoudre. La nature nous fixe et nous ôte l'embarras de choisir; et la mort, qu'elle nous rend nécessaire, est encore adoucie par la religion.

↦ Si ma religion était fausse, je l'avoue, voilà le piége le mieux dressé qu'il soit possible d'imaginer ; il était inévitable de ne pas donner tout au travers, et de n'y être pas pris : quelle majesté, quel éclat des mystères! quelle suite et quel enchaînement de toute la doctrine! quelle raison éminente!. quelle candeur, quelle innocence de mœurs! quelle force invincible et accablante des témoignages rendus successivement et pendant trois siècles entiers par des millions de personnes les plus sages, les plus modérées qui fussent alors sur la terre, et que le sentiment d'une même vérité soutient dans l'exil, dans les fers, contre la vue de la mort et du dernier supplice! Prenez l'histoire, ouvrez, remontez jusques au commencement du monde, jusques à la veille de sa naissance : y a-t-il eu rien de semblable dans tous les temps? Dieu même pouvait-il jamais mieux rencontrer pour me séduire? Par où échapper? où aller, où me jeter, je ne dis pas pour trouver rien de meilleur, mais quelque chose qui en approche? S'il faut périr, c'est par là que je veux périr; il m'est plus doux de nier Dieu que de l'accorder avec une tromperie si spécieuse et si entière : mais je l'ai approfondi, je ne puis être athée; je suis donc ramené et entraîné dans ma religion; c'en est fait.

↦ La religion est vraie, ou elle est fausse : si elle n'est qu'une vaine fiction, voilà, si l'on veut, soixante années perdues pour l'homme de bien, pour le chartreux ou le solitaire; ils ne courent pas un autre risque; mais si elle est fondée sur la vérité même, c'est alors un épouvantable malheur pour l'homme vicieux; l'idée seule des maux qu'il se prépare me trouble l'imagination; la pensée est trop faible pour les concevoir, et les paroles trop vaines pour les exprimer. Certes, en supposant même dans le monde moins de certitude qu'il ne s'en trouve en effet sur la vérité de la religion, il n'y a point pour l'homme un meilleur parti que la vertu.

↦ Je ne sais si ceux qui osent nier Dieu méritent qu'on s'efforce de le leur prouver, et qu'on les traite plus sérieusement que l'on n'a fait dans ce chapitre. L'ignorance, qui est leur caractère, les rend incapables des principes les plus clairs et des raisonnements les mieux suivis. Je consens néanmoins qu'ils lisent celui que je vais faire, pourvu qu'ils ne se persuadent pas que c'est tout ce que l'on pouvait dire sur une vérité si éclatante.

Il y a quarante ans que je n'étais point, et qu'il n'était pas en moi de pouvoir jamais être, comme il ne dépend pas de moi, qui suis une fois, de n'être plus. J'ai donc commencé, et je continue d'être par quelque chose qui est hors de moi, qui durera après moi, qui est meilleur et plus puissant que moi. Si ce quelque chose n'est pas Dieu, qu'on me dise ce que c'est.

Peut-être que moi qui existe n'existe ainsi que par la force d'une nature universelle qui a toujours été telle que nous la voyons, en remontant jusques à l'infinité des temps[1]. Mais cette nature, ou elle est seulement esprit, et c'est Dieu ; ou elle est matière, et ne peut par conséquent avoir créé mon esprit ; ou elle est un composé de matière et d'esprit, et alors ce qui est esprit dans la nature je l'appelle Dieu.

Peut-être aussi que ce que j'appelle mon esprit n'est qu'une portion de matière qui existe par la force d'une nature universelle, qui est aussi matière, qui a toujours été, et qui sera toujours telle que nous la voyons, et qui n'est point Dieu[2] : mais du moins faut-il m'accorder que ce que j'appelle mon esprit, quelque chose que ce puisse être, est une chose qui pense, et que, s'il est matière, il est nécessairement une matière qui pense ; car l'on ne me persuadera point qu'il n'y ait pas en moi quelque chose qui pense pendant que je fais ce raisonnement. Or, ce quelque chose qui est en moi et qui pense, s'il doit son être et sa conservation à une nature universelle, qui a toujours été et qui sera tou-

---

[1] Objection, ou système des libertins. (*Note de l'auteur.*)
[2] Instance des libertins. (*Idem.*)

jours, laquelle il reconnaisse comme sa cause, il faut indispensablement que ce soit à une nature universelle, ou qui pense, ou qui soit plus noble et plus parfaite que ce qui pense; et si cette nature ainsi faite est matière, l'on doit encore conclure que c'est une matière universelle qui pense, ou qui est plus noble et plus parfaite que ce qui pense.

Je continue, et je dis : Cette matière telle qu'elle vient d'être supposée, si elle n'est pas un être chimérique, mais réel, n'est pas aussi imperceptible à tous les sens; et si elle ne se découvre pas par elle-même, on la connaît du moins dans le divers arrangement de ses parties, qui constitue les corps, et qui en fait la différence : elle est donc elle-même tous ces différents corps; et comme elle est une matière qui pense selon la supposition, ou qui vaut mieux que ce qui pense, il s'ensuit qu'elle est telle du moins selon quelques-uns de ces corps, et, par une suite nécessaire, selon tous ces corps, c'est-à-dire qu'elle pense dans les pierres, dans les métaux, dans les mers, dans la terre, dans moi-même, qui ne suis qu'un corps, comme dans toutes les autres parties qui la composent. C'est donc à l'assemblage de ces parties si terrestres, si grossières, si corporelles, qui toutes ensemble sont la matière universelle ou ce monde visible, que je dois ce quelque chose qui est en moi, qui pense, et que j'appelle mon esprit; ce qui est absurde.

Si, au contraire, cette nature universelle, quelque chose que ce puisse être, ne peut pas être tous ces corps, ni aucun de ces corps, il suit de là qu'elle n'est point matière, ni perceptible par aucun des sens; si cependant elle pense, ou si elle est plus parfaite que ce qui pense, je conclus encore qu'elle est esprit, ou un être meilleur et plus accompli que ce qui est esprit : si d'ailleurs il ne reste plus à ce qui pense en moi et que j'appelle mon esprit, que cette nature universelle à laquelle il puisse remonter pour rencontrer sa première cause et son unique origine, parce qu'il ne trouve point son principe en soi, et qu'il le trouve encore moins dans la matière, ainsi qu'il a été démontré, alors je ne dispute point des noms; mais cette source originaire de tout esprit, qui est esprit elle-même, et qui est plus excellente que tout esprit, je l'appelle Dieu.

En un mot, je pense ; donc Dieu existe : car ce qui pense en moi, je ne le dois point à moi-même, parce qu'il n'a pas plus dépendu de moi de me le donner une première fois qu'il dépend encore de moi de me le conserver un seul instant : je ne le dois point à un être qui soit au-dessus de moi, et qui soit matière, puisqu'il est impossible que la matière soit au-dessus de ce qui pense : je le dois donc à un être qui est au-dessus de moi et qui n'est point matière; et c'est Dieu[1].

↦ De ce qu'une nature universelle qui pense exclut de soi généralement tout ce qui est matière, il suit nécessairement qu'un être particulier qui pense ne peut pas aussi admettre en soi la moindre matière : car, bien qu'un être universel qui pense renferme dans son idée infiniment plus de grandeur, de puissance, d'indépendance et de capacité, qu'un être particulier qui pense, il ne renferme pas néanmoins une plus grande exclusion de matière, puisque cette exclusion dans l'un et l'autre de ces deux êtres est aussi grande qu'elle peut être et comme infinie, et qu'il est autant impossible que ce qui pense en moi soit matière qu'il est inconcevable que Dieu soit matière : ainsi, comme Dieu est esprit, mon âme aussi est esprit.

↦ Je ne sais point si le chien choisit, s'il se ressouvient, s'il affectionne, s'il craint, s'il imagine, s'il pense : quand donc l'on me dit que toutes ces choses ne sont en lui ni passions, ni sentiments, mais l'effet naturel et nécessaire de la disposition de sa machine préparée par le divers arran-

[1] Ce paragraphe est inspiré de la troisième Méditation de Descartes.

gement des parties de la matière, je puis au moins acquiescer à cette doctrine. Mais je pense, et je suis certain que je pense : or, quelle proportion y a-t-il de tel ou de tel arrangement des parties de la matière, c'est-à-dire d'une étendue selon toutes ses dimensions, qui est longue, large et profonde, et qui est divisible dans tous ces sens, avec ce qui pense?

↦ Si tout est matière, et si la pensée en moi, comme dans tous les autres hommes, n'est qu'un effet de l'arrangement des parties de la matière, qui a mis dans le monde toute autre idée que celle des choses matérielles? La matière a-t-elle dans son fond une idée aussi pure, aussi simple, aussi immatérielle, qu'est celle de l'esprit? Comment peut-elle être le principe de ce qui la nie et l'exclut de son propre être? Comment est-elle dans l'homme ce qui pense, c'est-à-dire ce qui est à l'homme même une conviction qu'il n'est point matière?

↦ Il y a des êtres qui durent peu, parce qu'ils sont composés de choses très-différentes, et qui se nuisent réciproquement. Il y en a d'autres qui durent davantage, parce qu'ils sont plus simples; mais ils périssent, parce qu'ils ne laissent pas d'avoir des parties selon lesquelles ils peuvent être divisés. Ce qui pense en moi doit durer beaucoup, parce que c'est un être pur, exempt de tout mélange et de toute composition; et il n'y a pas de raison qu'il doive périr : car qui peut corrompre ou séparer un être simple et qui n'a point de parties?

↦ L'âme voit la couleur par l'organe de l'œil, et entend les sons par l'organe de l'oreille; mais elle peut cesser de voir ou d'entendre, quand ces sens ou ces objets lui manquent, sans que pour cela elle cesse d'être, parce que l'âme n'est point précisément ce qui voit la couleur, ou ce qui entend les sons; elle n'est que ce qui pense. Or, comment peut-elle cesser d'être telle? Ce n'est point par le défaut d'organe, puisqu'il est prouvé qu'elle n'est point matière ; ni par le défaut d'objet, tant qu'il y aura un Dieu et d'éternelles vérités : elle est donc incorruptible.

↦ Je ne conçois point qu'une âme que Dieu a voulu remplir de l'idée de son être infini et souverainement parfait, doive être anéantie.

↦ Voyez, *Lucile*, ce morceau de terre[1], plus propre et plus orné que les autres terres qui lui sont contiguës : ici, ce sont des compartiments mêlés d'eaux plates et d'eaux jaillissantes ; là, des allées en palissade qui n'ont pas de fin, et qui vous couvrent des vents du nord ; d'un côté, c'est un bois épais qui défend de tous les soleils, et d'un autre un beau point de vue ; plus bas, une Yvette, ou un Lignon, qui coulait obscurément entre les saules et les peupliers, est devenu un canal qui est revêtu ; ailleurs, de longues et fraîches avenues se perdent dans la campagne, et annoncent la maison, qui est entourée d'eau. Vous récrierez-vous : Quel jeu du hasard ! combien de belles choses se sont rencontrées ensemble inopinément ! Non, sans doute ; vous direz au contraire : Cela est bien imaginé et bien ordonné ; il règne ici un bon goût et beaucoup d'intelligence. Je parlerai comme vous, et j'ajouterai que ce doit être la demeure de quelqu'un de ces gens chez qui un NAUTRE[2] va tracer et prendre des alignements dès le jour même qu'ils sont en place. Qu'est-ce pourtant que cette pièce de terre ainsi disposée, et où tout l'art d'un ouvrier habile a été employé pour l'embellir, si même toute la terre n'est qu'un atome suspendu en l'air, et si vous écoutez ce que je vais dire ?

Vous êtes placé, ô Lucile, quelque part sur cet atome ; il faut donc que vous soyez bien petit, car vous n'y occupez pas une grande place. Cependant vous avez des yeux, qui

---

[1] Le parc de Chantilly.
[2] Le Nostre.

sont deux points imperceptibles; ne laissez pas de les ouvrir vers le ciel : qu'y apercevez-vous quelquefois? La lune dans son plein? Elle est belle alors et fort lumineuse, quoique sa lumière ne soit que la réflexion de celle du soleil : elle paraît grande comme le soleil, plus grande que les autres planètes, et qu'aucune des étoiles. Mais ne vous laissez pas tromper par les dehors; il n'y a rien au ciel de si petit que la lune : sa superficie est treize fois plus petite que celle de la terre, sa solidité quarante-huit fois; et son diamètre, de sept cent cinquante lieues, n'est que le quart de celui de la terre : aussi est-il vrai qu'il n'y a que son voisinage qui lui donne une si grande apparence, puisqu'elle n'est guère plus éloignée de nous que de trente fois le diamètre de la terre, ou que sa distance n'est que de cent mille lieues. Elle n'a presque pas même de chemin à faire en comparaison du vaste tour que le soleil fait dans les espaces du ciel; car il est certain qu'elle n'achève par jour que cinq cent quarante mille lieues : ce n'est par heure que vingt-deux mille cinq cents lieues, et trois cent soixante et quinze lieues dans une minute. Il faut, néanmoins, pour accomplir cette course, qu'elle aille cinq mille six cents fois plus vite qu'un cheval de poste qui ferait quatre lieues par heure; qu'elle vole quatre-vingts fois plus légèrement que le son, que le bruit, par exemple, du canon et du tonnerre, qui parcourt en une heure deux cent soixante et dix-sept lieues.

Mais quelle comparaison de la lune au soleil pour la grandeur, pour l'éloignement, pour la course! vous verrez qu'il n'y en a aucune. Souvenez-vous seulement du diamètre de la terre, il est de trois mille lieues; celui du soleil est cent fois plus grand, il est donc de trois cent mille lieues. Si c'est là sa largeur en tous sens, quelle peut être toute sa superficie! quelle sa solidité! Comprenez-vous bien cette étendue, et qu'un million de terres comme la nôtre ne seraient toutes ensemble pas plus grosses que le soleil? Quel est donc, direz-vous, son éloignement, si l'on en juge par son apparence? Vous avez raison, il est prodigieux; il est démontré qu'il ne peut pas y avoir de la terre au soleil moins de dix mille diamètres de la terre, autrement moins de trente millions de lieues : peut-être y a-t-il quatre fois, six fois, dix fois plus loin; on n'a aucune méthode pour déterminer cette distance.

Pour aider seulement votre imagination à se la représenter, supposons une meule de moulin qui tombe du soleil sur la terre; donnons-lui la plus grande vitesse qu'elle soit capable d'avoir, celle même que n'ont pas les corps tombant de fort haut; supposons encore qu'elle conserve toujours cette même vitesse, sans en acquérir et sans en perdre; qu'elle parcourt quinze toises par chaque seconde de temps, c'est-à-dire la moitié de l'élévation des plus hautes tours, et ainsi neuf cents toises en une minute; passons-lui mille toises en une minute pour une plus grande facilité; mille toises font une demi-lieue commune; ainsi en deux minutes la meule fera une lieue, et en une heure elle en fera trente, et en un jour elle fera sept cent vingt lieues : or, elle a trente millions à traverser avant que d'arriver à terre; il lui faudra donc quarante-un mille six cent soixante-six jours, qui sont plus de cent quatorze années, pour faire ce voyage. Ne vous effrayez pas, Lucile, écoutez-moi : la distance de la terre à Saturne est au moins décuple de celle de la terre au soleil; c'est vous dire qu'elle ne peut être moindre que de trois cents millions de lieues, et que cette pierre emploierait plus de onze cent quarante ans pour tomber de Saturne en terre.

Par cette élévation de Saturne, élevez vous-même, si vous le pouvez, votre imagination à concevoir quelle doit être l'immensité du chemin qu'il parcourt chaque jour au-dessus de nos têtes : le cercle que Saturne décrit a plus de six cents millions de lieues de diamètre, et par conséquent plus de dix-huit cents millions de lieues de circonférence;

un cheval anglais qui ferait dix lieues par heure n'aurait à courir que vingt mille cinq cent quarante-huit ans pour faire ce tour.

Je n'ai pas tout dit, ô Lucile! sur le miracle de ce monde visible, ou, comme vous parlez quelquefois, sur les merveilles du hasard, que vous admettez seul pour la cause première de toutes choses. Il est encore un ouvrier plus admirable que vous ne pensez : connaissez le hasard, laissez-vous instruire de toute la puissance de votre Dieu. Savez-vous que cette distance de trente millions de lieues qu'il y a de la terre au soleil, et celle de trois cents millions de lieues de la terre à Saturne, sont si peu de chose, comparées à l'éloignement qu'il y a de la terre aux étoiles, que ce n'est pas même s'énoncer assez juste que de se servir, sur le sujet de ces distances, du terme de comparaison? Quelle proportion, à la vérité, de ce qui se mesure, quelque grand qu'il puisse être, avec ce qui ne se mesure pas? On ne connaît point la hauteur d'une étoile; elle est, si j'ose ainsi parler, *immensurable*; il n'y a plus ni angles, ni sinus, ni parallaxes, dont on puisse s'aider. Si un homme observait à Paris une étoile fixe, et qu'un autre la regardât du Japon, les deux lignes qui partiraient de leurs yeux pour aboutir jusqu'à cet astre ne feraient pas un angle, et se confondraient en une seule et même ligne, tant la terre entière n'est pas espace par rapport à cet éloignement. Mais les étoiles ont cela de commun avec Saturne et avec le soleil : il faut dire quelque chose de plus. Si deux observateurs, l'un sur la terre et l'autre dans le soleil, observaient en même temps une étoile, les deux rayons visuels de ces deux observateurs ne formeraient point d'angle sensible. Pour concevoir la chose autrement, si un homme était situé dans une étoile, notre soleil, notre terre, et les trente millions de lieues qui les séparent, lui paraîtraient un même point : cela est démontré.

On ne sait pas aussi la distance d'une étoile d'avec une autre étoile, quelque voisines qu'elles nous paraissent. Les

Pléiades se touchent presque, à en juger par nos yeux : une étoile paraît assise sur l'une de celles qui forment la queue de la grande Ourse; à peine la vue peut-elle atteindre à discerner la partie du ciel qui les sépare, c'est comme une étoile qui paraît double. Si cependant tout l'art des astronomes est inutile pour en marquer la distance, que doit-on penser de l'éloignement de deux étoiles qui en effet paraissent éloignées l'une de l'autre, et à plus forte raison des deux polaires? Quelle est donc l'immensité de la ligne qui passe d'une polaire à l'autre? et que sera-ce que le cercle dont cette ligne est le diamètre ? Mais n'est-ce pas quelque chose de plus que de sonder les abîmes, que de vouloir imaginer la solidité du globe, dont ce cercle n'est qu'une section? Serons-nous encore surpris que ces mêmes étoiles, si démesurées dans leur grandeur, ne nous paraissent néanmoins que comme des étincelles? N'admirerons-nous pas plutôt que d'une hauteur si prodigieuse elles puissent conserver une certaine apparence, et qu'on ne les perde pas toutes de vue? Il n'est pas aussi imaginable combien il nous en échappe. On fixe le nombre des étoiles : oui, de celles qui sont apparentes; le moyen de compter celles qu'on n'aperçoit point, celles, par exemple, qui composent la voie de lait, cette trace lumineuse qu'on remarque au ciel, dans une nuit sereine, du nord au midi, et qui, par leur extraordinaire élévation, ne pouvant percer jusqu'à nos yeux pour être vues chacune en particulier, ne font au plus que blanchir cette route des cieux où elles sont placées?

Me voilà donc sur la terre comme sur un grain de sable qui ne tient à rien, et qui est suspendu au milieu des airs : un nombre presque infini de globes de feu d'une grandeur inexprimable et qui confond l'imagination, d'une hauteur qui surpasse nos conceptions, tournent, roulent autour de ce grain de sable, et traversent chaque jour, depuis plus de six mille ans, les vastes et immenses espaces des cieux. Voulez-vous un autre système, et qui ne diminue rien du merveilleux? La terre elle-même est emportée avec une rapidité inconcevable autour du soleil, le centre de l'univers. Je me les représente tous ces globes, ces corps effroyables qui sont en marche; ils ne s'embarrassent point l'un l'autre, ils ne se choquent point, ils ne se dérangent point : si le plus petit d'eux tous venait à se démentir et à rencontrer la terre, que deviendrait la terre? Tous au contraire sont en leur place, demeurent dans l'ordre qui leur est prescrit, suivent la route qui leur est marquée, et si paisiblement à notre égard, que personne n'a l'oreille assez fine pour les entendre marcher, et que le vulgaire ne sait pas s'ils sont au monde. O économie merveilleuse du hasard! l'intelligence même pourrait-elle mieux réussir? Une seule chose, Lucile, me fait de la peine : ces grands corps sont si précis et si constants dans leur marche, dans leurs révolutions et dans tous leurs rapports, qu'un petit animal relégué en un coin de cet espace immense qu'on appelle le monde, après les avoir observés, s'est fait une méthode infaillible de prédire à quel point de leur course tous ces astres se trouveront d'aujourd'hui en deux, en quatre, en vingt mille ans. Voilà mon scrupule, Lucile; si c'est par hasard qu'ils observent des règles si invariables, qu'est-ce que l'ordre? qu'est-ce que la règle?

Je vous demanderai même ce que c'est que le hasard : est-il corps? est-il esprit? est-ce un être distingué des autres êtres, qui ait son existence particulière, qui soit quelque part? ou plutôt n'est-ce pas un mode, ou une façon d'être? Quand une boule rencontre une pierre, l'on dit : C'est un hasard; mais est-ce autre chose que ces deux corps qui se choquent fortuitement? Si par ce hasard ou cette rencontre la boule ne va plus droit, mais obliquement; si son mouvement n'est plus direct, mais réfléchi; si elle ne roule plus sur son axe, mais qu'elle tournoie et qu'elle pirouette, conclurai-je que c'est par ce même hasard qu'en général la boule est en mouvement? ne soupçonnerai-je pas plus volontiers qu'elle se meut ou de soi-même, ou par l'impulsion du bras qui l'a jetée? Et parce que les roues d'une pendule sont déterminées l'une par l'autre à un mouvement circulaire d'une telle ou telle vitesse, examinerai-je moins curieusement quelle peut être la cause de tous ces mouvements, s'ils se font d'eux-mêmes ou par la force mouvante d'un poids qui les emporte? Mais ni ces roues, ni cette boule, n'ont pu se donner le mouvement d'eux-mêmes, ou ne l'ont point par leur nature, s'ils peuvent le perdre sans changer de nature : il y a donc apparence qu'ils sont mus d'ailleurs, et par une puissance qui leur est étrangère. Et les corps célestes, s'ils venaient à perdre leur mouvement, changeraient-ils de nature? seraient-ils moins des corps? Je ne me l'imagine pas ainsi; ils se meuvent cependant, et ce n'est point d'eux-mêmes et par leur nature. Il faudrait donc chercher, ô Lucile, s'il n'y a point hors d'eux un principe qui les fait mouvoir; qui que vous trouviez, je l'appelle Dieu.

Si nous supposions que ces grands corps sont sans mouvement, on ne demanderait plus, à la vérité, qui les met en mouvement, mais on serait toujours reçu à demander qui a fait ces corps, comme on peut s'informer qui a fait ces roues ou cette boule; et quand chacun de ces grands corps serait supposé un amas fortuit d'atomes qui se sont liés et enchaînés ensemble par la figure et la conformation de leurs parties[1], je prendrais un de ces atomes et je dirais : Qui a créé cet atome? Est-il matière? est-il intelligence? A-t-il eu quelque idée de soi-même, avant que de se faire soi-même? Il était donc un moment avant que d'être; il était et il n'était pas tout à la fois; et s'il est auteur de son être et de sa manière d'être, pourquoi s'est-il fait corps plutôt qu'esprit? Bien plus, cet atome n'a-t-il point commencé? est-il éternel? est-il infini? Ferez-vous un Dieu de cet atome?

---

[1] Allusion au système d'Épicure.

Le ciron a des yeux, il se détourne à la rencontre des objets qui lui pourraient nuire; quand on le met sur de l'ébène pour le mieux remarquer, si, dans le temps qu'il marche vers un côté, on lui présente le moindre fétu, il change de route : est-ce un jeu du hasard que son cristallin, sa rétine et son nerf optique?

L'on voit, dans une goutte d'eau que le poivre qu'on y a mis tremper a altérée, un nombre presque innombrable de petits animaux, dont le microscope nous fait apercevoir la figure, et qui se meuvent avec une rapidité incroyable, comme autant de monstres dans une vaste mer; chacun de ces animaux est plus petit mille fois qu'un ciron, et néanmoins c'est un corps qui vit, qui se nourrit, qui croît, qui doit avoir des muscles, des vaisseaux équivalents aux veines, aux nerfs, aux artères, et un cerveau pour distribuer les esprits animaux.

Une tache de moisissure de la grandeur d'un grain de sable paraît dans le microscope comme un amas de plusieurs plantes très-distinctes, dont les unes ont des fleurs, les autres des fruits; il y en a qui n'ont que des boutons à demi ouverts; il y en a quelques-unes qui sont fanées : de quelle étrange petitesse doivent être les racines et les filtres qui séparent les aliments de ces petites plantes! Et si l'on vient à considérer que ces plantes ont leurs graines, ainsi que les chênes et les pins, et que ces petits animaux dont je viens de parler se multiplient par voie de génération, comme les éléphants et les baleines, où cela ne mène-t-il point? Qui a su travailler à des ouvrages si délicats, si fins, qui échappent à la vue des hommes, et qui tiennent de l'infini comme les cieux, bien que dans l'autre extrémité? Ne serait-ce point celui qui a fait les cieux, les astres, ces masses énormes, épouvantables par leur grandeur, par leur élévation, par la rapidité et l'étendue de leur course, et qui se joue de les faire mouvoir?

⁂ Il est de fait que l'homme jouit du soleil, des astres des cieux et de leurs influences, comme il jouit de l'air qu'il respire, et de la terre sur laquelle il marche et qui le soutient ; et s'il fallait ajouter à la certitude d'un fait la convenance ou la vraisemblance, elle y est tout entière, puisque les cieux et tout ce qu'ils contiennent ne peuvent pas entrer en comparaison, pour la noblesse et la dignité, avec le moindre des hommes qui sont sur la terre, et que la proportion qui se trouve entre eux et lui est celle de la matière incapable de sentiment, qui est seulement une étendue selon trois dimensions, à ce qui est esprit, raison, ou intelligence. Si l'on dit que l'homme aurait pu se passer à moins pour sa conservation, je réponds que Dieu ne pouvait moins faire pour étaler son pouvoir, sa bonté et sa magnificence, puisque, quelque chose que nous voyions qu'il ait faite, il pouvait faire infiniment davantage.

Le monde entier, s'il est fait pour l'homme, est littéralement la moindre chose que Dieu ait faite pour l'homme ; la preuve s'en tire du fond de la religion : ce n'est donc ni vanité ni présomption à l'homme de se rendre sur ses avantages à la force de la vérité ; ce serait en lui stupidité et aveuglement de ne pas se laisser convaincre pas l'enchaînement des preuves dont la religion se sert pour lui faire connaître ses priviléges, ses ressources, ses espérances, pour lui apprendre ce qu'il est et ce qu'il peut devenir. Mais la lune est habitée ; il n'est pas du moins impossible qu'elle le soit. Que parlez-vous, Lucile, de la lune, et à quel propos ? En supposant Dieu, quelle est en effet la chose impossible ? Vous demandez peut-être si nous sommes les seuls dans l'univers que Dieu ait si bien traités ; s'il n'y a point dans la lune ou d'autres hommes, ou d'autres créatures que Dieu ait aussi favorisées ? Vaine curiosité ! frivole demande ! La terre, Lucile, est habitée ; nous l'habitons, et nous savons que nous l'habitons ; nous avons nos preuves, notre évidence, nos convictions, sur tout ce que nous devons penser de Dieu et de nous-mêmes; que ceux qui peuplent les globes célestes, quels qu'ils puissent être, s'inquiètent pour eux-mêmes; ils ont leurs soins et nous les nôtres. Vous avez, Lucile, observé la lune; vous avez reconnu ses taches, ses abîmes, ses inégalités, sa hauteur, son étendue, son cours, ses éclipses : tous les astronomes n'ont pas été plus loin. Imaginez de nouveaux instruments, observez-la avec plus d'exactitude : voyez-vous qu'elle soit peuplée, et de quels animaux? ressemblent-ils aux hommes? sont-ce des hommes? Laissez-moi voir après vous; et si nous sommes convaincus l'un et l'autre que des hommes habitent la lune, examinons alors s'ils sont chrétiens, et si Dieu a partagé ses faveurs entre eux et nous.

➻ Tout est grand et admirable dans la nature; il ne s'y voit rien qui ne soit marqué au coin de l'ouvrier; ce qui s'y voit quelquefois d'irrégulier et d'imparfait suppose règle et perfection. Homme vain et présomptueux! faites un vermisseau que vous foulez aux pieds, que vous méprisez : vous avez horreur du crapaud, faites un crapaud, s'il est possible. Quel excellent maître que celui qui fait des ouvrages, je ne dis pas que les hommes admirent, mais qu'ils craignent! Je ne vous demande pas de vous mettre à votre atelier pour faire un homme d'esprit, un homme bien fait, une belle femme; l'entreprise est forte et au-dessus de vous : essayez seulement de faire un bossu, un fou, un monstre, je suis content.

Rois, monarques, potentats, sacrées majestés, vous ai-je nommés par tous vos superbes noms? grands de la terre, très-hauts, très-puissants, et peut-être bientôt *tout-puissants seigneurs,* nous autres hommes nous avons besoin, pour nos moissons, d'un peu de pluie, de quelque chose de moins, d'un peu de rosée : faites de la rosée, envoyez sur la terre une goutte d'eau.

L ordre, la décoration, les effets de la nature, sont populaires; les causes, les principes, ne le sont point. Demandez à une femme comment un bel œil n'a qu'à s'ouvrir pour voir, demandez-le à un homme docte.

↦ Plusieurs millions d'années, plusieurs centaines de millions d'années, en un mot tous les temps, ne sont qu'un instant, comparés à la durée de Dieu, qui est éternelle : tous les espaces du monde entier ne sont qu'un point, qu'un léger atome, comparés à son immensité. S'il est ainsi, comme je l'avance, car quelle proportion du fini à l'infini? je demande : Qu'est-ce que le cours de la vie d'un homme? qu'est-ce qu'un grain de poussière qu'on appelle la terre? qu'est-ce qu'une petite portion de cette terre que l'homme possède et qu'il habite? Les méchants prospèrent pendant qu'ils vivent : quelques méchants, je l'avoue. La vertu est opprimée et le crime impuni sur la terre : quelquefois, j'en conviens. C'est une injustice. Point du tout : il faudrait, pour tirer cette conclusion, avoir prouvé qu'absolument les méchants sont heureux, que la vertu ne l'est pas, et que le crime demeure impuni; il faudrait du moins que ce peu de temps où les bons souffrent et où les méchants prospèrent eût une durée, et que ce que nous appelons prospérité et fortune ne fût pas une apparence fausse et une ombre vaine qui s'évanouit; que cette terre, cet atome, où il paraît que la vertu et le crime rencontrent si rarement ce qui leur est dû, fût le seul endroit de la scène où se doivent passer la punition et les récompenses.

De ce que je pense je n'infère pas plus clairement que je suis esprit, que je conclus de ce que je fais ou ne fais point, selon qu'il me plaît, que je suis libre : or, liberté, c'est choix, autrement une détermination volontaire au bien ou au mal, et ainsi une action bonne ou mauvaise, et ce qu'on appelle vertu ou crime. Que le crime absolument soit impuni, il est vrai, c'est injustice; qu'il le soit sur la terre, c'est un mystère. Supposons pourtant, avec l'athée, que c'est injustice : toute injustice est une négation ou une privation de justice ; donc toute injustice suppose justice. Toute justice est une conformité à une souveraine raison : je demande, en effet, quand il n'a pas été raisonnable que le crime soit puni, à moins qu'on ne dise que c'est quand le triangle avait moins de trois angles ; or, toute conformité à la raison est une vérité ; cette conformité, comme il vient d'être dit, a toujours été ; elle est donc de celles que l'on appelle des éternelles vérités. Cette vérité, d'ailleurs, ou n'est point et ne peut être, ou elle est l'objet d'une connaissance ; elle est donc éternelle, cette connaissance, et c'est Dieu.

Les dénoûments qui découvrent les crimes les plus cachés, et où la précaution des coupables pour les dérober aux yeux des hommes a été plus grande, paraissent si simples et si faciles, qu'il semble qu'il n'y ait que Dieu seul qui puisse en être l'auteur ; et les faits d'ailleurs que l'on en rapporte sont en si grand nombre, que s'il plaît à quelques-uns de les attribuer à de purs hasards, il faut donc qu'ils soutiennent que le hasard, de tout temps, a passé en coutume.

↳ Si vous faites cette supposition, que tous les hommes qui peuplent la terre, sans exception, soient chacun dans l'abondance, et que rien ne leur manque, j'infère de là que nul homme qui est sur la terre n'est dans l'abondance, et que tout lui manque. Il n'y a que deux sortes de richesses, et auxquelles les autres se réduisent, l'argent et les terres : si tous sont riches, qui cultivera les terres, et qui fouillera les mines ? Ceux qui sont éloignés des mines ne les fouilleront pas, ni ceux qui habitent des terres incultes et minérales ne pourront pas en tirer des fruits : on aura recours au commerce, et on le suppose. Mais si les hommes abondent de biens, et que nul ne soit dans le cas de vivre par son travail, qui transportera d'une région à une autre les lingots ou les choses échangées? qui mettra des vaisseaux en mer? qui se chargera de les conduire? qui entreprendra des caravanes? On manquera alors du nécessaire et des choses utiles. S'il n'y a plus de besoins, il n'y a plus d'arts, plus de sciences, plus d'invention, plus de mécanique. D'ailleurs cette égalité de possessions et de richesses en établit une autre dans les conditions, bannit toute subordination, réduit les hommes à se servir eux-mêmes, et à ne pouvoir être secourus les uns des autres, rend les lois frivoles et inutiles, entraîne une anarchie universelle, attire la violence, les injures, les massacres, l'impunité.

Si vous supposez, au contraire, que tous les hommes sont pauvres, en vain le soleil se lève pour eux sur l'horizon, en vain il échauffe la terre et la rend féconde, en vain le ciel verse sur elle ses influences, les fleuves en vain l'arrosent et répandent dans les diverses contrées la fertilité et l'abondance; inutilement aussi la mer laisse sonder ses abîmes profonds, les rochers et les montagnes s'ouvrent pour laisser fouiller dans leur sein et en tirer tous les trésors qu'ils y renferment. Mais si vous établissez que, de tous les hommes répandus dans le monde, les uns soient riches et les autres pauvres et indigents, vous faites alors que le besoin rapproche mutuellement les hommes, les lie, les réconcilie : ceux-ci servent, obéissent, inventent, travaillent, cultivent, perfectionnent; ceux-là jouissent, nourrissent, secourent, protègent, gouvernent : tout ordre est rétabli, et Dieu se découvre.

↳ Mettez l'autorité, les plaisirs et l'oisiveté d'un côté; la dépendance, les soins et la misère de l'autre : ou ces choses sont déplacées par la malice des hommes, ou Dieu n'est pas Dieu.

Une certaine inégalité dans les conditions, qui entretient l'ordre et la subordination, est l'ouvrage de Dieu, ou suppose une loi divine : une trop grande disproportion, et telle qu'elle se remarque parmi les hommes, est leur ouvrage, ou la loi des plus forts.

Les extrémités sont vicieuses, et partent de l'homme ; toute compensation est juste, et vient de Dieu.

—•(•)•—

Si on ne goûte point ces Caractères, je m'en étonne ; et si on les goûte, je m'en étonne de même.

FIN DES CARACTÈRES DE LA BRUYÈRE.

DISCOURS

PRONONCÉ

DANS L'ACADÉMIE FRANÇAISE.

PRÉFACE.

Ceux qui, interrogés sur le discours que je fis à l'Académie française le jour que j'eus l'honneur d'y être reçu, ont dit sèchement que j'avais fait des caractères, croyant le blâmer, en ont donné l'idée la plus avantageuse que je pouvais moi-même désirer : car le public ayant approuvé ce genre d'écrire où je me suis appliqué depuis quelques années, c'était le prévenir en ma faveur que de faire une telle réponse. Il ne restait plus que de savoir si je n'aurais pas dû renoncer aux caractères, dans le discours dont il s'agissait; et cette question s'évanouit dès qu'on sait que l'usage a prévalu qu'un nouvel académicien compose celui qu'il doit prononcer le jour de sa réception de l'éloge du roi, de ceux du cardinal de Richelieu, du chancelier Séguier, de la personne à qui il succède, et de l'Académie française. De ces cinq éloges, il y en a quatre de personnels; or, je demande à mes censeurs qu'ils me posent si bien la différence qu'il y a des éloges personnels aux caractères qui louent, que je la puisse sentir, et avouer ma faute. Si, chargé de faire quelque autre harangue, je retombe encore dans des peintures, c'est alors qu'on pourra écouter leur critique, et peut-être me condamner. Je dis peut-être, puisque les caractères, ou du moins les images des choses et des personnes, sont inévitables dans l'oraison, que tout écrivain est peintre, et tout excellent écrivain excellent peintre.

J'avoue que j'ai ajouté à ces tableaux, qui étaient de commande, les louanges de chacun des hommes illustres qui composent l'Académie française ; et ils ont dû me le pardonner, s'ils ont fait attention qu'autant pour ménager leur pudeur que pour éviter les caractères, je me suis abstenu de toucher à leurs personnes, pour ne parler que de leurs ouvrages, dont j'ai fait des éloges publics plus ou moins étendus, selon que les sujets qu'ils y ont traités pouvaient l'exiger. J'ai loué des académiciens encore vivants, disent quelques-uns. Il est vrai ; mais je les ai loués tous : qui d'entre eux aurait une raison de se plaindre ? C'est une coutume toute nouvelle, ajoutent-ils, et qui n'avait point encore eu d'exemple. Je veux en convenir, et que j'ai pris soin de m'écarter des lieux communs et des phrases proverbiales usées depuis si longtemps, pour avoir servi à un nombre infini de pareils discours depuis la naissance de l'Académie française. M'était-il donc si difficile de faire entrer Rome et Athènes, le Lycée et le Portique, dans l'éloge de cette savante compagnie ? *Être au comble de ses vœux de se voir académicien; protester que ce jour où l'on jouit pour la première fois d'un si rare bonheur est le plus beau jour de sa vie; douter si cet honneur qu'on vient de recevoir est une chose vraie ou qu'on ait songée; espérer de puiser désormais à la source les plus pures eaux de l'éloquence française; n'avoir accepté, n'avoir désiré une telle place que pour profiter des lumières de tant de personnes si éclairées; promettre que, tout indigne de leur choix qu'on se reconnaît, on s'efforcera de s'en rendre digne :* cent autres formules de pareils compliments sont-elles si rares et si peu connues que je n'eusse pu les trouver, les placer, et en mériter des applaudissements ?

Parce donc que j'ai cru que, quoi que l'envie et l'injustice publient de l'Académie française, quoi qu'elles veuillent dire de son âge d'or et de sa décadence, elle n'a jamais, depuis son établissement, rassemblé un si grand nombre de personnages illustres pour toutes sortes de talents et en tout genre d'érudition qu'il est facile aujourd'hui d'y en remarquer; et que, dans cette prévention où je suis, je n'ai pas espéré que cette compagnie pût être une autre fois plus belle à peindre, ni prise dans un jour plus favorable, et que je me suis servi de l'occasion, ai-je rien fait qui doive m'attirer les moindres reproches? Cicéron a pu louer impunément Brutus, César, Pompée, Marcellus, qui étaient vivants, qui étaient présents; il les a loués plusieurs fois; il les a loués seuls, dans le sénat, souvent en présence de leurs ennemis, toujours devant une compagnie jalouse de leur mérite, et qui avait bien d'autres délicatesses de politique sur la vertu des grands hommes que n'en saurait avoir l'Académie française. J'ai loué les académiciens, je les ai loués tous, et ce n'a pas été impunément : que me serait-il arrivé si je les avais blâmés tous?

Je viens d'entendre, a dit Théobalde, *une grande vilaine harangue qui m'a fait bâiller vingt fois, et qui m'a ennuyé à la mort.* Voilà ce qu'il a dit, et voilà ensuite ce qu'il a fait, lui et peu d'autres qui ont cru devoir entrer dans les mêmes intérêts. Ils partirent pour la cour le lendemain de la prononciation de ma harangue ; ils allèrent de maisons en maisons; ils dirent aux personnes auprès de qui ils ont accès que je leur avais balbutié la veille un discours où il n'y avait ni style ni sens commun, qui était rempli d'extravagances, et une vraie satire. Revenus à Paris, ils se cantonnèrent en divers quartiers, où ils répandirent tant de venin contre moi, s'acharnèrent si fort à diffamer cette harangue, soit dans leurs conversations, soit dans les lettres qu'ils écrivirent à leurs amis dans les provinces, en dirent tant de mal, et le persuadèrent si fortement à qui ne l'avait pas entendue, qu'ils crurent pouvoir insinuer au public, ou que les caractères faits de la même main étaient mauvais, ou que, s'ils étaient bons, je n'en étais pas l'auteur, mais qu'une femme de mes amies m'avait fourni ce qu'il y avait de plus supportable. Ils prononcèrent aussi que je n'étais pas capable de faire rien de suivi, pas même la moindre préface; tant ils estimaient impraticable à un homme même qui est dans l'habitude de penser, et d'écrire ce qu'il pense, l'art de lier ses pensées et de faire des transitions.

Ils firent plus : violant les lois de l'Académie française, qui défend aux académiciens d'écrire ou de faire écrire contre leurs confrères, ils lâchèrent sur moi deux auteurs [1] associés à une même gazette; ils les animèrent, non pas à publier contre moi une satire fine et ingénieuse, ouvrage trop au-dessous des uns et des autres, *facile à manier, et dont les moindres esprits se trouvent capables,* mais à me dire de ces injures grossières et personnelles, si difficiles à rencontrer, si pénibles à prononcer ou à écrire, surtout à des gens à qui je veux croire qu'il reste encore quelque pudeur et quelque soin de leur réputation.

Et en vérité je ne doute point que le public ne soit enfin étourdi et fatigué d'entendre, depuis quelques années, de vieux corbeaux croasser autour de ceux qui, d'un vol libre et d'une plume légère, se sont élevés à quelque gloire par leurs écrits. Ces oiseaux lugubres semblent, par leurs cris continuels, leur vouloir imputer le décri universel où tombe nécessairement tout ce qu'ils exposent au grand jour de l'impression; comme si on était cause qu'ils manquent de force et d'haleine, ou qu'on dût être responsable de cette médiocrité répandue sur leurs ouvrages. S'il s'imprime un livre de mœurs assez mal digéré pour tomber de soi-même et ne pas exciter leur jalousie, ils le louent volontiers, et plus volontiers encore ils n'en parlent point; mais s'il est tel que le monde en parle, ils l'attaquent avec furie. Prose, vers, tout est sujet à leur censure, tout est en proie à une haine implacable, qu'ils ont conçue contre ce qui ose paraître dans quelque perfection, et avec les signes d'une

---

[1] De Visé et Th. Corneille, qui écrivaient dans le *Mercure galant.*

approbation publique. On ne sait plus quelle morale leur fournir qui leur agrée; il faudra leur rendre celle de la Serre ou de Desmarets, et, s'ils en sont crus, revenir au *Pédagogue chrétien* et à la *Cour sainte*. Il paraît une nouvelle satire écrite contre les vices en général, qui, d'un vers fort et d'un style d'airain, enfonce ses traits contre l'avarice, l'excès du jeu, la chicane, la mollesse, l'ordure et l'hypocrisie, où personne n'est nommé ni désigné, où nulle femme vertueuse ne peut ni ne doit se reconnaître; un BOURDALOUE en chaire ne fait point de peintures du crime ni plus vives ni plus innocentes[1] : il n'importe, *c'est médisance, c'est calomnie!* Voilà, depuis quelque temps, leur unique ton, celui qu'ils emploient contre les ouvrages de mœurs qui réussissent : ils y prennent tout littéralement, ils les lisent comme une histoire, ils n'y entendent ni la poésie, ni la figure; ainsi ils les condamnent; ils y trouvent des endroits faibles : il y en a dans Homère, dans Pindare, dans Virgile et dans Horace : où n'y en a-t-il point? si ce n'est peut-être dans leurs écrits. BERNIN n'a pas manié le marbre ni traité toutes ses figures d'une égale force; mais on ne laisse pas de voir, dans ce qu'il a moins heureusement rencontré, de certains traits si achevés, tout proches de quelques autres qui le sont moins, qu'ils découvrent aisément l'excellence de l'ouvrier : si c'est un cheval, les crins sont tournés d'une main hardie, ils voltigent et semblent être le jouet du vent; l'œil est ardent, les naseaux soufflent le feu et la vie; un ciseau de maître s'y retrouve en mille endroits; il n'est pas donné à ses copistes ni à ses envieux d'arriver à de telles fautes par leurs chefs-d'œuvre : l'on voit bien que c'est quelque chose de manqué par un habile homme, et une faute de PRAXITÈLE.

Mais qui sont ceux qui, si tendres et si scrupuleux, ne peuvent même supporter que, sans blesser et sans nommer

---

[1] Il s'agit de la dixième satire de Boileau.

les vicieux, on se déclare contre le vice? Sont-ce des chartreux et des solitaires? sont-ce les jésuites, hommes pieux et éclairés? sont-ce ces hommes religieux qui habitent en France les cloîtres et les abbayes? Tous, au contraire, lisent ces sortes d'ouvrages, et en particulier, et en public, à leurs récréations; ils en inspirent la lecture à leurs pensionnaires, à leurs élèves; ils en dépeuplent les boutiques, ils les conservent dans leurs bibliothèques. N'ont-ils pas les premiers reconnu le plan et l'économie du livre des Caractères? N'ont-ils pas observé que, de seize chapitres qui le composent, il y en a quinze qui, s'attachant à découvrir le faux et le ridicule qui se rencontrent dans les objets des passions et des attachements humains, ne tendent qu'à ruiner tous les obstacles qui affaiblissent d'abord, et qui éteignent ensuite, dans tous les hommes, la connaissance de Dieu : qu'ainsi ils ne sont que des préparations au seizième et dernier chapitre, où l'athéisme est attaqué, et peut-être confondu; où les preuves de Dieu, une partie du moins de celles que les faibles hommes sont capables de recevoir dans leur esprit, sont apportées; où la providence de Dieu est défendue contre l'insulte et les plaintes des libertins? Qui sont donc ceux qui osent répéter contre un ouvrage si sérieux et si utile ce continuel refrain : *C'est médisance, c'est calomnie!* Il faut les nommer: ce sont des poëtes; mais quels poëtes? Des auteurs d'hymnes sacrées ou des traducteurs de psaumes, des Godeaux ou des Corneilles? Non, mais des faiseurs de stances et d'élégies amoureuses, de ces beaux esprits qui tournent un sonnet sur une absence ou sur un retour, qui font une épigramme sur une belle gorge, et un madrigal sur une jouissance. Voilà ceux qui, par délicatesse de conscience, ne souffrent qu'impatiemment qu'en ménageant les particuliers avec toutes les précautions que la prudence peut suggérer, j'essaye, dans mon livre des Mœurs, de décrier, s'il est possible, tous les vices du cœur et de l'esprit, de rendre l'homme raisonnable et plus proche de devenir chrétien. Tels ont été les Théobaldes, ou ceux du moins qui travaillent sous eux et dans leur atelier.

Ils sont encore allés plus loin : car, palliant d'une politique zélée le chagrin de ne se sentir pas à leur gré si bien loués et si longtemps que chacun des autres académiciens, ils ont osé faire des applications délicates et dangereuses de l'endroit de ma harangue où, m'exposant seul à prendre le parti de toute la littérature contre leurs plus irréconciliables ennemis, gens pécunieux, que l'excès d'argent ou qu'une fortune faite par de certaines voies, jointe à la faveur des grands, qu'elle leur attire nécessairement, mène jusqu'à une froide insolence, je leur fais à la vérité à tous une vive apostrophe, mais qu'il n'est pas permis de détourner de dessus eux pour la rejeter sur un seul, et sur tout autre.

Ainsi en usent à mon égard, excités peut-être par les Théobaldes [1], ceux qui, se persuadant qu'un auteur écrit seulement pour les amuser par la satire, et point du tout pour les instruire par une saine morale, au lieu de prendre pour eux et de faire servir à la correction de leurs mœurs les divers traits qui sont semés dans un ouvrage, s'appliquent à découvrir, s'ils le peuvent, quels de leurs amis ou de leurs ennemis ces traits peuvent regarder, négligent dans un livre tout ce qui n'est que remarques solides ou sérieuses réflexions, quoiqu'en si grand nombre qu'elles le composent presque tout entier, pour ne s'arrêter qu'aux peintures ou aux caractères; et, après les avoir expliqués à leur manière et en avoir cru trouver les originaux, donnent au public de longues listes, ou, comme ils les appellent, des clefs : fausses clefs, et qui leur sont aussi inutiles qu'elles sont injurieuses aux personnes dont les noms s'y voient déchiffrés, et à l'écrivain qui en est la cause, quoique innocente.

J'avais pris la précaution de protester, dans une préface,

---

[1] Thomas Corneille et Fontenelle, au dire de Trublet dans ses *Mémoires sur Fontenelle*.

contre toutes ces interprétations, que quelque connaissance que j'ai des hommes m'avait fait prévoir, jusqu'à hésiter quelque temps si je devais rendre mon livre public, et à balancer entre le désir d'être utile à ma patrie par mes écrits, et la crainte de fournir à quelques-uns de quoi exercer leur malignité. Mais, puisque j'ai eu la faiblesse de publier ces Caractères, quelle digue élèverai-je contre ce déluge d'explications qui inonde la ville, et qui bientôt va gagner la cour? Dirai-je sérieusement, et protesterai-je avec d'horribles serments, que je ne suis ni auteur ni complice de ces clefs qui courent; que je n'en ai donné aucune; que mes plus familiers amis savent que je les leur ai toutes refusées; que les personnes les plus accréditées de la cour ont désespéré d'avoir mon secret? N'est-ce pas la même chose que si je me tourmentais beaucoup à soutenir que je ne suis pas un malhonnête homme, un homme sans pudeur, sans mœurs, sans conscience, tel enfin que les gazetiers dont je viens de parler ont voulu me représenter dans leur libelle diffamatoire?

Mais, d'ailleurs, comment aurais-je donné ces sortes de clefs, si je n'ai pu moi-même les forger telles qu'elles sont et que je les ai vues? Étant presque toutes différentes entre elles, quel moyen de les faire servir à une même entrée, je veux dire à l'intelligence de mes remarques? Nommant des personnes de la cour et de la ville à qui je n'ai jamais parlé, que je ne connais point, peuvent-elles partir de moi et être distribuées de ma main? Aurais-je donné celles qui se fabriquent à Romorantin, à Mortagne et à Belesme, dont les différentes applications sont à la baillive, à la femme de l'assesseur, au président de l'élection, au prévôt de la maréchaussée et au prévôt de la collégiale? Les noms y sont fort bien marqués; mais ils ne m'aident pas davantage à connaître les personnes. Qu'on me permette ici une vanité sur mon ouvrage : je suis presque disposé à croire qu'il faut que mes peintures expriment bien l'homme en général, puisqu'elles ressemblent à tant de particuliers, et que chacun y croit voir ceux de sa ville ou de sa province. J'ai peint, à la vérité, d'après nature, mais je n'ai pas toujours songé à peindre celui-ci ou celle-là dans mon livre des Mœurs. Je ne me suis point loué au public pour faire des portraits qui ne fussent que vrais et ressemblants, de peur que quelquefois ils ne fussent pas croyables et ne parussent feints ou imaginés : me rendant plus difficile, je suis allé plus loin ; j'ai pris un trait d'un côté et un trait d'un autre ; et, de ces divers traits qui pouvaient convenir à une même personne, j'en ai fait des peintures vraisemblables, cherchant moins à réjouir les lecteurs par le caractère, ou, comme le disent les mécontents, par la satire de quelqu'un, qu'à leur proposer des défauts à éviter et des modèles à suivre.

Il me semble donc que je dois être moins blâmé que plaint de ceux qui, par hasard, verraient leurs noms écrits dans ces insolentes listes, que je désavoue et que je condamne autant qu'elles le méritent. J'ose même attendre d'eux cette justice, que, sans s'arrêter à un auteur moral qui n'a eu nulle intention de les offenser par son ouvrage, ils passeront jusqu'aux interprètes, dont la noirceur est inexcusable. Je dis en effet ce que je dis, et nullement ce qu'on assure que j'ai voulu dire ; et je réponds encore moins de ce qu'on me fait dire, et que je ne dis point. Je nomme nettement les personnes que je veux nommer, toujours dans la vue de louer leur vertu ou leur mérite ; j'écris leurs noms en lettres capitales, afin qu'on les voie de loin, et que le lecteur ne coure pas risque de les manquer. Si j'avais voulu mettre des noms véritables aux peintures moins obligeantes, je me serais épargné le travail d'emprunter des noms de l'ancienne histoire, d'employer des lettres initiales, qui n'ont qu'une signification vaine et incertaine, de trouver enfin mille tours et mille faux-fuyants pour dépayser ceux qui me lisent, et les dégoûter des applications. Voilà la conduite que j'ai tenue dans la composition des Caractères.

Sur ce qui concerne la harangue, qui a paru longue et

ennuyeuse au chef des mécontents, je ne sais en effet pourquoi j'ai tenté de faire de ce remercîment à l'Académie française un discours oratoire qui eût quelque force et quelque étendue. De zélés académiciens m'avaient déjà frayé ce chemin; mais ils se sont trouvés en petit nombre, et leur zèle pour l'honneur et pour la réputation de l'Académie n'a eu que peu d'imitateurs. Je pouvais suivre l'exemple de ceux qui, postulant une place dans cette compagnie sans avoir jamais rien écrit, quoiqu'ils sachent écrire, annoncent dédaigneusement, la veille de leur réception, qu'ils n'ont que deux mots à dire et qu'un moment à parler, quoique capables de parler longtemps et de parler bien.

J'ai pensé, au contraire, qu'ainsi que nul artisan n'est agrégé à aucune société ni n'a ses lettres de maîtrise sans faire son chef-d'œuvre, de même, et avec encore plus de bienséance, un homme associé à un corps qui ne s'est soutenu et ne peut jamais se soutenir que par l'éloquence, se trouvait engagé à faire, en y entrant, un effort en ce genre, qui le fît aux yeux de tous paraître digne du choix dont il venait de l'honorer. Il me semblait encore que, puisque l'éloquence profane ne paraissait plus régner au barreau, d'où elle a été bannie par la nécessité de l'expédition, et qu'elle ne devait plus être admise dans la chaire, où elle n'a été que trop soufferte, le seul asile qui pouvait lui rester était l'Académie française; et qu'il n'y avait rien de plus naturel, ni qui pût rendre cette compagnie plus célèbre, que si, au sujet des réceptions de nouveaux académiciens, elle savait quelquefois attirer la cour et la ville à ses assemblées, par la curiosité d'y entendre des pièces d'éloquence d'une juste étendue, faites de main de maîtres, et dont la profession est d'exceller dans la science de la parole.

Si je n'ai pas atteint mon but, qui était de prononcer un discours éloquent, il me paraît du moins que je me suis disculpé de l'avoir fait trop long de quelques minutes : car, si d'ailleurs Paris, à qui on l'avait promis mauvais, satirique et insensé, s'est plaint qu'on lui avait manqué de parole; si Marly, où la curiosité de l'entendre s'était répandue, n'a point retenti d'applaudissements que la cour ait donnés à la critique qu'on en avait faite; s'il a su franchir Chantilly, écueil des mauvais ouvrages; si l'Académie française, à qui j'avais appelé comme au juge souverain de ces sortes de pièces, étant assemblée extraordinairement, a adopté celle-ci, l'a fait imprimer par son libraire, l'a mise dans ses archives; si elle n'était pas en effet composée *d'un style affecté, dur et interrompu*, ni chargée de louanges fades et outrées, telles qu'on les lit dans les *prologues d'opéras*, et dans tant *d'épîtres dédicatoires*, il ne faut plus s'étonner qu'elle ait ennuyé Théobalde. Je vois les temps, le public me permettra de le dire, où ce ne sera pas assez de l'approbation qu'il aura donnée à un ouvrage pour en faire la réputation, et que, pour y mettre le dernier sceau, il sera nécessaire que de certaines gens le désapprouvent, qu'ils y aient bâillé.

Car voudraient-ils, présentement qu'ils ont reconnu que cette harangue a moins mal réussi dans le public qu'ils ne l'avaient espéré, qu'ils savent que deux libraires ont plaidé[1] à qui l'imprimerait, voudraient-ils désavouer leur goût et le jugement qu'ils en ont porté dans les premiers jours qu'elle fut prononcée? Me permettraient-ils de publier, ou seulement de soupçonner, une tout autre raison de l'âpre censure qu'ils en firent, que la persuasion où ils étaient qu'elle le méritait? On sait que cet homme, d'un nom et d'un mérite si distingué[2] avec qui j'eus l'honneur d'être reçu à l'Académie française, prié, sollicité, persécuté de consentir à l'impression de sa harangue, par ceux mêmes qui voulaient supprimer la mienne et en éteindre la mémoire, leur résista toujours avec fermeté. Il leur dit *qu'il ne pouvait ni*

---

[1] L'instance était aux requêtes de l'Hôtel. (*Note de l'auteur.*)
[2] L'abbé Bignon.

ne devait approuver une distinction si odieuse qu'ils voulaient faire entre lui et moi; que la préférence qu'ils donnaient à son discours avec cette affectation et cet empressement qu'ils lui marquaient, bien loin de l'obliger, comme ils pouvaient le croire, lui faisait au contraire une véritable peine; que deux discours également innocents, prononcés dans le même jour, devaient être imprimés dans le même temps. Il s'expliqua ensuite obligeamment, en public et en particulier, sur le violent chagrin qu'il ressentait de ce que les deux auteurs de la gazette que j'ai cités avaient fait servir les louanges qu'il leur avait plu de lui donner à un dessein formé de médire de moi, de mon Discours et de mes Caractères; et il me fit, sur cette satire injurieuse, des explications et des excuses qu'il ne me devait point. Si donc on voulait inférer de cette conduite des Théobaldes, qu'ils ont cru faussement avoir besoin de comparaisons et d'une harangue folle et décriée pour relever celle de mon collègue, ils doivent répondre, pour se laver de ce soupçon, qui les déshonore, qu'ils ne sont ni courtisans, ni dévoués à la faveur, ni intéressés, ni adulateurs; qu'au contraire ils sont sincères, et qu'ils ont dit naïvement ce qu'ils pensaient du plan, du style et des expressions de mon remercîment à l'Académie française. Mais on ne manquera pas d'insister et de leur dire que le jugement de la cour et de la ville, des grands et du peuple, lui a été favorable. Qu'importe! Ils répliqueront avec confiance que le public a son goût, et qu'ils ont le leur; réponse qui ferme la bouche et qui termine tout différend. Il est vrai qu'elle m'éloigne de plus en plus de vouloir leur plaire par aucun de mes écrits; car, si j'ai un peu de santé avec quelques années de vie, je n'aurai plus d'autre ambition que celle de rendre, par des soins assidus et par de bons conseils, mes ouvrages tels, qu'ils puissent toujours partager les Théobaldes et le public.

DISCOURS

PRONONCÉ

DANS L'ACADÉMIE FRANÇAISE

Le lundi quinzième juin 1693

Messieurs,

Il serait difficile d'avoir l'honneur de se trouver au milieu de vous, d'avoir devant ses yeux l'Académie française, d'avoir lu l'histoire de son établissement, sans penser d'abord à celui à qui elle en est redevable, et sans se persuader qu'il n'y a rien de plus naturel, et qui doive moins vous déplaire, que d'entamer ce tissu de louanges qu'exigent le devoir et la coutume, par quelques traits où ce grand cardinal soit reconnaissable, et qui en renouvellent la mémoire.

Ce n'est point un personnage qu'il soit facile de rendre ni d'exprimer par de belles paroles ou par de riches figures, par ces discours moins faits pour relever le mérite de celui que l'on veut peindre, que pour montrer tout le feu et toute la vivacité de l'orateur. Suivez le règne de Louis le Juste : c'est la vie du cardinal de Richelieu, c'est son éloge et celui du prince qui l'a mis en œuvre. Que pourrais-je ajouter à des faits encore récents et si mémorables? Ouvrez son Testament politique, digérez cet ouvrage : c'est la peinture de son esprit; son âme tout entière s'y développe; l'on y découvre le secret de sa conduite et de ses actions; l'on y trouve la source et la vraisemblance de tant et de si grands événements qui ont paru sous son administration : l'on y voit sans peine qu'un homme qui pense si virilement et si juste a pu agir sûrement et avec succès, et que celui qui a achevé de si grandes choses, ou n'a jamais écrit, ou a dû écrire comme il a fait.

Génie fort et supérieur, il a su tout le fond et tout le mystère du gouvernement; il a connu le beau et le sublime du ministère; il a respecté l'étranger, ménagé les couronnes, connu le poids de leur alliance; il a opposé des alliés à des ennemis; il a veillé aux intérêts du dehors, à ceux du dedans; il n'a oublié que les siens : une vie laborieuse et languissante, souvent exposée, a été le prix d'une si haute vertu; dépositaire des trésors de son maître, comblé de ses bienfaits, ordonnateur, dispensateur de ses finances, on ne saurait dire qu'il est mort riche.

Le croirait-on, Messieurs? cette âme sérieuse et austère, formidable aux ennemis de l'État, inexorable aux factieux, plongée dans la négociation, occupée tantôt à affaiblir le parti de l'hérésie, tantôt à déconcerter une ligue, et tantôt à méditer une conquête, a trouvé le loisir d'être savante, a goûté les belles-lettres et ceux qui en faisaient profession. Comparez-vous, si vous l'osez, au grand Richelieu, hommes dévoués à la fortune, qui, par le succès de vos affaires particulières, vous jugez dignes que l'on vous confie les affaires publiques; qui vous donnez pour des génies heureux et pour de bonnes têtes; qui dites que vous ne savez rien, que vous n'avez jamais lu, que vous ne lirez point, ou pour marquer l'inutilité des sciences, ou pour paraître ne devoir rien aux autres, mais puiser tout de votre fonds. Apprenez que le cardinal de Richelieu a su, qu'il a lu; je ne dis pas qu'il n'a point eu d'éloignement pour les gens de lettres, mais qu'il les a aimés, caressés, favorisés : qu'il leur a ménagé des priviléges, qu'il leur destinait des pensions, qu'il les a réunis en une compagnie célèbre, qu'il en a fait l'Académie française. Oui, hommes riches et ambitieux, contempteurs de la vertu, et de toute association qui ne roule pas sur les établissements et sur l'intérêt, celle-ci est une des pensées de ce grand ministre, né homme d'État, dévoué à l'État ; esprit solide, éminent, capable dans ce qu'il faisait des motifs les plus relevés et qui tendaient au bien public comme à la gloire de la monarchie ; incapable de concevoir jamais rien qui ne fût digne de lui, du prince qu'il servait, de la France, à qui il avait consacré ses méditations et ses veilles.

Il savait quelle est la force et l'utilité de l'éloquence, la puissance de la parole qui aide la raison et la fait valoir, qui insinue aux hommes la justice et la probité, qui porte dans le cœur du soldat l'intrépidité et l'audace, qui calme les émotions populaires, qui excite à leurs devoirs les compagnies entières ou la multitude : il n'ignorait pas quels sont les fruits de l'histoire et de la poésie, quelle est la nécessité de la grammaire, la base et le fondement des autres sciences ; et que, pour conduire ces choses à un degré de perfection qui les rendît avantageuses à la république, il fallait dresser le plan d'une compagnie où la vertu seule fût admise, le mérite placé, l'esprit et le savoir rassemblés par des suffrages. N'allons pas plus loin : voilà, Messieurs, vos principes et votre règle, dont je ne suis qu'une exception.

Rappelez en votre mémoire, la comparaison ne vous sera pas injurieuse, rappelez ce grand et premier concile où les Pères qui le composaient étaient remarquables chacun par quelques membres mutilés, ou par les cicatrices qui leur étaient restées des fureurs de la persécution ; ils semblaient tenir de leurs plaies le droit de s'asseoir dans cette assemblée générale de toute l'Église : il n'y avait aucun de vos illustres prédécesseurs qu'on ne s'empressât de voir, qu'on ne montrât dans les places, qu'on ne désignât par quelque ouvrage fameux qui lui avait fait un grand nom, et qui lui donnait rang dans cette Académie naissante qu'ils avaient comme fondée. Tels étaient ces grands artisans de la parole, ces premiers maîtres de l'éloquence française; tels vous êtes, Messieurs, qui ne cédez ni en savoir ni en mérite à nul de ceux qui vous ont précédés.

L'un[1], aussi correct dans sa langue que s'il l'avait apprise par règles et par principes, aussi élégant dans les langues étrangères que si elles lui étaient naturelles, en quelque idiome qu'il compose, semble toujours parler celui de son pays : il a entrepris, il a fini une pénible traduction que le plus bel esprit pourrait avouer, et que le plus pieux personnage devrait désirer d'avoir faite.

L'autre[2] fait revivre Virgile parmi nous, transmet dans notre langue les grâces et les richesses de la latine, fait des romans qui ont une fin, en bannit le prolixe et l'incroyable, pour y substituer le vraisemblable et le naturel.

Un autre[3], plus égal que Marot et plus poëte que Voiture, a le jeu, le tour, et la naïveté de tous les deux; il instruit en badinant, persuade aux hommes la vertu par l'organe des bêtes, élève les petits sujets jusqu'au sublime : homme unique dans son genre d'écrire; toujours original, soit qu'il invente, soit qu'il traduise; qui a été au-delà de ses modèles, modèle lui-même difficile à imiter.

Celui-ci[4] passe Juvénal, atteint Horace, semble créer les pensées d'autrui et se rendre propre tout ce qu'il manie; il a, dans ce qu'il emprunte des autres, toutes les grâces de la nouveauté et tout le mérite de l'invention. Ses vers, forts

---

[1] L'abbé de Choisy, qui a fait une traduction de *l'Imitation de Jésus-Christ.*

[2] Ségrais, traducteur des *Géorgiques,* et auquel on attribuait les romans de Mme de la Fayette.

[3] La Fontaine.

[4] Boileau.

et harmonieux, faits de génie, quoique travaillés avec art, pleins de traits et de poésie, seront lus encore quand la langue aura vieilli, en seront les derniers débris : on y remarque une critique sûre, judicieuse et innocente, s'il est permis du moins de dire de ce qui est mauvais qu'il est mauvais.

Cet autre[1] vient après un homme loué, applaudi, admiré, dont les vers volent en tous lieux et passent en proverbe, qui prime, qui règne sur la scène, qui s'est emparé de tout le théâtre : il ne l'en dépossède pas, il est vrai; mais il s'y établit avec lui : le monde s'accoutume à en voir faire la comparaison. Quelques-uns ne souffrent pas que Corneille, le grand Corneille, lui soit préféré; quelques autres, qu'il lui soit égalé : ils en appellent à l'autre siècle; ils attendent la fin de quelques vieillards qui, touchés indifféremment de tout ce qui rappelle leurs premières années, n'aiment peut-être dans OEdipe que le souvenir de leur jeunesse.

Que dirai-je de ce personnage[2] qui a fait parler si longtemps une envieuse critique et qui l'a fait taire; qu'on admire malgré soi, qui accable par le grand nombre et par l'éminence de ses talents? Orateur, historien, théologien, philosophe, d'une rare érudition, d'une plus rare éloquence, soit dans ses entretiens, soit dans ses écrits, soit dans la chaire; un défenseur de la religion, une lumière de l'Église; parlons d'avance le langage de la postérité, un Père de l'Église. Que n'est-il point? Nommez, Messieurs, une vertu qui ne soit pas la sienne.

Toucherai-je aussi votre dernier choix, si digne de vous[3]? Quelles choses vous furent dites dans la place où je me trouve! Je m'en souviens : et, après ce que vous avez en-

---

[1] Racine.
[2] Bossuet.
[3] Fénelon, reçu à l'Académie la même année que la Bruyère.

tendu, comment osé-je parler? comment daignez-vous m'entendre? Avouons-le, on sent la force et l'ascendant de ce rare esprit, soit qu'il prêche de génie et sans préparation, soit qu'il prononce un discours étudié et oratoire, soit qu'il explique ses pensées dans la conversation : toujours maître de l'oreille et du cœur de ceux qui l'écoutent, il ne leur permet pas d'envier ni tant d'élévation, ni tant de facilité, de délicatesse, de politesse : on est assez heureux de l'entendre, de sentir ce qu'il dit, et comme il le dit; on doit être content de soi, si l'on emporte ses réflexions et si l'on en profite. Quelle grande acquisition avez-vous faite en cet homme illustre! A qui m'associez-vous!

Je voudrais, Messieurs, moins pressé par le temps et par les bienséances qui mettent des bornes à ce discours, pouvoir louer chacun de ceux qui composent cette Académie par des endroits encore plus marqués et par de plus vives expressions. Toutes les sortes de talents que l'on voit répandus parmi les hommes se trouvent partagées entre vous. Veut-on de diserts orateurs, qui aient semé dans la chaire toutes les fleurs de l'éloquence, qui, avec une saine morale, aient employé tous les tours et toutes les finesses de la langue, qui plaisent par un beau choix de paroles, qui fassent aimer les solennités, les temples, qui y fassent courir : qu'on ne les cherche pas ailleurs, ils sont parmi vous. Admire-t-on une vaste et profonde littérature qui aille fouiller dans les archives de l'antiquité pour en retirer des choses ensevelies dans l'oubli, échappées aux esprits les plus curieux, ignorées des autres hommes; une mémoire, une méthode, une précision à ne pouvoir, dans ces recherches, s'égarer d'une seule année, quelquefois d'un seul jour sur tant de siècles : cette doctrine admirable, vous la possédez; elle est du moins en quelques-uns de ceux qui forment cette savante assemblée. Si l'on est curieux du don des langues, joint au double talent de savoir avec exactitude les choses anciennes, et de narrer celles qui sont nouvelles avec autant de simplicité que de vérité, des qualités si rares ne vous manquent pas et sont réunies en un même sujet. Si l'on cherche des hommes habiles, pleins d'esprit et d'expérience, qui, par le privilége de leurs emplois, fassent parler le prince avec dignité et avec justesse; d'autres qui placent heureusement et avec succès, dans les négociations les plus délicates, les talents qu'ils ont de bien parler et de bien écrire; d'autres encore qui prêtent leurs soins et leur vigilance aux affaires publiques, après les avoir employés aux judiciaires, toujours avec une égale réputation : tous se trouvent au milieu de vous, et je souffre à ne les pas nommer.

Si vous aimez le savoir joint à l'éloquence, vous n'attendrez pas longtemps; réservez seulement toute votre attention pour celui qui parlera après moi[1]. Que vous manque-t-il enfin? vous avez des écrivains habiles en l'une et en l'autre oraison; des poëtes en tout genre de poésies, soit morales, soit chrétiennes, soit héroïques, soit galantes et enjouées; des imitateurs des anciens; des critiques austères; des esprits fins, délicats, subtils, ingénieux, propres à briller dans les conversations et dans les cercles. Encore une fois, à quels hommes, à quels grands sujets m'associez-vous!

Mais avec qui daignez-vous aujourd'hui me recevoir[2]? Après qui vous fais-je ce public remerciment? Il ne doit pas néanmoins, cet homme si louable et si modeste, appréhender que je le loue : si proche de moi, il aurait autant de facilité que de disposition à m'interrompre. Je vous demanderai plus volontiers : A qui me faites-vous succéder? A un homme QUI AVAIT DE LA VERTU.

Quelquefois, Messieurs, il arrive que ceux qui vous doivent les louanges des illustres morts dont ils remplissent la

---

[1] Charpentier, alors directeur de l'Académie.
[2] L'abbé Bignon, reçu le même jour que la Bruyère.

place, hésitent, partagés entre plusieurs choses qui méritent également qu'on les relève. Vous aviez choisi en M. l'abbé de la Chambre un homme si pieux, si tendre, si charitable, si louable par le cœur, qui avait des mœurs si sages et si chrétiennes, qui était si touché de religion, si attaché à ses devoirs, qu'une de ses moindres qualités était de bien écrire. De solides vertus, qu'on voudrait célébrer, font passer légèrement sur son érudition ou sur son éloquence ; on estime encore plus sa vie et sa conduite que ses ouvrages. Je préférerais en effet de prononcer le discours funèbre de celui à qui je succède, plutôt que de me borner à un simple éloge de son esprit. Le mérite en lui n'était pas une chose acquise, mais un patrimoine, un bien héréditaire, si du moins il en faut juger par le choix de celui qui avait livré son cœur, sa confiance, toute sa personne, à cette famille, qui l'avait rendue comme votre alliée, puisqu'on peut dire qu'il l'avait adoptée, et qu'il l'avait mise avec l'Académie française sous sa protection.

Je parle du chancelier Séguier. On s'en souvient comme de l'un des plus grands magistrats que la France ait nourris depuis ses commencements. Il a laissé à douter en quoi il excellait davantage, ou dans les belles-lettres, ou dans les affaires ; il est vrai du moins, et on en convient, qu'il surpassait en l'un et en l'autre tous ceux de son temps. Homme grave et familier, profond dans les délibérations, quoique doux et facile dans le commerce, il a eu naturellement ce que tant d'autres veulent avoir et ne se donnent pas, ce qu'on n'a point par l'étude et par l'affectation, par les mots graves ou sentencieux, ce qui est plus rare que la science, et peut-être que la probité, je veux dire de la dignité. Il ne la devait point à l'éminence de son poste ; au contraire, il l'a anobli : il a été grand et accrédité sans ministère, et on ne voit pas que ceux qui ont su tout réunir en leurs personnes l'aient effacé.

Vous le perdîtes il y a quelques années, ce grand protecteur : vous jetâtes la vue autour de vous, vous promenâtes vos yeux sur tous ceux qui s'offraient et qui se trouvaient honorés de vous recevoir; mais le sentiment de votre perte fut tel, que, dans les efforts que vous fîtes pour la réparer, vous osâtes penser à celui qui seul pouvait vous la faire oublier et la tourner à votre gloire[1]. Avec quelle bonté, avec quelle humanité ce magnanime prince vous a-t-il reçus! N'en soyons pas surpris, c'est son caractère; le même, Messieurs, que l'on voit éclater dans toutes les actions de sa belle vie, mais que les surprenantes révolutions arrivées dans un royaume voisin et allié de la France ont mis dans le plus beau jour qu'il pouvait jamais recevoir.

Quelle facilité est la nôtre pour perdre tout d'un coup le sentiment et la mémoire des choses dont nous nous sommes vus le plus fortement imprimés! Souvenons-nous de ces jours tristes que nous avons passés dans l'agitation et dans le trouble, curieux, incertains quelle fortune auraient courue un grand roi, une grande reine, le prince leur fils, famille auguste, mais malheureuse, que la piété et la religion avaient poussée jusqu'aux dernières épreuves de l'adversité. Hélas! avaient-ils péri sur la mer ou par les mains de leurs ennemis? Nous ne le savions pas : on s'interrogeait, on se promettait réciproquement les premières nouvelles qui viendraient sur un événement si lamentable. Ce n'était plus une affaire publique, mais domestique; on n'en dormait plus, on s'éveillait les uns les autres pour s'annoncer ce qu'on en avait appris. Et quand ces personnes royales, à qui l'on prenait tant d'intérêt, eussent pu échapper à la mer ou à leur patrie, était-ce assez? ne fallait-il pas une terre étrangère où ils pussent aborder, un roi également bon et puissant qui pût et qui voulût les recevoir? Je l'ai vue, cette réception, spectacle tendre s'il en fut jamais! On y versait

---

[1] Le roi accepta le titre de protecteur de l'Académie qu'avait porté le chancelier Séguier.

des larmes d'admiration et de joie. Ce prince n'a pas plus de grâce, lorsqu'à la tête de ses camps et de ses armées, il foudroie une ville qui lui résiste, ou qu'il dissipe les troupes ennemies du seul bruit de son approche.

S'il soutient cette longue guerre, n'en doutons pas, c'est pour nous donner une paix heureuse, c'est pour l'avoir à des conditions qui soient justes et qui fassent honneur à la nation, qui ôtent pour toujours à l'ennemi l'espérance de nous troubler par de nouvelles hostilités. Que d'autres publient, exaltent ce que ce grand roi a exécuté, ou par lui-même, ou par ses capitaines, durant le cours de ces mouvements dont toute l'Europe est ébranlée : ils ont un sujet vaste et qui les exercera longtemps. Que d'autres augurent, s'ils le peuvent, ce qu'il veut achever dans cette campagne. Je ne parle que de son cœur, que de la pureté et de la droiture de ses intentions; elles sont connues, elles lui échappent. On le félicite sur des titres d'honneur dont il vient de gratifier quelques grands de son État : que dit-il? qu'il ne peut être content quand tous ne le sont pas, et qu'il lui est impossible que tous le soient comme il le voudrait. Il sait, Messieurs, que la fortune d'un roi est de prendre des villes, de gagner des batailles, de reculer ses frontières, d'être craint de ses ennemis; mais que la gloire du souverain consiste à être aimé de ses peuples, en avoir le cœur, et par le cœur tout ce qu'ils possèdent. Provinces éloignées, provinces voisines, ce prince humain et bienfaisant, que les peintres et les statuaires nous défigurent, vous tend les bras, vous regarde avec des yeux tendres et pleins de douceur; c'est là son attitude : il veut voir vos habitants, vos bergers, danser au son d'une flûte champêtre sous les saules et les peupliers, y mêler leurs voix rustiques, et chanter les louanges de celui qui, avec la paix et les fruits de la paix leur aura rendu la joie et la sérénité.

C'est pour arriver à ce comble de ses souhaits, la félicité commune, qu'il se livre aux travaux et aux fatigues d'une guerre pénible, qu'il essuie l'inclémence du ciel et des saisons, qu'il expose sa personne, qu'il risque une vie heureuse : voilà son secret et les vues qui le font agir ; on les pénètre, on les discerne par les seules qualités de ceux qui sont en place, et qui l'aident de leurs conseils. Je ménage leur modestie : qu'ils me permettent seulement de remarquer qu'on ne devine point les projets de ce sage prince; qu'on devine, au contraire, qu'on nomme les personnes qu'il va placer, et qu'il ne fait que confirmer la voix du peuple dans le choix qu'il fait de ses ministres. Il ne se décharge pas entièrement sur eux du poids de ses affaires; lui-même, si je l'ose dire, il est son principal ministre : toujours appliqué à nos besoins, il n'y a pour lui ni temps de relâche ni heures privilégiées : déjà la nuit s'avance, les gardes sont relevées aux avenues de son palais, les astres brillent au ciel et font leur course ; toute la nature repose, privée du jour, ensevelie dans les ombres; nous reposons aussi, tandis que ce roi, retiré dans son balustre, veille seul sur nous et sur tout l'État. Tel est, Messieurs, le protecteur que vous vous êtes procuré, celui de ses peuples.

Vous m'avez admis dans une compagnie illustrée par une si haute protection. Je ne le dissimule pas, j'ai assez estimé cette distinction pour désirer de l'avoir dans toute sa fleur et dans toute son intégrité, je veux dire de la devoir à votre seul choix; et j'ai mis votre choix à tel prix, que je n'ai pas osé en blesser, pas même en effleurer la liberté, par une importune sollicitation. J'avais d'ailleurs une juste défiance de moi-même, je sentais de la répugnance à demander d'être préféré à d'autres qui pouvaient être choisis. J'avais cru entrevoir, Messieurs, une chose que je ne devais avoir aucune peine à croire, que vos inclinations se tournaient ailleurs, sur un sujet digne, sur un homme rempli de vertus, d'esprit et de connaissances, qui était tel avant le poste de confiance qu'il occupe, et qui serait tel encore s'il ne l'occupait plus[1]. Je me sens touché, non de sa déférence, je sais celle que je lui dois, mais de l'amitié qu'il m'a témoignée, jusques à s'oublier en ma faveur. Un père mène son fils à un spectacle : la foule y est grande, la porte est assiégée ; il est haut et robuste, il fend la presse ; et, comme il est près d'entrer, il pousse son fils devant lui, qui, sans cette précaution, ou n'entrerait point, ou entrerait tard. Cette démarche, d'avoir supplié quelques-uns de vous, comme il a fait, de détourner vers moi leurs suffrages, qui pouvaient si justement aller à lui, elle est rare, puisque, dans ces circonstances, elle est unique, et elle ne diminue en rien de ma reconnaissance envers vous, puisque vos voix seules, toujours libres et arbitraires, donnent une place dans l'Académie française.

Vous me l'avez accordée, Messieurs, et de si bonne grâce, avec un consentement si unanime, que je la dois et la veux tenir de votre seule magnificence. Il n'y a ni poste, ni crédit, ni richesses, ni titres, ni autorité, ni faveur, qui aient pu vous plier à faire ce choix : je n'ai rien de toutes ces choses, tout me manque. Un ouvrage qui a eu quelque succès par sa singularité, et dont les fausses, je dis les fausses et malignes applications pouvaient me nuire auprès des personnes moins équitables et moins éclairées que vous, a été toute la médiation que j'ai employée, et que vous avez reçue. Quel moyen de me repentir jamais d'avoir écrit ?

FIN DU DISCOURS

---

[1] Simon de la Loubère, qui fut reçu à l'Académie la même année que la Bruyère, mais après lui. La Loubère était protégé par le ministre Pontchartrain, qui l'avait attaché à l'éducation de son fils. Il était très-savant. On lui doit une bonne relation de Siam, où il fut envoyé comme ambassadeur en 1687.

TABLE DES MATIÈRES.

	Pages
Notice sur la Bruyère	I
Discours sur Théophraste	1
LES CARACTÈRES de Théophraste	21
De la Dissimulation	23
De la Flatterie	24
De l'Impertinent, ou du Diseur de rien	27
De la Rusticité	28
Du Complaisant	30
De l'Image d'un coquin	32
Du Grand Parleur	34
Du Débit des nouvelles	35
De l'Effronterie causée par l'avarice	37
De l'Épargne sordide	39
De l'Impudent, ou de celui qui ne rougit de rien	41
Du Contre-Temps	42
De l'Air empressé	43
De la Stupidité	44
De la Brutalité	45
De la Superstition	46
De l'Esprit chagrin	48
De la Défiance	49
D'un Vilain Homme	50
D'un Homme incommode	52

TABLE DES MATIÈRES.

De la Sotte Vanité	57
De l'Avarice	54
De l'Ostentation	56
De l'Orgueil	58
De la Peur, ou du Défaut de courage	59
Des Grands d'une République	61
D'une Tardive Instruction	62
De la Médisance	63
Du Goût qu'on a pour les Vicieux	65
Du Gain sordide	66
LES CARACTÈRES, ou les Mœurs de ce Siècle	69
Des Ouvrages de l'Esprit	77
Du Mérite personnel	101
Des Femmes	116
Du Cœur	137
De la Société et de la Conversation	148
Des Biens de fortune	173
De la Ville	196
De la Cour	209
Des Grands	238
Du Souverain ou de la République	256
De l'Homme	276
Des Jugements	323
De la Mode	364
De quelques Usages	383
De la Chaire	411
Des Esprits forts	423
Discours prononcé dans l'Académie française	453

2030. — Tours, imprimerie Rouillé-Ladevèze.

ORIGINAL EN COULEUR
NF Z 43-120-8

HISTOIRE ÉLÉMENTAIRE

DU

DROIT FRANÇAIS

DEPUIS SES ORIGINES GAULOISES

JUSQU'A LA RÉDACTION DE NOS CODES MODERNES

PAR

J.-Édouard GUÉTAT

PROFESSEUR A LA FACULTÉ DE DROIT
AVOCAT PRÈS LA COUR D'APPEL DE GRENOBLE

PARIS

L. LAROSE ET FORCEL

LIBRAIRES-ÉDITEURS

22, RUE SOUFFLOT, 22